Veröffentlichungen der Sektion Religionssoziologie der Deutschen Gesellschaft für Soziologie

Reihe herausgegeben von

Marian Buchardt, Universität Leipzig, Leipzig, Sachsen, Deutschland

Linda Hennig, Centrum für Religion und Moderne, Universität Münster, Münster, Nordrhein-Westfalen, Deutschland

Jens Köhrsen, Theologische Fakultät, Universität Basel, Basel, Schweiz

Ines Michalowski, Universität Münster, Münster, Nordrhein-Westfalen, Deutschland

Insa Pruisken, Universität Bremen, Bremen, Deutschland

Annette Schnabel, Institut für Sozialwissenschaften, Heinrich-Heine-Universität Düsseldorf, Düsseldorf, Deutschland

Annette Schnabel · Heidemarie Winkel ·
Kornelia Sammet · Alexander Yendell
(Hrsg.)

Religionsanalyse und Theorieentwicklung

Beiträge zur 25. Jahrestagung der
Sektion Religionssoziologie der
Deutschen Gesellschaft für
Soziologie

 Springer VS

Hrsg.
Annette Schnabel
Institut für Sozialwissenschaften
Universität Düsseldorf
Düsseldorf, Deutschland

Heidemarie Winkel
Fakultät für Soziologie
Universität Bielefeld
Bielefeld, Deutschland

Kornelia Sammet
Politische Sozialisation und
Demokratieförderung
Deutsches Jugendinstitut
Leipzig, Deutschland

Alexander Yendell
Praktische Theologie
Universität Leipzig
Leipzig, Deutschland

ISSN 2627-8537   ISSN 2627-8545 (electronic)
Veröffentlichungen der Sektion Religionssoziologie der Deutschen Gesellschaft für
Soziologie
ISBN 978-3-658-44532-4   ISBN 978-3-658-44533-1 (eBook)
https://doi.org/10.1007/978-3-658-44533-1

Die Deutsche Nationalbibliothek verzeichnet diese Publikation in der Deutschen Nationalbibliografie; detaillierte bibliografische Daten sind im Internet über https://portal.dnb.de abrufbar.

Planung/Lektorat: Cori Antonia Mackrodt
Springer VS ist ein Imprint der eingetragenen Gesellschaft Springer Fachmedien Wiesbaden GmbH und ist ein Teil von Springer Nature.
Die Anschrift der Gesellschaft ist: Abraham-Lincoln-Str. 46, 65189 Wiesbaden, Germany

Wenn Sie dieses Produkt entsorgen, geben Sie das Papier bitte zum Recycling.

Inhaltsverzeichnis

Teil I
Zur Einleitung

Religion als dynamisches Feld: Zwischen „immer noch" und „schon wieder" 1

Annette Schnabel und Lisa Hönes

1 Religion als Feld gesellschaftlicher Dynamiken

Religion ist ein gesellschaftliches Feld, das starken und permanenten Dynamiken unterworfen ist: Religion(en) und Religiosität reagieren einerseits sensibel auf sozialen Wandel in anderen gesellschaftlichen Feldern, treiben andererseits mit ihren Eigendynamiken diesen Wandel aber auch an oder blockieren ihn. Dem trägt eine sich ebenfalls verändernde Agenda der Religionssoziologie Rechnung. Der vorliegende Band umfasst Beiträge, die der Dynamik des Feldes nachspüren und die nunmehr 25-jährige Geschichte der Sektion Religionssoziologie der Deutschen Gesellschaft für Soziologie (DGS) hinsichtlich ihrer Errungenschaften, Veränderungen und Herausforderungen befragen.

Bereits die Klassiker der Soziologie, Max Weber (2013 [1905]) und Émile Durkheim (2007 [1912]), sahen Religion als ein Element von Gesellschaft an, das so wichtig sei, dass man es systematisch in eine sich zu Beginn des 20. Jahrhunderts neu etablierende Wissenschaft der Gesellschaft – der Soziologie – integrieren müsse. Damit vollzog sich die Wende von der bis dahin dominierenden

An dieser Stelle sei Lisa Hönes herzlich gedankt, ohne sie wäre dieser Band nicht zustande gekommen.

A. Schnabel (✉)
Heinrich-Heine-Universität, Düsseldorf, Deutschland
E-Mail: Schnabel@uni-duesseldorf.de

L. Hönes
Heinrich-Heine-Universität, Düsseldorf, Deutschland
E-Mail: Lisa.Hoenes@hhu.de

theologischen Perspektive und der sich daran entzündenden Religionskritik, wie
sie u. a. von Karl Marx zugespitzt worden war, zur Religionssoziologie im engeren Sinne (u. a. Schlieter 2010: 17). Diese Religionssoziologie versuchte nun,
auf Urteile über religiöse Überzeugungen zu verzichten und im Modus des „methodologischen Agnostizismus" (Knoblauch 1999: 14) zu argumentieren. In der
Folgezeit der Etablierung der Soziologie als wissenschaftlichem Fach blieb die
Überzeugung bestehen, Religion sei ein wichtiges Medium, in dem sich soziale
Ordnung realisiere. Religion wurde demgemäß nicht nur von den Großen des
Faches immer wieder als relevantes gesellschaftliches Feld analysiert.[1]

Den Vertreter:innen der Religionssoziologie ging es von Beginn an auch
immer um die Veränderungen innerhalb des Feldes des Religiösen in Relation zu
Veränderungen anderer gesellschaftlicher Bereiche. Damit einher ging schon früh
die Untersuchung der Potenziale der Säkularisierung (vornehmlich) westlicher
Sozialitäten: Dies spiegelt sich nicht zuletzt in Max Webers Rede von der „Entzauberung" christlich geprägter Gesellschaften durch Entstehung und Verbreitung
des Protestantismus, in Émile Durkheims Anerkennung des Aufkommens funktionaler Äquivalente für Religion in modernen Gesellschaften und Niklas Luhmanns
These der Ausdifferenzierung des funktionalen Teilsystems der Religion unter der
notwendigen Bedingung der Säkularisierung seiner Umwelt.

Dass Religion(en) und das Religiöse – trotz mittlerweile auch empirisch kon-
statierter fortschreitender Säkularisierung in Europa – nach wie vor relevante
Verschränkungen mit gesellschaftlichen Konstellationen und deren Veränderungen aufweisen, lässt sich allerdings lebensweltlich nicht übersehen:

So finden sich Reaktionsdynamiken des Religiösen auf gesellschaftliche
Veränderungen beispielsweise in europäischen Gesellschaften, wenn mit der
Etablierung von Wohlfahrtsstaaten die individuellen Mitgliedschaften in den
Amtskirchen zurückgehen (vgl. u. a. Norris und Inglehart 2011 oder Pollack
und Rosta 2015) und die Kirchen – allen voran die römisch-katholische Kir-
che – zunehmend unter Legitimationsdruck geraten. Hier sind Entwicklungen von
Religion in privaten Kontexten, wie z. B. in Form einer Verstärkung individueller
Spiritualität, und öffentlichen Diskursen, z. B. im Zuge politischer Grenzziehungen, am Werk, die immer stärker von einander entkoppelt scheinen. Nicht
zuletzt (re-)figurieren sich so Religion und Säkularität in multiplen, unter anderem

---

[1] So widmeten sich etwa – um nur einige wenige „Klassiker" zu nennen – etwa Georg Simmel (1906), Talcott Parsons (u. a. 1966), Thomas Luckmann (u. a. 1967), Peter L. Berger
(u. a. 1967) oder Niklas Luhmann (1977) umfassend der Religion.

auch vergeschlechtlichten Arten von Beziehungsweisen, wenn Frauen in Religionsgemeinschaften mehr Mitsprache fordern und Kirchen queere Lebensformen anerkennen (müssen; vgl. u. a. Auga 2023).

Die Eigendynamiken des Religiösen zeigen sich umgekehrt, wenn weltweit freikirchliche Missionstätigkeiten mit steigendem Erfolg Mitglieder attrahieren (Köhrsen 2017). Im Zuge dessen loten sowohl die etablierten Kirchen als auch neuere religiöse Bewegungen immer wieder ihr Verhältnis zur Öffentlichkeit aus (Casanova 1994). Dabei entzünden sich zuweilen kontroverse Debatten um die öffentliche Sichtbarkeit von Religion, die nicht zuletzt der Bedeutung der materialen Dimension von Glauben und Religion neue Aufmerksamkeit bescheren, beispielsweise im Konflikt um die Umnutzung alter oder den Bau neuer Sakralgebäude (Astor et al. 2017) oder wenn über religiöse Symbole im öffentlichen Raum gestritten wird (Pickel 2018). Ebenso stellen die Dynamiken der religiösen Fundamentalisierung und eines religiös motivierten politischen Protests Gesellschaften fortwährend vor neue Herausforderungen (Reddig und Kron 2007). Religiöse Gruppierungen können in diesem Sinne zwar riskant für bestehende soziale Ordnungen werden, sie sind aber genauso oft Adressat von Vorurteilen, Stereotypen und (religions-)gruppenbezogener Menschenfeindlichkeit, wie sich am aktuell wieder erstarkenden Antisemitismus zeigt (Beyer 2019).

Religion als dynamisches Feld wird in Folge dessen auch insbesondere dann sichtbar, wenn es um ihre Verflechtung mit staatlichen Machtstrukturen geht, beispielsweise wenn religiöse Minderheiten keinen staatlichen Schutz genießen und – wie die Rohingya in Myanmar – systematisch verfolgt werden (vgl. Ullah 2011). In solchen Fällen tendieren religiös attribuierte Konflikte dazu, die Durchsetzung von Menschenrechten zu blockieren. Im Kontext gouvernementaler Strukturen schlagen sich religiöse Gesellschaftsverhältnisse darüber hinaus immer wieder aufs Neue in den rechtlichen Verfasstheiten von Staaten (Fox 2011; Schnabel und Hönes 2021) oder – im Extremfall – in der Ausrufung eines Gottesstaates nieder (Roy 2017).

Diese Bewegungen des Religiösen sind also aufs Engste mit gesamtgesellschaftlichen Entwicklungen verbunden. Nicht zuletzt im Zusammenhang mit der Covid-Pandemie zeigten sich diese Dynamiken und Heterogenitäten des religiösen Feldes und seine Koppelung an gesellschaftlich-politische Umgestaltungen wie unter einem Brennglas: So haben etablierte Religionen das Potenzial, Trost zu spenden und mit institutionalisierten Opportunitätsstrukturen Unterstützungsleistungen zu erleichtern. Andererseits kreieren Pandemien Kontexte, in denen „alternative" Weltzugriffe quasi religiösen Charakter annehmen können (vgl.

Gärtner 2020).[2] Auch die aktuellen kriegerischen Auseinandersetzungen um neue Weltordnungen, wie sie derzeit in der Ukraine oder in Israel und Gaza geführt werden, lassen sich ohne Bezug zu Religion und Religiosität nicht verstehen oder gar erklären.

Religion und Religiosität bedeuten jedoch in verschiedenen Kontexten längst nicht das Gleiche, vielmehr schärft sich allmählich der Blick für die kontextuelle Formation von „*multiple religiosities*" (Winkel 2017). Auch wenn die Moderne in den Worten Max Webers vielfach als „entzaubert" gelten können, heißt dies eben nicht, dass Religion und das Religiöse aktuell ohne soziale, politische und ökonomische Einflussstärke wären.

Die deutsche Religionssoziologie nimmt diese und andere Dynamiken in ihre wissenschaftliche Untersuchung des Zusammenspiels von Religion und Sozialität auf. Die Koppelung zwischen empirischem Feld und seiner Erforschung ist eine gezielte und konsequente, aber oft genug auch nur lose: Die wissenschaftliche Untersuchung des Feldes der Religion und seiner Dynamiken hat einerseits die Chance, sich vom politischen und sozialen „Alltagsgeschäft" zu lösen und dessen vermeintliche (und um öffentliche Aufmerksamkeit heischende) Zeitnähe hinter sich zu lassen. Das eröffnet die Freiheit, Themen in längeren und langsameren Rhythmen zu bearbeiten und Konstellationen zu untersuchen, die außerhalb des öffentlichen Diskurses liegen und für diesen vielleicht sogar wenig relevant sind. Damit lässt sich Wissen generieren, das auch jenseits politischer Aufgeregtheiten Bestand hat. Andererseits bedeutet dies auch, dass die Religionssoziologie aktuelle Themen nicht immer tagesaktuell aufnimmt und aufnehmen kann und – nicht zuletzt wegen des allein durch Verfahren legitimierten wissenschaftlichen Wissens – oft erst mit Verzögerung relevante gesellschaftliche Dynamiken erkennt und untersucht, sodass dieses Wissen Gesellschaft erst mit Verzögerung zur Verfügung stehen kann.

2   Dynamiken der Religionssoziologie

Einhergehend mit einem nach wie vor – und hier nur ansatzweise andiskutierten – höchst dynamischen Phänomenbereich des religiösen Feldes lässt sich auch eine zunehmende Ausdifferenzierung von dessen soziologischer Analyse beobachten: Immer häufiger finden komplexe und für andere soziologische Fragestellungen

---

[2] Vgl. auch die Beiträge des von Yendell, Sammet, Schnabel et al. 2023 herausgegeben Sonderhefts „Religion und Pandemie: Folgen der Corona-Pandemie für Religion und alternative Weltinterpretationen" der Zeitschrift für Religion, Gesellschaft und Politik.

entwickelte Theorien zum tieferen Verständnis von Religion und Religiosität Eingang in die Analysen. Ebenso wird das Feld zunehmend empirisch auf der Basis neuer und ausdifferenzierterer Datenformate eingekreist. Während in den 1980er und 1990er Jahren oft funktionalistische und systemtheoretische Ansätze oder Rational-Choice-Theorien zur Anwendung kamen (u. a. Stark und Bainbridge 1996), gewinnen nun darüber hinaus zunehmend auch Feldtheorien, z. B. in Anlehnung an Pierre Bourdieu (u. a. Kaden 2019; Witte 2015), Praxis-Theorien (u. a. Hillebrandt 2012) oder Materialitätstheorien – u. a. unter Anwendung der theoretischen Überlegungen von Bruno Latour – an Bedeutung (u. a. Karstein und Schmidt-Lux 2017). Etablierte Ansätze werden dabei weitergeführt und verändern ihren Charakter durch die Arbeiten jüngerer Religionssoziolog:innen. Empirisch hat sich über einen größer werdenden Fundus an Fallstudien, qualitativen Untersuchungen (z. B. zur Übernahme sozialstaatlicher Verpflichtungen durch die Kirchen, vgl. Sammet und Erhard 2018, oder zu religiösen Milieus, vgl. Breuer 2018) oder Textanalysen (u. a. Schnabel, Beyer und Behrens 2020) hinaus auch die Diskussion um die Möglichkeiten und Grenzen der quantitativen Erfassung von Religion intensiviert (z. B. Bechert 2018). Neuerdings werden auch potenzielle Erkenntnisgewinne durch die Analyse von Big Data diskutiert (Fuller 2017). „Big Data" beschreibt dabei nicht nur die schiere Menge an Daten, sondern auch die Herausforderungen bei ihrer Verwaltung und Analyse: Die Datenmengen in Big Data sind oft so groß, dass herkömmliche Datenbanken und Analysewerkzeuge damit überfordert sind und umfassen eine Vielzahl von Datenquellen und Datenformaten, die nahezu in Echtzeit Daten generieren. Dabei ist nicht zuletzt die Fähigkeit, Daten schnell zu erfassen, zu verarbeiten und zu analysieren, entscheidend.

Trotz der Vervielfältigung der Zugriffsweisen auf Religion bleibt – in Anlehnung an Durkheims Vorstellungen von der adäquaten Methode der Untersuchung gesellschaftlicher Tatbestände – der *Vergleich* die wichtigste Grundlage der Untersuchung des Felds der Religion. Allerdings erweitern sich die thematischen, theoretischen und empirischen Möglichkeiten für Vergleiche permanent und damit verändert sich auch der sich zunehmend globalisierende wissenschaftliche Blick auf das Feld. Damit einher geht auch die verstärkte Fokussierung auf die empirische Vielgestaltigkeit von Religion und Religiosität: Auch wenn die Erkenntnis der Mehrdimensionalität von Religion(en) und Religiosität nicht

neu ist,[3] wird die Beobachtung, dass es nicht *die* Religion und *das* Religiöse
gibt, für Untersuchungsfragen und Forschungsprojekte in der Religionssoziologie immer relevanter.[4] So gesellen sich zu den klassisch bearbeiten Themen der
Säkularisierung moderner Gesellschaften (u. a. Berger 1967; Luckmann 1967;
Luhmann 1977), der Faktoren und Zusammensetzung individueller Religiosität
(Stark und Bainbridge 1985, 1997) und der verbindenden und trennenden Folgen
von Religion und Religiosität (u. a. Putnam und Campbell 2012) immer wieder
neue Themen. Schlaglichtartig seien hier nur vier Themenbereiche genannt:

a) Geschlecht und Geschlechtlichkeit werden mittlerweile verstärkt in religionssoziologischen Analysen relevant gemacht: Dabei geht es um mehr als nur
die Frage, ob Frauen eher religiös sind als Männer. Religionssoziologie nutzt
hier die Möglichkeit, über möglicherweise versteckte (und kontraintuitive)
Partizipationsmöglichkeiten von Frauen und Männern im Religiösen aufzuklä-
ren, sie untersucht, wie religiöse Moralvorstellungen über Sexualität, Ehe und
generationale Ordnung durch sozialen Wandel von Geschlechter- und Rechts-
ordnungen herausgefordert werden, welche Intersektionalitäten sich zwischen
Religion und Geschlecht finden lassen und wie sich die Vielgestaltigkeit von
Geschlecht im religiösen Raum verorten lässt. Dies hat nicht zuletzt das Potenzial, auch die Geschlechterforschung herauszufordern und deren Erkenntnisse
mit der Religionssoziologie zusammenzuführen.

b) Darüber hinaus rücken zunehmend die Erfahrungen von Migrant:innen in
den Fokus der Religionssoziologie – auch als Menschen, die von der Mehr-
heitsgesellschaft unabhängig von ihrer Selbstwahrnehmung als „religiös"
zugeschrieben und diskriminiert werden, die in ihrer eigenen *agency* Auf-
nahmegesellschaften und deren Ordnungen in vielfältiger Weise herausfordern
und die nicht zuletzt zu einer religiösen Pluralisierung von Vorstellungswelten,
vergemeinschaftenden Ritualen und Lebenswelten beitragen.

c) Eine der zentralen Herausforderungen heutiger Gesellschaften besteht in der
zunehmenden Digitalisierung des Lebens. Digitalisierung bezeichnet dabei
den Prozess der Umwandlung von analogen Informationen in digitale Formate.

---

[3] Bereits in den 1960er Jahren entwickelte Glock eine Unterscheidung in die fünf Dimensionen individueller Religiosität: religiöse Erfahrung, Rituale, Ideologie(n) und Glaube, Intel-
lektualität (Wissen) und Lebensstile (Konsequenzen) (Stark und Glock 1965). Diese Unterscheidung von Dimensionen wird kontinuierlich erweitert, z. B. um Spiritualität (z. B. Huber
und Klein 2011).

[4] Verwiesen sei hier nur neben vielen anderen Projekten auf die Kolleg-Forschungsgruppe
„Multiple Secularities – Beyond the West, Beyond Modernities" oder das DFG-Projekt „Alte
und neue Grenzziehungen: Nationale Identität und Religion".

Das ermöglicht eine einfachere Speicherung, Übertragung und Bearbeitung durch elektronische Geräte sowie den technologischen Wandel in Gesellschaften, der durch den vermehrten Einsatz digitaler Technologien – wie Computer, Internet, Mobiltelefone und anderer digitaler Geräte – vorangetrieben wird. Die Digitalisierung beeinflusst u. a. Fundraising, Arbeitsabläufe, Vergemeinschaftung, Bildung und viele andere religions-relevante Bereiche des täglichen Lebens. Dies erfordert ein neues Nachdenken innerhalb der Religionssoziologie über die Sozialgestalten des Religiösen – wie beispielsweise die Ausgestaltung von Gebet oder Meditation, Gemeindeformen und -arbeit (wie in der Seelsorge), religiöse Events, die Organisation von Unterstützungsleistungen oder sogar Kirchengründungen. Die Entstehung neuer und die Zurückdrängung bekannter Gestalten fordern religionssoziologische Theorien ebenso heraus (z. B. Reddig 2018) wie die höhere Geschwindigkeit von Kommunikation und der Vermittlung von Inhalten (die auch zu alternativen Vergemeinschaftungen – und somit auch zu neuen sozialen Bewegungen führen kann). Damit entstehen auch neue Datenformate wie Texte in soziale Medien, Blogs, Online-Nachrichten, digitale Bilder, Videos und Audioformate, Geodaten, Metadaten oder Codes und Skripte. Diese erfordern neue Methoden der Mustererkennung und -interpretation.

d) Eine weitere Perspektivenverschiebung findet durch die Herausforderungen postkolonialer Theorien statt: Diese stellen nicht nur den klassischen Begriff der Religion (also ein Kernelement des Forschungsfeldes) infrage und kritisieren dessen potenziell westlich-hegemoniale Perspektivierung religiöser Weltzugriffe. Sie thematisieren in Anlehnung an Homi K. Bhabha (2012) darüber hinaus die „kulturelle Hybridität" von Religion und argumentieren, dass in den kolonisierten Gesellschaften neue Formen der Religiosität entstehen können, die Elemente der indigenen Glaubenssysteme mit den importierten, oft christlichen, Glaubensvorstellungen vermischen. Damit geraten auch lokale religiöse Überzeugungen und Praktiken als Mittel des Widerstands gegen kulturelle Assimilation und politische Unterdrückung in den Blick. Religion wird in diesem Kontext als Ressource für die Wiederherstellung kultureller Identität und Würde betrachtet und hier insbesondere unter dem Aspekt von Macht, Herrschaft und Gewalt thematisiert. Globalisierung wird mit Lokalität, Universalität mit Partikularität kontrastiert und nicht zuletzt im Menschenrechtsdiskurs verortet: Neue Formen von Synkretismus und kultureller Aneignung erfordern eine Ausweitung des bisherigen Theorie-Instrumentariums, während die systematische Analyse kolonialer Buchführung, Statistiken und Bevölkerungserhebungen neue Einsichten in religiöse Strukturen und Dynamiken ermöglichen (u. a. Petzke 2012).

3   Zum Aufbau des vorliegenden Bandes

Diesen multiparadigmatischen und dynamischen Forschungsgeschehen und ihren Herausforderungen im Feld der Religion und des Religiösen trägt der vorliegende Band „Religionsanalyse und Theorieentwicklung" Rechnung: Er nimmt unterschiedliche Phänomene und Dynamiken von Religion und Religiosität in den Blick und beleuchtet sie näher sowohl aus theoretischer als auch empirischer Perspektive. Angesichts der Vielgestaltigkeit und Dynamik eines Feldes, das mit dem gesellschaftlichen Wandel der letzten Jahrzehnte so eng verflochten ist, aber auch einer sich hinsichtlich der theoretischen Perspektiven und empirischen Untersuchungsmethoden zunehmend ausdifferenzierenden internationalen Forschungslandschaft, müssen die folgenden Beiträge notwendigerweise in dem, was sie adressieren können, begrenzt bleiben, genauso wenig können alle Themen, Theorien und Daten, die die 25-jährige Geschichte der Sektion begleitet haben, hier berücksichtigt werden.

Dennoch beleuchten die Beiträge die in ihnen zur Diskussion gestellten Traditionslinien und Weiterentwicklungen ebenso wie neue Paradigmen und ihre Anschlussfähigkeit an bestehende religionssoziologische Debatten.[5] Nicht zuletzt sind die Beiträge auch dazu gedacht, Diskussionsimpulse für Wissenschaft und Praxis zu generieren.

Der vorliegende Band versammelt die Vorträge der gleichnamigen Jubiläums-Tagung zum 25-jährigen Bestehen der Sektion Religionssoziologie in der Deutschen Gesellschaft für Soziologie vom Dezember 2021. Die Sektion war in den frühen 1970er Jahren aufgelöst wurden und wurde 1995 erneut gegründet. Dies ermöglichte eine Re-Institutionalisierung der Religionssoziologie – auch im Rahmen der DGS.

Aufgrund der Corona-Pandemie war die Jubiläumsfeier um ein Jahr verschoben worden. Dennoch musste die Tagung – allen Hoffnungen auf eine Präsenz-Tagung am Zentrum für Interdisziplinäre Forschung (ZiF) in Bielefeld[6] zum Trotz – im Online-Format stattfinden. Da ein solches Format für Zuhörende und Vortragende gleichermaßen herausfordernd ist, ist es umso erfreulicher, dass die meisten Beiträge nun noch einmal in schriftlicher Form vorliegen können. Für die Tagung selbst konnten durch gezielte Anfragen etablierte Expert:innen

---

[5] Dies zeigt sich beispielhaft am Thema „Geschlecht": Es ist aus dem religionssoziologischen Themenkanon nicht mehr wegzudenken, auch wenn sich dies nicht unbedingt immer im Sprachgebrauch der Beiträge widerspiegelt.

[6] Die Tagung auch in ihrer Online-Version – wurde durch die Sachbeihilfe der Thyssen-Stiftung ermöglicht.

und vielversprechende Nachwuchswissenschaftler:innen gleichermaßen gewonnen werden. Es ging dabei darum, nicht nur bereits bekannte Forscher:innen mit „ihren" Themen zu Wort kommen zu lassen, sondern durch intergenerationalen Dialog auch andere Impulse aufzunehmen.

Der Band folgt der Gliederung der Tagung und versammelt sowohl eigenständige Beiträge als auch Kommentare zu diesen; letztere ermöglichen noch einmal eine vertiefte Adressierung der Themenschwerpunkte.

Der Band startet zur Einleitung mit einem Beitrag von **Hartmann Tyrell (Bielefeld),** der die Geschichte der Sektion Religionssoziologie der DGS wie nur wenige kennt. Er lässt diese Geschichte in seinem Vortrag in eindringlicher Weise noch einmal Revue passieren und verleiht ihr in seinem Beitrag erneut dadurch Kontur, dass er Meilensteine der deutschen Religionsforschung benennt und ihre Protagonist:innen würdigt.

An diesen einleitenden und strukturierenden Überblick schließen sich fünf Themenschwerpunkte mit insgesamt dreizehn Beiträgen an.

(i) Der erste Themenschwerpunkt befasst sich mit **Religion und gesellschaftlicher Transformation zwischen Öffentlichkeit und Privatisierung.** Hier geht es u. a. darum, welche Dynamiken Religion und das Religiöse im Spannungsfeld zwischen privaten Überzeugungen, öffentlicher Präsenz und öffentlichen Diskursen entfalten. Fachgeschichtlich rekurriert dieser Themenschwerpunkt auf die Arbeiten und das Vermächtnis der Luckmann'schen Sozialphänomenologie und dem Ansatz von José Casanova, der in einer globalen Perspektive die These stark macht, trotz eines Rückzugs vieler Menschen westlicher Gesellschaften aus dem Religiösen spiele Religion insbesondere im öffentlichen Raum nach wie vor eine bedeutende Rolle – sei es durch politische Beteiligung, soziales Engagement oder die Bereitstellung von moralischen und ethischen Orientierungspunkten.

In seinem Beitrag „*Jenseits von Globalisierung und Säkularisierung – die Refiguration der Religion"* nimmt **Hubert Knoblauch (Berlin)** diese Idee auf und entfaltet seine Argumentation zur Verknüpfung von digitalem Wandel und Religion unter Bezugnahme auf die – in der aktuellen Soziologie viel zu selten gewürdigte – Figurationssoziologie von Norbert Elias. Knoblauch führt den Begriff der Refiguration in Anlehnung an Elias für die relationale und prozessuale Veränderung gesellschaftlicher Konfigurationen ein und erschließt ihn in seinem vorliegenden Beitrag für die Religionssoziologie. Digitalisierung verändere insbesondere das Verhältnis von Privatem und Öffentlichem durch Veränderung von Räumen und löse damit nicht zuletzt die Gegenüberstellung von Tradition, Moderne und Post-Moderne und von Religiösem und Säkularem auf. Dies sei

nicht ohne Konsequenz für die Religionssoziologie, die sich nun mit neuen globalen Verschränkungen und alternativen Kommunikationen durch Digitalität und
damit mit anderen Räumlichkeiten und Zeitlichkeiten auseinandersetzen müsse.
Den Überlegungen zum Begriff der Refiguration geht **Marian Burchardt**
(Leipzig) in seinem Kommentar *„Religion in Raum und Zeit"* weiter nach
und argumentiert für dessen Nützlichkeit insbesondere für die Erweiterung
und Modifikation der Vorstellungen von Säkularisierung, Differenzierung und
Globalisierung in der Religionssoziologie.

Digitalisierung steht auch im Beitrag *„Christlicher Nationalismus als algorithmische kollektive Identität?"* von **Insa Pruisken (Bremen)** und **Nina Monowski**
(Bamberg) im Vordergrund. Jedoch geht es den Autorinnen weniger um deren
unmittelbar gesellschaftsverändernde Kraft, als vielmehr um Digitalisierung als
Medium der Generierung neuer Datenformate und deren Nützlichkeit zur Erforschung von Identitätskonstruktionen. Nutzer:innen stellen über ihre Posts in sozialen Messenger-Diensten Daten zur Verfügung, deren Auswertung Rückschlüsse
auf ihre aktiv hergestellte digitale Identität ermöglichen. Daran wiederum, so
die Autorinnen, ließen sich Erkenntnisse für die soziale Konstruktion insbesondere des „Christlichen Nationalismus" als politisiertem, religiös-nationalistischem
Einstellungsmuster generieren. Die Autorinnen zeigen dabei nicht nur, wie sich
digital generierte Daten für genuine Fragen der Religionssoziologie nutzbar
machen lassen, sondern auch, welche Herausforderungen solche Daten für deren
statistische Auswertung – hier in Form von *Topic Modeling* – darstellen.

(ii) Während die religiöse Seite des Politischen unter dem von Robert N. Bellah (1967) geprägten Begriff der *„civil religion"*[7] seit längerem untersucht wird,
gelangt nach der Befriedung der meisten religiös aufgeladenen gewalttätigen
Konflikte in Europa (neben dem Nordirland-Konflikt, der 1998 durch das Kar-
freitagsabkommen befriedet wurde, waren dies insbesondere die Balkankriege,
die zwischen 1991 und 2001 zum Verfall des Staates Jugoslawiens führten)[8]
erst in jüngerer Zeit das Politische der Religion wieder ins Blickfeld der religionssoziologischen Analysen. Dabei geht es vermehrt um Fragen, wie religiöse
Überzeugungen zu populistischen Agenden stehen, wie sich Verschwörungsvor-
stellungen und Religion zueinander verhalten, wie religiöser Fundamentalismus

---

[7] Der Begriff der „civil religion" wurde eingeführt, um auf bestimmte gemeinsame Überzeugungen und Rituale hinzuweisen, die vornehmlich in den USA zu beobachten waren und
die sich um den Glauben an eine göttliche Vorsehung für die Nation, die Verehrung der
Gründerväter, patriotische Symbole und bestimmte moralische Werte drehten.

[8] Erst die territoriale Separierung der Kriegsparteien nach Glaubensgemeinschaften ermöglichte eine (vorläufige) Stabilisierung der Region.

entsteht und was die Bedingungen religionsbezogener Gewalt(-freiheit) und Solidarität sind. Die Beiträge des Themenschwerpunkts **Politisierte Religion(en)** befassen sich insbesondere mit der Rolle, die Geschlecht und geschlechtliche Vielfalt in Verhältnis von Religion und Politik spielen – denn nicht selten werden Frauenkörper zum Austragungsort politischer und religionsbezogener Auseinandersetzungen (wenn es in öffentlichen Debatten beispielsweise um Abtreibungsrechte, das Tragen von Kopftüchern oder die Rolle von Frauen für (familiale) Versorgungsleistungen geht).

In ihrem Beitrag *„Säkularismus, religiöser Feminismus und der* post-secular turn" spürt **Heidemarie Winkel (Bielefeld)** dem Beziehungsgeflecht von Religion, Religiosität und Geschlecht aus postkolonialer Perspektive nach. So kann sie feststellen, dass der Widerspruch zwischen Religion und feministischer Aufklärung ein westlich-hegemonialer sei, der der Religion nicht zuletzt aus geschlechtersoziologischer Perspektive anti-aufklärerische und damit antifeministische Eigenarten zuschreibe. Die Verbindung des *post-secular turn* und der Geschlechterforschung ermögliche demgegenüber zu untersuchen, wie religiöse Akteur:innen über *agency* und Handlungsmacht verfügten und damit institutionalisierte Religion um emanzipatorische Leitideen erweitern könnten. Der Beitrag verbindet hier auf innovative Art und Weise geschlechtersoziologische Themen mit genuin religionssoziologische Theoriebildung und folgt dieser Verzahnung über ihre wichtigsten Veränderungen und Dynamiken der letzten beiden Jahrzehnte. Dabei zeigt sich nicht zuletzt, dass und wie Religionssoziologie durch andere Soziologien – hier der Geschlechtersoziologie – und ihre Fragestellungen erweitert und befruchtet werden kann.

Barbare Janelidze (Kassel) nimmt in ihrem Beitrag *„Die rechtspopulistische Wende, die orthodoxe Kirche und Sexualität in Georgien"* das Thema Geschlecht, Geschlechtlichkeit und dessen Vielfalt auf und zeigt, wie dieses zum Brückenkonzept wird, das eine Allianz zwischen rechtem Populismus und christlicher Orthodoxie ermöglicht. Im Beitrag wird analysiert, wie die politische Regierungstransformation einer rechtspopulistischen Umwandlung der politischen Arena auf der Regierungs- und Staatsebene in Georgien durch die Mobilisierung heteronormativer Deutungen von Sexualität durch die orthodoxe Kirche gelingt. Religiöse Überzeugungen und ihre Akteur:innen werden hier zu wichtigen Schaltstellen politischer Umwälzungen. Darüber gelangt nicht zuletzt die Religionsgemeinschaft der christlichen Orthodoxie in den Blick, die in der deutschen Religionssoziologie seltener im Fokus steht.

(iii) Der dritte Themenschwerpunkt „**Multiple Religiosities – Multiple Secularities**" greift die Debatte um das Säkularisierungskonzept auf, die nach wie vor einen zentralen Stellenwert in der Religionssoziologie einnimmt. Dieses Konzept

der Säkularisierung hat – nicht zuletzt durch Detlef Pollack (2003) – in Reak-
tion auf die vielschichtige Kritik an historischer Tiefenschärfe und konzeptueller
Präzision gewonnen. Wie auch Religion ist Säkularisierung ein Mehrebenen-
Phänomen mit unterschiedlichen Dimensionen (wie u. a. Burchardt et al. (2015)
argumentieren). So zeigt sich, dass für eine vertiefende religionssoziologische
Analyse in einer globalisierten Welt Säkularisierung als Prozess der (funk-
tionalen) Differenzierung, des Rückgangs religiöser Überzeugungen und deren
Privatisierung und der Transformation des religiösen Lebens unterschieden wer-
den sollten von Säkularismus als Trennung von Staat und Religion und von
Säkularität als Abwehr des Religiösen (Zimmermann 2023).

   Detlef Pollack (Münster) nimmt in seinem Beitrag *„Säkularisierungstheorie –
revisited"* die Spur der Debatte auf und verortet deren Positionen im historischen
Verlauf der Debatte. Dabei kristallisieren sich die zentralen Argumente der Kontroversen um die empirische Beobachtbarkeit, die globale Tragweite und Rolle
verschiedener gesellschaftlicher Ebenen der Säkularisierung noch einmal klar
heraus. Zentral ist dabei die Erkenntnis, dass Religion weder einfach eine traditionale Größe sei, die mit der Moderne praktischerweise verschwände, noch
ließe sich von einer generellen Re-Vitalisierung des Religiösen sprechen. Pollack
argumentiert vielmehr dafür, die von religiösen Gemeinschaften und Identitäten
ausgehende soziale und politische Dynamik anzuerkennen, ohne gleichzeitig die
übergreifende Dominanz von Prozessen der Säkularisierung in modernen Gesellschaften bestreiten zu müssen. Dies erfordere einen differenzierten Blick, der
jedoch immer empiriegestützt sein müsse.

   Ähnlich thematisiert **Wolfgang Eßbach (Freiburg)** in seinem Beitrag *„Unfertige Religionen in der technischen Welt"*, dass Religion weder statisch noch
je abgeschlossen sein könne – zu sehr sei sie mit gesellschaftlichen Dynamiken
verflochten. Eßbach macht dies an gesellschaftlichen Zeiterfahrungen und ihren
Veränderungen fest und interessiert sich insbesondere dafür, wie die Befassung
mit bestimmten Themen bei Intellektuellen ab Ende des 18. Jahrhunderts zu je
unterschiedlichen Interpretationen, Praktiken, Verortungen des Religiösen, die zur
Veränderung der Kernstruktur von Religion führten. Dabei geht es ihm zum einen
um den intellektuellen Rückgriff auf schriftlose (Religions-)Kulturen im 19. Jahrhundert, wie er beispielsweise bei Émile Durkheim, aber auch in der Bildenden
Kunst zu finden sei, zum anderen um den intellektuellen Zugriff auf Technisierung der Welt und die bei vielen Naturwissenschaftler:innen des 20. Jahrhunderts
vorzufindende tiefe Religiosität. Beide intellektuellen Bewegungen, so lässt sich
im Anschluss an den Beitrag schließen, sind aufs Engste mit der Realisierung
dessen verbunden, was sozial als „Religion" gelten soll. Insofern ist Religion

immer auch auf andere epistemologische gesellschaftliche Bewegungen angewiesen und niemals vollkommen „ausgereift", sondern unterliegt immer Prozessen der Überprüfung, Anpassung und Integration neuer Perspektivierungen.

(iv) Der vierte Themenschwerpunkt **„(Im)material Religion: Zwischen religiöser Kommunikation, *lived religion* und sakraler Materialität"** widmet sich der (Im-)Materialität von Religion: Hier untersucht **Uta Karstein (Leipzig)** in ihrem Beitrag *„Der Material Turn in der Religionssoziologie. Beobachtungen zur Vergesellschaftung der Formfrage im 19. Jahrhundert"*, inwieweit sich Materialitätstheorien, die sich mit der Bedeutung von Materie und materiellen Objekten in verschiedenen Kontexten auseinandersetzen, auch für die Religionssoziologie nutzbar machen lassen. Am Beispiel religiöser Artefakte und Architektur versucht die Autorin, die als unfruchtbar erscheinende epistemische Entgegensetzung von handelndem Subjekt und wirkmächtigen Objekten zu überwinden. Sie fragt auch danach, warum sich die Religionssoziologie lange so schwergetan habe, den *material turn* der Sozialwissenschaften aufzunehmen, und fordert einen Theorietransfer als wichtige Herausforderung einer modernen Religionssoziologie: Diese koppele die Religionssoziologie nicht nur an aktuelle Debatten der soziologischen Theorieentwicklung an, sondern erlaube damit auch weiterführende Einsichten in die – nicht zuletzt durch Dinge gestützte – Konstruktion des Religiösen.

(v) Der fünfte Themenschwerpunkt **„Multiparadigmatische Religionssoziologie"** widmet sich der empirischen Erfassung von Religion zwischen qualitativen und quantitativen Methoden und versucht, Religionssoziologie als multiparadigmatische Disziplin zu verorten. Hier stehen Möglichkeiten und Grenzen des Erkenntnisgewinns beider Paradigmen für die Erfassung und das Verständnis, für die Vermessung sowie für den Vergleich von Religion und Religiosität im Vordergrund.

Der Beitrag von **Kornelia Sammet (Halle [Saale])** widmet sich unter dem Titel *„Qualitative Methoden und Theorieentwicklung in der Religionssoziologie"* dem Verhältnis von qualitativen Methoden und religionssoziologischer Theorieentwicklung und nimmt dabei auch die Veränderungen dieses Verhältnisses über die Zeit in den Blick. Mit den hier untersuchten Verbindungen befasst sich also damit, wie innerhalb des Felds der Religionssoziologie Veränderungen des theoretischen Zugriffs auf das empirische Feld und Veränderungen innerhalb der qualitativen Methoden zusammenhängen. Qualitative Methoden zielen darauf ab, ein tieferes Verständnis von sozialen Phänomenen zu gewinnen, indem sie die Perspektiven, Erfahrungen und Sinnstrukturen von Menschen in konkreten Kontexten erforschen. Sie zentrieren auf die Erfassung und Interpretation von nicht-numerischer Daten. Das Zusammenspiel von qualitativen Methoden und Theorieentwicklung ist besonders eng, da es hier nicht um das Ableiten und empirische Thesen von

Hypothesen geht, sondern darum, über besondere Feldzugänge Theorien zu entwickeln und zu erweitern. In der Religionssoziologie lassen sich auf diesem Wege
Weltzugriffe und Sinnstrukturen und ihre Veränderungen erfassen. Gleichzeitig
erfordert das Feld des Religiösen und die dafür entwickelten Theorien auch
eine permanente Erweiterung des methodischen Instrumentariums. Der vorliegende Beitrag spürt diesen Veränderungen seit der 2. Hälfte des 20. Jahrhunderts
detailliert und genau nach.

In ihrem Beitrag *„Religion vermessen – zur Quantifizierung von Religion(en)
und Religiosität"* geht **Annette Schnabel (Düsseldorf)** von der Methode des Vergleichens als Grundlage aller soziologischer Erkenntnisgewinnung aus und nutzt
dies, um die Erfassung von Religion und des Religiösen über Quantifizierung
näher zu durchleuchten. Der Beitrag beschreibt nicht nur die Schritte der quantitativen Analysen religionssoziologisch relevanter Sachverhalte, sondern befasst
sich darüber hinaus mit der sozialen Fabrikation von Zahlen und ihrer besonderen
Legitimation. Insbesondere die Forderung nach Objektivität ist hier von Relevanz,
zeigt sich doch im Feld der Religion noch einmal besonders, dass und wie dieses
Konzept eigenen Konstruktionsprozessen unterliegt.

Vergleiche betreffen insbesondere und in hervorstechender Art und Weise
die komparatistische Forschung. Komparatistische Forschung bezieht sich auf
eine Forschungsstrategie, bei der verschiedene Fälle, Systeme, Kulturen oder
Phänomene miteinander vergleichen werden, um Unterschiede und Gemeinsamkeiten zu identifizieren. Diese Art der Forschung zielt jedoch immer darauf ab,
Erkenntnisse über Muster, Strukturen oder Ursachen zu gewinnen, die über die
spezifischen Einzelfälle hinausgehen. **Gert Pickel (Leipzig)** nimmt diese Forschungsstrategie für die Religionsforschung in seinem Beitrag *„Vergleichende
Forschung zu Religion – Konzepte, Methoden, Systematiken, beispielhafte Ergebnisse"* in den Blick und thematisiert die Probleme, die sich aus mangelnder
Systematik der Vergleiche – insbesondere für die Vertrauenswürdigkeit komparativer Studien – ergeben. Im vorliegenden Beitrag zeigt Gert Pickel in der
Vergleichenden Politikwissenschaft seit langem etablierte Vorgehensweisen des
systematischen Vergleichs auf und diskutiert ihre Anwendbarkeit auf religionssoziologische Fragestellungen. Er demonstriert am Beispiel eines europäischen
Ländervergleichs der Beziehung zwischen Religiosität und dem Wunsch nach
einer starken Führungsperson, wie mit komparatistischer Forschung wichtige
religionssoziologische Erkenntnisse gewonnen werden können.

In ihrem Kommentar *„Methodische Selbstverständlichkeiten hinterfragen – Die
Befremdung der eigenen Methode"* nimmt **Lena Dreier (Münster)** die Methodendiskussion abschließend noch einmal auf und fordert einen noch stärkeren
systematischen Vergleich verschiedener Religionsverständnisse ein: Die soziale

Konstruktion von Konzepten, Erhebungsverfahren und empirischen Zugriffswei-sen auf Religion dürfe nicht allein der Legitimation der empirischen Methoden dienen, sondern müsse auch in die noch stärkere Offenlegung der Grenzen der eigenen Methoden münden. Abschließend ließe sich fragen, wie der Spa-gat zwischen hegemonial-westlicher Konzeptionierung von Religion und dem Reden über sowie dem Verhandeln, Vermessen und Vergleichen von Religion und Religiosität in einer globalen und digitalen Welt möglich sein könne.

Die hier versammelten Beiträge haben eine explizit feld-historische Perspek-tive, adressieren die Veränderungen in den theoretischen und empirischen For-schungsperspektiven und spiegeln die damit verbunden teils konfliktären Diskurse innerhalb der deutschen Religionssoziologie. Sie setzen mit den Themengebie-ten „Geschlecht", „Globalisierung", „Postkolonialismus", „Digitalisierung" und „Politisierung" neue thematische Impulse und fordern zur stärkeren Verzahnung der religionssoziologischen Theoriebildung mit der Geschlechtersoziologie, den Theorien des Kulturtransfers, des *post-secular turn* oder des *material turn* in den Sozialwissenschaften auf. Trotz aller Heterogenität der Themen und Theorien ist allen hier präsentierten Beiträgen gemeinsam, dass sie Religion und das Religiöse als prozesshaft, unfertig, vielgestaltig und als permanent sozialen Konstruktions-prozessen unterworfen verstehen und Religionssoziologie als wissenschaftliches Feld begreifen, das sowohl expliziter Theoriebildung als auch empirischer For-schung bedarf. Die Beiträge präsentieren deutsche Religionssoziologie damit als multiparadigmatische Wissenschaft in einem sowohl Themen und Perspektiven als auch Methoden umfassenden Sinne. Es ist das erklärte Ziel der Heraus-geber:innen, die Diskussionen und Debatten der Religionssoziologie mit den hier nun verschriftlichten Vorträgen 25 Jahre nach der erneuten Gründung der Sektion nicht nur zu bündeln, sondern vielmehr durch Impulse anzuregen und weiterzuführen.

Literatur

Astor, Avi; Burchardt, Marian; Griera, Mar (2017): The Politics of Religious Heritage: Framing Claims to Religion as Culture in Spain. *Journal for the Scientific Study of Religion* 56 (1), S. 126–142.

Auga, Ulrike (2023): Geschlecht und Religion angesichts von (Post-)Säkularitäten, in: Rau, Vanessa; Nicoubin, Mahyar (Hrsg.): *Religionsverfassungsrecht revisited*. Bonn: Bundes-zentrale für politische Bildung, S. 49–75.

Bechert, Insa (2018): Comparing religiosity cross-nationally. *Zeitschrift für Religion, Gesell-schaft und Politik* 2 (1), S. 135–157.

Bellah, Robert N. (1967): Civil Religion in America. *Daedalus* 96 (1), S. 1–21.

Berger, Peter L. (1967): *The sacred canopy: Elements of a sociological theory of religion*. New York: Anchor Press.

Beyer, Heiko (2019): The Globalization of Resentment: Antisemitism in an Inter- and Transnational Context. *Social Science Quarterly* 100 (5), S. 1503–1522.

Bhabha, Homi K. (2012): *The Location of Culture*. London: Routledge.

Burchardt, Marian; Wohlrab-Sahr, Monika; Middell, Matthias (2015): *Multiple Secularities Beyond the West: Religion and Modernity in the Global Age*. Boston: De Gruyter.

Burchardt, Marian; Becci, Irene; Giorda, Mariachiara (2016): Religious super-diversity and spatial strategies in two European cities. *Current Sociology* 65 (1), S. 73–91.

Breuer, Marc (2018): Religious Milieus and their Striving towards Segmented Differentiation, in: Schnabel, Annette; Reddig, Melanie; Winkel, Heidemarie (Hrsg.): *Religion im Kontext\Religion in Context*. Baden-Baden: Nomos Verlagsgesellschaft, S. 269–286.

Casanova, José (1994): Religion und Öffentlichkeit. *Transit* 8, S. 21–41.

Durkheim, Émile (2007 [1912]): *Die elementaren Formen des religiösen Lebens*. Frankfurt am Main: Verlag der Weltreligionen.

Fox, Jonathan (2011): Out of Sync: The Disconnect between Constitutional Clauses and State Legislation on Religion. *Canadian Journal of Political Science* 44 (1), S. 59–81.

Fuller, Michael (2017): Big Data, Ethics and Religion: New Questions from a New Science. *Religions* 8 (5), S. 88.

Gärtner, Claudia (2020): *Klima, Corona und das Christentum: Religiöse Bildung für nachhaltige Entwicklung in einer verwundeten Welt*. Bielefeld: transcript Verlag.

Hillebrandt, Frank (2012): Die Soziologie der Praxis und die Religion – Ein Theorievorschlag, in: Daniel, Anna; Schäfer, Franka; Hillebrandt, Frank; Wienold, Hanns (Hrsg.): *Doing Modernity – Doing Religion*. Wiesbaden: Springer VS, S. 25–57.

Huber, Stefan; Klein, Constantin (2011): Spirituelle und religiöse Konstcrukträume: Plurale Konstruktionsweisen religiöser und spiritueller Identitäten im Spiegel der deutschen Daten des Religionsmonitors 2008, in: Büssing, Arndt; Kohls, Niko (Hrsg.): *Spiritualität transdisziplinär: Wissenschaftliche Grundlagen im Zusammenhang mit Gesundheit und Krankheit*. Wiesbaden: Springer VS, S. 53–66.

Kaden, Tom (2019): *Creationism and Anti-Creationism in the United States: A Sociology of Conflict*. New York: Springer.

Karstein, Uta; Schmidt-Lux, Thomas (2017): *Architekturen und Artefakte*. Wiesbaden: Springer VS.

Knoblauch, Hubert (1999): *Religionssoziologie*. Berlin: De Gruyter.

Köhrsen, Jens (2017): When Sects Become Middle Class: Impression Management among Middle-Class Pentecostals in Argentina. *Sociology of Religion* 78 (3), S. 318–339.

Luckmann, Thomas (1967): *The invisible religion: The problem of religion in modern society*. New York: Macmillan.

Luhmann, Niklas (1977): *Die Funktion der Religion*. Frankfurt am Main: Suhrkamp.

Norris, Pippa; Inglehart, Ronald (2011): *Sacred and Secular: Religion and Politics Worldwide*. Cambridge: Cambridge University Press.

Parsons, Talcott (1966): Religion in a modern pluralistic society. *Journal of Religious Research* 7 (3), S. 125–146.

Petzke, Martin (2012): Visualisierung und Differenzierung. Zur wahlverwandtschaftlichen Beziehung bildlichen Eigensinns und der Konstitution eigenlogischer Sinnsysteme am Beispiel der Religion. *Soziale Systeme* 18 (1–2), S. 119–152.

Pickel, Gert (2018): Rückkehr des Religiösen in Form von religiösen Symbolen?, in: Ceylan, Rauf; Uslucan, Haci-Halil (Hrsg.): *Transformation religiöser Symbole und religiöser Kommunikation in der Diaspora*. Wiesbaden: Springer VS, S. 43–64.

Pollack, Detlef (2003): *Säkularisierung – ein moderner Mythos? Studien zum religiösen Wandel in Deutschland*. Tübingen: Mohr Siebeck.

Pollack, Detlef; Rosta, Gergely (2015): *Religion in der Moderne. Ein internationaler Vergleich*. New York: Campus.

Putnam, Robert. D.; Campbell, David E. (2012): *American Grace: How Religion Divides and Unites us*. New York: Simon and Schuster.

Reddig, Melanie (2018): Religiöse Rituale im Internet, in Schnabel, Annette; Reddig, Melanie; Winkel, Heidemarie (Hrsg.): *Religion im Kontext\Religion in Context*. Baden-Baden: Nomos Verlagsgesellschaft, S. 117–130.

Reddig, Melanie; Kron, Thomas (2007): *Analysen des transnationalen Terrorismus. Soziologische Perspektiven*. Wiesbaden: Springer VS.

Roy, Oliver (2017): *Jihad and death: The global appeal of Islamic State*. Oxford: Oxford University Press.

Sammet, Kornelia; Erhard, Franz (2018): Religion im Wohlfahrtsstaat: Konzeptionen und Begründungen von Lebensmittelhilfe für Bedürftige in Großbritannien und Irland. *Zeitschrift für Religion, Gesellschaft und Politik* 2 (1), S. 27–60.

Schlieter, Jens (2010): *Was ist Religion?* Stuttgart: Reclam.

Schnabel, Annette; Beyer, Heiko; Behrens, Kathrin (2020): Religious freedom and equality rights, and their contentious implementation, in: Kindström Dahlin, Moa; Larsson, Oscar; Winell, Anneli (Hrsg.): *Religion, Migration, and Existential Wellbeing: Theorizing the Role of Religion in Contemporary Migration and Integration Governance*. New York: Routledge, S. 21–39.

Schnabel, Annette; Hönes, Lisa (2021): Religion und Nation und ihre Einbettung in Verfassungen als Kontext. *Zeitschrift für Religion, Gesellschaft und Politik* 5 (2), S. 313–341.

Simmel, Georg (1906): *Die Religion*. (Buber, Martin (Hrsg): Die Gesellschaft: Sammlung sozialpsychologischer Monographien, Band 2). Frankfurt am Main: Rütten und Loening.

Stark, Rodney; Bainbridge, William S. (1985): *The Future of Religion: Secularization, Revival and Cult Formation*. Berkeley: University of California Press.

Stark, Rodney; Bainbridge, William S. (1996): *A Theory of Religion*. New Brunswick: Rutgers University Press.

Stark, Rodney; Bainbridge, William S. (1997): Toward a Theory of Religion: Religious Commitment, in: Spilka, Bernard (Hrsg.): *The Psychology Of Religion*. New York: Routledge, S. 27–42.

Stark, Rodney; Glock, Charles Y. (1965): The „New Denominationalism". *Review of Religious Research* 7 (1), S. 8–17.

Ullah, Akm Ahsan (2011): Rohingya refugees to Bangladesh: Historical exclusions and contemporary marginalization. *Journal of Immigrant und Refugee Studies* 9 (2), S. 139–161.

Weber, Max (2013 [1905]): Die protestantische Ethik und der „Geist" des Kapitalismus. München: C.H. Beck (zuerst Tübingen: Mohr Siebeck).

Winkel, Heidemarie (2017): Multiple religiosities, entangled modernities and gender: What is different about gender across religious cultures? *Zeitschrift für Religion, Gesellschaft und Politik* 1 (1), S. 89–109.

Witte, Daniel (2015): Umstrittene Grenzen: Das Feld der Macht als Ort von Deutungskämpfen um Recht und Religion, in: Gephart, Werner (Hrsg.): *Rechtsanalyse als Kulturforschung II*. Tübingen: Mohr Siebeck, S. 357–391.

Yendell, Alexander; Sammet, Kornelia; Schnabel, Annette; Breuer, Marc; Köhrsen, Jens (2023): Religion und Pandemie: Folgen der Corona-Pandemie für Religion und alternative Weltinterpretationen. *Sonderheft der Zeitschrift für Religion, Gesellschaft und Politik* 7.

Zimmermann, Judith (2023): Multiple Säkularitäten im globalen Kontext, in: Rau, Vanessa; Nicoubin, Mahyar (Hrsg.): *Religionsverfassungsrecht revisited*. Bonn: Bundeszentrale für politische Bildung, S. 33–49.

Annette Schnabel ist Professorin für Soziologische Theorie an der Heinrich-Heine-Universität. Ihre Forschungsschwerpunkte betreffen: Religionssoziologie, Geschlechterforschung, Wohlfahrtsstaatsforschung und Tier-Mensch-Beziehungen. Jüngere Publikationen sind: „Von Mädchen und Pferden", Tierstudien (2023, mit Alexandra König), „Die wahrgenommene feministische Bedrohung: Empirische Befunde zum Antifeminismus in Deutschland", Österreichische Zeitschrift für Soziologie (2021, mit Heiko Beyer und Bettina Ülpenich), „Religion und ihre Einbettung in Verfassungen als Kontext", Zeitschrift für Religion, Gesellschaft und Politik (2021, mit Lisa Hönes).

Lisa Hönes ist wissenschaftliche Mitarbeiterin an der Heinrich-Heine-Universität in Düsseldorf. Ihre Forschungsschwerpunkte betreffen: Religionssoziologie, Soziologische Theorie und Verfassungssoziologie. Zuletzt publiziert wurde „Religion und ihre Einbettung in Verfassungen als Kontext", Zeitschrift für Religion, Gesellschaft und Politik, 2021 (zusammen mit A. Schnabel).

Zur Eröffnung: Religionssoziologie vor 25 Jahren und heute

2

Hartmann Tyrell

Der Text, der hier nun in gedruckter Form *dem Leser* entgegentritt, hat eine Vorgeschichte und in dieser einen kommunikativen Gestaltwandel durchlaufen. Formuliert wurde er als Eröffnungsvortrag der Tagung „Religionsanalyse und Theorieentwicklung" der *Sektion Religionssoziologie* der *Deutschen Gesellschaft für Soziologie*, die zu Anfang Dezember 2021 am Zentrum für interdisziplinäre Forschung der Universität Bielefeld stattfinden sollte, als Tagung unter dort Anwesenden. Anlass der Tagung war, wenn man es so lebensweltlich ausdrücken darf, der 25. Geburtstag der Sektion, dies aus Pandemiegründen um ein Jahr verspätet. Die Pandemie aber intervenierte ein zweites Mal und zwang die Sektion dazu, ihre Tagung in *hybrider* Gestalt zu realisieren. Der Verfasser dieses Textes indes hatte seinen Vortrag durchaus bewusst auf die *orale* Form hin vorbereitet, und er hat es sich dann nicht nehmen lassen wollen, diese im digitalen Sozialkontext spielförmig beizubehalten. Er trug via Zoom vor, als ob man im Bielefelder ZiF geburtstagsfeierlich versammelt wäre. Und auch den nun folgenden gedruckten Text habe ich in dieser als-ob-Form belassen.

Liebe Kolleginnen und Kollegen,

eine Geburtstagsfeier digital? Irgendwie geht das nicht! Bitte erlauben Sie mir über das Land verstreut deshalb, Ihnen mein, wenn ich so sagen darf, ‚Geburtstagsständchen' in der Spielform der *Kommunikation unter Anwesenden* zu präsentieren, also so zu tun, als seien wir hier in Bielefeld alle miteinander feierlich-festlich-präsentisch versammelt. Ich verlasse mich auf Ihr Wohlwollen und unterstelle fürs Weitere die Erlaubnis als erteilt.

Uns allen ist vor Augen: mit dem 25. Geburtstag der *Sektion Religionssoziologie*, den wir heute (verspätet) begehen, feiern wir eine Wiedergeburt, in der

H. Tyrell (✉)
Universität Bielefeld, Bielefeld, Deutschland
E-Mail: hartmann.tyrell@uni-bielefeld.de

© Der/die Autor(en), exklusiv lizenziert an Springer Fachmedien Wiesbaden
GmbH, ein Teil von Springer Nature 2024
A. Schnabel et al. (Hrsg.), *Religionsanalyse und Theorieentwicklung*,
Veröffentlichungen der Sektion Religionssoziologie der Deutschen Gesellschaft
für Soziologie, https://doi.org/10.1007/978-3-658-44533-1_2

Organisationssprache: eine Neugründung. Lassen Sie mich zur Geschichte dieser Neugründung einige Bemerkungen machen, zunächst zu ihrer Vorgeschichte,
zu einem Sterbefall. Thomas Luckmann, seinerzeit in Frankfurt am Main lehrend und Sprecher der Sektion Religionssoziologie, hat diese Sektion zu Anfang
der 1970er Jahre aufgelöst oder abgemeldet – mangels Nachfrage. Ich sage nur:
1968 ist der Religionssoziologie nicht gut bekommen, es galt von da an, soweit
überhaupt, nur noch Religionskritik etwas. Die Geschichte der seinerzeitigen
Auflösung der Sektion ist, soweit ich sehe, noch nicht erzählt; sie sollte aber
gelegentlich doch näher erzählt werden.

Erwähnen möchte ich aber ein Nachwort von Thomas Luckmann. Es entstammt dem von ihm selbst und Karl-Fritz Daiber herausgegebenen Sammelband
mit dem ambitiösen Titel „Religion in den Gegenwartsströmungen der deutschen Soziologie", nach längerer Vorarbeit 1983 erschienen. Der Band ist in
kontrafaktischer Absicht publiziert. Er will, wie Daiber gleich zu Beginn in
der Einleitung sagt, dem verbreiteten Eindruck entgegentreten: „[E]ine deutschsprachige Religionssoziologie existiert im Augenblick nicht." Die Botschaft des
breiter aufgestellten Bandes ist: Es gibt sie doch! Thomas Luckmann selbst ist
in dem Band mit einer kurzen „Nachbemerkung" vertreten, der aufgetragen ist,
einen Blick in die Zukunft zu werfen. Dem stellt er sich nur widerwillig, um dann
aber doch die wenig optimistische „Vermutung" zu äußern: „[W]eiterhin Religionssoziologie so ähnlich wie bisher". Und das hieß: So dürftig und *invisible* wie
zuvor. Wir aber dürfen, meine ich, sagen: es ist dann – schon in der ersten Hälfte
der 90er Jahre – anders gekommen, und dazu gehörte nicht unwesentlich auch,
dass 1991 – endlich! – Luckmanns „Invisible Religion" auf Deutsch erschien.
Und spätestens im Herbst 1995 war es auch mit der organisatorischen Unsichtbarkeit der Religionssoziologie vorbei: Auf dem 27. Kongress der Deutschen
Gesellschaft für Soziologie in Halle trat sie als Sektion in der DGS wieder ein
ins öffentliche Leben. Ihr erster Sprecher war Detlef Pollack.

Ist Bielefeld aber der rechte Ort für die Geburtstagsfeier? Will man darauf
antworten, so muss man noch etwas verweilen bei der religionssoziologischen
Dürrezeit der 1970er und auch den nach und nach wieder regenreicheren 80er
Jahren. Um 1970 noch stand es eigentlich gar nicht so schlecht: Es gab (noch)
das *Internationale Jahrbuch für Religionssoziologie,* seit 1965. Joachim Matthes'
zweibändige, in der rde-Reihe erschienene „Einführung in die Religionssoziologie" (1967, 1969) lag abgeschlossen vor; Luckmanns „Invisible Religion" tat
dies seit 1967[1] und ebenso auch Peter L. Bergers „Sacred Canopy" (in deutscher
Sprache: Berger 1973), um nur Titel zu nennen, die nach 1990 dann lebhaft im

---

[1] Schon auf Luckmann (1963) darf hingewiesen werden.

Gespräch waren. Um es forciert zu sagen: All das wurde überrollt von der Welle des Neomarxismus, die für die soziologische Befassung mit Religiösem nur Religionskritik zuließ. Es war hier, 1975 erschienen, nahezu einzig „Das Jenseits der Gesellschaft", das Buch von Karl-Wilhelm Dahm, Volker Drehsen und Günter Kehrer, das die Sache der Religionssoziologie selbstbewusst verteidigte und zeigte, was sie auch gesellschaftstheoretisch aufzuweisen hatte. Ansonsten aber wurde es still um die Religionssoziologie, und die Kirchensoziologie zog sich nach Rummelsberg zurück. An der Bielefelder Fakultät für Soziologie lagen die Dinge anders. Ich habe das in einem Franz-Xaver Kaufmann gewidmeten Beitrag näher dargestellt (Tyrell 2014), und brauche hier nur auf Niklas Luhmanns „Funktion der Religion" (1977) hinzuweisen, auf Kaufmanns Katholizismusstudien, auf religionssoziologische Kolloquien, die es wiederholt (mit Einladungen in viele Richtungen) gab, aber auch auf das leider gescheiterte Vorhaben der Gründung eines ökumenisch wie interdisziplinär orientierten Theologischen Instituts (ThIB). Joachim Matthes hielt der Aufbaukommission auch nach seinem Weggang aus Bielefeld die Treue. Ich deute das nur an und möchte sagen: Bielefeld ist – im Blick auf seine besonderen religionssoziologischen Bemühungen in jener Dürrezeit – *nicht* schlecht gewählt für unsere Festivität.

Und was verschafft mir nun die Ehre, zu diesem Jahrestag – immerhin ein Vierteljahrhundert – hier zu Ihnen sprechen zu dürfen? Das ist schnell erklärt: Das Bemühen um die organisatorische Neugründung der Sektion lag seit 1990 in Händen eines Gründerquintetts, dem es zunächst darum zu tun war, innerhalb der DGS den Status einer religionssoziologischen Arbeitsgruppe zugesprochen zu bekommen; in dieser ‚Arbeitsgruppenzeit' lag für unser Gründerquintett die Federführung bei mir. Wer waren die Gründer? Ich nenne zuerst *Volker Drehsen,* der für uns seinerzeit weit mehr war als nur der Brückenbauer hin zur Praktischen Theologie; er war ja – theorieengagiert – im Wesentlichen der Autor von „Das Jenseits der Gesellschaft" (1975); das Buch ist als religionssoziologisches Überblickswerk kaum einem von uns unbekannt; auch an den erwähnten „Gegenwartsströmungen" (1983) war er maßgeblich beteiligt. Volker Drehsen ist im März 2013 viel zu früh verstorben; eine gewichtige religionssoziologische Aufsatzsammlung war unter dem Titel „Der Sozialwert der Religion" (2009) wenige Jahre zuvor erschienen, anlässlich des 60. Geburtstags. Sodann *Andreas Feige,* an dessen Eintritt in die Religionssoziologie eine Kirchenaustrittsstudie stand (Feige 1976).[2] In unserem Quintett war er (mit Drehsen) der Verbindungsmann zum *ArkiF,* zum Rummelsberger Kreis, also jenem primär protestantischen Kreis, in

---

[2] In die Zeit unserer Zusammenarbeit fiel die Publikation seiner umfangreichen Kirchenmitgliedschaftsuntersuchung (Feige 1990).

dem von der Mitte der 1970er Jahre an Kirchensoziologie und empirische Forschung „überwinterten". Andreas Feige hat uns nach langer Krankheit im April
des letzten Jahres verlassen; er hatte sich – weiterhin intellektuell streitbar und
immer anregend – in den Jahren zuvor im religionssoziologischen Kollegenkreis
aber durchaus noch wiederholt sehen lassen. Bleiben drei Überlebende, von denen
ich zuerst *Karl Gabriel* nennen möchte; er ist leider nicht ‚unter uns', *online* aber
bei uns. „Soziologie des Christentums" war (von Matthes her) in den 1970ern
die Programmformel, und gemeinsam mit Kaufmann war Gabriel Herausgeber
des folgenreichen Sammelbandes „Zur Soziologie des Katholizismus" (1980); um
1990 war Gabriels „Christentum zwischen Tradition und Postmoderne" (1992)[3]
noch in Arbeit. Für unseren Kreis war damit die Brücke zu dem nicht kleinen
Kreis katholischer Forscher und Interessenten geschlagen. Was mich selbst, als
Bielefelder, angeht, so lag mir damals – unter Differenzierungsvorzeichen – die
Verknüpfung von Familien- und Religionssoziologie am Herzen (Tyrell 1982,
1993); obendrein war ich ein Weberianer. Wie gesagt: Die Anfänge der Neugründung fallen in das Jahr 1990, sie fielen damit in das Jahr der Wiedervereinigung.
Und die Kollektivfreude über die Wende fand sich für uns zusammen mit der
Freude darüber, dass von Leipzig aus Detlef Pollack zu dem Gründerkreis stieß.;
Dem „Koordinierungskreis", wie wir uns damals nannten, gehörte er vom ersten Moment an mit an; Vereinigung damit auch im Kleinen. Schon 1988 war,
von Luhmann selbst vermittelt, (bei Peter Lang) Pollacks „Religiöse Chiffrierung
und soziologische Aufklärung" erschienen, die Leipziger Dissertation über Luhmanns Religionstheorie. Und der erste begriffsklärende Vorstoß auf „das religiöse
Bezugsproblem" erschien schon 1990 in der *Schweizerischen Zeitschrift für Soziologie*. Türöffnung also in der Richtung der neuen Bundesländer und ebenso der
Theorieinteressenten. Soviel zum Gründerquintett.

   Dies Quintett, dessen Mitglieder sich damals allesamt zum Kreis der Jüngeren
zählten, hatte allerdings gerade beim Start die Rückendeckung durch zwei ältere
Kollegen und Professoren, die der Religionssoziologie schon seit den 1960er
Jahren verpflichtet waren. Gemeint sind Joachim Matthes und Franz-Xaver Kaufmann, beide mit Bielefeld-Touch. Und man darf sagen, dass 1990, auf dem 25.
Deutschen Soziologentag in Frankfurt am Main Kaufmann der *primus movens*
war, der die Bewegung in Richtung Arbeitsgruppe und Sektion anstieß – er
war der Anwalt der Religionssoziologie im Konzil der DGS und auch in der
einschlägigen Frankfurter ad-hoc-Gruppe mit dabei, als es abschließend um das
‚Einsammeln' von Interessenten ging. Dass der Koordinierungskreis, der dann das

---

[3] Das Buch hat seinen Platz unter den „Schlüsselwerken der Religionssoziologie" gefunden.

Weitere in die Hand nahm, kein perfektes Abbild der damaligen religionssoziologischen ‚Gegenwartsströmungen' war, ist wohl richtig, aber der Tagungsbetrieb, der dann in Gang kam, dürfte diese dann im Wesentlichen doch eingemeindet haben.

Lassen Sie mich dann ganz knapp und stichwortartig berichten, was wir bezogen auf den Tagungsbetrieb und die Sichtbarmachung der religionssoziologischen Forschung in den fünf Jahren zuwege gebracht haben. Es begann Anfang des Jahres 1992, gut besucht, in Bad Orb unter dem Titel „Religionssoziologische Theoriebildung und empirische Forschung: Probleme ihres Verhältnisses". Joachim Matthes (1992) eröffnete die Tagung mit seinem Thema: „Auf der Suche nach dem Religiösen". Alle Vorträge erschienen noch im selben Jahr als Heft 2 von *Sociologia Internationalis* 30, 1992; ihnen vorangestellt war, immer noch lesenswert, ein von Drehsen verfasstes Editorial, das den ‚Geist der Gründerzeit' eindrucksvoll zur Sprache bringt und das ich als kleines Geburtstagsgeschenk, den Anwesenden zumindest, aushändigen möchte. Ich muss noch anfügen: In Bad Orb wurde gewählt und unser Koordinierungskreis in seiner Aufgabe bestätigt.

Im Dezember 1993 ging es dann weiter, nun den Klassikern des Faches zugewandt und abermals, über die Spezialisten und Spezialistinnen hinaus, gut besucht. Der Ort war Wiesbaden-Naurod, der Titel: „Religionssoziologie und Diagnosen zur ‚religiösen Lage' um die Jahrhundertwende". In der F.A.Z. gab es einen Bericht, und der Band zur Tagung erschien dann, von Volkhard Krech und mir herausgegeben, 1995 unter dem Titel „Religionssoziologie um 1900".[4] Die dritte Tagung der Arbeitsgruppe (Ende 1994) kehrte sehr bewusst in die (seinerzeitige) Gegenwartsgesellschaft zurück und nahm zeitgerecht die Herausforderung durch Ulrich Beck auf: „Religiöse Individualisierung und Gruppenprozesse", dies wieder in Naurod. Der von Gabriel herausgegebene und prominent besetzte Tagungsband umreißt in seinem Titel das weite und teils kontroverse Themenspektrum der Tagung noch besser: „Religiöse Individualisierung und Säkularisierung. Biographie und Gruppe als Bezugspunkte moderner Religiosität". Der Band erschien dann 1996 als Band 1 in der Reihe der Veröffentlichungen der Sektion. Schließlich Ende 1995 und jetzt als Sektionstagung: „Religion als Kommunikation", abermals in Naurod und sehr prominent besetzt. Die F.A.Z. berichtete, dass es Religionssoziologie in Deutschland wieder gab, und es fiel auf, dass Luhmann und Luckmann, die beide vortrugen, der Kopräsenz zu entgehen bemüht waren. Der theorieschwere Tagungsband erschien 1998, herausgegeben von Hartmann Tyrell, Volkhard Krech und Hubert Knoblauch.

---

[4] Er hat jüngst, ebenfalls in der Reihe *Religion in der Gesellschaft,* eine recht umfangreich geratene Fortsetzung erfahren (Krech und Tyrell 2020).

Zweierlei bleibt nachzutragen. Zunächst: Ich habe bislang nur von den selbständigen Tagungen der Arbeitsgruppe bzw. Sektion berichtet. Aber natürlich präsentierte sich die Religionssoziologie auch auf den zwischenzeitlichen Soziologentagen, und auch auf dem XIII. Weltkongress für Soziologie, der 1994 in Bielefeld stattfand, haben wir zwei thematische Sitzungen bestritten: „Religious Change in Eastern Germany" und „Central Europe and its Two Churches. Convergences and Divergences". Sodann: Was den religionssoziologischen Existenzbeweis angeht, so fällt für die zweite Hälfte der 1990er Jahre auf, dass sich damals verschiedene Zeitschriften um religionssoziologische Literatur- und Forschungsberichte bemühten; ich war da auch ein Adressat (Tyrell 1996), möchte aber vor allem auf die beiden Berichte von Monika Wohlrab-Sahr (2000) und Michael Ebertz (1997) hinweisen. Wichtig dabei: Die Nachfrage kam auch aus Nachbarfächern der Soziologie. Man kann darüber hinaus an die soziologische Lehre denken und auf zwei 1999 erschienene kleinere Einführungen in die Religionssoziologie hinweisen, eine von Krech bei Transkript und eine bei Göschen von Knoblauch. Bei aller Unterschiedenheit herrscht in den religionssoziologischen Portraits der Genannten Übereinstimmung darin, dass sie die religionssoziologische Klassik um 1900 würdigten und die Probleme des Religionsbegriffs zur Sprache brachten, dies teils in Berührung mit der Diskussion des Säkularisierungsthemas. Besonderes Gewicht aber kam durchweg der Darstellung der, wie es nun gern heißt, ‚neoklassischen' Theorien zu; im Vordergrund stehen dabei die Namen von Berger, Luckmann und Luhmann. Mit Wohlrab-Sahr und den anderen religionssoziologischen Berichterstattern sind im Übrigen schon Kollegen und Kolleginnen benannt, die nach 2000 das Gesicht der Religionssoziologie hierzulande mitgeprägt haben und dabei auch das der Sektion.

Damit nun genug der Existenz- und Vitalitätsbeweise aus der Zeit vor 2000 und in gewisser Weise vor 2001. Zugleich ist es damit an der Zeit, mich des Titels dieses Vortrags zu entsinnen, also mich dem „und heute" zuzuwenden. Lassen Sie mich das zunächst tun vor dem auf das Fach bezogenen Erwartungshorizont, wie er sich in der eben genannten, eher deutschsprachig orientierten Literaturberichterstattung vor 2000 ausspricht. Man stellt dabei – rückblickend überrascht – fest: In dieser Berichterstattung ist noch wenig von Globalisierung die Rede; für den religionssoziologischen Blick auf den Islam und die iranische Revolution stand in Deutschland Martin Riesebrodts Fundamentalismusstudie von 1990 eher vereinzelt da. Die Wiederkehr der Religion (zumal als Säkularisierungsdementi) ist noch kein Thema, und kaum entnimmt man der besagten Literatur Hinweise auf den im Folgejahrzehnt so nachdrücklich bevorstehenden Wechsel der dominanten Blickrichtung des Faches hin auf das Verhältnis von Religion und Politik.

Dies, obwohl Casanovas „Public Religions in the Modern World" schon 1994 erschienen war.

Ich vermute: Das Jahr 2001 veränderte die Rahmenbedingungen und nenne nur ein paar Stichworte. Von hier an gibt es so etwas wie öffentliche Nachfrage nach Religionssoziologie. Das Fach stellt sich verstärkt auf eine letztlich politisch orientierte Beobachtung der Religionsentwicklung ein und findet dabei zusammen mit einer zunehmend religionsinteressierten Politikwissenschaft. Ein starkes Sonderinteresse am Islam entwickelt sich. Das Fach wird in einem Mehrfachsinne internationaler, es integriert z. B. die die amerikanische RC-Literatur („Marktmodell") in seinen Theoriehaushalt und betreibt die weitergeführte Säkularisierungsdebatte nun vor globalem Horizont. Es gibt reichhaltige empirische Forschung, quantitative wie qualitative; mehrere Lehrstühle, Anteil sowohl am Münsteraner Cluster *Religion und Politik,* als auch an der Leipziger Forschergruppe *Multiple Secularities,* mehrere Buchreihen, auch eine sektionsnahe Zeitschrift, gewichtige Handbücher. Kurz und gut: unbestreitbarer Aufschwung, sichtliche Konsolidierung und erhebliches Größenwachstum!

Ich breche hier ab: Will man Definitives über die *heutige* Religionssoziologie hierzulande erfahren, so kann man Besseres nicht tun, als sich unserer Tagung hinzugeben. *Hic Rhodos, hic salta!*

Ich dagegen wende mich, was das Heute angeht, einer öffentlich durchaus wahrgenommenen ‚religiösen Notlage' zu. Ich nutze die Gunst der Stunde bzw. die Ungunst dieser Tage und wende mich als Religionssoziologe der *Corona-*Pandemie zu, wohl wissend, dass das fast unvermeidlich im Fach mancherorts längst geschieht. Religionssoziologische Forschung kommt ja kaum umhin, sich aktuell angesprochen zu fühlen, wenn ein Gesellschaftstheoretiker oder eine Gesellschaftstheoretikerin von Rang speziell im „System der Religion" den Kandidaten identifiziert, der „sich als der eigentliche Verlierer der Corona-Krise erweisen" könnte (so Rudolf Stichweh in der F.A.Z. vom 7.4.2020). Das Forschungsinteresse, das mit diesen Worten angestoßen ist, möchte ich als ein religionssoziologisch heute gebotenes bekräftigen und hier nur wenige kurze Überlegungen dazu beisteuern. Sie haben, wie in Bielefeld unvermeidbar, mit funktionaler Differenzierung zu tun. Was ich sage, ist ziemlich improvisiert und basiert, wie ich betonen muss, vornehmlich auf Zeitungswissen[5]; zudem ist es recht christlich geraten und wird der religiösen Vielfalt schon hierzulande schwerlich gerecht. Dafür bitte ich um Nachsicht.

---

[5] Damit auf Aktualitäten von gestern und bald von vorgestern! Quellenangaben biete ich nur in wenigen Fällen. Das Material aber halte ich auf eventuelle Nachfragen hin verfügbar.

Blickt man mit Jean Delumeau (1985) in die europäische Vergangenheit, so kann man den Eindruck haben, dass ehedem Seuchen (die Pest, das Massensterben) in gewisser Weise die Stunde der Religion schlagen ließen, zumindest auch die der Religion; ein Nachhall davon noch in Camus' Buch „ Die Pest". Die Stunde der Religion – durchweg vergänglich –, das soll heißen: Die soziale Gegebenheit einer Unterbrechung des kollektiven Alltags mit der Chance breitenwirksam erhöhter religiöser Kommunikation und Aufmerksamkeit dafür. Dies in viererlei Hinsicht: Erstens in der *Deutung* und religiös plausiblen Erklärbarmachung des Unheils; das heißt bekanntlich vor allem: Sündenbeschwörung und göttliche Bestrafung. Zweitens in der Bereitstellung des *religiösen Wissens* darum, was in solchem angstbesetzt-gesellschaftlichen Ausnahmezustand sinnvolles, Schutz verheißendes Handeln ist und was überhaupt Bestimmtes tun lässt. Das heißt zunächst Aktivierung rituell-sakramentaler Abwehr oder Gegenwehr, also: Große Messen, Bittprozessionen, Gelübde, Bußübungen, der heilige Rochus. Es heißt in den Städten vom 14. Jahrhundert an andererseits auch Quarantäne. Drittens steht angesichts der massenhaften Not und der Angst zum Trotz *religiöser Sinn* bereit zur Motivierung und sozialen Mobilisierung des Karitativen, für Nothilfe, Armenspeisung, Krankenpflege, für die Werke der Barmherzigkeit; hier sind – in den Städten, als besonderes Personal, die Bettelorden gefordert; sie bleiben vor Ort, wo andere fliehen. Viertens schließlich in dieser idealtypischen Reihung und über den epidemischen Kontext hinausführend: Das Sterben und die Sterbebegleitung sind in *priesterlicher Hand* – Sakramente spendend, seelsorgerisch. In der hier geltenden Sicht der Dinge stellt sich bei jedem Sterben stellt je individuell die Frage von Heil/Unheil; es geht ums Ganze davon. Das Mittelalter (erst recht die Zeit der Gegenreformation) sah um der Seelenrettung willen den Platz des Priesters bei den Sterbenden. Denken Sie an das Sterbesakrament und die Beschreibung des ,christlichen Todes' bei Bernhard Groethuysen (1978).

In allen vier Hinsichten ist der öffentliche Eindruck, der heute – angesichts der Pandemie – von religiöser Seite und zumal den großen christlichen Kirchen hierzulande vermittelt wird, ein weitgehend direkt gegenläufiger.

Erstens ist der Eindruck der einer bemerkenswerten *Deutungsschwäche*; gemeint ist die Geltendmachung spezifisch religiösen Sinns und religiöser Sprachmuster. Nachdem man von der Sünde nicht mehr reden mag, hat sich auch die alte Erzählung von der Strafe Gottes erledigt. Zumal war das anfängliche Schweigen kirchlicherseits öffentlich auffällig. Und da man sich zur Deutung des Krisengeschehens so wenig ins Gespräch gebracht hatte, erlosch dann im Weiteren auch die Nachfrage nach religiösen Stimmen. In der Vielzahl der Talkshows traten und treten, wenn ich es recht sehe, religiöse Experten und Expertinnen kaum auf.

Eine Kränkung kam hinzu: Der virologisch gesteuerte Blick des Gesundheitssystems richtet sich auf alle Interaktionen, die gesellschaftsweit anfallen (Ansteckungsgefahr). Nebenher: Erving Goffmans begriffliche Isolierung der ‚Interaktion' (unter Anwesenden)[6] findet man hier in ganz selektiver Hinsicht ebenfalls praktiziert: Der ko-präsente Kontakt von Menschen mit Menschen als solcher ist der Ansteckungsort, und Kontaktreduktion die ansteckungsvermeidende Konsequenz; dies im Sinne der großflächigen Unterbindung oder doch der quantitativen Minderung von sozialer Interaktion. (Die hygienische Überformung und Distanzsicherung im Verkehr der Anwesenden, soweit er unvermeidlich ist, kommt hinzu.) Die Gebote der Kontaktvermeidung oder -reduktion, die Versammlungsverbote, wie Corona sie nach sich gezogen hat, zielen ganz unterschiedslos auf Interaktionssysteme, seien sie nun gemeinsames Kaffeetrinken, Fußballspielen, gemeinsames Musizieren oder eben Gottesdienste. Sie erinnern sich: Das, was hier im Lockdown zunächst einzig einen Unterschied machte, hieß „Systemrelevanz", und nicht ohne Kränkung der kirchlichen Selbstsicht fanden sich die religiösen Interaktionen unterschiedslos auf der irrelevanten Seite wieder.[7] Eine Institution göttlichen Ursprungs, der sie vom ‚Weltlichen' scheidet, verträgt solche Gleichbehandlung nicht gut, am wenigsten zu Ostern, dem christlichen Hochfest, und angesichts eines noch immer christlich dominierten Feiertagskalenders. Und trotzdem hatte man den Eindruck, dass der Verzicht auf Gottesdienste an den Ostertagen, wie ihn in der gleichen Zeit für sich auch die jüdischen Gemeinden und islamischen Verbände akzeptierten, den Kirchenleitungen nicht übermäßig schwerfiel; in den Gemeinden und kirchlichen Einrichtungen ist das teilweise wohl anders gewesen. Der Gedanke indes, die Gottesdienste hätten ihren ‚Sozialwert' und kämen (heilbringend) auch der innergesellschaftlichen Umwelt, dem krankheitsbefallenen Gemeinwesen zugute, war kaum zu hören. Nicht der Mehrwert an Segen fiel ins Gewicht, den gerade die Versammlung zur Osterfeier heraufführt, deren Thema der *Sieg* über den Tod ist, vielmehr der Hinweis auf die praktizierte Ansteckungsvermeidung als christliche Für- und Vorsorge. Ins Gewicht fiel aber vielleicht noch mehr die abschreckende Vorstellung von Gottesdiensten, die Schaden wirken, die Übel nach sich ziehen. Eine Intervention beim Bundesverfassungsgericht gegen die Unterbindung von Gottesdiensten ist dann – im Vorfeld des Ramadan – von muslimischer Seite erfolgt; sie war in dem

---

[6] Isolierung als Mikrosachverhalt des Sozialen, schon gegen die ‚Kleingruppe' usw.; vgl. Goffman 1973, 7 ff.

[7] Ärger noch im Vergleich: Die Interaktion in Baumärkten fand sich streckenweise auf der anderen, der systemrelevanten Seite!

Sinne erfolgreich, dass das Gericht die rechtliche Möglichkeit eines flächende-ckenden und pauschalen Verbots verwarf. Andererseits fehlte es auch hierzulande weder an widerständig-frommen Kreisen, denen die religiös-kultischen Gebote die höheren waren, noch an (u. a. freikirchlichen) Gemeinden, in denen es zu Corona-Ausbrüchen kam.

Damit ist der zweite Gesichtspunkt längst berührt, die Frage nach den religiösen *Heils-* und *Eigenmitteln* in der und gegen die Pandemie. Hier wirken gerade unsere Kirchen rituell wehrlos, geradezu unbemittelt, und der Zwiespalt von Gottesdiensten unter Hygienebedingungen, in denen die Desinfektionsmittel in der Altarregionen unmittelbar neben dem Kelch zu liegen kommen, tritt hinzu. Sich in diesem Sinne den Regeln des Gesundheitssystems zu unterwerfen, dürfte der Geistlichkeit hierzulande vielfach schmerzlich gewesen sein. Andernorts, dort, wo traditionale Religiosität sich zäher und glaubensfester behauptet hat, hat die Pandemie an dieser Stelle Sinn-Kollisionen explizit werden lassen, die die Gläubigen verstören und Konfliktpotenzial bergen. Die Dissonanzen treten beim Eindringen von Hygienevorschriften in den Raum des Sakralen dort fast zwangsläufig auf, wo diese dem Heiligen zu nahetreten und den Schatten von Unheilsfolgen auf gegenständliches Heiliges werfen. Denken Sie an russisch-orthodoxe Geistliche, die verkünden, in einem Gotteshaus oder beim Kuss der Ikone sei es eine Unmöglichkeit, dass der oder die Gläubige sich infiziert; eine Schadenswirkung des Heiligen ist bei Gott ausgeschlossen; kein Bedarf also an Desinfektionsmitteln. Oder nehmen Sie das ,*relativ natürliche*' religiöse Empfinden eines polnischen Bischofs, der es ablehnte, „die Hygiene-Vorschriften bei der Spendung der Eucharistie einzuhalten mit der Behauptung, dass ,der Herr Jesus doch nicht infektiös sein kann'" (Halík 2020, 26).

Andererseits stehen die Religionen, wie wir sie kennen, in ihrer Welt ja nicht ohne eigene Mittel da, sich gegen das Übel zu wenden, es abzuwehren. Nehmen Sie etwa die Augsburger Gebetsaktion unter dem Motto „Wir beten Corona weg" oder die Autoumrundung Moskaus durch den Patriarchen Kirill, eine wundertätige Muttergottes-Ikone mit sich führend, oder den dann erst recht magienahen Gedanken des Exorzismus gegen das Virus; ferner das Kumbh-Mela-Fest in Indien als tragischen Fall: Das lizensiert, weil angeblich getestete, massenhaft wahrgenommene Bad und die Vielzahl der Leichen im Ganges.[8] Durchweg sieht solche religiöse Praxis, wenigstens in den Augen einer wissenschaftsgeprägten Umwelt, schlecht aus und ist leicht dem Naivitätsvorwurf oder

---

[8] Dazu der Artikel „Im Ganges fließt nur der Tod" von Shalini Randeria und Ilija Trojanow (F.A.Z. vom 20.5.2021).

der Lächerlichmachung ausgesetzt. Andererseits fehlt es unter den Nonkonformisten, Dissidenten oder Devianten, die sich derzeit der Medizin und dem Impfen energisch verweigern und es anders wissen wollen, nicht an religiöser Beteiligung, zumal in den USA nicht. Hinsichtlich der Erforschung dieser Konfliktlage ist die Wissenssoziologie gefordert.

Damit – und moralempfindlich – zum Dritten: zum *Karitativen* und zur *Seelsorge* in Coronazeiten. Der christlich-religiöse Sinn ist hier gebieterisch, heißt Nächstenliebe und drängt, zumal was die kirchlichen Professionellen betrifft, zum Einsatz für die Notleidenden, die Kranken und Einsamen. Hier sollte die Stunde der Religion wenigstens als die der Diakonie schlagen können. Und es spricht für die (verspürte) Stärke dieser Forderung, dass auf evangelischer Seite gerade hier die Klagen über kirchliches Versagen besonders lautstark waren (Frau Lieberknecht). Ähnlich nachdrücklich fiel dann aber auch die Verteidigung zumal seitens der Krankenhausseelsorge aus.

Ich spreche nur zweierlei an, zunächst die Frage der *Interaktionsverwiesenheit* des Religiösen. Die Frage stellt sich – als soziologische, aber unbedingt religionsvergleichend anzugehende Grundsatzfrage – natürlich zuerst bezüglich der Gottesdienste als Versammlungen oder gemeindliche Zusammenkünfte. Sie stellt sich der Soziologie einerseits (der multiplen Ansteckungsgefahr wegen) in der Pandemie, andererseits aber ebenso im historischen Augenblick der um sich greifenden Digitalisierung, also angesichts einer ganz neuartigen Substituierbarkeit des Interaktiven. Ich will den massenhaften Gebrauch, der in den sieben Verbotswochen von dieser technisch eröffneten Möglichkeit ‚digitaler Zusammenkunft' gemacht worden ist, nicht kommentieren, sondern nur darauf hinweisen, dass sich hier ein neuartiges Problem für die (soziologisch zu beobachtende) Theologie stellt. Auf katholischer Seite gibt es bereits eine erste Antwort darauf: „Zur Eucharistie gehört die reale Anwesenheit – sowohl die reale Anwesenheit im Sakrament als auch die reale Anwesenheit der Gläubigen bei der Feier der Eucharistie"[9], doppelte Realpräsenz also. Die Frage von Kopräsenz und physischer Nähe stellt sich aber nicht minder vom Gebot der Nächstenliebe her, die es hindrängt zum Notleidenden, zum Krankenbesuch und (für den Geistlichen) zur tätigen Seelsorge. Hier ist das Kommen und Gekommensein typisch als solches schon von Wert und steht gegen das Alleingelassensein der Kranken. Auch die Bergpredigt blickt in diesem Sinne auf den Krankenbesuch. Für Besucher und Besucherinnen steht dieser indes während der Pandemie unter den Gefahrenvorzeichen der Ansteckung und im Gefolge davon der des selbst Ansteckendwerdens für Dritte und Nächste.

---

[9] So Halík 2021, 164; zur Frage „Sakramente virtuell?" auch Söding 2021.

Damit zu der anderen hier anzusprechenden Problematik: Das moderne Gesundheitssystem hat die *Pflege* in Krankenhäusern und Pflegeheimen weitestgehend an sich gezogen und in die professionelle Hand übernommen. Das 19. Jahrhundert, in dem die versäulten Christentümer diese Einrichtungen noch konfessionell zu kontrollieren bemüht waren, ist definitiv vorbei; die Krankenhausseelsorge ist ein Relikt davon. Die Seelsorgenden ihrerseits sind aber eben nicht Teil der Pflege, sie zählen nicht zu dem Pflegepersonal, dessen Aufopferung und berufliche Hingabe die Öffentlichkeit als ‚heldenhaft' gepriesen hat. Es war die Stunde der Pflegerinnen und Pfleger, und die caritativen Großtaten fielen bei ihnen an, mögen sie nun Christenmenschen gewesen sein oder nicht. Dem kirchlichen Personal blieb der Krankenbesuch. Das Dilemma aber: In der Zeit der Pandemie entfällt der freie Zugang zu den Patienten und Patientinnen, und die staatlichen Kontaktbeschränkungen halten die Pastoren und Pastorinnen von den Kranken fern, erst recht von den Intensivstationen. Jeder Besucher ist den Vulnerablen eben eine potenzielle Gefahr. Unter diesen Konditionen war es dann einerseits die Erstreitung des (hygienisch abgesicherten) Zugangs und des Besuchsrechts zu den Schwerkranken, die die sich als Tat christlicher Liebe Achtung erwarb. Andererseits ist von vielen indirekten Versuchen die Rede, über die Angehörigen, über das Pflegepersonal u. a. die Daniederliegenden und Sterbenden zu erreichen. Berichtet wird auch hier von Digitalem: „[V]on Rezitationen und Gebeten als Podcasts" und von „Video-Tutorials zum Segnen unter Hygienebedingungen".

Schließlich viertens: das *Sterben* und die Sterbebegleitung. Es ist kein Zufall, dass Frau Lieberknechts Anklage ihrer Kirche – sie nannte sie „unmenschlich" – ihre Spitze in der Einsamkeit der auf den Intensivstationen oder in den Pflegeheimen in großer Zahl Gestorbenen hatte: die Menschen in Todesnähe „alleingelassen". „Kein Gebet am Sterbebett"! Und gerade diese Kritik hat die kirchlichen Seelsorgenden mit ihrem Dilemma reagieren und der Anklage widersprechen lassen. Auf der katholischen Seite Verwandtes. Von Papst Franziskus erging die Devise: Der Platz des Priesters sei bei den Sterbenden, und, wenn ich es richtig erinnere, so war unter den Toten von Bergamo eine nicht geringe Zahl an Priestern. Die Kirchen wissen um ihre alte Sterbezuständigkeit und gerade die Pandemie weckt sie auf. Aber wir sollten uns, was dieses Land angeht, nicht täuschen: In den Organisationen des modernen Gesundheitssystems ist, auch wo es kirchliche Häuser sind, dem Priester kein Platz am Sterbebett reserviert, wie er es das in Coronazeiten auch nicht für die Angehörigen ist. Das Sterbesakrament findet nur in Ausnahmefällen den Weg hin zu den auf der Intensivstation Sterbenden. Nur die Beerdigung bleibt zu einem guten Teil in kirchlicher Hand.

Aber wie auf dem Feld der Sterbebegleitung, so auf dem der Bestattungskultur; das Monopol von ehedem ist, wie wir alle wissen, in Auflösung begriffen. Ich will die theologische Rahmung, die Fragen von Tod und Auferstehung, nicht ansprechen.

Es bleibt mir zu sagen: Man kann das angesprochene Schweigen der Kirchen hierzulande als Verzicht auf öffentliche religiöse Mitsprache verstehen und zugleich als stillschweigende Ratifizierung eines Säkularisierungsprozesses – Säkularisierung im Sinne der ‚Säkularisierung *von etwas*'. Man mag es im Differenzierungssinne auch ‚Enteignung' nennen. Solche ‚Säkularisierung' führt indes Erinnerung mit sich und eine gegenwärtige Vergangenheit, die den Entzug spüren lässt und die ‚religiös natürlichen' Impulse (‚Forderungen' mit Max Weber) konserviert. In Sachen Krankenpflege, Sterbebegleitung und Sterbeeinsamkeit kann man christlich nicht nicht zuständig oder herausgefordert sein. Aber das Gesundheitssystem hat längst Fakten geschaffen und es im Wesentlichen übernommen oder ‚sich angeeignet', für Krankheit und Tod zuständig zu sein, für die Krankenbehandlung und das Befinden über Leben, Weiterleben und Tod. Das Intakthalten seiner Organisationen dafür, jedem Individuum gerecht zu werden und jedem die angemessene Krankenbehandlung im Bedarfsfalle zuteilwerden zu lassen, ist gesellschaftsweit das Problem und ist in Coronazeiten, wie wir sehen, ein vor allem politisch anfallendes Problem.

Und trotzdem bleibt eine Parallele: Auf Krankenbehandlung/Lebensrettung hin sind uns alle gleich. Jedes einzelne Individuum (als krankes und hilfsbedürftiges) zählt und zählt gleich, und die wählerische Triage wird zum Problem! Eben das aber war mit Blick auf Seelenrettung und Seelenheil und die geistlich-sakramentale Versorgung durch den Priester am Sterbebett zumal in der religiös konsequenten gegenreformatorischen Ära formähnlich: Jede Seele galt es zu retten, keine nicht! Die Hilfe hin zum Heil war schlechterdings nicht zu verwehren. Ich will die Parallelität nicht gleich ins Kausale umdeuten, aber die Frage doch gestellt haben und mit dieser Frage schließen.

Literatur

Berger, Peter L. (1973): *Zur Dialektik von Religion und Gesellschaft. Elemente einer soziologischen Theorie*. Frankfurt am Main: S. Fischer.
Casanova, José (2011): *Public Religions in the Modern World*. Chicago: University of Chicago Press.
Dahm, Karl-Wilhelm; Drehsen, Volker; Kehrer, Günter (1975): *Das Jenseits der Gesellschaft. Religion im Prozeß sozialwissenschaftlicher Kritik*. München: Claudius Verlag.

Daiber, Karl-Fritz; Luckmann, Thomas (Hrsg.) (1983): Religion in den Gegenwartsströmungen der deutschen Soziologie. München: Kaiser.

Delumeau, Jean (1985): *Angst im Abendland. Die Geschichte der kollektiven Ängste im Europa des 14. bis 18. Jahrhunderts.* 2 Bde., Reinbek: Rowohlt.

Drehsen, Volker (2009): *Der Sozialwert der Religion. Aufsätze zur Religionssoziologie.* Berlin: De Gruyter.

Ebertz, Michael N. (1997): Forschungsbericht zur Religionssoziologie. *International Journal of Practical Theology* 1, S. 268–301.

Feige, Andreas (1976): *Kirchenaustritte. Eine soziologische Untersuchung von Ursachen und Bedingungen am Beispiel der Evangelischen Kirche Berlin-Brandenburg.* Gelnhausen: Burckhardthaus-Verlag.

Feige, Andreas (1990): *Kirchenmitgliedschaft in der Bundesrepublik. Zentrale Perspektiven empirischer Forschungsarbeiten im problemgeschichtlichen Kontext der deutschen Religions- und Kirchensoziologie nach 1945.* Gütersloh: Gütersloher Verlagshaus.

Gabriel, Karl (1992): *Christentum zwischen Tradition und Postmoderne.* Freiburg im Breisgau: Herder.

Gabriel, Karl (Hrsg.) (1996): *Religiöse Individualisierung oder Säkularisierung. Biographie und Gruppe als Bezugspunkte moderner Religiosität.* Gütersloh: Kaiser/Gütersloher Verlagshaus.

Gabriel, Karl; Kaufmann, Franz-Xaver (Hrsg.) (1980): *Soziologie des Katholizismus.* Mainz: Grünewald.

Goffman, Erving (1973): *Interaktion. Spaß am Spiel, Rollendistanz.* München: Pieper.

Groethuysen, Bernhard (1978): *Die Entstehung der bürgerlichen Welt- und Lebensanschauung in Frankreich. Band 1: Das Bürgertum und die katholische Weltanschauung.* Frankfurt am Main: Suhrkamp.

Halík, Tomáš (2021): *Die Zeit der leeren Kirchen. Von der Krise zur Vertiefung des Glaubens.* Freiburg im Breisgau: Herder.

Knoblauch, Hubert (1999): *Religionssoziologie.* Berlin: De Gruyter.

Krech, Volkhard (1999): *Religionssoziologie.* Bielefeld: transcript.

Krech, Volkhard; Tyrell, Hartmann (Hrsg.) (1995): *Religionssoziologie um 1900.* Würzburg: Ergon.

Krech, Volkhard; Tyrell, Hartmann (Hrsg.) (2020): *Religionssoziologie um 1900. Eine Fortsetzung.* Baden-Baden: Ergon.

Luckmann, Thomas (1963): *Das Problem der Religion in der modernen Gesellschaft.* Freiburg im Breisgau: Rombach.

Luckmann, Thomas (1991): *Die unsichtbare Religion.* Frankfurt am Main: Suhrkamp.

Luhmann, Niklas (1977): *Funktion der Religion.* Frankfurt am Main: Suhrkamp.

Pollack, Detlef (1988): *Religiöse Chiffrierung und soziologische Aufklärung. Die Religionstheorie Niklas Luhmanns im Rahmen ihrer gesellschaftstheoretischen Voraussetzungen.* Frankfurt am Main: Peter Lang.

Pollack, Detlef (1990): Vom Tischrücken zur Psychodynamik. Formen außerkirchlicher Religiosität in Deutschland. *Schweizerische Zeitschrift für Soziologie* 16, S. 107–134.

Pollack, Detlef (2015): Religionssoziologie in Deutschland seit 1945: Tendenzen – Kontroversen – Konsequenzen. *Kölner Zeitschrift für Soziologie und Sozialpsychologie* 67, S. 433–474.

Matthes, Joachim (1967): *Religion und Gesellschaft. Einführung in die Religionssoziologie I*. Reinbek: Rowohlt.

Matthes, Joachim (1969): *Kirche und Gesellschaft. Einführung in die Religionssoziologie II*. Reinbek: Rowohlt.

Matthes, Joachim (1992): Auf der Suche nach dem „Religiösen". Reflexionen zu Theorie und Empirie religionssoziologischer Forschung. *Sociologia Internationalis* 30, S. 129–142.

Söding, Thomas (2021): Sakramente virtuell? *Herder Korrespondenz* 8, S. 40–43.

Riesebrodt, Martin (1990): *Fundamentalismus als patriarchalische Protestbewegung. Amerikanische Protestanten (1910–28) und iranische Schiiten (1961–79) im Vergleich.* Tübingen: Mohr.

Tyrell, Hartmann (1982): Familie und Religion im Prozeß der gesellschaftlichen Differenzierung, in: Eid, Volker; Vaskovics, László (Hrsg.): *Wandel der Familie – Zukunft der Familie.* Mainz: Grünewald, S. 19–74.

Tyrell, Hartmann (1993): Katholizismus und Familie – Institutionalisierung und Deinstitutionalisierung, in: Bergmann, Jörg; Hahn, Alois; Luckmann, Thomas (Hrsg.) (1993): *Religion und Kultur.* Sonderheft 33 der Kölner Zeitschrift für Soziologie und Sozialpsychologie. Opladen: Westdeutscher Verlag, S. 126–149.

Tyrell, Hartmann (1996): Transfer Religionssoziologie. *Geschichte und Gesellschaft* 22, S. 428–457.

Tyrell, Hartmann (2014): Religionssoziologie – Christentumssoziologie, in: Goertz, Stephan; Große Kracht, Hermann-Josef (Hrsg.): *Christentum – Moderne – Politik. Studien zu Franz-Xaver Kaufmann.* Paderborn: Ferdinand Schöningh, S. 61–93.

Tyrell, Hartmann; Krech, Volkhard; Knoblauch, Hubert (Hrsg.) (1998): *Religion als Kommunikation.* Würzburg: Ergon.

Wohlrab-Sahr, Monika (2000): „Luckmann 1960" und die Folgen. Neuere Entwicklungen in der deutschen Religionssoziologie. *Soziologie* 2, S. 36–60.

Hartmann Tyrell war bis 2008 Professor für Allgemeine Soziologie an der Fakultät für Soziologie der Universität Bielefeld. Seine Forschungsschwerpunkte sind Religionssoziologie, Gesellschaftstheorie, Familiensoziologie. Publikationen der letzten Jahre sind: „Drei Anmerkungen zu Max Webers Lebensführung", in: Manfred Hettling u. Richard Pohle (2019) (Hrsg.), Bürgertum. Bilanzen, Perspektiven, Begriffe. Göttingen, S. 167-201; „Religion und Politik – Max Weber und Émile Durkheim", in: Volkhard Krech & Hartmann Tyrell (2020) (Hrsg.), Religionssoziologie um 1900. Eine Fortsetzung. Baden-Baden, S. 205-274.

Teil II
Religion und gesellschaftliche Transformation: Zwischen Öffentlichkeit und Privatisierung

Jenseits von Globalisierung und Säkularisierung – die Refiguration der Religion

3

Hubert Knoblauch

1 Einleitung

Dieser Text beruht auf einem Vortrag, der wegen der Corona-Pandemie nicht in Präsenz gehalten werden konnte. Vielmehr fand er auf eine quasi „virtuelle" Weise digital statt und führte damit etwas vor Augen, was wir mit dem im Titel angeführten Begriff der Refiguration meinen: Während wir damals einerseits eine globale Vernetzung aller menschlichen Handlungsbereiche erlebt haben, die im Zuge der Digitalisierung gleichzeitige Handlungen, Interaktionen und Transaktionen über weite Räume hinweg ermöglichen, waren wir durch die Pandemie über so lange Zeit auf Container-Räume beschränkt, wie die meisten von uns das noch nie erlebt hatten. Dieser räumliche Kontrast, den wir als „Dichotopie" (Knoblauch und Löw 2020) bezeichnet haben, galt zwar nur für die Höhepunkte der Pandemie, doch findet darin die Spannung ihren übersteigerten Ausdruck, die wir mit dem Begriff der Refiguration bezeichnen.

Mit diesem Begriff versuchen wir allgemeinere Formen des gegenwärtigen sozialen Wandels zu erfassen. Im Anschluss an Elias' Figurationstheorie zeichnet sich der Begriff der Refiguration sozialtheoretisch dadurch aus, dass er relational und prozessual ist. Dabei sehen wir die Prozessualität im zeitlichen Vollzug von

---

Der Titel schließt an den Beitrag von Löw u. a. (2021) an, entwickelt die These fort, indem er sie auf die Religion anwendet.

H. Knoblauch (✉)
Technische Universität, Berlin, Deutschland
E-Mail: Hubert.Knoblauch@tu-berlin.de

Handlungen begründet, die kraft ihrer Körperlichkeit, Materialität und Sozialität einen objektivierten Charakter erhalten. Wie schon Elias (1976) zeigt, können
Figurationen – im Unterschied zu Struktur- und Systemtheorien – quer zu Mikro-,
Meso- oder Makroebenen (bzw. Interaktions-, Organisations- und Gesellschafts-
systemen) und entsprechenden strukturellen oder systemischen Differenzierungen
verlaufen. Diese Vorstellungen ist besonders hilfreich, wenn wir die Prozesse
der Digitalisierung in die Betrachtung einbeziehen, die sich seit ihren „infor-
mationellen" Ansätzen in den 1960er Jahren weltweit ausgedehnt haben. Die
Digitalisierung betrachten wir als einen (wenn auch nicht den einzigen) ent-
scheidenden Faktor für die Refiguration. Denn auch wenn er nicht einzige,
möglicherweise nicht einmal der herausragendste Faktor des jüngeren sozialen
Wandels darstellt, so ist die Digitalisierung zweifellos ein historisch neues Phänomen, das sogar ein in dieser Hinsicht sicherlich sehr bedachter Beobachter wie
Habermas (2022: 41) als „revolutionär" betrachtet. Sie weitet die nationalstaat-
lich verfasste Gesellschaft und durchkreuzt ihre funktionale Differenzierung, die
zum soziologischen Merkmal der Moderne erhoben wurde, auf eine Weise, die
als Neuordnung der Figuration verstanden werden kann – eben als Refiguration.
Da sie als eine Form der Mediatisierung des kommunikativen Handelns grundlegend räumliche Züge aufweist, können wir diese Veränderung als räumliche
Veränderung verstehen und aus ihren sozialräumlichen Merkmalen erklären.

Die Rekonstruktion der Refiguration von Räumen ist Gegenstand eines Sonderforschungsbereiches 1265, den ich zusammen Martina Löw an der TU Berlin
leite. In diesem Zusammenhang werden räumliche Veränderungen empirisch
untersucht, die sich jedoch nur am Rande auf religiöse Räume beziehen. Auf
dieser Grundlage kann die Frage, ob und wie sich Refiguration auf die gesellschaftliche Entwicklung anwenden lässt, nur sehr allgemein behandelt werden.
Durchaus im Einklang mit dem Ziel dieses Bandes, Religionsanalyse und Theorieentwicklung zusammenzubringen, besteht die These darin, dass es das Konzept
der Refiguration erlaubt, verschiedene und verschiedenartige Beobachtungen der
Religion, die scheinbar unzusammenhängend oder widersprüchlich sind, in einem
theoretischen Zusammenhang zu sehen.

Vorweg sollte ich einräumen, dass das Konzept der Refiguration Teil eines
offenen Theoriekonzeptes ist, das durch empirische Forschung entwickelt wird.[1]
Im Unterschied zu empirisch begründeten Theorien räumen wir dem theoretischen Diskurs dabei eine die Forschung (etwa als „sensitizing concept")

---

[1] Zum Konzept der offenen Theorieentwicklung vgl. Knoblauch (2020) sowie die daran
anschließenden Diskussionsbeiträge.

begrifflich leitende Funktion ein. Dabei spielt auch die eigenständige Theorieentwicklung im Dialog mit alternativen Theorieangeboten eine bedeutende
heuristische Rolle. Auch das Konzept der Refiguration diente anfänglich dazu,
die gesellschaftlichen Ausprägungen von Digitalisierung zu erfassen und für die
„Kommunikationsgesellschaft" zu sensibilisieren (Knoblauch 2017). In der Folge
der empirischen Forschung und der theoretischen Auseinandersetzung insbesondere mit postkolonialen Ansätzen zeigte sich, dass das Konzept eine zu starke
Ausrichtung auf westliche Gesellschaften hat. Deswegen war eine entsprechende
Ausweitung erforderlich, die in der räumlichen Thematisierung der Refiguration
zum Ausdruck kommt. Dabei zeichnet sich ab, dass Refiguration die gegenwärtigen Veränderungen besser fassen kann als die gegenwärtig noch dominierenden
Theorien der Globalisierung oder postkoloniale Theorien. Wie ich hier zeigen
möchte, könnte dies auch für die „globalen" Theorien der Religion gelten.

Dazu möchte ich zunächst das Konzept der Refiguration erläutern. Dabei
skizziere ich zunächst die „westliche" Fassung des Konzeptes, die ich in einer
früheren Publikation zur Refiguration der Religion vorgestellt habe, um dann zu
umreißen, wie sich Refiguration räumlich verstehen lässt. Diesem Abriss folgt
dann ein Blick auf die Refiguration der Religion, wobei ich auf einige empirische Arbeiten hinweisen werde, die mir als Evidenz für diese These dienen. Weil
gerade der Fokus auf Räumlichkeit zeigt, dass jede Aussage durchaus wörtlich
auch von einem eben auch leibkörperlichen Standpunkt aus gemacht wird, werden wir am Ende auch auf die Folgen der Refiguration für die Religionssoziologie
selbst eingehen.

2 Von der refigurierten Moderne zur Refiguration von Räumen

Die ersten Überlegungen zur These der Refiguration waren mit der diagnostischen
Frage verbunden, welche Folgen die Digitalisierung auf die gesamtgesellschaftliche Entwicklung hat (2017: Kap. V und VI). Als Bezugspunkt für diese großräu-
mige Frage dient dabei die zum einen das Modell der modernen Gesellschaft,
welches die Soziologie insbesondere im Rahmen der Differenzierungstheorien
sehr entschieden vertritt. Es geht davon aus, dass sich Gesellschaften auf eine
Weise strukturieren, die sie vor allem ihre relevanten Bezugsprobleme lösen
lässt. Deswegen differenzieren sie sich in funktionale Subsysteme aus (Luhmann 1998). Den funktionalistischen Diagnosen der Moderne stehen Diagnosen
der späten, zweiten oder Post-Moderne gegenüber, die von einer Transgression

der gesellschaftlichen Systeme, ihrer (etwa durch den neoliberalen Kapitalismus) zunehmenden Dysfunktionalität und einer Entdifferenzierung ausgehen. Mit diesen Diagnosen sind weitere Prozesse verbunden, die in verschiedenen Untersuchungen herausgearbeitet wurden (wie etwa die „McDonaldisierung" des Konsums). Der Kürze wegen können wir sie hier nur schlagwortartig auflisten:

„Moderne" Figuration	„Post-" „Spätmoderne"
Rationalisierung	"Logik der Praxis", "Affective Society"
Differenzierung	Entgrenzung
Strukturierung	Hybridisierung
Regulation	Deregulation, Interpretation
Individualisierung, Identität	Subjektivierung, Singularität
Homogenität	Heterogenität
Einheitlichkeit	Hybridität
Politik (Staat) als Leitinstitution	(neoliberale) Wirtschaft als Leitinstitution
Weltkultur, Weltgesellschaft	Netzwerkgesellschaft, Weltsystem

Nicht erst die Corona-Krise hat deutlich gemacht, dass es sich bei den Diagnosen keineswegs um einander ausschließende Alternativen handelt. So hat sich der „moderne" Nationalstaat keineswegs als ein Relikt einer ersten Moderne erwiesen, der nun durch transnationale Institutionen (wie die EU) ersetzt würde. Auch die scheinbar unvermeidbare Ausweitung des neoliberalen Kapitalismus hat spätestens mit der Finanzkrise 2008 ihre Grenzen gefunden. Diese Grenzen werden auch durch die Maßnahmen gegen den Klimawandel jedoch wieder infrage gestellt, die zeigen, dass globale Kooperationen keineswegs eingestellt werden. Die These der Refiguration geht deswegen von der Annahme aus, dass es sich bei den beiden Arten von Diagnosen keineswegs um zwei sich ausschließende Hypothesen handelt. Vielmehr haben wir es mit gleichzeitig verlaufenden Prozessen zu tun, die aus logischen Gründen miteinander in einem Spannungsverhältnis stehen und in Konflikte geraten können.[2] Diese Konflikt-Konstellation erklärt die gegenwärtigen Formen der Polarisierung in und von Gesellschaften. Die Konflikte können aber auch erklären, dass es zu Neubildungen und zur umfänglichen

---

[2] Diese Annahme hat auch zur Themenfindung der Soziologiekongresse 2020 an der TU Berlin (Gesellschaft unter Spannung") bzw. 2022 in Bielefeld („Polarisierte Gesellschaften").

Neu-Ordnung von Gesellschaften kommen kann.[3] Die Refiguration ist also sozusagen zeitliche, logische und vermutlich kausale Resultante aus der Spannung, aus dem Konflikt und den Aushandlungen bestehender Figurationen. Es ist diese Neu-Ordnung, die wir mit dem Begriff der Refiguration bezeichnen.[4] Der Begriff nimmt das Konzept der „Figuration" von Elias auf. Figuration bezeichnet die Bedeutung von Interdependenzketten, die sich nicht als statische Strukturen beschreiben lassen. Vielmehr betont Elias entschieden ihren Prozesscharakter (Elias 1976). Zudem erlaubt es Elias' Begriff der Figuration, die enge Verbindung von subjektivem Wissen, Affekten und Handlungsorientierungen (etwa als Disziplinierung) mit gesamtgesellschaftlichen Entwicklungen (etwa der Zentralisierung von Nationalstaaten) zu sehen. Indem wir (im Rahmen des kommunikativen Konstruktivismus) den Prozesscharakter auf die Zeitlichkeit des (verkörperten) sozialen Handelns zurückführen, ermöglicht es uns der mit den dabei erzeugten Objektivationen verbundene kommunikativem Charakter, Figurationen nicht nur als Geflechte „reiner" sozialer Beziehungen zu erkennen, sondern auch Technologien, Infrastrukturen und Medien als Teil der Figurationen (oder als Konfiguration) mit zu betrachten.

Wir schließen damit an den Vorschlag von Hepp und Hasebrink (2014) an, die sich vor allem mit der Bedeutung der Medien in „kommunikativen Figurationen" für gesamtgesellschaftliche „Figurationen von Figurationen" beschäftigen. Sie heben insbesondere die Rolle der Digitalisierung hervor, die als „deep mediatization" Grundlage einer Neuordnung sei. Die digitale Mediatisierung erscheint als eine sehr plausible Erklärung dafür, warum die Refiguration ein Prozess ist, der den Wandel der letzten Jahrzehnte prägt. Damit soll keineswegs gesagt werden, dass die Digitalisierung die einzige Ursache der Refiguration sei. Vielmehr werden wir eine Reihe weiterer Prozesse (etwa die „Bildungsrevolution" und die damit verbundene Ausbreitung der „Wissensgesellschaft") berücksichtigen müssen, um die Refiguration zu erklären. Die Digitalisierung erlaubt es jedoch zu erklären, warum sie (wie jede Form der Mediatisierung) einen entschieden räumlichen Charakter hat: Medien vermitteln kommunikatives Handeln im Raum, und entsprechend ziehen grundlegende Medienwechsel – etwa vom Druck zu

---

[3] Diese innovative Seite wird von den Konflikttheorien seit Marx hervorgehoben; insbesondere Dahrendorf (1986) hebt hervor, wie diese Konflikte in und durch Aushandlungen selbst wieder institutionalisiert werden.

[4] Das Wort Refiguration tritt zwar in einigen wissenschaftlichen Texten auf, ist aber in diesem diagnostischen Gebrauch m.W. nicht verwendet worden. Es weist interessante Parallelen mit dem englischen „reconfiguration" auf, das in der historischen Soziologie ebenso auftaucht wie in der postkolonialen Soziologie, ohne jedoch terminologisch oder theoretisch bestimmt worden zu sein (vgl. dazu Knoblauch 2022).

elektrischen Medien – auch entsprechende Veränderungen des (ohnehin immer: sozialen) Raumes nach sich.

Aus diesem Grund liegt es auf der Hand, die Refiguration nicht nur im Raum zu betrachten, sondern den damit verbundenen Wandel räumlich zu erklären, wie dies im Sonderforschungsbereich 1265 geschieht. Wir schließen uns dazu der sozialen Raumtheorie von Löw (2001) an, die den sozialen Raum als ein Teil und Ergebnis sozialer (und deswegen, um die Materialität des Raums zu berücksichtigen kommunikativer) Handlungen ansieht.[5] Dabei unterscheidet Löw (2020) idealtypisch verschiedene räumliche Handlungsorientierungen, die einer je anderen räumlichen bzw. topologischen Rationalität der jeweiligen Raumfiguren folgen. Im Zusammenhang mit der Digitalisierung tritt dabei vor allem (aber nicht nur) die Figur des Netzwerkes in den Vordergrund. Die nach innen wie nach außen uneingegrenzte Form des Netzwerks stellt eines der grundlegenden Muster für die Imagination des „Internets" dar, und es ist deswegen etwa von Castells (1996) als Modell für seine (spätmoderne) Diagnose der (globalen) Netzwerkgesellschaft vorgeschlagen worden. Die theoretische Kraft dieses Modells für die Erklärung von Konflikten wird schnell deutlich, wenn wir es der Raumfigur des Containers bzw. Behältnisses gegenüberstellen, dessen starke Tendenz zur Abgrenzung in einem offenbaren Widerspruch zum entgrenzenden Netzwerk unmittelbar auf die gegenwärtigen Spannungen zwischen digitalen oder kapitalistischen Tendenzen zur Globalisierung und zur politisch-ethnischen Re-Nationalisierung übertragen werden kann.

Ohne an dieser Stelle auf die verschiedenen Raumfiguren eingehen zu können, stoßen wir hier schon auf die Frage, ob das Modell der „modernen" Refiguration global anwendbar ist. Es gibt zwar eine Reihe von Ansätzen, die davon ausgehen, dass die für die Moderne wie für die späte Moderne genannten Merkmale in der Tat weltweit gelten und entsprechend auch als Dynamik für die Refiguration gedacht werden können. Dies gilt etwa für die Theorie der funktionalen Differenzierung, die unter dem Begriff der „Weltgesellschaft" von einer nationale Grenzen überschreitenden Ausweitung der verschiedensten Funktionssysteme ausgeht (Luhmann 1998). Auch marxistische Ansätze etwa der der „Weltsystemtheorie" teilen diese Auffassung, wobei sie aber vor allem auf die Expansion der dominierenden Teile kapitalistischen Wirtschaft nach außen (in die Peripherie) wie auch nach innen (als „Landnahme") ausgehen (Wallerstein

---

[5] Die Räumlichkeit ist zwar mit dem Körper schon mitgegeben, dessen soziale Dimension jedoch in seiner grundlegenden Relationalität auf Andere (Subjekte) und Anderes (Objektivationen) begründet ist (vgl. Knoblauch 2017).

1974). Die Weltkulturtheorie (Meyer 2005) vertritt dagegen die eher modernistische Annahme einer globalen Ausbreitung der (rationalistischen) kulturellen Aspekte des Westens, wobei sie die Rolle des territorialen Nationalstaates hervorhebt, der für die Vermittlung entsprechender Institutionen verantwortlich ist: Bildungssysteme, Wissenschaftssysteme, rationale Organisation der Wirtschaft etc.

Diese westlich zentrierten Globalisierungstheorien sind indessen in den letzten Jahrzehnten scharfer Kritik ausgesetzt worden. So hat u. a. schon Eisenstadt mit Blick auf China darauf hingewiesen, dass die Prozesse der Modernisierung durchaus unterschiedliche Pfade nehmen und so zu „multiplen Modernen" führen können. Vor allem die postkoloniale Theorie hat gezeigt, wie sehr die Annahme einer eigenständigen (westlichen) Modernisierung ignoriert, inwiefern schon die Ausbildung des Westens und sein „Rationalismus" von anderen Weltteilen beeinflusst und getragen wurde. Insbesondere die globale Geschichte hebt die Rolle der seit dem 15. Jahrhundert einsetzenden Kolonialisierung hervor (Osterhammel und Peterson 2012). Sie belegt nicht nur die enge Verflochtenheit („entanglement") des Westens mit anderen Teilen der Welt, die sich keineswegs nur auf ökonomischen Austausch bzw. Ausbeutung beschränkt, sondern sich in die Kultur und auch die Wissenschaft eingeschrieben hat (Randeria 2002). Die postkoloniale Theorie hebt aber auch die damit verbundenen Konflikte hervor, die mit radikalen Gegentendenzen zur Globalisierung und der Ausbildung einer „multipolaren" Weltordnung verbunden sind (Mignolo 2009), die wir als eine Hypothese zur Refiguration ansehen können.

3   Die Refiguration der Religion

Ohne hier eine systematische Rekonstruktion der Diskussion über die Globalisierung vornehmen zu können, fällt gerade an dieser Stelle die Relevanz dieser räumlichen Prozesse für die Diagnose der religiösen Entwicklung auf.[6] Hatte Eisenstadt schon seine These der multiplen Moderne (in Anlehnung an Webers Rationalisierungsthese) als Folge unterschiedlicher Formen des Umgangs mit Transzendenz und der daraus folgenden Legitimationen politischer Entwürfe verstanden, so sticht die Ähnlichkeit von Mignolos negativer Utopie der multipolaren

---

[6] Das religionssoziologische Äquivalent zur Globalisierungs-These der Weltgesellschaft wurde u. a. von Beyer (1994) formuliert, der die wachsende Bedeutung der Religion in der Öffentlichkeit betont, die dann auch von Casanova (1996) herausgearbeitet wurde.

Ordnung (der er eine positive Fassung des „Pluriversums" entgegenstellt[7]) mit
Huntingtons These eines Kampfes der Kulturen („Clash of Civilizations") ins
Auge. Huntington (1996) führt die Spannungen zwischen den verschiedenen
Kulturräumen auf den Einfluss der jeweils dominierenden Weltreligionen bzw.
Konfessionen zurück, unter denen auch der katholisch geprägte lateinamerika-
nische Raum aufgeführt wird, für dessen kulturelle Abgrenzung insbesondere
vom Westen Mignolo selbst eintritt. Die Parallele der postkolonialen Theorie zur
Religionssoziologie wird noch frappierender, wird sich an die bekannte Wende
des jüngst verstorbenen Peter Berger (1999) erinnert: Mit seiner Abkehr von
der Säkularisierung unterstreicht er ja den Ausnahmestatus der europäischen religiösen Entwicklung (sowie deren Analyse) und vollzieht damit das, was im
Postkolonialismus als „Dezentrierung Europas" strategisch empfohlen wird.

Die Vorstellung abgetrennter Großräume scheint zwar in der wieder erwachten
„Geopolitik" besonders in autokratischen Systemen auf Gehör zu stoßen, über-
geht aber vollständig, dass die Säkularisierung keineswegs auf Europa beschränkt
bleibt. Die Refiguration der Religion zeigt sich vielmehr auch in zeitlicher Hinsicht daran, dass es heute nicht mehr um die Alternative zwischen „säkularer"
Moderne und „resakralisierter" Postmoderne (Bauman 2003) oder spiritueller
später Moderne (Beck 2008) geht. Vielmehr finden sich beide Entwicklungen gleichzeitig in einem für die Refiguration typischen Konfliktverhältnis, wie
sie mustergültig im Forschungszusammenhang der „multiplen Säkularitäten"
untersucht werden.

Wohlrab-Sahr und Burchardt (2012), die diesen Begriff geprägt haben, gehen
davon aus, dass sich die Unterscheidung zwischen Säkularem und Religiösem auf verschiedene Weisen (politisch, juristisch, sozialstrukturell etc.) durch
alle Gesellschaften weltweit durchzieht. Sie nehmen symbolisch-kulturelle Ausdrucksformen an, werden von Öffentlichkeiten, Kollektiven oder durch Identitäten
bewertet und in vielen Fällen rechtlich kodifiziert. Ein anschauliches Beispiel, wie
diese Unterscheidungen als Refiguration verstanden werden können, bietet die
vergleichende Fallanalyse von Burchardt (2021) zu Katalonien und Québec. Bei-
des sind Nationen ohne Staat, da beide in moderne, verwestlichte Nationalstaaten
eingebettet sind; außerdem teilen beide Provinzen eine Geschichte katholischer
Vorherrschaft, wenn es um ihre religiösen Institutionen geht, und schließlich

---

[7] Das Pluriversum zeichnet sich durch Verflechtungen unterschiedlicher Kosmologien aus,
die jedoch Ungleichgewichte aufweisen. Denn verschiedene Kosmologien erheben darin
unterschiedliche Machtansprüche – wie er insbesondere mit Blick auf die historische und
durch Kolonialisierung betriebene Ausweitung der westlichen (wissenschaftlichen) Kosmo-
logie aufzeigt. (Mignolo 2018).

haben beide Provinzen einen rapiden Niedergang des Katholizismus, den Aufstieg religiöser Pluralisierung und das, was man Säkularisierung nennt, erlebt.

Man sieht also, dass nicht die beiden Provinzen die treibenden Gegner oder, wie Burchardt es nennt, die konstitutiven Gegner der Dialektik der Bücher sind, sondern der Gegensatz zwischen dem Religiösen und dem Sakralen. Das Schwinden der dominierenden Religion und ihrer sozialen Form – der katholischen Kirche – trägt, wie Burchardt zeigt, nicht nur zum Aufstieg des Säkularismus und seiner institutionellen Formen von Säkularitäten bei, sondern führt auch zum Aufblühen neuer Formen von Religion. Dieses Aufblühen ist zum einen auf die Migrationswellen zurückzuführen, die die Bevölkerung beider Provinzen in den letzten Jahrzehnten seit den 1990er Jahren verändert haben, und zum anderen auf die Aktivitäten der staatenlosen Nationen, die beide über einige hart erkämpfte Autonomien verfügen und somit in vielerlei Hinsicht wie Staaten in den Gebieten ihrer Territorien handeln. Genau an diesem Punkt zeigen sich die deutlichen Unterschiede zwischen den beiden scheinbar ähnlichen Fällen: Während das frankophone und römisch-katholische Québec von einem anglophonen Nationalstaat umgeben ist, ist Katalonien in einen Staat eingebettet, der sich sprachlich weniger unterscheidet, dafür aber sehr, was das Verhältnis zur katholischen Kirche betrifft: In Spanien hatte sich der Katholizismus mit Franco und seiner Unterdrückung der Katalanen verbrüdert und trug daher wenig zur kollektiven Identität der Katalanen bei, während in Kanada der Katholizismus in Abgrenzung zur Dominanz des Protestantismus unter den Angelsächsischen viel mehr zum „Québécois"-Sein beitrug. Die Fälle stellen also weniger eine Dialektik als vielmehr ein Spiegelbild dar, das gleichzeitig auch spiegelverkehrt ist.

Diese Spiegelbildlichkeit veranschaulicht exemplarisch das, was wir als Refiguration verstehen: Während sie einerseits von der jeweils unterschiedlich angeordneten konflikthaften sozialen Dynamik von Säkularisierung und Sakralem voraussetzt, erklärt sie, wie die jeweils spiegelverkehrte räumliche und politische Konfiguration durch die starke Migration zu einer Neubewertung des Religiösen führt.

Refiguration meint aber keineswegs nur die konflikthafte Dynamik, sondern auch die daraus entspringenden neuen Formen. In den von Burchardt untersuchten Fällen geht es eben nicht nur um eine Bearbeitung der Grenze zwischen sakral und profan, sondern auch um eine Neubildung des Religiösen, die er als „Heritage-Religion" bezeichnet, also eine religiöse Aufladung des kulturellen Erbes und dessen, was wir als kollektives bzw. kommunikatives Gedächtnis bezeichnen.

Heritage-Religion ist nur eine neue Ausformung von Religion, die aus der Refiguration von Räumen erklärt werden kann. Daneben gibt es auch andere

Neuformungen, wie etwa die eigentümliche Verbindung einer urbanen Form evangelikaler Religiosität, die sich in touristischen Angeboten verbirgt (Steets 2021), wie der neue Pilgertourismus insgesamt ganz neue Formen annimmt (Heiser 2018, 75 ff.). Als Folge einer räumlichen Refiguration lässt sich auch die neue Eventreligiosität der „Celebrations" verstehen (Haken 2022), die sich nicht mehr der „Erlebnisrationalität" folgt, wie sie Schulze für die 1990er Jahre beschrieben und wie sie für Events als typisch galten (Hitzler 2011). Sie ist vielmehr mit einer neuen Form der Spiritualität verbunden, die sich nicht mehr als Alternative gegen die formal organisierte, kirchlich verfasste Religion versteht, sondern häufig als religiös unmarkiert erscheint.[8] Sie könnte als „unsichtbar" im Sinne Luckmanns beschrieben werden, zeichnet sie sich nicht durch eine außerordentliche Sichtbarkeit (eben nicht unbedingt als Religion) aus.

Diese Sichtbarkeit lässt sich aber weder nur auf die „massenmediale" und marktmäßige Verbreitung (Luckmann 1991) noch auf die neue Öffentlichkeit der Religion (Casanova 1994) reduzieren. Vielmehr ist mit der Digitalisierung ein dramatischer Strukturwandel der Kommunikation, der Öffentlichkeit, der privaten Kommunikation (und damit der „privatisierten Religion") und auch der kirchlichen Kommunikationskultur verbunden (Merle 2019). Durch den Zugang der Einzelnen zur globalen Kommunikationsnetzwerken und damit zum gesellschaftlich verfügbaren (auch religiösen) Wissen hat die Digitalisierung zum einen jene Selbstermächtigung des Individuums, des Subjektiven und damit auch des Identitären verstärkt, die eines der Kennzeichen der Spiritualität ist (Gebhardt et al. 2005). Strukturell (oder genauer: figurativ) unterstützt sie zum anderen die schon erwähnte räumliche Netzwerklogik, die sich gut mit den marktförmigen Angeboten von freikirchlichen Gruppen, Mega-Kirchen oder spirituellen Dienstleistern verträgt. Wie im Begriff der Refiguration betont, steht dieser religiösen Entgrenzungstendenz eine Remarkierung des Religiösen gegenüber, die sich durchaus erfolgreich ebenso der neuen Formen der Mediatisierung, Eventisierung und Popularisierung bedient. Es ist die daraus entstehende "Dialektik"[9], in der sich

---

[8] Es ist zu betonen, dass Spiritualität die gesamte Bandbreite umfassen kann, etwa – im Falle der gegenwärtigen OSHO-Bewegung – von sektenförmig verfasster Verehrung eines charismatischen Führers bis zum fast sportlichen oder psychologisch erscheinenden Angebot körperlicher therapeutischer Techniken (vgl. Hanky 2020).

[9] Turner (2007: 121) erklärt diese Dialektik im Gefolge von Castells noch aus der Spannung von Lokalem und Netzwerk und vermutet eine Schwächung des Charismatischen und Traditionellen, während wir die Rolle des Territorialen und der damit verbundenen Logik der Grenzziehung betonen.

die neue Form der populären Spiritualität ebenso entfaltet wie die scharfen Versuche einer klaren Abgrenzung des Religiösen, der religiösen Lebensführung und Identitäten.

4 Die Refiguration der Religionssoziologie

Im weltweiten Vergleich nimmt die Refiguration der Religion zweifellos unterschiedliche Formen an, die davon abhängen, wie die Religion institutionalisiert ist, wie sie legitimiert ist und auch wie die Grenzen zu und in den (digitalen) Kommunikationsnetzwerken (durchaus auch sprachlich) gezogen werden. Während die Unterschiedlichkeit dessen, was religionssoziologisch beobachtet wird, Teil einer global orientierten Forschung ist, darf man es als einen der wichtigen Impulse der postkolonialen Debatte ansehen, die wissenssoziologische Standortabhängigkeit auch der wissenschaftlichen Beobachtungen dieser religiösen Entwicklungen ins Gedächtnis gerufen und ihre räumliche Dimension herausgestellt zu haben. Aus europäischer Sicht ist dies leicht nachvollziehbar, unterscheidet sich doch schon die französische von der deutschen Religionssoziologie (auch aus konfessionellen Gründen) in theoretischer, methodischer und auch methodologischer Weise (Willaime 1999), die vom angelsächsischen Diskurs überlagert, aber (auch dank mehrsprachiger Zeitschriften wie „Social Compass") durchaus nicht verdeckt wird. Aus soziolinguistischer Sicht ist es, wenn schon nicht naiv, so doch unreflektiert, das Angelsächsische lediglich als neutrale Lingua Franca anzusehen (Pennycook 2011), doch erscheint auch die Reaktion der postkolonialen Kritik auf die „metropolitane" Hegemonie der westlichen Wissenschaft etwa durch die (von Mignolo unterstützte) Ernennung indigener Laien zu Religionssoziolog:innen nicht als adäquate Lösung. Während die Soziolinguistik (ebenso substantialistisch wie Huntington) Kulturräume wissenschaftlicher Episteme postuliert, übersieht sie, dass sich der wissenschaftliche Diskurs ebenso durch ein „Entanglement" auszeichnet, der nicht nur durch Wissenstransfer, Übersetzung, Migration, Adaption und Re-Migration gekennzeichnet ist. Das „Entanglement" ist nicht mehr nur durch Bewegung im Raum charakterisiert, sondern hat durch die Digitalisierung eine ganz neue Form angenommen: Die digitale Infrastruktur bietet eine globale Struktur der Kommunikation, die, wie auch Couldry und Hepp (im Druck) jüngst argumentieren, als eine Art materielles Rückgrat des Entanglement angesehen werden kann.

Wie schon erwähnt, steht gerade diese für das Entanglement relevante Vernetztheit und die damit verbundene „Connectivity" auch in der Wissenschaft in einem Konfliktfeld mit gegenläufigen Tendenzen, doch stellen beide gerade für die (seien es kritisch-rationalen oder hermeneutischen) Sozialwissenschaften eine besondere Ressource, ermöglichen sie doch die für sie besonders herausfordernde Herstellung von Intersubjektivität durch die Relationierung der verschiedenen Beobachtungsstandpunkte. Und dies gilt nicht nur für die geteilte Methoden (und die geteilte Diskussion ihrer Anwendung und Ergebnisse), sondern auch für die theoretische Diskussion, die sich nun über die „multiplen Räume" (Knoblauch 2022) hinweg über das verständigen kann, was eine Säule der wissenschaftlichen Diskussion ist: Begriffe und Theorien.

Schon Luckmann (1991) hatte darauf hingewiesen, dass in der Religionstheorie die Ablösung vom hegemonialen kirchlich geprägten Religionsbegriff nötig ist, damit er als Begriff zweiter Ordnung für das First-Order-Konzept der Religion dient und auch die besondere Aufgabe der wissenschaftlichen Beobachtung von nicht als Religion institutionalisierten Formen ermöglicht. Statt eines binären Konzeptes der Religion, das zwischen Transzendenz und Immanenz oder Sakralem und Profanem kategorisch unterscheidet, wird die beschriebene Refiguration besser durch ein relationales und prozessuales Konzept des Transzendierens erklärt.

Literatur

Bauman, Zigmund (2003): *Flüchtige Moderne*. Frankfurt am Main: Suhrkamp.

Beck, Ulrich (2008): *Der eigene Gott*. Frankfurt am Main: Insel.

Berger, Peter (1999): The Deseculization of the World, in: Ders. (Hrsg): *The Descularization of the World: resurgent religion and world politics*. Washington: Eerdmans, S. 1–18.

Beyer, Peter (1994): *Religion and Globalization*. London: Routledge.

Burchardt, Marian (2021): *Regulating Difference: Religious Diversity and Nationhood in the Secular West*. New Brunswick: Rutgers University Press.

Casanova, José (1994): *Public Religions in the Modern World*. Chicago: Chicago University Press.

Castells, Manuel (2001): *Das Informationszeitalter. Band 1: Die Netzwerkgesellschaft*. Opladen: Leske und Budrich.

Couldry, Nick; Hepp, Andreas (2023, im Druck): Necessary entanglements: Reflections on the role of "materialist phenomenology" in researching deep mediatization and datafication, erscheint in *Sociologica*.

Dahrendorf, Ralf (1986): Die Funktionen sozialer Konflikte, in: Ders.: *Pfade aus Utopia. Zur Theorie und Methode der Soziologie*. München: Piper, S. 263–277.

Elias, Norbert (1976): *Über den Prozeß der Zivilisation. Soziogenetische und psychogenetische Untersuchungen*. Frankfurt am Main: Suhrkamp.

Gebhardt, Winfried; Engelbrecht, Martin; Bochinger, Christoph (2005): Die Selbstermächtigung des religiösen Subjekts. *Zeitschrift für Religionswissenschaft* 2, S. 133–152.

Habermas, Jürgen (2022): *Ein neuer Strukturwandel der Öffentlichkeit und die deliberative Politik*. Berlin: Suhrkamp.

Haken, Meike (2022): *Celebrations. Religiöse Events zwischen Populärkultur und kommunikativer Markierung von Religion*. Wiesbaden: Springer VS.

Hanky, Henriette (2020): Neue Religiöse Bewegungen im Wandel: Mediatisierung, Unmittelbarkeit und Remarkierung von Wissen, in: Knoblauch, Hubert (Hrsg.): *Die Refiguration der Religion. Perspektiven der Religionssoziologie und Religionswissenschaft.* Weinheim und Basel: Beltz Juventa, S. 169–188.

Heiser, Patrick (2018): Religionssoziologie. München: Fink.

Hepp, Andreas; Hasebrink, Uwe (2014): Human interaction and communicative figurations: The transformation of mediatized cultures and societies, in: Lundby, Knut (Hrsg.): *Mediatization of communication*. Berlin: De Gruyter, S. 249–272.

Hitzler, Ronald (2011): Event und Eventisierung, in: Ders. (Hrsg.): *Eventisierung*. Wiesbaden: Springer VS, S. 11–23.

Huntington, Samuel P. (1996): *Kampf der Kulturen*. München: Goldmann.

Huntington, Samuel P. (2017): *Die kommunikative Konstruktion der Wirklichkeit*. Wiesbaden: Springer VS.

Huntington, Samuel P. (2020): Relationale Phänomenologie, reflexive Methodologie und empirische Wissenschaftstheorie: Zur Kritik und Weiterführung der „Kommunikativen Konstruktion der Wirklichkeit". *Zeitschrift für Qualitative Forschung* 21 (2), S. 245–257.

Huntington, Samuel P. (2022): Multiple Säkularität, Multiple Räumlichkeit oder Multipolarität – auch eine Kritik des postkolonialen Vernunft, in: Karstein, Uta; Burchardt, Marian; Schmidt-Lux, Thomas (Hrsg.): *Verstehen als Zugang zu Welt. Soziologische Perspektiven.* Frankfurt am Main: Campus, S. 99–118.

Knoblauch, Hubert (2017): *Die kommunikative Konstruktion der Wirklichkeit*. Wiesbaden: Springer.

Knoblauch, Hubert (2022): Multiple Säkularität, Multiple Räumlichkeit oder Multipolarität – auch eine Kritik der postkolonialen Vernunft, in: Uta Karstein, Marian Burchardt Thomas Schmidt-Lux (Hg.), *Verstehen als Zugang zu Welt. Soziologische Perspektiven.* Frankfurt am Main: Campus, 99–118.

Knoblauch, Hubert; Löw, Martina (2020): Dichotopie. Die Refiguration von Räumen in Zeiten der Pandemie, in: Volkmer, Michael; Werner, Karin (Hrsg.): *Die Corona-Gesellschaft. Analysen zur Lage und Perspektiven für die Zukunft.* Bielefeld: Transcript, S. 89–100.

Löw, Martina (2001): *Raumsoziologie*. Frankfurt am Main: Suhrkamp.

Löw, Martina (2020): In welchen Räumen leben wir? Eine raumsoziologisch und kommunikativ konstruktivistische Bestimmung der Raumfiguren Territorialraum, Bahnenraum, Netzwerkraum und Ort, in: Reichertz, Jo (Hrsg.): *Grenzen der Kommunikation. Kommunikation an den Grenzen.* Weilerswist: Velbrück, S. 149–164.

Luckmann, Thomas (1991): *Die unsichtbare Religion*. Frankfurt am Main: Suhrkamp.

Luhmann, Niklas (1998): *Die Gesellschaft der Gesellschaft*. Frankfurt am Main: Suhrkamp.

Merle, Kristin (2019): *Religion in der Öffentlichkeit. Digitalisierung als Herausforderung für kirchliche Kommunikationskulturen.* Berlin: De Gruyter.

Meyer, John W. (2005): *Weltkultur: Wie die westlichen Prinzipien die Welt durchdringen*. Frankfurt am Main: Suhrkamp.

Mignolo, Walter D. (2009): Epistemic Disobedience, Independent Thought and Decolonial Freedom. *Theory, Culture and Society* 26 (7), S. 159–181.

Mignolo, Walter D. (2018): Introduction, in: Reiter, Bernd (Hrsg.): *Constructing the Pluri-verse. The Geopolitics of Knowledge.* Durham: Duke University Press, S. ix–xvii.

Osterhammel, Jürgen; Petersson, Niels P. (2012): *Geschichte der Globalisierung: Dimensionen, Prozesse, Epochen.* München: Beck.

Pennycook, Alastair (2011): Global Englishes, in: Wodak, Ruth; Johnstone, Barbara; Kerswill, Paul (Hrsg.): *Sage Handbook of Sociolinguistics.* Los Angeles: Sage, S. 513–526.

Randeria, Shalini (2002): Entangled histories of uneven modernities: Civil society, caste solidarities and legal pluralism in Post-Colonial India, in: Elkana, Yehuda; Krastev, Ivan; Macamo, Elisio; Randeria, Shalini (Hrsg.): *Unraveling ties: From social cohesion to new practices of connectedness.* Frankfurt am Main: Campus Verlag, S. 284–311.

Steets, Silke (2021): Fixing Up Waco, Texas: Populäre Religion, das Sentimentale und die Refiguration von Räumen. SFB 1265. Working Paper Berlin.

Turner, Bryan S. (2007): Religious Authority and the New Media. *Theory, culture & society* 24 (2), S. 117–134.

Wallerstein, Immanuel (1974): *The Modern World-System. Bd. 1: Capitalist Agriculture and the Origins of the European World-Economy in the Sixteenth Century.* New York und London: Academic.

Willaime, Jean-Paul (1999): French-language sociology of religion in Europe since the Second World War. *Schweizerische Zeitschrift für Soziologie* 25 (1), S. 343–371.

Wohlrab-Sahr, Monika; Burchardt, Marian (2012): Multiple Secularities: Toward a Cultural Sociology of Secular Modernities. *Comparative Sociology* 11, S. 875–909.

Hubert Knoblauch ist Professor für Allgemeine Soziologie an der Technischen Universität Berlin und Ko-Sprecher des Sonderforschungsbereiches 1265 „Refiguration von Räumen". Seine Forschungsschwerpunkte sind Soziologische Theorie, Wissens-, Religions- und Kommunikationssoziologie sowie Qualitative Methoden. Jüngere Buchpublikationen umfassen „Kommunikative Gattungen und Events" (2023, hrsg. mit Ajit Singh), „Communicative Constructions and the Refiguration of Spaces" (2022, mit Gabriele Christmann und Martina Löw, Hrsg.), „The Communicative Construction of Reality" (2020) und „Refiguration der Religion" (2020, Hrsg.).

Religion in Raum und Zeit – Kommentar zu Hubert Knoblauch

4

Marian Burchardt

1 Figuration und Refiguration: Neue Begriffe für die Religionssoziologie

In seinem Beitrag stellt Hubert Knoblauch den Begriff der Refiguration der Religion in den Mittelpunkt eines konzeptuellen Ansatzes, der räumliche und zeitliche Aspekte ins Zentrum einer prozesstheoretischen Analyse rückt und damit religiösen Wandel als dynamisches, aber nicht zufälliges Geschehen begreift. Aus Gründen, die ich in diesem Beitrag ausführen möchte, halte ich diesen Ansatz für besonders geeignet, die religionssoziologische Diskussion – zumal in Deutschland – zu beleben. Die Kernidee hinter dem Begriff der Refiguration ist dabei zunächst Norbert Elias' Konzept der Figuration als Anordnung von Interdependenzketten entlehnt (Elias und Scotson 1965). Knoblauch verknüpft dieses Konzept mit der Beobachtung des konflikthaften Aufeinandertreffens von zentralen Strukturmomenten der klassischen Moderne und der Spätmoderne und bezeichnet die Ausarbeitung sowie die, immer prozesshaft gedachten und daher immer vorläufigen, Ergebnisse dieser Spannungen als Refiguration. Für die Religion bedeutet dies daher, Säkularisierungsmomente als auch Momente religiöser Revitalisierung und Resakralisierung, religiöser Institutionalisierung *und* Deinstitutionalisierung, religiöser Ritualistik *und* spiritueller Anti-Ritualistik in den Blick zu nehmen. Damit umgeht der Ansatz die empirischen Vereinseitigungen, die viele religionssoziologische Ansätze kennzeichnen, die sich im Kern auf jeweils nur eine Seite der Befunde kaprizieren.

M. Burchardt (✉)
Institut für Soziologie, Universität Leipzig, Leipzig, Deutschland
E-Mail: Marian.Burchardt@uni-leipzig.de

Die Orientierung an Elias' Begriff der Figuration erlaubt es Knoblauch meines Erachtens, religiösen Wandel theoretisch jenseits vereinseitigender Begriffe und Vorstellungen von (1) Säkularisierung, (2) Differenzierung und (3) Globalisierung zu fassen.

2   Säkularisierung

Die Refiguration der Religion in den Blick zu nehmen heißt dabei, sich dem Formen- und Figurationswandel der Religion zu nähern, ohne den Blick von vornherein auf rein quantitative Veränderungen spezifischer, vorab definierter religiöser Ausdrucksformen zu verengen, wie es in der quantitativen deutschen Säkularisierungsforschung üblich ist (etwa bei Pollack und Pickel 1999). Säkularisierungsforschung, die sich einseitig auf den Niedergang institutionalisierter Religion versteift, verbleibt damit eben innerhalb eines, und nur eines, spezifischen Verständnisses von „klassischer" Moderne. Da aber innerhalb dieser Formation der Moderne, wie schon Casanova (1994) einwandte, der Rückgang und die Privatisierung von Religion als Teil moderner Selbstverständnisse formuliert worden waren, ist es unumgänglich, sich in reflexiver Distanzierung und Neuzuwendung zum Gegenstand aus diesen Definitionen zu befreien. Genau dies wird nicht durch monistisch orientierte Modernisierungsforschung ermöglicht, sondern nur durch einen Blick auf die innere Vielfalt der Moderne, wie er etwa durch das Paradigma der „multiple modernities" und der „multiple secularities" (Wohlrab-Sahr und Burchardt 2011) aufgefächert wird. Das Ignorieren dieser Tatsache endet dann immer wieder, in einer tautologischen Endlosschleife, in der Annahme, Modernisierung führe zwangsläufig zu Säkularisierung.

3   Differenzierung

Elias' Begriff der Figuration weist aber auch auf mögliche, spezifische Engführungen der Differenzierungstheorie hin und über diese hinaus. Dies bezieht sich einerseits auf die Ebenendifferenzierung zwischen Mikro-, Meso- und Makroebenen als Skalierungen sozialer Prozesse. Wie Knoblauch ausführt, liegen Figurationen quer zu diesen Ebenen und sind damit über Strukturtheorien, die ausschließlich entlang von Skalierungen beobachten, nur schwer erfassbar. Andererseits können Figurationen aber auch, so könnte man argumentieren, quer zu Systemgrenzen liegen. Sie können Strategien, Akteure und Positionen umfassen, die auf verschiedene soziale Systeme zugerechnet werden können. Positionen, die den Bereichen der Bildung, der Politik, der Kunst und der Religion zugeordnet werden können, bilden möglicherweise ein Interdependenzgeflecht, das sich dynamisch bewegt und verdichtet, aber in systemischen Begriffen nur schwer zu fassen ist. Es geht dann gar nicht so sehr um die Alternative zwischen Differenzierung und Entdifferenzierung oder „Entgrenzung", sondern um das Einziehen einer anderen Dimension paralleler und konstitutiv unfertiger und labiler Strukturbildung in dem soziologisch zu konstruierenden Raum sozialer Kräfte.

Ein gutes Beispiel hierfür ist, wie auch Knoblauch anmerkt, das, was im Englischen als „heritage religion" bezeichnet werden kann, also der Modus der Religion als kulturelles Erbe (Burchardt 2020). In historischer Perspektive tritt dieser Modus immer dort in den Vordergrund, wo Säkularisierungsprozesse zur Schwächung kollektiver Rituale und ritualbasierter Formen der Vergemeinschaftung geführt haben und damit die Frage der kollektiven Identifikation mit Herkunftsnarrativen und Genealogien neu ausgearbeitet werden muss. Und genau in diesen Kontexten spielen religionsbezogene Mythen und Traditionsbestände, vor allem aber auch materiale Manifestationen der Religion, wie sie auch im Paradigma des „material religion"-Ansatzes ausgearbeitet worden sind, eine elementare Rolle. So werden religiöse Gegenstände (wie Kruzifixe, Armbänder und andere Elemente, die den individuellen Körper als Träger ins Zentrum stellen), Gebäude (Kathedralen, Moscheen oder Schreine) und Elemente der natürlichen Umwelt (Bäume, Flüsse und Berge) als Teile eines entstehenden Gefüges resakralisiert, die damit zu Fixpunkten kollektiver Identitäten mit einer ihnen eigenen Zeitstruktur, d. h. einer Verankerung von Vergangenheit, Gegenwart und Zukunft, werden.[1]

Wichtig ist nun, dass die subjektive Identifikation mit einer religiösen Herkunft – man stammt z. B. aus einem protestantischen oder jüdischen Kontext – nicht lediglich als ein Überbleibsel einer früheren Form kollektiver Religiosität thematisiert werden kann. Vielmehr handelt es sich um einen Palimpsest im Sinne einer neubeschriebenen oder überschriebenen Oberfläche, auf der kultureller Sinn verzeichnet wird, dessen Ausweis im Handeln mit starken affektiven Bindungen verbunden ist. Durch das Palimpsestieren, das „Überschreiben", so könnte man sagen, schreiben sich Menschen auf eine neue Weise in eine kollektive kulturelle Genealogie ein. Noch wichtiger ist dabei aber, dass Praktiken der Herstellung, Ausübung und Beteiligung an Religion als lebendigem kulturellen Erbe sich über eine ganze Reihe institutioneller Felder erstrecken. Sie ziehen sich von den Bereichen der organisierten Religion, der Architektur und der Bildung in die Felder

---

[1] Siehe hierzu Karstein und Burchardt (2017), Theriault (2017), Knott, Krech und Meyer (2016), Coleman und Bowman (2019) sowie Griera, Astor und Burchardt (2019).

der Kunst und der Kulturproduktion, der Theater, Museen und des Tourismus (Sammet und Karstein 2021). Und es ist deswegen auch immer nicht unmittelbar deutlich, ob es sich im gegebenen Fall nun um religiöse Praktiken, kulturelle Praktiken, Praktiken der Bildung oder der nationalistischen politischen Agitation handelt. Gleichwohl handelt es sich deutlich um eine Figuration, die erst durch das differenzierungstheoretische Prisma zum Auseinanderfallen in verschiedene, systemisch zurechenbare Bestandteile gebracht wird.

4   Globalisierung

Der Begriff der Figuration erlaubt außerdem, über spezifische Vorstellungen der Globalisierung des religiösen Feldes bzw. der Religion und deren vermeintlichen Auswirkungen hinauszugehen. Knoblauch verweist in diesem Zusammenhang auf die Unterschiede zwischen Globalisierungstheorien, die – wie etwa die systemtheoretische Weltgesellschaftstheorie, Wallersteins marxistisch inspirierte Weltsystemtheorie und die Weltkulturtheorie von John Meyers Stanford School – auf die weltweite Durchsetzung bestimmter Ökonomien, Wissensregime, Ordnungsformen und Ontologien abzielen, und anderen solcher Theorien, die eher von einer Fragmentierung der Moderne ausgehen. Zu letzteren zählt Knoblauch unten anderem Eisenstadts Theorie der multiplen Modernen, aber auch postkoloniale Kritiken westlicher Globalisierungstheorien.

Der entscheidende Vorteil von Knoblauchs an Elias angelehnten figurationstheoretischem Ansatz ist nun, dass er zunächst gar nicht auf die Frage und die Entscheidung zwischen weltweiter Anpassung und Homogenisierung einerseits, oder aber Fragmentierung andererseits, abzielt, und stattdessen raumtheoretische Fragen systematisch in den Vordergrund bringt. Figurationen, so lautet hier zunächst die Ausgangsbeobachtung, können Skalen und Systemgrenzen übergreifen; sie sind aber immer auch räumliche Anordnungen und damit Teile bzw. Treiber:innen spezifischer Formen von Verräumlichung. Damit lässt sich der Begriff der Figuration sowohl mit den raumtheoretischen Basisunterscheidungen von Behälter- und Netzwerk- bzw. „Fließraum" (van Laak 2018), von Territorialisierung und Deterritorialisierung verbinden, kann aber auch auf produktive Weise an die neueren raumtheoretischen Beobachtungen in der Geografie, der allgemeinen Soziologie und der Religionssoziologie Anschluss finden.

5   Figurationen und Raumformate

Unter Rückgriff auf einen Vorschlag von Matthias Middell (2019) kann man jene Formen von Verräumlichung, die bis zu einem gewissen Grad institutionalisiert sind, auf routinisierte Weise von Akteuren im Alltagshandeln wahrgenommen und reflexiv gewendet zum Gegenstand von Wissensordnungen werden, als Raumformate bezeichnen. Raumformate wie der territorial verfasste Nationalstaat, das Imperium oder Kolonien als nationale Ergänzungsräume werden dann deutlich erkennbar als räumliche Figurationen, innerhalb derer historisch wirkmächtige Formen von Religiosität verortet sind. Im europäischen Kontext haben in dieser Hinsicht sowohl das Ende der Rückeroberung der iberischen Halbinsel durch das kastilische Königshaus wie auch der Augsburger Religionsfrieden den Beginn der Nationalisierung von Religion und der Konfessionalisierung bis hin zum Westfälischen Frieden eingeleitet, aus dem dann das westfälische System hervorging. Und auch die Ausbreitung des Christentums entlang von Imperien und kolonialen Ergänzungsräumen wie auch des Islam über Imperien und Handelsrouten sind hier als zentrale, räumliche Figurationen erkennbar.

Aber auch im Forschungsfeld zu Stadt und Religion bzw. urbaner Religion zeigt sich die Anschlussfähigkeit des Refigurationsansatzes. Die Frage, wer zur Stadt gehört und wem die Stadt gehört, ist sowohl für Alteingesessene als auch für Neuankömmlinge von grundlegender Bedeutung. Viele Soziolog:innen haben daher die Arten von Praktiken untersucht, mit denen religiöse Minderheiten oder Neuankömmlinge ihren Anspruch artikulieren, als würdige Teilnehmer der Stadtgesellschaft anerkannt zu werden. Umgekehrt haben andere die Strategien des „place-keeping" (Becci et al. 2017) untersucht, mit denen religiöse Mehrheiten ihren hegemonialen Status sichern können, und wie solche Praktiken als Reaktion auf die Herausforderungen, die von Minderheiten ausgehen, verstärkt werden.

Auseinandersetzungen um Gotteshäuser und die Nutzung des öffentlichen Raums für religiöse Feste, Prozessionen und Andachten sind oft von zentraler Bedeutung für die Politik der Zugehörigkeit und Identität. Soziologische Studien, die sich mit europäischen Städten befassen, haben hervorgehoben, wie die Eröffnung neuer Moscheen von Nachbarschaftsprotesten begleitet wurden, die muslimische Einwanderergemeinschaften und einheimische Bürger in Machtkämpfe über die kulturelle Definition bestimmter Orte verwickeln. In muslimischen Mehrheitsgesellschaften ist der Bau von Kirchen oder anderen öffentlichen Zeichen christlicher Verehrung im Zusammenhang mit machtgeladenen Vorstellungen von städtischer Ordnung oft stark reglementiert. In südasiatischen und einigen afrikanischen Kontexten spielen Prozessionen dagegen eine viel größere

Rolle bei der Auseinandersetzung mit Vorstellungen von städtischer Bürger-
schaft, was manchmal zu gewaltsamen Zusammenstößen zwischen verschiedenen
Religionsgemeinschaften führt. Für Diaspora-Gemeinschaften südasiatischer Herkunft erhalten öffentliche urbane Prozessionen eine neue Bedeutung, indem sie
vertraute Rituale in ungewohntes Terrain verpflanzen.

All diese Beispiele und Szenarien werden durch dynamische Transformatio-
nen von Figurationen und Refigurationen hervorgebracht und verweisen auf die
zentrale Bedeutung von Hubert Knoblauchs Ansatz für die Analyse religiösen
Wandels in der Gegenwart. In theoretischer Hinsicht besteht diese Bedeutung
vor allem darin, die Entwicklungsdynamik der Moderne nicht auf eine Option –
Säkularisierung *oder* religiöse Revitalisierung – zu festzulegen, und die Analyse
auch nicht auf ein Verzeichnen von Zu- und Abnahme dieser oder jener Praxis zu
verengen. Stattdessen geht es darum, die Gleichzeitigkeit verschiedener Prozesse
und das interdependente Ineinandergreifen von religiösen Dynamiken mit den
Strukturmerkmalen moderner Gesellschaften zu begreifen – deren Verräumlichun-
gen, Materialisierungen, Differenzierungsformen und Konkurrenzmechanismen.
Für ein solches Vorgehen bietet der Begriff der Refiguration einen wertvollen
Ansatzpunkt.

Literatur

Becci, Irene; Burchardt, Marian; Giorda, Mariachiara (2017): Religious super-diversity and
spatial strategies in two European cities. *Current sociology* 65 (1), S. 73-91.
Burchardt, Marian (2020): *Regulating Difference: Religious Diversity and Nationhood in the
Secular West*. New Brunswick: Rutgers University Press.
Casanova, José (1994): *Public religions in the modern world*. Chicago: University of Chicago
press.
Coleman, Simon; Bowman, Marion (2019): Religion in cathedrals: pilgrimage, heritage,
adjacency, and the politics of replication in Northern Europe. *Religion* 49 (1), S. 1-23.
Elias, Norbert; Scotson, John L. (1965): *Etablierte und Außenseiter*. Frankfurt am Main:
Suhrkamp.
Griera, Mar; Burchardt, Marian; Astor, Avi (2019): European identities, heritage, and the ico-
nic power of multi-religious buildings: Cordoba's mosque cathedral and Berlin's house
of one, in: Giordan, Giuseppe; Lynch, Andrew P. (Hrsg.): *Volume 10: Interreligious
dialogue. From Religion to Geopolitics*. Leiden: Brill, S. 13–31.
Karstein, Uta; & Burchardt, Marian (2017): Religion, in: Gugutzer, Robert; Klein, Gabriele;
Meuser, Michael (Hrsg.): *Handbuch Körpersoziologie. Band 2: Forschungsfelder und
Methodische Zugänge*. Wiesbaden: Springer VS, S. 203–216.
Knott, Kim; Krech, Volkhard; Meyer, Birgit (2016): Iconic religion in urban space. *Material
Religion* 12 (2), S. 123-136.

Middell, Matthias (2019): Raumformate-Bausteine in Prozessen der Neuverräumlichung. (=Working paper series des SFB 1199 an der Universität Leipzig, Nr. 14) Leipziger Universitätsverlag.

Pollack, Detlef; Pickel, Gert (1999): Individualisierung und religiöser Wandel in der Bundesrepublik Deutschland. *Zeitschrift für Soziologie* 28 (6), S. 465-483.

Sammet, Kornelia; Karstein, Uta (2021): Touristifizierung von Religion und Spiritualisierung von Tourismus. Erkundungen am Beispiel von religiösen Wanderwegen im Schwarzwald. *Zeitschrift für Religion, Gesellschaft und Politik* 5 (1), S. 81–109.

Thériault, Barbara (2017): Die den Rosenkranz tragen. Religiöse Formen in einem Frauengefängnis, in: Karstein, Uta (Hrsg.): *Architekturen und Artefakte: Zur Materialität des Religiösen*. Springer, S. 253–265.

Van Laak, Dirk (2018): *Alles im Fluss: Die Lebensadern unserer Gesellschaft–Geschichte und Zukunft der Infrastruktur*. Frankfurt am Main: S. Fischer Verlag.

Wohlrab-Sahr, Monika; Burchardt, Marian (2011): Vielfältige Säkularitäten. *Denkströme. Journal der Sächsischen Akademie der Wissenschaften* 7, S. 53-71.

Marian Burchardt ist Professor für Soziologie im Fachbereich Transregionalisierung am Institut für Soziologie der Universität Leipzig und dem Research Centre Global Dynamics (ReCentGlobe). Zudem ist er Senior Research Partner des Max-Planck-Instituts zur Erforschung multireligiöser und multikultureller Gesellschaften, Göttingen. Er forscht zu Diversität, Religion, Raum und Infrastrukturen. Sein Buch "Regulating Difference: Religious Diversity and Nationhood in the Secular West" (Rutgers University Press, 2020) erhielt 2022 den Best Book Award der International Society for the Sociology of Religion.

Christlicher Nationalismus als algorithmische kollektive Identität?

Insa Pruisken und Nina Monowski

1   Einleitung

Die Präsidentschaft Donald Trumps und die Tatsache, dass die Evangelikalen ihn sowohl bei den Vorwahlen als auch bei beiden Wahlen 2016 und 2020 unterstützt haben, hat die amerikanische Religionssoziologie vor ein Rätsel gestellt. Wie kommt es, dass bibeltreue Christ:innen einen moralisch fragwürdigen Kandidaten wie Trump bevorzugen? Die Antwort lautet: „Because they are White Christian Nationalists" (Gorski 2017). Ausgehend von dieser These ist ein in den letzten Jahren enorm gewachsenes Forschungsfeld entstanden, das sich mit dem Aufstieg des „Christlichen Nationalismus" (CN) beschäftigt, der wiederum eng mit dem Trumpismus verbunden ist (Gorski & Perry 2022, ; Whitehead & Perry 2020; Smith & Adler 2022; Gorski 2017).

Anders als die existierende Literatur, die sich dem Phänomen hauptsächlich auf der Grundlage von Surveydaten nähert und darauf aufbauend die Einstellungen der Befragten analysiert, untersuchen wir in diesem Beitrag die

I. Pruisken (✉)
Universität Bremen, Bremen, Deutschland
E-Mail: Pruisken@uni-bremen.de

N. Monowski
Universität Bamberg, Bamberg, Deutschland
E-Mail: Nina.Monowski@uni-bamberg.de

© Der/die Autor(en), exklusiv lizenziert an Springer Fachmedien Wiesbaden GmbH, ein Teil von Springer Nature 2024
A. Schnabel et al. (Hrsg.), *Religionsanalyse und Theorieentwicklung,*
Veröffentlichungen der Sektion Religionssoziologie der Deutschen Gesellschaft für Soziologie, https://doi.org/10.1007/978-3-658-44533-1_5

Popularisierung des Christlichen Nationalismus auf digitalen Plattformen (insbesondere Twitter, jetzt X)[1]. Der Grund ist zunächst, dass Donald Trump seine politischen Unterstützer:innen ganz wesentlich auf Twitter mobilisiert hat (Francia 2018). Über diese simple Beobachtung hinaus stellt sich aber grundlegend die Frage, wie digitale Plattformen das Verhältnis zwischen Kultur, Politik und Gesellschaft beeinflussen (Stark und Pais 2021; Ellison und Boyd 2018; Kornberger et al. 2017; Rachlitz et al. 2021). Wir schlagen vor, Kommunikationsplattformen wie Twitter, Instagram oder Facebook als *Selektionsverstärker* zu verstehen: Sie erhöhen die Wahrscheinlichkeit, dass bestimmte Kommunikationen sichtbar gemacht und angenommen werden (Rachlitz et al. 2021: 79). Die Reichweite der Kommunikation ergibt sich hierbei durch die für jede Plattform spezifische algorithmische Filterung, die die Einträge anhand der angenommenen Relevanz für die jeweiligen Nutzer vorselektiert (Bossetta 2018: 485).

Durch diese Möglichkeiten der Vernetzung entstehen neue kollektive Identitäten im Spannungsfeld von Religion, Politik und ziviler Sphäre (Campbell 2017; Tartoussieh 2011; Buckley et al. 2023). Mit dem Begriff der kollektiven Identität ist gemeint, dass in einem wechselseitigen Prozess der Auseinandersetzung ein Netzwerk von individuellen und kollektiven Akteuren entsteht, die ein gemeinsames Set an kulturellen Bedeutungen teilen (Melucci 1995). Digitale Plattformen setzen hier an und bieten bislang schwach verbundenen Akteuren eine Möglichkeit, sich zu vernetzen und eine kollektive (religiöse) Identität aufzubauen. Für die Religion hat dies Folgen, die bisher kaum beschrieben und reflektiert worden sind.

Dieser explorativ angelegte Beitrag ist folgendermaßen organisiert: Abschn. 1 stellt den aktuellen Stand der Forschung zum Christlichen Nationalismus dar. Abschn. 2 rezipiert die Diskussion zu digitalen Plattformen. In Abschn. 3 stellen wir unser Forschungsdesign und die Methode der „Computational Grounded Theory" (Nelson 2020) vor, um anschließend in Abschn. 4 die Produktion des digitalen Phänomens des CN auf der Plattform Twitter anhand von 3 Mio. Profil-Selbstbeschreibungen zu untersuchen. Der Datensatz rekonstruiert die Netzwerkbeziehungen von 140 protestantischen Gemeinden aus Houston mit Twitter-Daten. Mit der Methode des Topic Modeling können wir zunächst zeigen, dass der CN eine relevante Kategorie innerhalb des protestantischen Twitter-Netzwerks ist. Anschließend untersuchen wir, wie die Plattform die Inklusionsprofile der Christlichen Nationalist:innen über geteilte Bedeutungen

---

[1] Die Plattform „Twitter" hat ihren Namen im Juli 2023 zu „X" umbenannt. Da wir die Daten bereits im Jahr 2021 heruntergeladen haben, sprechen wir im weiteren Verlauf des Textes weiterhin von „Twitter".

und reale Akteure verbindet, und somit zu einer selektiven Verstärkung des Phänomens in der digitalen Sphäre führt. Abschn. 5 resümiert die Entstehung des CN auf Twitter als Prozess der Repräsentation und Aggregation von Inklusionsprofilen.

2   Evangelikalismus und Christlicher Nationalismus

Quantitative Studien haben den Zusammenhang zwischen Evangelikalismus und CN in den letzten Jahren genauer herausgearbeitet. Dieser wird operationalisiert mit Fragen wie „Die Regierung sollte die USA als christliche Nation erklären" oder „Der Erfolg der USA ist Teil von Gottes Plan" (Perry et al. 2020: 409). Weitere Studien belegen zudem, dass biblischer Literalismus, wissenschaftlicher „Analphabetismus" (Perry et al. 2021), Wissenschaftsskepsis und Wissenschaftsfeindlichkeit (Baker et al. 2020) stark mit dem Phänomen korrelieren.

27 % der weißen Evangelikalen glauben an die Verschwörungstheorie QAnon.[2] Evangelikale lehnen auch die COVID-19 Impfung eher ab als nicht-evangelikale weiße Protestant:innen.[3] Zugleich ist auch das Vertrauen in die Medien verringert: Weiße Evangelikale fühlen sich durch Nachrichtensendungen eher religiös angegriffen (Thomson et al. 2019) und durch große nationale Fernsehsender wie CNN nicht repräsentiert (Hochgeschwender 2017: 119). Zudem glauben weiße Evangelikale vergleichsweise häufig, dass Weiße in den USA stärker diskriminiert werden als jede andere ethnisch-religiöse Gruppe und sind darüber hinaus weitaus seltener der Meinung, dass irgendeine andere Gruppe, wie Muslim:innen oder Migrant:innen, signifikant diskriminiert wird (Wong 2018). Zudem vertrauen weiße Evangelikale mit einer geringeren Wahrscheinlichkeit in die Klimaforschung und glauben stattdessen vermehrt an eine religiöse Deutung der Klimakrise (Gauchat 2012; Veldman 2019). Auch innerhalb der republikanischen Partei fallen die weißen Evangelikalen durch eine höhere Unterstützung von Verschwörungsmythen auf: So glauben 74 % der weißen evangelikalen Parteimitglieder an den Wahlbetrug 2020 im Gegensatz zur Hälfte (54 %) der nicht evangelikalen Republikaner:innen. Auch hinsichtlich der Theorie des „Deep States", der die Trump-Regierung unterlaufen habe, stimmt nur circa jeder zweite

---

[2] https://religionnews.com/2021/02/11/survey-more-than-A-quarter-of-white-evangelicals-believe-core-qanon-conspiracy-theory/

[3] https://www.pewresearch.org/ps_2021-09-15_covid19-restrictions_a-01/

nicht-evangelikale Republikaner zu (52 %), während 67 % der weißen evangelikalen Parteianhänger diese Theorie für wahrscheinlich halten (Pew Research
Center 2021).

Die kritische wissenschaftliche Diskussion über dieses in den letzten Jahren
gewachsene Forschungsfeld kreist im Wesentlichen um drei Fragen: **Erstens** stellt
sich die Frage, ob es wirklich der Evangelikalismus ist, der die Zustimmung
zum Christlichen Nationalismus und zum Trumpismus erklärt. Für die Wahl 2016
konnte zum Beispiel gezeigt werden, dass der Zusammenhang zwischen Zustimmung zum CN und zu Trump vor allem in der Gruppe der Nicht-Kirchgänger
signifikant wird (Stroope et al. 2021). Unter den Konservativen sind illiberale
Einstellungen und eine affirmative „weiße" Identität[4] tendenziell unter denjenigen
verbreitet, die selten oder nie am Gottesdienst teilnehmen (Wald und Calhoun-
Brown 2018: 12). **Zweitens** stellen sich methodologische Fragen. Smith und
Adler (2022) zeigen mithilfe einer latenten Klassenanalyse, dass die Christian-
Nationalism-Skala nicht deutlich genug zwischen Christlichem Nationalismus
und Religiösem Konservatismus unterscheidet. **Drittens** lässt die Literatur zum
CN weitgehend offen, was der CN auf theoretischer Ebene eigentlich ist: Eine
soziale Identität, ein kultureller Rahmen oder eine Ideologie (Smith und Adler
2022)? In einer Umfrage des Pew Research Centers (PEW 2021) geben mehr
als die Hälfte der Befragten an (54 %), dass der Begriff des „Christian Nationalism" ihnen nicht bekannt sei. 16 % sagen, dass sie davon gehört hätten,
aber dem CN weder zustimmen noch diesen ablehnen würden, ein Viertel der
US-Amerikaner:innen lehnen den CN ab, und nur 5 % stimmen zu.[5]

Viertens wurde bisher noch nicht wissenschaftlich reflektiert, welche Rolle
die digitalen Plattformen für die Entstehung des CN spielen. Einiges spricht
dafür, dass digitale Plattformen das Verhältnis zwischen Religion, Gesellschaft
und Kultur entscheidend rekonfigurieren. Wir schlagen in diesem Beitrag vor, den
CN als einen Fall von „algorithmischer Aggregation" zu untersuchen. Greshoff
unterscheidet zwischen additiven und nicht-additiven Formen der Aggregation.
Im ersten Fall „werden Entitäten unter einem Kriterium zusammengeführt (also
aggregiert), ohne dass Beziehungen zwischen ihnen bestehen (müssen)" (Greshoff
2012: 110). Für den CN bedeutet dies: Hier wird eine Gruppe ähnlich denkender

---

[4] Der Begriff beschreibt das Phänomen, dass Weiße aufgrund einer zunehmenden Pluralisierung der Gesellschaft eine kollektive Identität herausbilden und sich als bedrohte Gruppe
wahrnehmen. In Reaktion darauf entwickeln sie bestimmte politische Einstellungen und
Forderungen, wie bspw. die Ablehnung von Immigration (Jardina 2019).

[5] https://www.pewresearch.org/religion/2022/10/27/45-of-americans-say-U-S-should-be-A-
christian-nation/

Individuen identifiziert, *für die aber nicht klar ist, ob diese miteinander überhaupt im Kontakt stehen.* Im zweiten Fall „sind Entitäten darüber aggregiert, dass sie aufeinander bezogen sind und dadurch einen Zusammenhang bilden" (ebd.). An dieser Stelle kommen digitale Plattformen ins Spiel: Diese machen latente Einstellungsmuster sichtbar und verbinden bisher unverbundene Individuen mit ähnlichen Einstellungen in mehr oder minder unmittelbaren Kommunikationsbezügen aktiv miteinander. Wie im Folgenden deutlich wird, erzeugt die Plattform dabei eine eigene, digitale Wirklichkeit.

3   Die Produktion der digitalen Wirklichkeit durch Plattformen

Zunächst stellt sich die Frage, was unter digitalen Plattformen zu verstehen ist. Rachlitz et al. (2021: 59) arbeiten überzeugend heraus, dass sich der Begriff kaum auf einen der Begriffe Technik, Netzwerk, Markt oder Organisation reduzieren lässt, wenn man den Phänomenbereich vollständig erfassen will. Plattformen sind eine spezifische Form der sozialen Organisation. Eine ihrer wesentlichen organisationalen Funktionen besteht darin, die Wahrscheinlichkeit für die Annahme bestimmter Kommunikationsangebote zu verstärken.[6] Akteure, die auf einer Plattform eine Kommunikationsofferte veröffentlichen, können generalisiert erwarten, dass sie ein hinreichend großes Publikum finden, das dieses Angebot annimmt, „weil die Plattformtechnik das ständig vorhandene Risiko der unstrukturierten Erwartungsenttäuschung ohne Aussicht auf Lernmöglichkeit abfängt" (ebd.: 77). Viele Studien betrachten Plattformen auch deshalb als eine „organisationale" Form, da sie mit Methoden des „algorithmic management" (Stark und Pais 2021) eine eigene Ordnung herausbilden können. Anders als in hierarchischen Organisationen bauen Plattformen nicht auf bürokratischen Regeln auf, sondern nutzen lernende Algorithmen, die die Aktivitäten der Anbieter und Nutzerinnen auf der

---

[6] Die methodologische Diskussion um die Nutzung plattformproduzierter Daten kreist hingegen um die Frage, inwiefern politische Debatten (zum Beispiel) auf Twitter die realen Einstellungen in einer Gesellschaft valide widerspiegeln (Tumasjan et al. 2010; Ceron et al. 2014). Die Forschung um „digital trace data" nimmt an, dass digitale Verhaltensdaten Spuren hinterlassen, die im Sinne von Indikatoren auf Einstellungen und Handlungen deuten. Manche sprechen von „Online and Social Media Data As an Imperfect Continuous Panel Survey" (Diaz et al.2016). Dabei wird allerdings außer Acht gelassen, dass dieser "Panel Survey" von der jeweiligen Plattform vorstrukturiert und überformt ist. Insofern ist hier anzunehmen, dass sich auf Networking-Plattformen eigene Teilöffentlichkeiten herausbilden, die zwar durchaus Einfluss auf das politische und gesellschaftliche Geschehen nehmen, allerdings kein direktes Abbild der gesellschaftlichen Wirklichkeit sind (Jungherr et al. 2017).

Plattform in Rankings und andere „calculating devices" übersetzt (ebd.: 49). Algorithmen basieren technisch auf Software-Codes, die durch Unternehmen, die die Plattformen besitzen und bereitstellen, fortlaufend evaluiert und an die Veränderungen der Umwelt angepasst werden können (Frenken und Fuenfschilling 2020: 107).

Plattformen produzieren digitale Datenobjekte, die auf die nicht-digitale Welt verweisen und folglich eine neue „Wirklichkeitsschicht" (Schulze 2019: 16) herauszubilden scheinen. Diese Datenspuren können einerseits von Nutzern entdeckt werden sowie andererseits von der wissenschaftlichen Forschung (Nassehi 2019) als eine Realität mit eigenen sozialen Strukturen soziologisch untersucht werden. Die digitale Wirklichkeit besteht in diesem Sinne nicht aus „echten" Menschen, sondern aus digital erzeugten Datenobjekten bzw. Nutzern mit einer personalisierten, öffentlichen Identität (Bennett und Segerberg 2012), die selektiv Teile ihrer Identität als digitale Datenobjekte abbilden und verstärken. Die Wirklichkeit des Digitalen ist von anderen Wirklichkeitsschichten der Gesellschaft jedoch nicht unabhängig: Die Schichten der „analogen" Gesellschaft, also nicht-digitale Ereignisse, Beziehungen und Strukturen, wirken auf die digitale Sphäre „durch die Begrenzung der Variationsspielräume" (Schulze 2019: 57). Die digitale Wirklichkeitsschicht wirkt auf die anderen Schichten dagegen zurück durch „Selektion" (ebd.) und steigert auf diese Weise die Möglichkeiten auf der Ebene des individuellen und kollektiven Handelns.

Die Erzeugung religiös-politisierter Online-Phänomene wie der CN basieren demzufolge auf zwei sich wechselseitig verstärkenden Prozessen: Erstens werden etablierte, soziale Strukturen auf den Plattformen reproduziert. Gemeinden, Denominationen,[7] die Massenmedien und die evangelikale Szene verlagern ihre Angebote auf die Plattformen, beispielsweise um ihre Reichweite zu steigern oder um Aufmerksamkeit auf einen bestimmten (religiösen) Konflikt zu lenken. Auf diese Weise prägen externe Handlungslogiken, die außerhalb der Plattform liegen, die Kommunikation auf den Plattformen. Zweitens folgen die Plattformen einer

---

[7] Für den Begriff der „Denomination" gibt es kein deutschsprachiges Äquivalent, was treffen würde, was im Amerikanischen damit gemeint ist. Der US-amerikanische Protestantismus kennt vor allem zwei Organisationsebenen: die Kirchengemeinde und die verbandsförmige Organisation der Denomination. Zwischen diesen beiden Organisationsebenen besteht eine funktionale Arbeitsteilung: Während im Zentrum der Kirchengemeinde die Interaktionsrituale der lokalen Gottesdienstgemeinschaft stehen, organisiert die Denomination – als eine durch „Ressourcenzusammenlegung" (Coleman 1974) gebildete „Interessenorganisation" (Schimank 2003: 32 ff.) – die übergreifende Gemeinschaft aller Gläubigen (vgl. Kern et al. 2022).

eigenen algorithmischen Logik, die bestimmte Angebote, Ereignisse oder Konflikte selektiv verstärkt. Die dadurch entstehenden Konventionen und Standards werden von den Nutzern wiederum zur Kenntnis genommen und prägen sie in ihrem Handeln auf der Plattform.

Zusammengefasst lässt sich festhalten: Digitale Plattformen reproduzieren bestehende soziale Strukturen, generieren aber zugleich *neue* öffentliche Diskursräume. Dieser Prozess der wechselseitigen Verstärkung bestehender gesellschaftlicher Konflikte sowie der Sichtbarmachung dieser Konflikte auf Plattformen wie Twitter soll in diesem Beitrag explorativ untersucht werden. Forschungsleitend ist die These, dass Twitter einen Beitrag zur Entstehung des Phänomens des Christlichen Nationalismus leistet, da auf der Plattform zuvor unverbundene Akteure algorithmisch aggregiert und somit füreinander sichtbar werden. In den folgenden Abschnitten erläutern wir ein von uns entwickeltes Verfahren, mit dem der CN als digitales Phänomen auf Twitter untersucht werden kann. Ziel ist es, die Elemente der Produktion des CN durch das Zusammenspiel der Reproduktion bestehender religiöser Strukturen und Plattformstruktur herauszuarbeiten.

4 Forschungsdesign und Methode: Computational Grounded Theory

Die in Abschn. 2 referierten empirischen Studien legen nahe, dass der CN eng mit dem amerikanischen Evangelikalismus verbunden ist. Wie oben erläutert wurde, handelt es sich bei dem von Gorski, Whitehead und Perry identifizierten CN allerdings um additive Aggregationen, für die bisher nicht geklärt ist, ob die Entitäten überhaupt in einer Beziehung miteinander stehen. Plattformen wie Twitter erlauben es, diese Beziehungen herzustellen. Nutzer mit ähnlichen Profilen – das heißt: ähnlichen Interessen und Vorlieben – können sich auf der Plattform vernetzen. Eine Analyse von Twitter-Daten müsste insofern zeigen, inwiefern der CN im Netzwerk evangelikaler Gemeinden und Pastor:innen eingebettet ist. Folgen die Follower evangelikaler Gemeinden auch Christlichen Nationalisten? Sind evangelikale Gemeinden möglicherweise selbst Teil des Diskursnetzwerkes des CN? Um diese Fragen zu untersuchen, erstellen wir einen Twitter-Datensatz, der das Netzwerk protestantischer Gemeinden auf Twitter rekonstruiert. Die (1) Erhebung und (2) Analyse der Twitter-Daten vollziehen sich wie folgt:

4.1   Erstellung des Datensatzes

Wir beginnen mit (a) einem Set von 140 real existierenden protestantischen Gemeinden aus der Metropolregion Houston, die einen Twitter-Account haben. Auf diese Weise rekonstruieren wir den Twitter-Diskurs aus der Perspektive protestantischer Gemeinden. (b) Von diesen Gemeinden laden wir über die Twitter API die Accounts von insgesamt 10.790.791 Followern dieser Gemeinden herunter. (c) Für jede einzelne Gemeinde ziehen wir nun eine Stichprobe ihrer Follower. Für diese insgesamt 116.502 *Follower* laden wir anschließend deren 5.068.239 *Friends* herunter. Friends sind auf Twitter diejenigen, denen ein Account folgt. (d) Von diesen Friends haben insgesamt 3 Mio. eine Profil-*Selbstbeschreibung* (sog. *Descriptions*) ausgefüllt. Mit diesen Selbstbeschreibungen geben *Twitter-Nutzer* häufig Auskunft über Beruf, Interessen, Glaube oder politische Einstellungen.[8] Diese können dementsprechend für Kategorisierungszwecke genutzt werden (Chu et al. 2015; Meijer und Torenvlied 2016; Spierings et al. 2019; Himelboim et al. 2013; Punel und Ermagun 2018).

4.2   Analyse des Datensatzes

Die Analyse der heruntergeladenen *Selbstbeschreibungen* orientiert sich am dreistufigen Verfahren der *Computational Grounded Theory* (Nelson 2020). In diesem Mixed-Methods-Ansatz werden große Datenmengen einerseits durch strukturermittelnde computerbasierte Verfahren und andererseits durch die theoriegeleitete Interpretation der Forschenden analysiert. Diese Kombination erlaubt die Überwindung der Unzulänglichkeiten der jeweils einzelnen Verfahren und ermöglicht somit präzisere, zuverlässigere und reproduzierbare Ergebnisse (vgl. Nelson 2020: 34).

a) Im ersten Schritt stellt sich die Frage, mit welchen religiösen und politischen Identitäten protestantische Gemeinden aus Houston über ihre Follower verbunden sind. Die induktive Ermittlung der latenten Sinnstrukturen im gesammelten Material erfolgt mittels „unsupervised machine learning". Dieses ermöglicht das Aufspüren unbekannter Kategorien auf Grundlage der vorliegenden Texteigenschaften (Grimmer und Stewart 2013). In unserem Fall nutzen wir die Methode des Topic Modelings (Latent Dirichlet Allocation).

---

[8] Die Datenstruktur lässt sich folgendermaßen veranschaulichen: Gemeinde ← Follower → Friend → Selbstbeschreibung des Friends.

Dieses Verfahren „basiert auf der Annahme, dass jedes Dokument grundsätzlich aus einer Kombination mehrerer Themen (Topics) besteht, die wiederum in unterschiedlichen Anteilen enthalten sind" (Stulpe und Lemke 2016: 51). Wörter, die sehr wahrscheinlich gemeinsam im Material vorkommen, werden als Sinnzusammenhang entdeckt und als Topic zusammengefasst. Die Topics bilden somit die latenten Variablen, welche durch die auftretenden Begriffe (die manifesten Variablen) stochastisch berechnet werden (ebd.). Auf diese Weise wurden insgesamt 50 Topics über die rund 3 Mio. Profilbeschreibungen hinweg offengelegt. Es zeigt sich, dass der Christliche Nationalismus ein eigenes Topic ausbildet.

b) Im nächsten Schritt soll nun genauer untersucht werden, durch welche geteilten Bedeutungsstrukturen sich die Identität der Christlichen Nationalisten auszeichnen. Dazu analysieren wir 214 Profilbeschreibungen, die stark auf das Topic „Christian Nationalism" laden (gamma[9] > 0,6), um im Sinne des „Deep Reading" die im Topic Modeling entdeckten Strukturen besser zu verstehen (vgl. Nelson 2020: 25). Neben einer qualitativen Inhaltsanalyse der Selbstbeschreibungen kodieren wir ebenso die Profilbilder, Banner und angehefteten Tweets der Profile. Die Ergebnisse untermauern die zuvor getroffene Annahme, dass es sich hierbei um christliche Nationalist:innen handelt, die sich in ihrer Selbstdarstellung auf den ehemaligen Präsidenten und damit assoziierte Themen beziehen.

c) Im dritten Schritt der Computational Grounded Theory erfolgt die „Pattern Confirmation" (ebd.: 30). Die in Schritt a) und b) identifizierten Ergebnisse werden nun deduktiv am Material hinsichtlich ihrer Generalisierbarkeit überprüft (vgl. ebd.). Dazu nutzen wir die in den Profilbeschreibungen enthaltenen „@mentions", die von Nutzern zur expliziten Verlinkung des eigenen Profils mit anderen Profilen genutzt werden, wie bspw. mit dem Arbeitgeber oder dem besuchten College. Ziel ist zu überprüfen, inwiefern die identifizierten Accounts miteinander vernetzt sind. Ist dies der Fall, so ist anzunehmen ist, dass sich die gemeinsame kollektive Identität über die Plattform ausgebildet hat.

---

[9] Der gamma-Wert trifft eine Aussage darüber, wie stark ein Text (hier: Twitter-Selbstbeschreibung) auf das Topic lädt.

5   Ergebnisse: (Re-)Produktion des Christlichen Nationalismus auf Twitter

Im Folgenden werden die Ergebnisse der soeben benannten dreistufigen Analyse vorgestellt. Zunächst gilt es, christlichen Nationalist:innen in den Twitter-Netzwerken der protestantischen Gemeinden ausfindig zu machen. Dementsprechend wird im nächsten Abschnitt das Topic Modeling vorgestellt, welches die latenten Identitätskomponenten in den Selbstbeschreibungen der Profile aufdeckt.

5.1   Topic Modeling der Twitter-Selbstbeschreibungen

Mit dem Topic Modeling analysieren wir alle Accounts, mit denen die Gemeinden in Houston über ihre Follower verbunden sind. Das Ziel besteht darin herauszufinden, mit welchen politischen Akteuren bzw. Typen von Akteuren die Gemeinden verbunden sind. Das Topic Modeling ist ein induktives Verfahren, bei dem die Forschenden die Zahl der Topics selbst festlegen. Wir entscheiden uns für eine Lösung mit 50 Topics, weil diese am besten interpretierbar ist. Die Tabelle zeigt eine Auswahl von zehn Topics, die als *Identitätskomponenten* verstanden werden können. Beispiele sind nachrichtenproduzierende Accounts, Anbieter von Mode- und Kosmetikprodukten, Engagierte für Bildung oder Pastor:innen und Kirchen. Einzelne Nutzer können verschiedene Identitätskomponenten miteinander verbinden oder aber sich durch eine einzige Identitätskomponente auszeichnen (Tab. 1).

Die Analyse zeigt, dass politische Identitäten deutlich sichtbar werden. Der Anteil der politisierten Accounts liegt bei ca. 8 %. Zu nennen ist zunächst das Topic 14, das wir „Christian Nationalism" nennen, weil die Begriffe „conservative", „American", „Christian", „proud", „Trump" etc. eindeutig zuordenbar sind. Weitere politische Topics, die eher dem linken politischen Spektrum zuzuordnen sind, nennen wir „Academic Advocates" sowie „BLM und LGBTQ + ". Die restlichen 92 % der Accounts lassen sich anderen Teilsystemen (Wirtschaft, Bildung, Sport, Gesundheit, Kunst etc.) sowie der zivilen Sphäre (Zivilgesellschaft, Medien) zuordnen. Im folgenden Abschnitt untersuchen wir die Topics als verschiedene Identitätskomponenten, die sowohl auf teilsystemische Inklusionsprofile also auch die zivile Sphäre verweisen.

i. Teilsystemische Identitätskomponenten

Tab. 1 Ergebnisse Topic Modeling (zehn von 50 Topics)

News	Beauty, Fashion und Lifestyle	Academic Advocates	BLM und LGBTQ+	Media	Authors und Awards	Christian Nationalism	Community Engagement	NPO	Churches und Pastors
follow	beauty	social	opinions	podcast	writer	conservative	community	community	pastor
latest	hair	human	views	radio	award	American	students	organization	ministry
updates	lifestyle	professor	rainbow	tv	winning	Christian	women	profit	Christian
events	made	black	tweets	show	award_winning	proud	leaders	education	Baptist
information	style	justice	mine	producer	book	trump	mission	support	church_pastor
source	brand	phd	blm	talk	editor	army	young	dedicated	community
latest_news	clothing	rights	black lives matter	sports	books	veteran	learning	children	youth
world	designer	science	thoughts	host_podcast	gender	retired	education	families	worship
daily	shop	lives	expressed	Personality	journalist	maga	people	health	united
tips	products	student	mine_opinions	pm	writing	america	leadership	care	senior
info	online	matter	writer	fm	winner	united	youth	mission	ministries

(Fortsetzung)

Tab. 1 (Fortsetzung)

News	Beauty, Fashion und Lifestyle	Academic Advocates	BLM und LGBTQ+	Media	Authors und Awards	Christian Nationalism	Community Engagement	NPO	Churches und Pastors
sports	home	research	personal	news	fiction	country	inspire	nonprofit	st
local	women	advocate	alum	music	writer_author	pro	development	Communities	bible

Quelle: Eigene Analyse und Darstellung

Aus differenzierungstheoretischer Perspektive verweist das Topic Modeling auf die differenzierte Gesellschaftsstruktur. Die Plattform „verdoppelt" (Nassehi 2019) zwar einerseits teilsystemische Strukturen, weil individuelle sowie kollektive Akteure ihre Identität auf der Plattform präsentieren. Die Twitter-Selbstbeschreibungen ermöglichen es den Nutzern aber andererseits auch, ihr Selbstbild, das heißt ihre Identität, im öffentlichen (Twitter-)Raum selektiv zu *re*präsentieren und zu inszenieren. Selbst-Präsentation beinhaltet einen aktiven Prozess der Konstruktion des Selbstkonzeptes in Interaktionen, die auf physischer Kopräsenz beruhen (Goffman 2008). Interaktionen im digitalen Raum hingegen werden technologisch vermittelt (vgl. Thumin 2012: 10), sodass die Selbstpräsentationen im Verdoppelungsprozess verändert werden. Die Erstellung, Bearbeitung und das Management eines Twitter-Accounts ist daher ein kreativer Prozess der *Re*präsentation. Dieser gibt dem Nutzer Spielraum bei der Fabrikation der digitalen Identität: So können bestimmte Identitätskomponenten – zum Beispiel der Beruf, die Mutterrolle, religiöse oder politische Orientierungen oder spezifische Interessen wie Fitness – selektiv auf der Plattform verstärkt oder eben weggelassen werden.

Die digital repräsentierten Identitäten können dementsprechend als Darstellung des individuellen „Inklusionsprofils" (Burzan et al. 2008) interpretiert werden. Inklusionsprofile verweisen auf die partielle Inklusion der modernen Menschen in die meisten Teilsysteme (vgl. Burzan et al. 2008: 28). In diesem Sinne beziehen sich etwas mehr als die Hälfte der 50 Topics auf teilsystemspezifische Leistungs- und Publikumsrollen wie Bildungsspezialist:innen, Wirtschaftsexpert:innen, Pastor:innen oder Sportler:innen. Neben den Inklusionsprofilen zeigen die Topics ebenfalls die entsprechend der einzelnen Teilsysteme spezialisierte Sprache, an der die teilsystemische Handlungsrationalität kommunikativ anschließen kann. Mit der Methode des Topic Modeling können folglich die korrespondierenden Begriffe eindeutig zugeordnet werden: Im Fall der Bildung wird auf Rollen wie „teacher", „student" und auf die dazugehörigen „schools" verwiesen; im Fall der Wirtschaft auf Rollen wie „consultant", „manager" oder „owner" in Kombination mit den entsprechenden Organisationen wie „shops", „restaurants" oder „companies" sowie die Leistungen und Produkte der Unternehmen, zum Beispiel „beauty", „fashion", „food" oder „software".

ii. Religiöse Identitätskomponenten
Da die Analyse auf Accounts basiert, denen von Followern protestantischer Gemeinden aus Houston gefolgt wird, entfallen sieben von 50 Topics auf religiöse

Themen.[10] Das Topic „Churches und Pastors" rekurriert vor allem auf Strukturen
der institutionalisierten Religion. Genannt werden die Rollen „pastors", „ministers",
members" entsprechend der jeweiligen Organisationsformen „church", „ministry"
oder „fellowship", die bestimmte Leistungen wie „worship" oder „faith groups"
anbieten. Diese Topics repräsentieren eine Sozialform der Religion, die sich durch
eine institutionelle Spezialisierung religiöser Funktionen und eine Monopolisierung
dieser Funktionen in einem abgegrenzten religiösen Bereich auszeichnet (Luckmann
2003). In dieser Sozialform wird das Heilige ausschließlich an einem bestimmten
institutionellen Ort, der Kirche, lokalisiert.

Mit zunehmender funktionaler Spezialisierung und der Ausdifferenzierung von
Wissenschaft, Politik und Ökonomie als eigenständige, von der Religion unab-
hängige Sphären, verschob sich Luckmann folgend die Religion ins Private. Das
Ergebnis sei ein „Entdifferenzierungsprozess […] zwischen weltlicher Kultur und
sakraler Religion" (Knoblauch 2002: 296), in dessen Zentrum die Subjektivierung
religiöser bzw. spiritueller Erfahrungen stehe. Die Entdifferenzierung des Wissens
ist dabei eng an eine Subjektivierung geknüpft, die mit der Trennung von religiösen Virtuosen und Laien bricht: „Nicht mehr das, was die Theologie oder das
Amt verkündet, wird angenommen, sondern nurmehr das, was man selbst erfahren hat" (Knoblauch 2002: 302). Die drei Topics „Divine Salvation", „Jesus, Faith
und Gospel" sowie „God und Divine Love" beinhalten dementsprechend Bezüge zu
einer individualisierten, populären Religion (Knoblauch 2009; Pruisken und Loebell
2021). Im Mittelpunkt der Selbstbeschreibungen stehen vor allem die Betonung der
individuellen Beziehung zu Jesus sowie die persönliche Erlösungserfahrung („being
saved"). Typische Aussagen sind „I love Jesus" oder "Rescued and loved by my
Savior. Dedicated to sharing the gospel here." Die Privatisierung des Religiösen
zeigt sich darüber hinaus in den Topics „Christian Wives" sowie „Religious Men".
Die Nutzer präsentieren sich im digitalen Raum dezidiert als vollständig religiöse
Personen. Topics wie „Empowering Change in Daily Life", „Inner Well-being und
Personal Growth" oder "Work Ethic und Success" sprechen in einem ähnlichen Sinn
die subjektivierten Selbstverwirklichungsziele der Individuen an, die auf der Plattform in besonderem Maße sichtbar werden, weil hier vor allem individuelle Nutzer
ihre Identität präsentieren. Das Topic „Christian Nationalism" ist das einzige Topic,
das Religion und Politik verbindet (siehe unten).

iii. Moralische Identitätskomponenten

---

[10] Die Diskussion über die Frage, ob die Religion ein eigenes Teilsystem beansprucht oder
nicht, kann an dieser Stelle nicht ausgeführt werden (vgl. Petzke 2013).

Die Topics, die sich nicht den Teilsystemen zuordnen lassen, bearbeiten hingegen typischerweise *moralische Fragen,* die von den spezialisierten teilsystemischen Diskursen (insbesondere der Wirtschaft, Wissenschaft und Politik) ausgeklammert werden. Die spezifischen Handlungsrationalitäten (vgl. Schimank 2005: 46) der Teilsysteme erhalten ihre Unabhängigkeit dadurch, dass sie die Folgen von Rationalisierungsprozessen externalisieren: Die Wirtschaft ist für arbeitslose Menschen dann genauso wenig zuständig wie die Wissenschaft für die Konsequenzen der befristeten Beschäftigung wissenschaftlicher Mitarbeiter:innen (vgl. Lepsius 2013: 46). Moralische Konflikte über die Folgen der Rationalisierung der Teilsysteme werden zunehmend in den öffentlichen Raum hineinverlagert. Im Zentrum steht dabei immer wieder die Frage der Solidarität: Wer verdient Schutz? Wer hat Anspruch auf Kompensation? Für wen sollen die Folgen auf welche Weise abgemildert werden?

Die auf Twitter repräsentierten Inklusionsprofile positionieren sich insofern im Diskurs der „zivilen Sphäre". Mit diesem Konzept beschreibt Alexander (2006) den Raum, in dem moralische Fragen ausgehandelt werden. Zu unterscheiden ist einerseits zwischen dem Diskurs und andererseits den Institutionen der zivilen Sphäre. Die diskursive Ebene, die die kulturelle und symbolische Dimension der zivilen Sphäre erfasst, konstituiert sich als ein komplexes Netz von Bedeutungen (vgl. Alexander 2006: 54). Die Elemente dieses Netzes sind entlang eines binären Codeschemas strukturiert, das festlegt, welche Motive, Relationen und Institutionen wünschenswert und welche abzulehnen ist. Für Alexander ist die Existenz des Bösen im Anschluss an Durkheim eine konstitutive Voraussetzung für das Verständnis des Guten (vgl. Kern 2017, Abschn. 4). Die Frage, welche Deutungen über das Gute und das Böse sich in welchem Maße gesellschaftlich durchsetzen, hängt in der Folge davon ab, wie der Diskurs institutionell kanalisiert und verbreitet wird. Im Schnittfeld von Politik, Recht und Medien konstituiert sich demnach ein öffentlicher Raum für die Austragung moralischer Konflikte. Die regulativen Institutionen (Politik und Recht) leisten die institutionelle Regulierung dieses Diskurses, die kommunikative Verbreitung von Inhalten erfolgt dagegen über das Mediensystem (kommunikative Institutionen) (Alexander 2006; Kern und Opitz 2021).

Die Plattform Twitter „verdoppelt" – im ersten Schritt – neben den teilsystemischen Strukturen auch diesen Raum der zivilen Sphäre. Zu den *(1) kommunikativen Institutionen* gehören zum einen die *(2) „fiktionalen" Medien* (vgl. Alexander 2006: 75). Im Gegensatz dazu informieren zum anderen die *(3) faktenorientierten Medien* wie Nachrichtensendungen und Zeitungen über gesellschaftliche Krisen und Ereignisse. Die zivile Sphäre ist aber nicht nur durch kommunikative und regulative Institutionen charakterisiert, sie findet darüber hinaus ihren Ausdruck *(4) in zivilgesellschaftlichen Assoziationen* wie Non-Profit-Organisationen, Vereinen und

Bürgerinitiativen, die als Träger von bestimmten Moralvorstellungen in der Öffentlichkeit in Erscheinung treten (vgl. Alexander 2006: 93). Für alle vier Elemente finden wir Topics, die diese auf der Plattform repräsentieren.

Im zweiten Schritt verdoppeln die Plattformen nicht nur den Diskurs, sondern erweitern diesen um eine zweite diskursive Ebene. Die Akteure erhalten die Möglichkeit, sich mittels Hashtags in spezifischen Diskursen für andere sichtbar zu machen sowie über die Retweet- oder @mention-Funktion andere Nutzer unmittelbar zu adressieren, selbst wenn zuvor keine direkte Verbindung bestand. Die Funktion der sogenannten „Trending"-Themen verstärkt ferner bereits öffentlichkeitswirksame Diskurse. Mittels dieser vielfältigen Vernetzungsfunktionen können moralische Themen eine beträchtliche Reichweite erlangen. Die Konsequenz ist die Erweiterung des Diskursraumes sowie die Herausbildung neuer Diskursräume durch die aktive Verknüpfung diverser Themen. Deutlich wird dies an den Topics, die sich auf die Vernetzungsfunktion der Plattform beziehen und auf diese Weise die kommunikativen Institutionen der Zivilgesellschaft transformieren. Nutzer verweisen in ihren Selbstbeschreibungen auf ihre Homepage oder Accounts bei anderen sozialen Medien wie Facebook, Youtube oder Instagram. Relevante Topics sind "Company Advertisements", "Instagram, Snapchat und Facebook", "Website Links", "YouTube" oder „Professionals Contact Information". Plattformen sind insofern Teil der Entstehung eines „Vernetzten Individualismus" (Rainie und Wellman 2012; Kern und Pruisken 2020).

In diesem Sinne vernetzen drei weitere Topics teilsystemische Diskurse mit moralischen Ansprüchen. Zu nennen sind an dieser Stelle insbesondere die Topics „Christian Nationalists", „Academic Advocates" sowie „BLM und LGBTQ +", die oben schon als politisierte Topics benannt wurden. Kennzeichnend für diese drei Topics ist, dass diese teilsystemische Ansprüche sowie (externalisierte) moralische Forderungen miteinander verbinden: Das Topic „Academic Advocates" repräsentiert Akademiker:innen und Wissenschaftler:innen, die sich in ihrer Selbstbeschreibung zu Themen wie sozialer Gerechtigkeit bekennen. Hier wird das Teilsystem Wissenschaft mit moralischen Forderungen verbunden. Das Topic „BLM & LGBTQ +" verbindet Meinungsäußerungen zu den Themen Antirassismus, Rechte für Schwarze und Transgender-Personen mit dem Teilsystem der Wirtschaft. Das Topic „Christian Nationalists" referiert hingegen auf die teilsystemischen Handlungslogiken der Religion und der Politik und kombiniert diese mit einer starken Unterstützung für Donald Trump.

5.2   Das Topic „Christlicher Nationalismus"

Im Folgenden wenden wir uns dem Topic „Christian Nationalism" zu. Der Algorithmus des Topic Modeling identifiziert ähnliche Repräsentationen von Inklusionsprofilen und clustert diese zu Gruppen. Dabei handelt es sich zunächst um additive Formen der Aggregation. Von einer kollektiven Identität kann erst gesprochen werden, wenn nachgewiesen ist, dass die sinnhaften Orientierungen der beteiligten Akteure in wechselseitigen Auseinandersetzungsprozessen entstanden sind. Ob die aggregierten Accounts tatsächlich miteinander verbunden sind, muss erst noch geprüft werden. Entsprechend des Forschungsdesigns der „Computational Grounded Theory" untersuchen wir diese Frage in dem **zweiten** Schritt des „deep readings", in dem wir die kulturellen Codes und geteilten Bedeutungsstrukturen, mit denen sich die Nutzer identifizieren, qualitativ analysieren. Wie wird über gemeinsam genutzte Hashtags, Bilder und Inhalte ein „Wir-Gefühl" erzeugt?

i. Qualitative Analyse: Repräsentation christlicher Nationalisten als kollektive Identität
Für die qualitative Analyse der kollektiven Repräsentation der christlichen Nationalist:innen erstellen wir einen Datensatz mit den 214 Selbstbeschreibungen, die am stärksten auf das entsprechende Topic laden. Für die Selbstbeschreibungen sowie die zugehörigen Profilbilder und angehefteten Tweets erstellen wir ein Codesystem mit über 90 Kategorien. Auffällig ist zunächst die positive, affektiv aufgeladene Identifikation mit dem ehemaligen U.S.-Präsidenten Donald Trump. Sichtbar wird diese Identifikation mit Bildern von Trump, Nennungen des Twitter-Accounts @realdonaldtrump sowie der Kampagnen-Hashtags #MAGA und #KAG. Eine scharfe kulturelle Grenze wird hingegen zu der Black Lives Matter-Bewegung, der Demokratischen Partei sowie der sogenannten „woken" oder auch liberalen Agenda gezogen. Diese werden als das Böse oder das Schlechte beschrieben. Die Mehrheit der Profile bekundet einen starken Patriotismus, sowohl in der Darstellung der Profilbilder und Banner als auch in den Selbstbezeichnungen als „Patriot" oder „born & raised in America". Darüber hinaus werden der (ehemalige) Militärdienst und die Solidarität mit der Polizei als „das Gute" hervorgehoben. Zudem wird auf die Bedrohung der Verfassung, Freiheits- und Waffenrechte verwiesen. Oft werden auch konservative politische Forderungen wie die Beschneidung des Staatshaushalts und strengere Immigrationsgesetze erhoben. Hier zeigt sich die Anschlussfähigkeit der Christlichen Nationalismus an die Republikanische Partei.

Die Ablehnung einer pluralistischen Gesellschaft kommt in starken Abgrenzungslinien zum Islam, Sozialismus und Kommunismus zum Ausdruck. Religiöse

Bezüge spielen ebenfalls eine wichtige Rolle: Knapp 89 % bezeichnen sich als christlich, 27 % beziehen sich auf die Pro Life-Bewegung und 15 % auf den verbündeten Staat Israel. Die Accounts rekurrieren auf diese Weise auf zentrale Abgrenzungslinien des Evangelikalismus gegenüber der säkularen Gesellschaft. Für viele Evangelikale gilt die Gesellschaft als moralisch verfallen, sündig und von Dämonen besessen (Bivins 2008). Viele glauben: „[H]umanity is living in the end times, Satan and his hordes have been unleashed, and God has given the faithful spiritual gifts with which to fight the enemy" (O'Donnell 2020: 2).

Diese Analyse der Selbstbeschreibungen zeigt, dass sich diese wesentlich durch das auszeichnen, was Perry, Gorski und Whitehead als „White Christian Nationalism" bezeichnen. Demnach glauben Anhänger des weißen CN, dass die Vereinigten Staaten eine weiße christliche Nation sein sollten und vertreten starke Meinungen bezüglich „racial discrimination, religious freedom, government regulation, socialism, the welfare state, COVID lockdowns, voting, and the Capitol insurrection" (Gorski und Perry 2022: 6).

Würden diese kulturellen Codes über einen konventionellen Survey erfasst, könnte keine Auskunft darüber gegeben werden, inwiefern es sich hier um mehr als eine additive Form der Aggregation handelt. In diesem Fall des CN auf Twitter stellt sich insbesondere die Frage, inwiefern es sich bei diesem Phänomen um eine Form des kollektiven Handelns handelt, das als soziale Struktur das Verhältnis zwischen Religion und Politik in den USA entscheidend rekonfiguriert. Inwiefern entsteht hier eine soziale Bewegung, die auf einer kollektiven Identität und einem Netzwerk von Akteuren und Organisationen basiert (Rucht und Roth 2008,)? Mit der Frage, ob und inwiefern die Akteure einer bestimmten additiv aggregierten Gruppe tatsächlich in Beziehung miteinander stehen, setzt sich insbesondere die Netzwerkanalyse auseinander (vgl. Opp 2014: 165; Jansen 2013), die den Fokus von Variablen als Eigenschaften von Individuen auf Relationen verschiebt (Dépelteau 2018; Emirbayer 1997). Daher nutzen wir in unserem **dritten** Schritt, der „pattern confirmation", ein netzwerkanalytisches Verfahren, mit dem die Organisationsbasis und die Vernetzung des Topics „Christian Nationalism" untersucht werden kann.

ii. Netzwerkanalyse: „Christian Nationalism" als algorithmische kollektive Identität?
Mit welchen Personen, (teilsystemischen) Organisationen und Institutionen der zivilen Sphäre ist das Topic vernetzt? Die folgende grafische Darstellung (Abb. 1) visualisiert ein Netzwerk, das auf den sogenannten @mentions in den Selbstbeschreibungen der Accounts[11] basiert, die mit einem gamma-Wert von über 0,6 auf das Topic 14 laden.

---

[11] Mit der Funktion des @mentions ist es möglich, auf andere Twitter-Nutzer zu verweisen.

@realdonaldtrump	Former President USA, Republican
@potus	President USA → Donald Trump
@nra	National Rifle Association, Gun Lobby
@charliekirk11	Conservative Activist, Radio Talk Show Host
@codeofvets	Veteran Help Service
@gop	Republican Party
@realjameswoods	Actor, Radical Right Gadsden flag
@barackobama	Former President USA, Democrat
@catturd2	Right Wing Internet Troll
@cvpayne	Network Financial Journalist, Fox News
@foxnews	News Station
@chuckwoolery	Conservative Activist, Talk Show Host
@dineshdsouza	Conservative Political commentator, Actor
@realdrgina	Trump Media Advisor
@usmc	US Marine Corps
@maga	Republican Election Campaign
@ryanafournier	Founder Students for Trump
@sentedcruz	Republican Politician, Senator of Texas
@flotus	First Lady USA → Melania Trump
@giants	American Football Club, New York
@rosie	Actor, LGBT Advocat
@scottbaio	Republican, Actor
@antoniosabatojr	Actor, Republican
@joebiden	Democratic President USA 2021
@kenwahl1	Veteran Advocate, Actor
@michellemalkin	Extreme-Right Political Commentator, NewsmaxTV
@seanhannity	Fox News, Republican
@teamtrump	Trump Campaign
@whitehouse	Residence and Workplace President USA
@alvedacking	ProLife-Activist, Foxnews
@benshapiro	Author, Conservative Political Commentator
@dloesch	NRA Press Release, Gun Lobby Activist, Tea Party
@lfc	Football Club, Liverpool
@mets	Baseball Club, New York
@scottpresler	Conservative Activist
@scrowder	Conservative Political Commentator, Actor
@tedcruz	Republican Politician, Senator of Texas
@thehill	Impartial Newspaper
@therealroseanne	Actor, Conservative
@toddstarnes	Conservative Columnist, Fox News
@waynedupreeshow	Conservative Radio Show
@giants	American Football Club, New York
@yankees	Baseball Club, New York
@ritacosby	News Anchor, CBS, Republican
@newsmax	News Site, Radical Right

Abb. 1 Netzwerk der erwähnten Personen und Organisationen (@mentions) in den Selbstbeschreibungen von Accounts, die stark auf das Topic „Christian Nationalism" laden. Die Knoten bilden die @mentions, die Kanten die Accounts, die diese erwähnen. Die Größe der Knoten zeigt die Zentralität an. Nicht verbundene Accounts (Isolates) werden in der Grafik nicht angezeigt

Am häufigsten erwähnen die Accounts in ihren Selbstbeschreibungen den Account @realdonaldtrump von Donald Trump. Sieben weitere Accounts gehören im weiteren Sinne zur Trump-Kampagne; fünf Accounts sind rechts-konservative Schauspieler und Comedians. Den größten Anteil haben mit zwölf Accounts Talk Show Hosts, politische Kommentator:innen und konservative Aktivist:innen. Ein Beispiel ist Charlie Kirk, der Gründer von „Turning Point USA", einer pro-militärischen, antifeministischen und islamfeindlichen Non-Profit-Organisation, die fossile Brennstoffe und die Ziele der National Rifle Association unterstützt, eine neoliberale Agenda verfolgt und der Black Lives Matter-Bewegung kritisch gegen-übersteht. Fünf Accounts gehören zu republikanischen Politiker:innen wie Ted Cruz und Sarah Palin; sechs Accounts repräsentieren Fox News Accounts oder Hosts. Sechs weitere Accounts gehören zu anderen Medienanstalten. Hinzu kom-men schließlich die National Rifle Association (2), Veteranenorganisationen (3), Demokratische Politiker (3), Sportvereine (10) sowie Unternehmen (4). Religiöse Organisationen – Gemeinden oder Denominationen wie auch Pastoren – kommen hingegen nicht vor. Der Bezug des Topics „Christian Nationalism" zu religiösen Institutionen ist auf dieser Ebene insofern gering.

Die Twitter-Nutzer nutzen Funktionen wie @mentions, um sich zu anderen Platt-formnutzern in Beziehung zu setzen (vgl. Greshoff 2012: 110). An dieser Stelle können aus additiven Aggregationen nicht-additive Aggregationen entstehen, weil Nutzer aktiv anderen folgen, deren Inhalte sie relevant finden. Auf der Plattform ent-wickelt sich ein „Sozialgeschehen", das auf der „Fähigkeit von Entitäten" basiert, „sich aus sich heraus erzeugt auf irgendeine (Verhaltens-)Weise wahrnehmungsba-siert und gerichtet zu Entitäten in ihrer Umgebung in Beziehung zu setzen, die ebenfalls über diese Fähigkeiten verfügen" (Greshoff 2011: 85). Die kollektive Identität entsteht einerseits durch die Reproduktion bereits bestehenden Bezie-hungsmuster: Wer bereits Unterstützer:in der NRA ist, wird eher auch auf diese in der Selbstbeschreibung verweisen. Andererseits wird die kollektive Identität durch die spezifische Plattformarchitektur mit hervorgebracht: Jede Angabe, die ein Nutzer auf der Plattform macht – das Folgen, Liken, Retweeten, Erwähnen und die Selbstbeschreibung – wird zu einem Datenobjekt (vgl. Schwarz 2021: 8), das in der Folge von Algorithmen weiterverarbeitet werden kann. Algorithmen basie-ren auf der regelgeleiteten Umwandlung eines (Daten-)Inputs in einen (Daten-) Output. Ähnlich wie das Topic Modeling sind die Algorithmen der Social Media-Plattformen darauf ausgelegt, Komplexität zu reduzieren und eine große Menge an Informationen zu sortieren, filtern und bewerten. Nutzer mit ähnlichen kategorialen Eigenschaften werden auf diese Weise zu Gruppen geclustert.

Die Kategorisierungsprozesse der Algorithmen funktionieren ähnlich wie die Methode der Idealtypenbildung (Weber 1904). Es gibt stets eine kleine Gruppe von Accounts, die dem Idealtyp in hohem Maße entsprechen. Diese laden stark auf das Topic, aber nur wenig auf die anderen Topics. Das repräsentierte Inklusionsprofil ist hochgradig zentriert (vgl. Burzan et al. 2008: 48). Je geringer ein Account hingegen auf das Topic lädt, desto eher kommen auch andere Topics hinzu. Dabei steigt auch die Fehlerwahrscheinlichkeit. Die repräsentierten Inklusionsprofile werden dezentrierter und sind vermutlich stärker in verschiedene Teilsysteme inkludiert (vgl. ebd.). Korreliert ein Account mit einem bestimmten Idealtyp, werden diesem entsprechende Inhalte wahrscheinlicher auf der Startseite angezeigt oder andere Accounts als neue Freund:innen vorgeschlagen. Durch diese algorithmisch basierte Plattformoberfläche können bestimmte Identitätskomponenten selektiv verstärkt werden. Im Fall des Topics „Christian Nationalism" werden viele Accounts, die Begriffe wie „Christian", „proud" oder „USA" in ihrer Profilbeschreibung nennen, automatisch dem Idealtypus des CN zugeordnet, obwohl sie diese Identifikation möglicherweise ablehnen. Abgrenzungslinien zwischen religiös Konservativen und christlichen Nationalisten werden so verwischt. An dieser Stelle zeigt sich die Mobilisierungsfunktion der Plattform, die über technische Elemente wie #hashtags oder @mentions kollektive Identitäten miterzeugt.

6 Schluss

Auf der Grundlage der Analyse lässt sich der Prozess der Entstehung des Christlichen Nationalismus auf Twitter rekonstruieren. **Erstens** repräsentieren Nutzer in ihren Profilbeschreibungen ihr Inklusionsprofil und erzeugen ein Bild davon, wie sie in die Gesellschaft eingebunden sind. Die Erstellung eines Accounts und die Darstellung des Selbst mittels der Nutzung von Hashtags, Tweets oder Videos ist ein Akt der Selbstrepräsentation (Thumin 2012), in dessen Verlauf *selektiv* bestimmte Identitätsanteile auf der Plattform dargestellt werden. Die Nutzer beziehen sich daher einerseits auf teilsystemische Strukturen und präsentieren sich als Rollenträger der Wirtschaft, Wissenschaft oder des Sports. Anderseits werden von den Teilsystemen externalisierte, moralische Fragen, die in der zivilen Sphäre ausgehandelt werden, ebenfalls in den Twitter-Profilen sichtbar. Drei politisierte Inklusionsprofile kristallisieren sich heraus, mit denen protestantische Gemeinden aus Houston auf Twitter vernetzt sind und die teilsystemischen Bezüge und moralischen Forderungen miteinander verbinden: Die „Christian Nationalists", die „Academic Advocates" und die „Black Lives Matter und LGBTQ-Aktivisten".

Zweitens koordinieren die Plattformen die Repräsentationen der Inklusionsprofile von Millionen von Nutzern mithilfe algorithmischer Prozesse auf der

Grundlage von Datentransformationen. Je ähnlicher die kulturellen Selbstre-
präsentationen der Nutzer, desto größer ist die Wahrscheinlichkeit, dass sie
„algorithmisch" geclustert, typisiert und füreinander sichtbar gemacht werden
und folglich aufeinander Bezug nehmen können. Eine Analyse des Inklusionsprofils des Topics „Christian Nationalism " zeigt, dass sich die aggregierten
Nutzerprofile hochgradig ähnlich sind. Hier präsentiert sich die kollektive Identität eines Trumpismus, der die „woke", liberale Agenda und die Black Lives
Matter-Bewegung ablehnt, sich zum Christentum bekennt und typische Codes
des CN bedient. Durch algorithmische Funktionen wie #hashtags oder @men-
tions sind die Accounts mit realen Akteuren vernetzt, die wesentliche Träger
der Trump-Bewegung sind. Evangelikale Gemeinden und Denominationen bilden
hingegen nicht die Organisationsbasis des CN auf Twitter.

Diese fehlenden Verbindungen mit Accounts der institutionalisierten Religion
oder anderen religiösen Akteuren lassen die Frage aufkommen, wie das Attribut „christlich" in den ermittelten Selbstbeschreibungen zu deuten ist. Whitehead
und Perry (2020) argumentieren, dass diese Selbstbezeichnung eine kulturelle
Umdeutung erfahren hat. Auch Braunstein und Taylor (2017) verweisen darauf,
dass der Begriff der „christlichen" Nation zur Grenzziehung gegenüber anderen
Gruppierungen genutzt wird und als symbolische Ressource die Koalitionsbil-
dung sozialer Bewegungen ermöglicht (Braunstein und Taylor 2017: 56). Das
Attribut „christlich" dient somit der Projektion und der Identifikation mit einer
heiligen, ethnisch und kulturell homogenen Nation (Stroope et al. 2021: 420).

Zum Schluss muss auf die Limitationen dieser Studie hingewiesen werden.
Wir untersuchen lediglich die Twitter-Selbstbeschreibungen und lassen andere
sprachliche Äußerungen wie insbesondere Tweets außer Acht. Zudem liegt der
Schwerpunkt der Auswertung auf dem Topic 14 der „Christian Nationalists". Zur
Abgrenzung des Phänomens des CN im digitalen Raum muss dieser mit ande-
ren Topics verglichen werden. Ein Vergleich mit anderen digitalen kollektiven
Identitäten könnte weitere spezifische Merkmale des CN herausarbeiten sowie
verschiedene Formen der Online-Selbstrepräsentation differenzieren. Für weitere
Studien ist zudem geplant, die für den Raum Houston erhobenen Daten mit Daten
aus Minneapolis/St. Paul zu vergleichen.

Literatur

Alexander, Jeffrey C. (2006): *The Civil Sphere*. Oxford: Oxford University Press.

Baker, Joseph O.; Perry, Samuel L.; Whitehead, Andrew L. (2020): Crusading for Moral Authority: Christian Nationalism and Opposition to Science. *Sociological Forum* 35, S. 587–607.

Bennett, W. Lance; Segerberg, Alexandra (2012): The Logic of Connective Action. *Information, Communication & Society* 15, S. 739–768.

Bivins, Jason C. (2008): *Religion of Fear: The Politics of Horror in Conservative Evangelicalism.* Oxford: Oxford University Press.

Bossetta, Michael (2018): The Digital Architectures of Social Media: Comparing Political Campaigning on Facebook, Twitter, Instagram, and Snapchat in the 2016 U.S. Election. *Journalism & Mass Communication Quarterly* 95 (2), S. 471–96.

Braunstein, Ruth; Taylor, Malaena (2017): Is the Tea Party a "Religious" Movement? Religiosity in the Tea Party versus the Religious Right. *Sociology of Religion* 78 (1), S. 33–59.

Buckley, David T.; Gainous, Jason; Wagner, Kevin M. (2023): Is religion the opiate of the digital masses? Religious authority, social media, and protest. *Information, Communication & Society* 26, S. 682–698.

Burzan, Nicole; Lökenhoff, Brigitta; Schimank, Uwe; Schöneck, Nadine M. (2008): *Das Publikum der Gesellschaft. Inklusionsverhältnisse und Inklusionsprofile in Deutschland.* Wiesbaden: Springer VS.

Campbell, Heidi A. (2017): Surveying Theoretical Approaches within Digital Religion Studies. *New Media & Society* 19, S. 15–24.

Ceron, Andrea; Curini, Luigi; Iacus, Stefano M.; Porro, Giuseppe (2014): Every tweet counts? How sentiment analysis of social media can improve our knowledge of citizens' political preferences with an application to Italy and France. *New Media & Society* 16, S. 340–58.

Chu, Kar-Hai; Unger, Jennifer B.; Allem, Jon-Patrick; Pattarroyo, Monica; Soto, Daniel; Cuz, Tess B.; Yang, Haodong; Jiang, Ling; Yang, Christopher C. (2015): Diffusion of Messages from an Electronic Cigarette Brand to Potential Users through Twitter. *PloS one* 10:e0145387.

Coleman, James S. (1974): *Power and the Structure of Society.* New York: Norton.

Dépelteau, François (2018): *The Palgrave Handbook of Relational Sociology.* Cham: Palgrave Macmillan US.

Diaz, Fernando; Gamon, Michael; Hofman, Jake M.; Kıcıman, Emre; Rothschild, David (2016): Online and Social Media Data As an Imperfect Continuous Panel Survey. *PloS one* 11:e0145406.

Ellison, Nicole B.; boyd, danah m. (2018): Sociality through Social Network Sites, in: Dutton, William H. (Hrsg.): *The Oxford Handbook of Internet Studies.* Oxford: Oxford University Press, S. 1–26.

Emirbayer, Mustafa (1997): Manifesto for a Relational Sociology. *American Journal of Sociology* 103, S. 281–317.

Francia, Peter L. (2018): Free Media and Twitter in the 2016 Presidential Election: The Unconventional Campaign of Donald Trump. *Social Science Computer Review* 36, S. 440–455.

Frenken, Koen; Fuenfschilling, Lea (2020): The Rise of Online Platforms and the Triumph of the Corporation. *Sociologica* 14, S. 101–113.

Gauchat, Gordon (2012): Politicization of Science in the Public Sphere. *American Sociological Review* 77, S. 167–187.

Goffman, Erving (2008): *The presentation of self in everyday life.* New York: Anchor Books.

Gorski, Philip (2017): Why evangelicals voted for Trump: A critical cultural sociology. *American Journal of Cultural Sociology* 5, S. 338–354.

Gorski, Philip; Perry, Samuel L. (2022): *The Flag and the Cross. White Christian Nationalism and the Threat of American Democracy.* Oxford: Oxford University Press.

Greshoff, Rainer (2011): Was sind die aktiv-dynamischen Kräfte der Produktion des Sozialen?, in: Lüdtke, Nico; Matsuzaki, Hironori (Hrsg.): *Akteur – Individuum – Subjekt. Fragen zu Personalität und Sozialität,* 1. Aufl., 83–106. Wiesbaden: Springer VS.

Greshoff, Rainer (2012): Soziale Aggregationen als Erklärungsproblem. *Zeitschrift für Theoretische Soziologie* 1, S. 109–122.

Grimmer, Justin; Stewart, Brandon M. (2013): Text as Data: The Promise and Pitfalls of Automatic Content Analysis Methods for Political Texts. *Political Analysis* 21(3), S. 267–297.

Himelboim, Itai; Hansen, Derek; Bowser, Anne (2013): Playing in the same Twitter Network. Political information seeking in the 2010 US gubernatorial elections. *Information, Communication & Society* 16, S. 1373–1396.

Hochgeschwender, Michael (2017): Der nordamerikanische Evangelikalismus nach 1950, in: Elwert, Frederik; Radermacher, Martin; Schlamelcher, Jens (Hrsg.): *Handbuch Evangelikalismus.* Bielefeld: transcript Verlag, S. 109–128.

Jansen, Dorothea (2013): *Einführung in die Netzwerkanalyse. Grundlagen, Methoden, Anwendungen.* Softcover reprint of the original 1st edition 1999. Wiesbaden: Springer VS.

Jardina, Ashley (2019): *White Identity Politics.* Cambridge: Cambridge University Press.

Jungherr, Andreas; Schoen, Harald; Posegga, Oliver; Jürgens, Pascal (2017): Digital Trace Data in the Study of Public Opinion. *Social Science Computer Review* 35, S. 336–356.

Kern, Thomas (2017): Jeffrey Alexander und die Kultursoziologie, in: Moebius, Stephan; Nungesser, Frithjof; Scherke, Katharina (Hrsg.): *Handbuch Kultursoziologie: Band 1: Begriffe – Kontexte – Perspektiven – Autor_innen.* Wiesbaden: Springer VS, S. 1–8.

Kern, Thomas; Opitz, Dahla (2021): "Trust Science!" Institutional Conditions of Frame Resonance in the United States and Germany: The Case of Fridays for Future. *International Journal of Sociology* 51, S. 249–256.

Kern, Thomas; Pruisken, Insa (2020): Der Wandel religiöser Inklusion in den USA: Von der „traditionellen" zur „vernetzten" Religiosität?, in: Knoblauch, Hubert (Hrsg.): *Die Refiguration der Religion. Perspektiven der Religionssoziologie und Religionswissenschaft.* Weinheim: Beltz Juventa, S. 147–168.

Kern, Thomas; Pruisken, Insa; Schimank, Uwe (2022): Die religiöse Gemeinde als organisationaler Akteur. Das Wachstum der „Megakirchen" in den USA. *Soziale Welt* 73 (3), S. 487–515.

Knoblauch, Hubert (2002): Ganzheitliche Bewegungen, Transzendenzerfahrung und die Entdifferenzierung von Kultur und Religion in Europa. *Berliner Journal für Soziologie* 12, S. 295–307.

Knoblauch, Hubert (2009): *Populäre Religion. Auf dem Weg in eine spirituelle Gesellschaft.* Frankfurt am Main: Campus.

Kornberger, Martin; Pflueger, Dane; Mouritsen, Jan (2017): Evaluative infrastructures: Accounting for platform organization. *Accounting, Organizations and Society* 60, S. 79–95.

Lepsius, M. Rainer (2013): *Institutionalisierung politischen Handelns. Analysen zur DDR, Wiedervereinigung und Europäischen Union.* Wiesbaden: Springer VS.

Luckmann, Thomas (2003): Transformations of Religion and Morality in Modern Europe. *Social Compass* 50, S. 275–285.

Mayntz, Renate (1997): *Soziale Dynamik und politische Steuerung. Theoretische und methodologische Überlegungen*, Bd. 29. Frankfurt am Main: Campus.

Meijer, Albert J.; Torenvlied, René (2016): Social Media and the New Organization of Government Communications. *The American Review of Public Administration* 46, S. 143–161.

Melucci, Alberto (1995): The Process of Collective Identity, in: Johnston, Hank; Klandermanns, Bert (Hrsg.): *Social Movements and Culture.* Minneapolis: University of Minnesota Press, S. 41–63.

Nassehi, Armin (2019): *Muster. Theorie der digitalen Gesellschaft.* München: C.H. Beck.

Nelson, Laura K. (2020): Computational Grounded Theory: A Methodological Framework. *Sociological Methods & Research* 49, S. 3–42.

O'Donnell, S. Jonathon (Hrsg.) (2020): *Passing Orders: Demonology and Sovereignity in American Spiritual Warfare.* Fordham University Press.

Opp, Karl-Dieter (2014): Das Aggregationsproblem bei Mikro-Makro-Erklärungen. *Kölner Zeitschrift für Soziologie und Sozialpsychologie* 66, S. 155–188.

Perry, Samuel L.; Baker, Joseph O.; Grubbs, Joshua B. (2021): Ignorance or culture war? Christian nationalism and scientific illiteracy. *Public understanding of science (Bristol, England)* 30, S. 930–946.

Perry, Samuel L.; Whitehead, Andrew L.; Grubbs, Joshua B. (2020): Culture Wars and COVID-19 Conduct: Christian Nationalism, Religiosity, and Americans' Behavior During the Coronavirus Pandemic. *Journal for the Scientific Study of Religion* 59, S. 405–416.

Petzke, Martin (2013): *Weltbekehrungen. Zur Konstruktion globaler Religion im pfingstlich-evangelikalen Christentum.* Bielefeld: Transcript.

Pew Research Center (2021): *Majority in U.S. Says Public Health Benefits of COVID-19 Restrictions Worth the Costs, Even as Large Shares Also See Downsides.*

Pruisken, Insa; Loebell, Josefa (2021): Das kollektive Ritual als Performance? Die Herstellung von religiöser „Authentizität" in der differenzierten Gesellschaft. *Zeitschrift für Religion, Gesellschaft und Politik* 5, S. 171–194.

Punel, Aymeric; Ermagun, Alireza (2018): Using Twitter network to detect market segments in the airline industry. *Journal of Air Transport Management* 73, S. 67–76.

Rachlitz, Kurt; Waag, Philipp; Gehrmann, Jan; Grossmann-Hensel, Benjamin (2021): Digitale Plattformen als soziale Systeme? Vorarbeiten zu einer allgemeinen Theorie. *Soziale Systeme* 26, S. 54–94.

Rainie, Lee; Wellman, Barry (2012): *Networked: The New Social Operating System.* Cambridge, MA: MIT Press.

Rüb, Matthias (2008): *Gott regiert Amerika. Religion und Politik in den USA.* 1. Aufl. Wien: Zsolnay.

Rucht, Dieter; Roth, Roland (2008): Soziale Bewegungen und Protest – eine theoretische und empirische Bilanz, in: Dies. (Hrsg.): *Die sozialen Bewegungen in Deutschland seit 1945*, Frankfurt am Main: Campus, S. 635–668.

Schimank, Uwe (2003): Organisationen: Akteurkonstellationen – korporative Akteure – Sozialsysteme, in: Allmendinger, Jutta; Hinz, Thomas (Hrsg.): *Organisationssoziologie*. Wiesbaden: Westdeutscher Verlag, S. 29–35.

Schimank, Uwe (2005): *Differenzierung und Integration der modernen Gesellschaft. Beiträge zur akteurzentrierten Differenzierungstheorie 1*. Wiesbaden: Springer VS.

Schulze, Gerhard (2019): *Soziologie als Handwerk*. Frankfurt am Main: Campus.

Schwarz, Ori (2021): *Sociological Theory for Digital Society*. Cambridge, UK: Polity Press.

Smith, Jesse; Adler, Gary J. (2022): What Isn't Christian Nationalism? A Call for Conceptual and Empirical Splitting. *Socius: Sociological Research for a Dynamic World* 8.

Spierings, Niels; Jacobs, Kristof; Linders, Nik (2019): Keeping an Eye on the People. Who Has Access to MPs on Twitter? *Social Science Computer Review* 37, S. 160–177.

Stark, David; Pais, Ivana (2021): Algorithmic Management in the Platform Economy. *Sociologica* 14, S. 47–72.

Stroope, Samuel; Froese, Paul; Rackin, Heather M., Delehanty; Jack (2021): Unchurched Christian Nationalism and the 2016 U.S. Presidential Election. *Sociological Forum* 36, S. 405–425.

Stulpe, Alexander; Lemke, Matthias (2016): Blended Reading. Theoretische und praktische Dimensionen der Analyse von Text und sozialer Wirklichkeit im Zeitalter der Digitalisierung, in: Lemke, Matthias; Wiedemann, Gregor (Hrsg.): *Text Mining in den Sozialwissenschaften*. Wiesbaden: Springer Fachmedien, S. 17–63.

Tartoussieh, Karim (2011): Virtual citizenship: Islam, culture, and politics in the digital age. *International Journal of Cultural Policy* 17, S. 198–208.

Thomson, Robert A.; Park, Jerry Z.; Kendall, Diana (2019): Religious Conservatives and TV News: Are They More Likely to be Religiously Offended? *Social Problems* 66, S. 626–644.

Thumin, Nancy (2012): *Self-Representation and Digital Culture*. London: Palgrave Macmillan.

Tumasjan, Andranik; Sprenger, Timm O.; Sandner, Philipp G., Welpe, Isabell M. (2010): Predicting Elections with Twitter: What 140 Characters Reveal about Political Sentiment. *Proceedings of the Fourth International AAAI Conference on Weblogs and Social Media*, S. 178–185.

Veldman, Robin G. (2019): *The Gospel of Climate Skepticism. Why Evangelical Christians Oppose Action on Climate Change*. Berkeley: University of California Press.

Wald, Kenneth D.; Calhoun-Brown, Allison (2018): *Religion and politics in the United States*. Eighth Edition. Lanham: Rowman & Littlefield.

Weber, Max (1904): Die „Objektivität" sozialwissenschaftlicher und sozialpolitischer Erkenntnis. *Archiv für Sozialwissenschaft und Sozialpolitik* 19, S. 22–87.

Whitehead, Andrew L.; Perry, Samuel L. (2020): *Taking America Back for God. Christian nationalism in the United States.* New York: Oxford University Press.

Wong, Janelle (2018): The Evangelical Vote and Race in the 2016 Presidential Election. *Journal of Race, Ethnicity, and Politics* 3, S. 81–106.

Insa Pruisken ist Akademische Rätin auf Zeit im Arbeitsgebiet Soziologische Theorie an der Unversität Bremen. Ihre Forschungsschwerpunkte sind: Religionssoziologie, Soziologische Theorie, Wissenschaftssoziologie, Organisationssoziologie und Netzwerkforschung. In jüngerer Zeit ist erschienen: „A Peripheral Movement? Querdenken in the Discourse of Civil Society", German Politics and Society (2023, mit Thomas Kern, Dadhla Opitz, Julian Polenz und Sarah Tell), "What is the Place for Megachurches? A Comparison of 22 American Cities Based on the Causes of Effects Approach", Sociological Forum, 2023 und "Die religiöse Gemeinde als organisationaler Akteur: Das Wachstum der „Megakirchen" in den USA", Soziale Welt (2022, mit Thomas Kern und Uwe Schimank).

Nina Monowski ist wissenschaftliche Mitarbeiterin am Lehrstuhl für soziologische Theorie an der Universität Bamberg. Ihre Forschungsschwerpunkte betreffen: Religionssoziologie, Organisationssoziologie und soziale Netzwerkanalyse auf Social-Media-Plattformen. In ihrer Dissertation befasst sie sich aus einer organisationssoziologischen Perspektive mit der Rolle von Beratungswissen auf religiösen Märkten in den USA. Jüngere Publikationen sind: „Die Religiöse Rechte jenseits religiöser Institutionen? Zur Vernetzung christlich-politischer Influencer-Identitäten mit der institutionalisierten Religion auf Twitter" (im Erscheinen, mit Josefa Loebell) und „From Denominationalism to Market Standards: How Does the Religious Market Affect Authority Relations of Protestant Congregations?" (2022, mit Insa Pruisken, Josefa Loebell und Thomas Kern).

Teil III
Politisierte Religion(en)

Säkularismus, religiöser Feminismus und der *post-secular turn*

6

Heidemarie Winkel

1   Postsäkulare Kritik. Zur Einleitung

Seit einigen Jahren wird das Verständnis von Säkularismus als „universellem Projekt menschlicher Emanzipation" (Scott 2013: 25)[1] und die darin enthaltene Opposition zu Religion in der Geschlechterforschung vermehrt hinterfragt (Cady und Fessenden 2013; Braidotti et al. 2014; Reilly 2017; Scott 2018). Gleichzeitig weisen religiöse und postkoloniale Feminist:innen die Annahme der Inkompatibilität von Religion und Feminismus als Ausdruck einer Hegemonie säkularer Feminismen zurück (Ahmed 1992; Abu-Lughod 2002). Im Begriff des Postsäkularismus werden die Hegemonie und die Verwobenheit von Säkularismus mit europäischer Kultur- und Ideengeschichte kritisch reflektiert (Deo 2018). Dieser *post-secular turn*[2] in der Geschlechterforschung verbindet sich mit der Einsicht, dass religiöse Akteur:innen – entgegen vereinfachender Annahmen über einen ausschließlich repressiven Charakter von Religion – durchaus über Handlungsmacht verfügen und institutionalisierte Religion um emanzipatorische Leitideen

---

[1] Übersetzt aus dem englischen Original.

[2] Der *post-secular turn* entwickelte sich mit den religionstheoretischen Arbeiten von Talal Asad (1993, 2003) und Saba Mahmood (2005). Sie problematisieren, dass Religion in der liberal-säkularen Weltsicht eine unintelligible Wissensform ist. Jürgen Habermas (2001, 2008) hatte später unter Verweis auf den Begriff des Postsäkularen argumentiert, dass säkulare Gesellschaften sich auf den Fortbestand religiöser Weltsichten einstellen und lernen müssten, mit ihren diesbezüglichen Irritationen umzugehen.

H. Winkel (✉)
Universität Bielefeld, Bielefeld, Deutschland
E-Mail: Heidemarie.Winkel@uni-bielefeld.de

© Der/die Autor(en), exklusiv lizenziert an Springer Fachmedien Wiesbaden   91
GmbH, ein Teil von Springer Nature 2024
A. Schnabel et al. (Hrsg.), *Religionsanalyse und Theorieentwicklung*,
Veröffentlichungen der Sektion Religionssoziologie der Deutschen Gesellschaft
für Soziologie, https://doi.org/10.1007/978-3-658-44533-1_6

erweitert haben (Mahmood 2005; Woodhead 2017). Was den *post-secular turn*
gegenwärtig forciert, ist die Erfahrung religiöser Menschen, in postmigrantischen
Gesellschaften unter besonderer Beobachtung zu stehen (Amir Moazami 2018);
sie werden nicht trotz, sondern als *Effekt* der säkularen Verfasstheit von Gesellschaft rassifiziert. Die säkulare Kontur schützt nicht vor Abwertung, sondern
befördert den Eindruck von Religion als kategorial anderem, befremdlichen Phänomen. Die Art, in der Religion dabei diskursiv relevant gemacht wird, vertieft
soziale Grenzziehungen zwischen sich als religiös verstehenden und als säkular
verortenden Subjekten.

Die Erfahrung von Grenzziehungen hat schon das Miteinander in der Frauenbewegung der 1970er und 1980er Jahre strukturiert. „Sind wir uns denn
so fremd?" lautete der Titel der Dokumentation des „ersten gemeinsamen
Kongresses ausländischer und deutscher Frauen" 1984 in Frankfurt am Main
(Arbeitsgruppe Frauenkongress 1985: 3). Ein Jahr zuvor hatten beide Gruppen auf
dem Frankfurter „Tribunal gegen Ausländerfeindlichkeit und Menschenrechts-
verletzungen" erlebt, dass ‚die Frauenfrage' ein Randthema geblieben war, und
deshalb auf den gemeinsamen Kongress hingearbeitet (Gültekin 1985: 9). Wie
Sexismus und Rassismus miteinander verzahnt sind, und was Frauen infolge
des ihnen jeweils zugeschriebenen Status als ‚Ausländerin'[3] oder als ‚Deutsche'
voneinander trennt, war Ausgangspunkt der Auseinandersetzung mit „Gemeinsamkeiten in der Form der Unterdrückung" (Tesfa 1985: 36). Dies schloss eine
Kritik hegemonialer religiöser Vorstellungen zu Geschlecht konservativer Pro-
venienz ebenso ein wie eine Bestimmung des Verhältnisses von religiösen und
säkularen Frauen und ihrer jeweiligen geschlechterpolitischen Positionierung.
Religion kam in der Folge nicht nur als Emanzipationshindernis zur Sprache, sondern auch als Identitätsanker – und als Bezugspunkt feministischer Subjektivität.
Zugleich wurde Religion aber von allen als Legitimationsquelle androzentrischer
Machtverhältnisse kritisiert (Bucaille-Euler 1985: 116). Die erlebte *„Aufhebung
dieser Trennung"* (Schirilla 1985: 114; Hervorhebung im Original) von nicht-
religiösen, ‚deutschen' und religiösen Frauen war für diejenigen, die sich als
säkular verstehen, eine grundlegende Erfahrung. Dies war mit der Ansicht verbunden, dass Geschlechterungleichheit in der unzureichenden Durchsetzung der
säkularen Kultur gegenüber religiösen Positionen begründet ist (ebd.).

Die Identifizierung von Gemeinsamkeiten zwischen religiösen, ‚ausländi-
schen' und säkularen Frauen war keineswegs naiv; sie war von dem Wissen
getragen, dass „die Unterdrückung von Ausländerinnen nicht in der allgemeinen

---

[3] Vgl. zur Semantik des:r Ausländers:in vgl. Nora Räthzel (1994).

Unterdrückung aller Frauen" aufgeht (Tesfa 1985: 37), also keine Art Unterka-
tegorie einer ansonsten gemeinsamen Erfahrungskonstellation gesellschaftlicher
Diskriminierung darstellt. Dass *weiße* Frauen zur Aufrechterhaltung dominanter
kultureller Vorstellungen und symbolischer Grenzziehungen innerhalb der Frauenbewegung beitragen, war den Teilnehmer:innen des Frankfurter Kongresses
wohl bewusst, so dass verschiedene Facetten der Ausgrenzung von Women of
Colour benannt werden konnten (Tesfa 1985: 37). Gleichwohl scheint die Frage
nach dem Verhältnis von Verbindendem und Trennendem für die Begegnung konstitutiv gewesen zu sein (Kruck Grünberg 1985: 155 ff.). Religion fungiert in
dieser Konstellation als diskursive Nahtstelle für das Erleben von Trennendem,
und damit auch für die Produktion kommunikativer Schieflagen.

Dass sich Religion als „Kommunikation erschwerendes Moment" erweist
(Schirilla 1985: 111), versteht sich nicht von selbst, sondern ist Resultat jener
mentalitäts- und ideengeschichtlichen Entwicklung (Asad 1993; Taylor 2007),
infolge derer Religion erst als distinkter Sinn- und Handlungsbereich jenseits der
„säkularisierten [.] Kultur" wahrgenommen wird (Schirilla 1985: 114). Dies führt
mich zu der Annahme, dass nicht nur die Kontrastierung der beiden Sinnbereiche
und die Vorstellung ihrer Getrenntheit, sondern die damit verknüpfte Modulie-
rung von Wahrnehmung und Erleben durch Säkularität als Grundtönung sozialer
Realität zur kommunikativen Schieflage im Verhältnis zu religiösen Subjekten
beiträgt. Die säkulare Grundtönung der Lebenswelt verbindet sich phänomenologisch betrachtet, so eine weitere Annahme, mit einem kognitiven Stil, der
durch einen sozio-kulturellen Bias charakterisiert ist. Im politischen Raum der
Öffentlichkeit schlägt sich dieser Bias als epistemische Machtdifferenz zwischen
sich als säkular und als religiös verstehenden feministischen Akteur:innen nieder.
Dass dies mit kulturalisierenden und rassifizierenden Effekten einhergeht, wird
zunehmend als problematisch erkannt (Braidotti 2021: 78; Hark und Villa 2017;
Scott 2018; Winkel und Poferl 2021). Nicht nur, weil Geschlechterrechte von
populistischen und nationalistischen Gruppen instrumentalisiert werden, um ras-
sistische Politiken zu rechtfertigen (Dietze 2019; Winkel 2018, 2021), sondern
weil Gleichstellungsprinzipien in der postmigrantischen Gesellschaft durchaus
auch von feministischer Seite gegen religiöse Subjektpositionen in Stellung
gebracht werden.[4] Gabriele Dietze (2014) hat dies als feministischen Orientalismus bezeichnet; postkoloniale Theoretiker:innen hatten schon in den 1980ern
kritisiert, dass säkularer Feminismus nicht frei von Kulturalisierungen ist (Spivak

---

[4] Gabriele Dietze (2014: 242) verweist u. a. auf eine von Elisabeth Badinter und Alice
Schwarzer (2002) herausgegebene Anthologie mit dem Titel „Die Gotteskrieger und die
falsche Toleranz".

1988; Mohanty 1988). Leila Ahmed (1992) hat hierfür den Begriff des *colonial feminism* geprägt. Damit verbindet sich die Aufforderung an säkulare Feminist:innen, infolge der Mehrfachdiskriminierung religiöser Akteur:innen – qua Religion, ethnischer Kategorisierung bzw. Rassifizierung und Geschlecht – die eigene eurozentrische Positionierung und die daran gebundene Weltsicht stärker zu bedenken.

Es ist die Unterscheidung zwischen dem säkularen Selbstverständnis und der religiösen Verortung als zwei scheinbar kategorial verschiedener Modi, in der Welt zu sein, die Ausgangspunkt dieses Beitrags ist. In europäischen Kontexten wird der mit dieser Unterscheidung verknüpfte epistemische Vorrang des säkularen Orientierungsrahmens nicht nur als Ausdruck einer der liberalen Demokratie verpflichteten Haltung verstanden. Säkularität wird, lebensweltlich betrachtet, auch als selbstverständlich gegebener, natürlicher Sinn- und Handlungshorizont vorausgesetzt. Inwiefern der Vorrang der säkularen Weltsicht die Wahrnehmung religiöser Feminismen konturiert, und sie infolge der Verortung jenseits des Feldes liberal-demokratischer Positionierungen im Schatten der Aufmerksamkeit verbleiben, ist ein weiteres Anliegen dieses Beitrags. Mein Hauptaugenmerk liegt in diesem Zusammenhang auf der epistemischen Kontur säkular-feministischer Vorbehalte gegenüber religiösen Akteur:innen. Dies wird im Anschluss an die phänomenologische Soziologie (Husserl 1963 [1913], 1989 [1915]; Schütz 1974) und die feministische Phänomenologie (Ahmed 2006) erörtert und gefragt, wie Säkularität die *Erfahrung* sozialer Realität moduliert und die Wahrnehmung von Religion konturiert. Die leitende Fragestellung aber lautet: Inwiefern ist die kommunikative Schieflage zwischen säkularen und religiösen Feminismen, und mit ihr der epistemische Bias, theoretisch gerechtfertigt?

Im Hintergrund steht die Annahme, dass die in die epistemische Kontur der ‚natürlichen' Weltsicht (Husserl 1963 [1913], 1989 [1915]) eingelagerte Machtasymmetrie zwischen religiösem und säkularem Erleben mit Hilfe der Phänomenologie sichtbar gemacht werden kann und sich hierauf aufbauend die Konturen feministisch-religiösen Sinnverstehens klarer entziffern lassen, und zwar nicht als kategorial differente Subjektposition. Zur Annäherung an die Fragen diskutiere ich im ersten Schritt die jüngeren geschlechtertheoretischen Debatten zum Verhältnis von Feminismus, Säkularismus und Religion unter postsäkularen Bedingungen. Es wird sich zeigen, wie sich hier der Bias zwischen säkularen und sich als religiös situierenden Feminismen niederschlägt. Im Weiteren gehe ich der Frage nach, ob sich das Verständnis des Verhältnisses von Religion und Säkularität als zwei kontrastierender Sinnbereiche phänomenologisch betrachtet auch anders verstehen lässt. Vor diesem Hintergrund will ich abschließend die Anschlussfähigkeit und Sinnfälligkeit religiöser Feminismen für säkularen Feminismus aufzeigen und andeuten, inwiefern religiöse Feminismen ,von dieser Welt sind'.

2   Säkularismus, Religion und Feminismus unter postsäkularen Bedingungen

Was ist es, das nicht nur das Verhältnis von Feminismus, Säkularismus und Religion hat klärungsbedürftig werden lassen, sondern auch Säkularismus als universelles Projekt menschlicher Emanzipation (Scott 2013: 25; Aune et al. 2008)? Noch zu Beginn der 2000er Jahre galt Religion in der hiesigen Geschlechterforschung als sich historisch erledigendes Phänomen, und in der Folge als Nebenschauplatz geschlechterpolitischer Auseinandersetzungen (Woodhead 2003, 2017: 38). Säkularität bildete folglich den lebensweltlich wie auch in der feministischen Forschung unhinterfragt gegebenen Sinn- und Handlungshorizont. Zwei gesellschaftliche Veränderungen haben das Verhältnis von Säkularismus und Religion in den letzten zwanzig Jahren gleichwohl in den Fokus feministischer Forschung rücken lassen. Dies ist zum einen die weltweit beobachtbare Verfestigung religiöser Fundamentalismen und damit verknüpfte Vorstellungen zu Reproduktion, Sexualität und Familie; etwa der evangelikale und der katholische Fundamentalismus (Ebertz 1991). Zum anderen hat die religiöse Pluralisierung das Erscheinungsbild europäischer Gesellschaften verändert; die Sichtbarkeit von Religion im öffentlichen Raum hat für das säkulare Selbstverständnis massiv irritierende und hierarchisierende Effekte (Göle 2004, 2016), so dass sich als religiös und als säkular verstehende Subjekte in der postmigrantischen Gesellschaft nicht auf Augenhöhe begegnen (Foroutan 2019). Dem steht die Art der Diskursivierung von Religion im öffentlichen Raum europäischer Gesellschaften entgegen; zudem ist Religion zu einem Kristallisationspunkt der Migrationsabwehr rechter Bewegungen geworden. Der Verweis auf religiöse Geschlechterverhältnisse bildet den Knotenpunkt kulturalistischer Identitätszuweisungen.[5] Muslimisch kategorisierte Personen stehen hierbei unter besonderer Beobachtung (Scott 2007; Attia 2009; Reilly 2017; Amir Moazami 2018). Aus feministischer Sicht stellt es sich zunehmend als problematisch dar, wie die Kulturalisierung religiöser Geschlechterverhältnisse zu einer Ressource für rechtsextreme, völkisch-nationale und populistische Bewegungen geworden ist (Grigat 2017; Schnabel et al. 2021). Um sich als fortschrittlich darzustellen, werden ,religiöse Andere' unter Verweis auf

---

[5] Dies verstärkte sich zu Beginn der 2000er Jahre mit den sogenannten Kopftuchdebatten in Frankreich und der Bundesrepublik (Amir Moazami 2007; Scott 2007; Attia 2009).

die ‚eigenen' emanzipatorischen Standards abgewertet, während Gleichstellungspolitiken und Feminismus tatsächlich bekämpft werden (Scheele et al. 2022).
Gleichstellungsanliegen werden also zur Rechtfertigung rassistischer Politiken
instrumentalisiert (Shooman 2010; Dietze und Roth 2020).

2.1   Das hegemoniale Verhältnis säkularer und religiöser Feminismen

Aus feministischer Sicht ist es daher vordringlich, sich dazu zu verhalten, wie
Sexismus und Rassismus miteinander verzahnt sind und religiöse Frauen zum
Inbegriff von Differenz gemacht werden (Scott 2018; Dietze 2019; Hark und
Villa 2017). Ankerpunkt ist die hegemoniale Konstellation, in der sich *weiße*
säkulare Feminist:innen im Verhältnis zu religiösen Frauen befinden (Gutiérrez Rodríguez 1996). Niamh Reilly (2017: 481) versteht diese Konstellation als
Effekt eines „ethnocentric enforcement of secularism", weil die als selbstverständlich gegeben geltende säkulare Kontur der Lebenswelt einen epistemischen
Vorrang hat. In der Folge befinden sich religiöse Frauen in einer kommunikativ
nur bedingt anschlussfähigen Erfahrungsposition. Religion erweist sich, ähnlich
wie im Zusammenhang des Frankfurter Frauenkongresses der 1980er Jahre, auch
in der postmigrantischen Gegenwart als diskursive Nahtstelle für die Produktion
einer kommunikativen, Trennungen produzierenden Schieflage.

Epistemische Fallstricke resultieren in dieser gesellschaftlichen Formation
also nicht nur aus der Verschränkung geschlechtlicher und ethnischer Vorurteile
(Gutiérrez Rodríguez 1999; Botsch 2016; Dietze 2019)[6], sondern auch aus der
Hegemonie der nicht weiter als erklärungsbedürftig geltenden säkularen Weltsicht. Säkular ist aber nicht nur die Grundtönung sozialer Wirklichkeit und
des damit verwobenen Modus sozialer Erfahrung (Taylor 2007), sondern auch
die normative Fundierung der Sozialwelt. Ich plädiere hier nicht dafür, Säkularismus – verstanden als Loslösung politischer Entscheidungsgrundlagen von
religiösen Legitimationskriterien – zu verabschieden.[7] Es geht darum, sich die
Effekte der epistemischen und normativen Dominanz der säkularen Weltsicht zu
vergegenwärtigen, weil über den *religious/secular divide* auch politische Beziehungen zwischen säkularen und religiösen Subjekten reguliert werden. Dies wird

---

[6] Gabriele Dietze (2019: 9) spricht in diesem Zusammenhang von Ethnosexismus.

[7] Vgl. hierzu die Kritik von Andrea Maihofer (2017: 95). Sie problematisiert, dass die Rede
von Postsäkularismus mit einer veränderten „Haltung gegenüber Religion(en) einher[geht],
teilweise gar eine wachsende Sehnsucht nach ihrer gesellschaftlichen ‚Rehabilitation'".

aus postkolonialer Perspektive stark problematisiert. Die unterstellte Unvereinbarkeit von Feminismus und Religion wird dann als Effekt eines politischen Konflikts um "material and symbolic resources by strategic actors" erkennbar (Deo 2018: 2), der für den Fortbestand postkolonialer Machtverhältnisse konstitutiv ist.

2.2 Postsäkulare Religionskritik im religiösen Feminismus

Aus säkular-feministischer Sicht ist eine postsäkulare Positionierung dagegen herausforderungsvoll, und durchaus nicht unproblematisch. Denn seit den 1970er und 1980er Jahren zeichnet sich weltweit ein Bedeutungszuwachs von Religion ab, der in nicht unerheblicher Weise durch religiös-fundamentalistische Bewegungen, Parteien und Gruppierungen charakterisiert ist.[8] Die postsäkulare Konstellation wird hierdurch sehr wohl konturiert, aber nicht ausschließlich bestimmt. Postsäkularismus als Konzept und als normative Haltung – wie er beispielsweise von postkolonialen Autor:innen vertreten wird – zielt nicht darauf, emanzipatorische Handlungsprinzipien zugunsten fundamentalistisch-religiöser Werte zurückzudrängen. Postsäkularismus ist also nicht mit politischem Konservatismus allein und einer Stärkung fundamentalistischer Positionen identisch; ein Eindruck, der sich bei der Lektüre von Rosi Braidotti (2021: 79–81) einstellt. Ebenso wenig kann Postsäkularismus mit dem sich in europäisch-atlantischen Kontexten auf eigene Weise artikulierenden religiösen Antifeminismus gleichgesetzt werden (Braidotti 2021: 81). Im Gegenteil: Jüdischer, muslimischer und auch christlicher Fundamentalismus sind in der postsäkularen Konstellation maßgeblich durch religiös-feministische Gegenbewegungen beantwortet worden. Der Terminus Postsäkularismus verweist deshalb auch auf die produktive Vielfalt und normative Kraft religiöser Feminismen, und darauf, dass Religion für religiöse Feminist:innen als Quelle von Gerechtigkeitsvorstellungen und politischer Subjektivität fungiert, und deshalb als religiöser *Feminismus* wahrgenommen werden will – fundamentalistischen Bewegungen zum Trotz. Feministische Religionskritik entfaltet sich also auch im religiösen Binnenverhältnis, und ist nicht *per se* säkular. Dass sich weltweit parallel zu säkularen Feminismen historisch auch religiös-feministische Bewegungen finden, vertiefe ich noch (vgl. Abschn. 4). Wie

---

[8] Typischerweise wird die iranische Revolution als Wendepunkt angesehen, obwohl sich religiöse Fundamentalismen schon ab Ende des 19. Jahrhunderts entwickelt haben (Riesebrodt 1990, 2000).

folgenreich anti-liberale und fundamentalistische Religionen sind, soll damit nicht negiert werden; maßgebliche, für das *Verständnis von religiösem Feminismus* und Religionskritik bedeutsame Kämpfe finden aber im religiösen Binnenverhältnis statt. Ein paradigmatischer Fall ist das Spektrum der sich global – in Reaktion auf muslimischen Fundamentalismus hin – entwickelnden islamischen Feminismen (Badran 2002; Sadiqi 2023).

2.3   Religiöser Feminismus im säkular-feministischen Diskurs

Dass Religion feministischer Subjektivität nicht per se entgegensteht, wird im feministischen Diskurs zunehmend gesehen (Braidotti 2021; Kerner 2022). Rosi Braidotti plädiert genau deshalb für eine postsäkulare Wende. Religiöse Feminismen – also auf religionstheoretischen, z. B. theologischen Ansätzen basierende Feminismen – im engeren Sinne schließt sie aber nicht in ihre Betrachtung ein. Zu dem Diskursfeld, das Braidotti absteckt, gehören etwa der säkulare Humanismus und kritische Theorien des Subjekts; sie enthalten für Braidotti (2021: 92) aufgrund ihres normativen Gehalts eine spirituelle Dimension, die über den rationalen Diskurs der Aufklärung hinausgeht und deshalb von ihr als postsäkular bezeichnet wird. Ina Kerner (2022: 250) geht hierüber hinaus; sie ist überzeugt, dass sich die Probleme des religiösen Fundamentalismus nicht allein „mit einem postsäkular gewendeten Feminismus" lösen lassen wie Braidotti ihn vorschlägt, und fordert deshalb eine (erneute) religionskritische Wende. Kerner sieht zwar die „Potenziale religiöser Ressourcen für Frauen", glaubt aber, dass die „Probleme der religiösen Geschlechterpolitik (.) weitgehend außen vor" bleiben (Kerner 2022: 250). Diese Einschätzung überrascht; so bleibt auch hier die lange Geschichte religiöser Frauenbewegungen und – unter anderem theologisch fundierter – feministischer Kritik unbeachtet, die doch fortwährend religiöse Geschlechterpolitiken befragt und bearbeitet. Dies vollzieht sich nicht nur im religiösen Binnenverhältnis, wie im Fall der Ordinationsfrage, sondern auch in Bereichen grundlegender Themen wie Reproduktions- und Sexualitätspolitiken. Insofern schlägt sich auch in diesem Diskursfeld ein gewisser Bias in der Wahrnehmung religiöser Feminismen nieder.

In globalen feministischen Diskursen wird mit dem Präfix *post* dagegen die lebensweltlich fundierte und gleichermaßen das wissenschaftliche Denken formende, epistemische Hegemonie des Säkularen gegenüber religiösen Wissensweisen adressiert. Dies erfolgt aus einer postkolonialen Erfahrungskonstellation heraus, in der sich religiöse Subjekte regelmäßig als Subalterne wiederfinden.

Säkularität wird als normativer Orientierungsrahmen mit universalistischem Geltungsanspruch gesehen (Reilly 2017), der Geschlechtergerechtigkeit nicht schon aus sich heraus garantiert: „[T]he equal status of women and men was not a primary concern for those who moved to separate church and state" (Scott 2013: 26). Im Gegenteil; die säkulare Ordnung – mit ihrer Separierung von öffentlicher und privater Sphäre – basiert maßgeblich auf Geschlechterdifferenz: „[T]he liberal secular order is premised on sexual difference" (Mahmood 2013: 50). Der epistemischen Kontur des auf Trennung und Differenz basierenden Orientierungsrahmens gehe ich im nächsten Schritt weiter nach.

3   Revision der epistemischen Kontur säkularer und religiöser Feminismen

Die phänomenologisch instruierte Frage, wie säkulare und religiöse Feminist:innen die Welt jeweils begreifen und mit ihr in Kontakt kommen, lässt sich aus säkularer Perspektive zunächst scheinbar leicht unter Verweis auf den distinkten, auf Transzendenz gerichteten Modus religiösen Erlebens beantworten. Hier deutet sich an, dass wir es mit einem im Sinnhorizont europäischer Gesellschaft tief verankerten, symbolisch basierten Wissenscode zu tun haben, der die Wahrnehmung infolge des auf Trennung angelegten Orientierungsrahmens maßgeblich strukturiert. In der Folge stellt sich die Frage, inwiefern die Kontrastierung beider Sinnbereiche als zwei kategorial verschiedener, unvereinbarer Modi der Orientierung in der Welt, zutreffend ist und religiöse Erfahrung vollständig erfasst? Dies verstehe ich vor allem als epistemische, wissenstheoretische Frage, denn beide feministischen Strömungen – die säkulare und die religiöse – richten sich gleichermaßen gegen das hegemoniale Skript männlicher Dominanz, der Kontrolle sexueller und reproduktiver Rechte und der Abwertung queerer Lebensweisen. Religiöse Feminismen, von denen sich einige als liberal, andere als reformorientiert oder auch als progressiv bezeichnen, und die ebenso „für Demokratie, Freiheit und Frauenrechte" (Amirpur 2013) eintreten, verbinden die beiden Sinnbereiche des Religiösen, Transzendentalen und des säkularen Raums demokratischer Prinzipien und liberaler Rechte durchaus selbstverständlich miteinander.

Die Art und Weise, wie religiöse Feminist:innen mit männlicher Macht in Kontakt kommen, und wie sie hiervon affiziert werden (Ahmed 2006: 2), unterscheidet sich von der säkularen Erfahrungswelt insofern, als männliche Herrschaft teils durchaus explizit unter Verweis auf als transzendental geltende Vorstellungen von Geschlecht und Sexualität legitimiert wird. Durch diese

Sakralisierung der Geschlechterordnung, d. h. durch die Einforderung des Glaubens an die Heiligkeit der vermeintlich von je her so gegebenen Ordnung, wird männliche Macht symbolisch abgefedert. Religiöse Feminist:innen weisen genau diese Sakralisierung männlicher Macht mit religiösen bzw. theologischen Mitteln zurück und greifen parallel auf säkulare Gleichheitsprinzipien und menschenrechtliche Standards zurück (Wendel 2010; Klapheck 2014; Mir-Hosseini 2022). Liberal-emanzipatorische Positionen, z. B. feministische Theologien der Befreiung und der Frauenrechte, wie sie sich im Judentum, im Christentum oder auch im Islam finden, sind keineswegs ungewöhnlich. Dennoch begegnen säkulare Feminist:innen religiösen Feminismen oftmals mit Vorbehalt. Dieser Vorbehalt resultiert u. a. aus – scheinbar – grundsätzlich unterschiedlichen Einstellungen zu politischen Rechten, etwa im Bereich der Körperpolitik und sexueller Selbstbestimmung. Für konservative und fundamentalistische religiöse Reformbewegungen gilt dies durchaus, aber nicht für religiöse Feminismen. Wissenstheoretisch betrachtet ist daher von Interesse, inwiefern der Vorbehalt in tieferliegenden epistemischen Dissonanzen wurzelt, die aus der säkularistischen Formgebung des Verständnisses feministischer Kritik resultieren. Dem gehe ich im Folgenden nach. Dies schließt eine Reflektion des in der säkularen Optik ruhenden epistemischen Blicks ein, weil er Subjekte und Verhältnisse entlang der Differenz säkular/religiös sortiert und kategorisiert.

3.1   Der epistemische Ort feministischen Denkens[9]

Dass politische Subjektivität gleichzeitig liberal *und* religiös konturiert sein kann, Religion also als emanzipatorisch-kritische Ressource von Freiheits- und Gleichheitsvorstellungen fungiert, irritiert das säkular-feministische Selbstverständnis. Dies lässt sich als Effekt des dominanten immanenten Rahmens sozialer Orientierung *(immanent frame)* verstehen (Taylor 2007). Dieser immanente Sinnrahmen wird als selbstverständlich gegeben erlebt und vorausgesetzt. Im Sinne der phänomenologischen Soziologie stellt er die *paramount reality* dar, unterschieden von der ‚übernatürlichen‘, etwa von Marx als Illusion und als Ausdruck unfreier menschlicher Existenz charakterisierten, transzendentalen Sinnsphäre. Die phänomenologische Unterscheidung dieser beiden Sinnprovinzen transzendenter Religiosität und immanenter Säkularität geht mit der Auffassung einher, dass Kritik, etwa an androzentrischen Strukturen, an den Grundpfeilern des

---

[9] In diesen und den folgenden Abschnitt fließen einige bereits entwickelte Argumentationslinien ein (Winkel 2022).

religiösen Sinnrahmens selbst ansetzen muss. Aus der Sicht der Aufklärungs-
philosophie und säkular-liberalen Denkens kann dies aber nur jenseits des
mystifizierenden Rahmens religiöser Denkgebäude gelingen.

In der absolutistischen Gesellschaftskonstellation des 18. Jahrhunderts war es
zentral, im kantischen Sinne nach den Bedingungen der Möglichkeit von Kritik
zu fragen und zu diesem Zweck eine in kognitiver Hinsicht maximale Distanz
zu Unrecht produzierenden Verhältnissen herzustellen. Allerdings hatte die Ausdifferenzierung säkularer Legitimationsgrundlagen von Kritik eine ontologisch
wirkmächtige Veränderung sozialer Wirklichkeit zur Folge, die keinen neutralen Ausgangspunkt für Kritik bereitstellt. Säkularität, verstanden als immanenter
Modus der Orientierung und Haltung zur Welt, befördert eine Disposition, die
ebenfalls mit einem spezifischen Ethos verbunden ist, wie Judith Butler (2013:
108 f.) betont. Säkularität ist Ausdruck einer Form der Organisation von Wissen und Wahrnehmung, die grundlegend durch die Dichotomie von Religion
und Säkularismus konstituiert wird. Kant folgend kann dann gefragt werden,
wie Säkularismus Handeln und Orientierung in der liberal-säkularen Weltsicht
präfiguriert; genauer: „[H]ow secularism functions tacitly to structure and orga-
nize our moral responses within a dominant Euro-Atlantic context" (ebd.: 109).
Das säkulare Ethos begründet schließlich eine säkulare Ontologie des Subjekts,
das als vernunftbegabt und mit einem freien Willen ausgestattet imaginiert wird
und nur sich selbst zu eigen sei („self-owned" ebd.: 113). In dieser säkularen Ontologie erscheint Religion dann als Antinomie demokratisch-liberaler und
emanzipatorischer Prinzipien, und religiöse Subjekte als Antithese zu individueller Autonomie. Diese epistemischen Gegebenheiten lassen sich als Ausdruck
einer partikularen Wirklichkeitskonstruktion verstehen, die in der europäischen
Ideen- und Kulturgeschichte und den damit verknüpften Erfahrungen gründet.

Diese Konstellation hat ebenfalls Spuren in religiösen Modi der Kritik
hinterlassen: Historisch-kritische Interpretation und ein epistemologischer Skep-
tizismus gehören heute zum Mainstream theologischen Denkens. Aus säkular-
feministischer Perspektive haben sie einen subalternen Status, obwohl sie,
phänomenologisch betrachtet, nicht kategorial verschieden sind. Aus phänomenologischer Sicht deutet sich also an, dass sich die säkulare und die religiöse
Sinnwelt nicht so diametral gegenüberstehen, wie das säkulare Skript vermuten
lässt. Auch wenn säkular-feministische Sinnmodi ontologisch nicht mit Transzendenz rechnen, handelt es sich um zwei ko-existente und ko-konstitutive,
also füreinander anschlussfähige Positionierungen. So gesehen hat feministisches
Denken keinen spezifischen, sondern plurale epistemische Standorte, religiöse
eingeschlossen (Winkel 2023).

3.2   Religion und Säkularität als ko-konstitutive Sinnprovinzen

Charles Taylor (2007) hat Säkularität als immanenten Rahmen der Erfahrung und Interpretation von Welt skizziert, der in der europäischen Ideen- und Kulturgeschichte verankert ist.[10] Dieser immanente Rahmen sozialen Erlebens gilt als „‚natürliche' Ordnung", von der sich die ‚übernatürliche' Ordnung abhebt (Taylor 2007: 542). Talal Asad (1975, 1993) hatte zuvor bereits die epistemische Kontur des hierarchischen Verhältnisses von Säkularisierungs- und Religionsbegriff rekonstruiert. Insbesondere hat er die hiermit einhergehende Veränderung des Erlebens und der Erfahrung von Religion wissenstheoretisch eingeordnet. Asad legt *das Säkulare*[11] in diesem Zusammenhang als Weltsicht frei, die aus europäischer Wahrnehmung den „real ground of being" (Rafudeen 2014: 56) darstellt, phänomenologisch gesprochen die *paramount reality,* wobei Religion *in* dieser Realität verortet und hierüber gedeutet wird.

Wenn in der europäisch-westlichen Weltsicht über Religion reflektiert wird, so handelt es sich nach Asad folglich um ein partikulares Verständnis von Religion. Partikularität verdichtet sich, so meine Auffassung, in jenem epistemischen Bias, der durch den Fokus auf Trennung und Differenz charakterisiert ist. Auf der Ebene des Erlebens schlägt sich der Eindruck einer Separierung als ontologisch *a priori* gegebene Realität nieder. In der Folge wird Religion als *das transzendentale Andere* erfahren. Dies ist nach Asad (1993: 203) Effekt einer „hierarchy of the senses", innerhalb derer religiöse Erfahrungsweisen säkularem Erleben untergeordnet, gleichzeitig aber eng aufeinander bezogen sind: *„In other words, in seeking to represent its own reality, the secular outlook has to represent the reality claimed by religion in specific ways. (…) it is the secular ground of being"* (Rafudeen 2014: 46).

Bei näherer Betrachtung zeigt sich also, dass der säkulare Sinnrahmen gesellschaftsgeschichtlich „untrennbar mit ‚Religion' verwoben" ist; insofern sind beide Modi sozialer Orientierung „ko-konstitutiv" (Brown et al. 2013: X). Dies lässt sich aus phänomenologischer Perspektive vertiefen. Alfred Schütz (1945) hat für die Vielfalt sozialer Sinnbereiche, die parallel zur übergeordneten Wirklichkeit der säkularen Lebenswelt existieren, den Begriff der *multiple realities* geprägt. Er versteht diese Sinnbereiche als ko-existente Subuniversen sozialer Erfahrung; etwa theoretisches Denken, religiöse Erfahrung oder auch das Spiel

---

[10] Zur kulturgeschichtlichen Verortung des Religionsbegriffs vgl. auch José Casanova (1994).

[11] Talal Asad (2003) verwendet den Begriff „the secular".

und das Träumen. Jeder Sinnbereich verbindet sich hiernach mit einem spezifischen kognitiven Stil und einer damit verknüpften inneren Haltung, der Epoché; sie moduliert Orientierung und Erleben, ob in der übergeordneten säkularen Lebenswelt, dem Theaterspiel oder beim Gebet. In dieser Konzeption multipler Sinnprovinzen können Wahrnehmung und Erleben ganz selbstverständlich zwischen den verschiedenen Sinnprovinzen oszillieren und – so meine These – changieren, also gleichzeitig in verschiedene Sinnbereiche hineinspielen. Sie sind nicht ontologisch statisch, sondern durchlässig, so dass beispielsweise bürger- und menschenrechtliche Standards mit theologischen Gerechtigkeitsprinzipien verknüpft werden können. Religiöses Wissen kann insofern auch als intellektueller Weg gefasst werden, sich in der Welt zu orientieren und sie zu verstehen (Berger 2014). Dieser intellektuelle Weg unterscheidet sich seinem Anspruch nach durchaus von anderen Wissensformen, weil Transzendenz in Rechnung gestellt wird. Ebenso wie beispielsweise das Theater oder die Wissenschaft ist auch religiöses Handeln mit einem eigenen Erkenntnisstil verknüpft, der das Erleben aus der übergeordneten Realität der Lebenswelt enthebt, und eine Reflektion dieser Wirklichkeit erlaubt; wenn auch unter unterschiedlichen Gesichtspunkten und Kriterien, wie das Spannungsverhältnis fundamentalistischer und liberaler, feministischer Theologien zeigt.

Religiöses und säkulares Erleben entfalten sich daher nicht notwendigerweise als unvermittelbare, sondern als aufeinander beziehbare Modi der Orientierung in der Welt. Ein paradigmatischer Fall dieser Ko-Konstitution ist die Verbindung zwischen US-amerikanischer *Civil Rights Movement, Black Theology* und *Womanist Theology* (Townes 2003; Floyd-Thomas 2006; Coleman und Maparyan 2013).[12] *Womanist Theology* ist eine kontextuelle feministische Theologie, die eine Ethik der Befreiung *(liberation ethics)* formuliert. Sie zielt auf die alltagsweltliche Erfahrung sozialer Diskriminierung schwarzer religiöser Frauen (Townes 2003: 156).

4   Religiöse Feminismen

In der säkular-feministischen Perspektive wird der Beitrag religiös-feministischer Bewegungen wie derjenige der *Womanist Theology* wenig wahrgenommen. Religiöse Organisationen sind aber ein Feld, in dem Frauen bereits im 19. Jahrhundert systematisch gegen strukturelle gesellschaftliche Benachteiligungen aktiv tätig waren, und sich analog zu säkularen Frauenbewegungen mit den Folgen der

---

[12] Der Begriff *Womanism* geht auf Alice Walker (1983) zurück.

Industrialisierung und der Frage der Erwerbsarbeit beschäftigt haben; ein Engagement, das allerdings nicht als politisch wahrgenommen wurde. Dies schließt
nicht aus, dass die 1899 gegründeten konfessionellen Frauenorganisationen sich
lange Zeit „als äußerste Rechte in der Frauenbewegung" verstanden, das heißt
„als Gegen- und Konkurrenzbewegung zur liberalen Frauenbewegung" (Reihs
2009: 10). Dieses Selbstverständnis wurde aber nach 1945 abgelegt. Das Eintreten für Frauenrechte, Gleichstellungspolitiken und gegen sexuelle Gewalt
war ab den 1970er und 1980er Jahren für religiöse Frauenbewegungen und -
organisationen nicht weniger zentral als für säkulare Frauenbewegungen. Dies
spiegelt sich auf globaler Ebene: Religiöse Frauenverbände und institutionalisierte Gleichstellungsarbeit auf globaler Ebene entstehen teils parallel, teils
in unmittelbarer Verbindung mit der politischen Frauenbewegung. Religiöse
Frauen(organisationen) nehmen an der UN-Dekade der Frau (1976–1985) und
an den weltweiten Frauen- und Menschenrechtskonferenzen teil, und bege-
ben sich offen in Opposition zu traditionalistischen religiösen Organisationen
wie dem Vatikan (Bayes und Tohidi 2001); sie bilden aber auch untereinan-
der ökumenische Netzwerke. Feministische Theologien entstehen ab den 1960er
Jahren weltweit im Zusammenspiel mit den *Asian, Black* und *Latin American
Liberation Theologies,* und zwar religionsübergreifend. Teils beziehen sie sich
auf das Paradigma der Befreiungstheologien, teils knüpfen sie stärker an der
akademischen Frauen- und der späteren Geschlechterforschung an. In methodologischer Hinsicht werden wissenschaftskritische Positionen selbstverständlich
aufgegriffen. Feministische Theologien sind insgesamt eng mit feministischer
Wissenschaftstheorie und der Geschlechterforschung verbunden.

Weder die Gleichzeitigkeit der Entwicklung säkularer und religiöser Frauenbewegungen noch die epistemische Nähe wird aber in der (säkularen) Geschlechterforschung registriert. Aus religiös-feministischer Sicht ist es daher enttäuschend,
wenn „die Geschichte der Frauenbewegung mit der ‚großen Erzählung' der
Säkularisierung (…) parallelisiert" (Bertschinger 2021: 108) und der Beitrag
religiöser Akteur:innen zur Durchsetzung emanzipatorischer Prinzipien und Frauenrechte übersehen wird. Denn in feministischen Theologien und Praxen wird
Religion zur Ressource im Kampf gegen sexistische Dominanzverhältnisse.
Feministisch-religiöse Subjektivität ist ebenso wie politisch-säkulare Subjektivität durch Widerständigkeit, Eigensinn und das Potenzial charakterisiert, „seine
Freiheit zu realisieren und zu gestalten" (Wendel 2010: 39). Dieses Potenzial
wird der systematischen Erfahrung von Ohnmacht, Abwertung und der Negation
politischer Subjektivität entgegengestellt. Ähnlich wie beispielsweise Women of
Colour feministische Subjektivität als „consciousness, an identity, a standpoint"

begreifen, „that exists not only as that struggle which [.] opposes dehumanization but as that movement which enables creative, expansive self-actualization" (hooks 1990: 15), entwickeln religiöse Feminist:innen theologische Visionen, die auf dem Verständnis emanzipatorischer Subjektivität, der „Freiheit des Daseins" und der „Personenwürde" aufbauen (Wendel 2010: 44).

Dies verbindet sich nicht durchgehend mit einer expliziten Positionierung als feministisch; nicht zuletzt deshalb, weil dies unter postkolonialen Bedingungen leicht als kultureller Imperialismus diskreditiert werden kann. Aber überall dort, wo sich in der zweiten Hälfte des 20. Jahrhunderts autoritäre, fundamentalistische religiöse Bewegungen erneuert haben, finden sich auch emanzipatorische Gegenbewegungen und feministische Theologien der Befreiung und der Frauenrechte (Grey 2007). Es sind also auch immer wieder religiöse Feminist:innen, die sich religiösen Fundamentalismen auf theologischer und aktivistischer Ebene entgegenstellen. Ein zentrales Beispiel sind islamische Feminismen; sie stellen eine theologische und geschlechterpolitische Antwort auf den Aufstieg des politischen Islam und dessen Gender-Orthodoxie dar. Diese religiösen Feminismen geben Frauen eine Sprache an die Hand, um innerhalb des religiösen Wissenssystems, seiner Lehren und Glaubenspraktiken Geschlechtergerechtigkeit einzufordern. Die emanzipatorische Aneignung theologischer Schriften wie im Fall der *Womanist Theology* oder auch der lateinamerikanischen *Mujerista*-Theologie ist ein weiterer Fall religiöser Feminismen. Sie knüpfen unmittelbar an der gelebten Erfahrung von Frauen an; subjektiver Glaube wird so zu einer motivationalen, kognitiven und affektiven Ressource im Kampf für Befreiung, wobei die religiösen Grundlagen aus der Sicht dieses Kampfes neu gedeutet werden (Isasi-Díaz 2009 [1996]).

Neben der emanzipatorischen Revision theologischer Grundlagen ist die Verknüpfung mit globalen Rechtsnormen ein weiteres Charakteristikum vieler feministischer Theologien. Ein zentrales Beispiel ist der 1989 gegründete ökumenische *Circle of Concerned African Women Theologians,* der theologisches und aktivistisches Engagement miteinander verbindet. Ein anderes Beispiel ist die 2009 gegründete globale muslimische Organisation *Musawah* (Gleichheit); sie verknüpft ihre feministische Programmatik mit menschenrechtlichen Prinzipien (Mir-Hosseini 2022). Konkret arbeitet *Musawah* an der Verankerung von Frauenrechten auf der Ebene des religiösen Rechts. Ausgangs- und Bezugspunkt ist aber in allen feministischen Ansätzen die Erfahrung, die Frauen – und zunehmend auch FLINTA* – im Medium von Religion machen.

Aus phänomenologischer Perspektive ist Erfahrung Resultat der Art und Weise, in der das Bewusstsein auf bestimmte Phänomene gerichtet ist; dies manifestiert sich als Erfahrung *von* bzw. *über* ein spezifisches Phänomen, wie etwa im Fall von Scham und Un/Reinheit, zwei Kategorien, die in religiösen Zusammenhängen besonders intensiv vergeschlechtlicht werden (Clough 2017). Im Anschluss an die feministische Phänomenolog:in Sara Ahmed (2006: 1) kann dann gefragt werden, was es für Geschlecht, Sexualität und Religion bedeutet, „to be lived as oriented". Es geht Ahmed um die Frage, wie Subjekte die Welt begreifen, das heißt wie wir mit der Welt in Kontakt kommen und wie wir von dem, womit wir in Kontakt kommen, affiziert werden (ebd.: 2); etwa über religiöse Praxen der Sinngebung. Wie Ahmed (2006: 13 f.) argumentiert, ist die Richtung unserer Orientierung niemals neutral, und ihre Bedeutung immer mit Raum und Zeit verwoben; sie zeigt dies am Beispiel der Unterscheidung von Ost und West als „two sides of the globe": „[T]he East is associated with women, sexuality and the exotic", und wie sich ergänzen ließe, mit Religion – und dies heißt für Ahmed (ebd.) „with what is ‚behind' and ‚below' the West". Wie wir uns orientieren und uns als religiöse oder nicht-religiöse Subjekte anderen Subjekten und Phänomenen zuwenden, strukturiert die Erfahrung. Die Art des Zur-Welt-Seins lässt sich hiernach also auch als ein in religiösen Bezügen ruhender oder auch durch religiöse Phänomene (Objekte, Gesten usw.) affizierter Akt der Orientierung und des Kontakts fassen. Diese Sichtweise öffnet nicht nur den Blick dafür, dass Erfahrungen mit Geschlecht in unterschiedlicher Weise modelliert sein können: Qua sozialem Status *(class)*, qua zugeschriebener ethnischer Herkunft *(race)* oder auch qua religiöser Positionierung. Es entsteht auch eine Einsicht darin, inwiefern Religiosität als Modus der Orientierung in der Welt mit der Erfahrung der „Einmaligkeit und Freiheit des Daseins", der Personenwürde und einer insofern emanzipatorischen Subjektivität verknüpft sein kann (Wendel 2010: 138), und so zur Bedingung der Möglichkeit werden kann, individuelle Freiheit zu realisieren und im Kampf für Geschlechterrechte einzusetzen.

5   Abschluss

Ausgangspunkt des Beitrags war die Feststellung, dass das Verhältnis von religiösen und säkularen Feminist:innen historisch schon seit langem durch Trennung, Grenzziehung und Hierarchisierung charakterisiert ist. Obwohl religiöse Feminismen Religion nicht minder als problematisch erleben, ist das Verhältnis ambivalent. Die Hegemonie säkularer Weltsichten wird gegenwärtig, wie gezeigt, unter dem Leitbegriff des Postsäkularismus kritisiert. Hiermit verbindet sich eine normative Positionierung, weil die unterstellte Unvereinbarkeit von Feminismus und Religion aus postkolonialer Perspektive als Ausdruck eines politischen Konflikts um Hegemonien erlebt wird.

Aus säkular-feministischer Perspektive scheint dies nicht unproblematisch; mir geht es an dieser Stelle aber weder um eine Verabschiedung von einer säkularen Grundhaltung oder vom methodologischen Agnostizismus, noch bedeutet es, religiöse Fundamentalismen zu trivialisieren. Vielmehr geht es im ersten Schritt darum, das säkulare Religionsdispositiv zu entziffern; also diejenigen Modi der *Inspizierung von Religion* in säkularen Kontexten (Amir Moazami 2018), infolge derer religiöse Subjekte – und hier vor allem muslimische und jüdische Personen – als ‚Andere' problematisiert werden. Dies schließt eine kritische Reflexion des in der säkularen Optik ruhenden epistemischen Blicks ein, weil er Subjekte und Verhältnisse entlang der Differenz säkular/religiös kategorisiert und hierarchisiert, so dass auch emanzipatorisches religiöses Denken als unintelligibel gilt und ‚aus der Zeit gefallen' scheint.

Ausgehend von der Einsicht, dass feministisches säkulares Denken nicht nur das Ergebnis einer partikularistischen Sozialgeschichte ist, in der ein spezifisches säkularistisches Skript sexueller Differenz männliche Macht und weibliche Unterordnung legitimiert, ist der Schritt zu einem veränderten Verständnis feministischer Theologien der Befreiung, der Demokratie und der Frauenrechte nicht weit (Amirpur 2013). Aus phänomenologischer Perspektive wurde gezeigt, weshalb religiöse Feminismen nicht kategorial ‚anders' sind und dass sie selbstverständlich an liberale Geschlechterpolitiken anknüpfen, auch wenn sie mit einem kognitiven Stil verbunden sind, der mit Transzendenz rechnet. Es wurde deutlich, dass säkulares feministisches Denken nicht nur seine epistemische Liaison mit dem Säkularismus, sondern auch seine vermeintliche kategoriale Differenz zu religiösen Feminismen überdenken kann. Schon um 1900 entwickelten Religionsphilosophinnen wie Margarete Susmann, Edith Stein oder auch Simone Weil ein Verständnis von Religion als Ermöglichungs- und Freiheitsraum (Amirpur 2013; Klapheck 2014). Schon damals schloss dies die Möglichkeit ein, Religiosität nicht im Kontrast, sondern im Zusammenspiel mit säkularen Prinzipien zu denken und zu leben, und zwar im Sinne koexistenter, sich gegenseitig befruchtender Sinnhorizonte.

In der zweiten Hälfte des 20. Jahrhunderts wurde das Thema Frauenrechte und sexuelle Selbstbestimmung weltweit auch von religiösen Frauenbewegungen (neu) aufgegriffen. Dies vollzog sich im Gleichklang mit den sich als säkular verstehenden und als politisch bezeichneten Frauenbewegungen; u. a. in Form emanzipatorisch-feministischer Aneignung programmatischer Grundlagen, also des institutionalisierten theologischen Kerns; und zunehmend auch in queer-theologischer Perspektive.

Dies spricht dafür, Säkularismus nicht *a priori* als eine notwendige Prämisse von Religionskritik zu setzen, sondern Religion als eine mögliche, sinnhafte Ressource von Gleichheits- und Freiheitsvorstellungen zu berücksichtigen und beide Modi feministischen Denkens stärker zusammenzudenken. Der politische Kampf gegen autoritäre, fundamentalistische Vereinnahmungen von Religion verbindet beide – religiöse und säkulare Feminismen.

Literatur

Abu-Lughod, Lila (2002): Do Muslim Women Really Need Saving? Anthropological Reflections on Cultural Relativism and Its Others. *American Anthropologist 104 (3), Ethics Forum: September 11 and Ethnographic Responsibility*, S. 783–790.

Arbeitsgruppe Frauenkongreß (1985): *Sind wir uns denn so fremd? Ausländische und deutsche Frauen im Gespräch*. 2. Aufl., Frankfurt am Main: Subrosa.

Ahmed, Leila (1992): *Women and Gender in Islam*. New Haven: Yale University Press.

Ahmed, Sara (2006): *Queer Phenomenology. Orientations, Objects, Others*. London: Duke University Press.

Amir Moazami, Schirin (2007): *Politisierte Religion. Der Kopftuchstreit in Deutschland und Frankreich*. Bielefeld: transcript.

Amir Moazami, Schirin (2018): *Der inspizierte Muslim. Zur Politisierung der Islamforschung in Europa*. Bielefeld: transcript.

Amirpur, Katajun (2013): *Den Islam neu denken. Der Dschihad für Demokratie, Freiheit und Frauenrechte*. München: C. H. Beck.

Asad, Talal (Hrsg.) (1975): *Anthropology und the Colonial Encounter*. London: Ithaca.

Asad, Talal (1993): *Genealogies of Religion. Discipline and Reasons of Power in Christianity and Islam*. Baltimore: John Hopkins University Press.

Asad, Talal (2003): *Formations of the Secular. Christianity, Islam, Modernity*. Stanford.

Attia, Iman (2009): *Die »westliche Kultur« und ihr Anderes. Zur Dekonstruktion von Orientalismus und antimuslimischem Rassismus*. Bielefeld: transcript.

Aune, Kristin; Vincett, Giselle; Sharma, Sonya (2008): *Women and Religion in the West: Challenging Secularization*. Aldershot: Ashgate.

Badran, Margot (2002): Islamic feminism: what's in a name. *Al-Ahram Weekly Online 17. 23.1.2002*, No. 569.

Bayes, Jane; Tohidi, Nayereh (2001): *Globalization, Gender, and Religion. The Politics of Women's Rights in Catholic and Muslim Contexts*. New York: Palgrave.

Berger, Peter L. (2014): *The Many Altars of Modernity. Toward a Paradigm for Religion in a Pluralist Age*. Boston: De Gruyter.

Bertschinger, Dolores Zoé (2021): Feminismus. Auf dem ‚religiösen Auge' blind, in: Höpflinger, Anna-Katharina; Jeffers, Ann; Pezzoli-Olgiati, Dara (Hrsg.): *Handbuch Gender und Religion*. 2. überarb. und erw. Auflage. Göttingen: Vandenhoeck und Rupprecht, S. 105–115.

Botsch, Gideon (2016): Populismus plus Programm: Das Dilemma der AfD. *Blätter für deutsche und internationale Politik 6*, S. 9—12.

Braidotti, Rosi (2021): Den Zeitläufen zum Trotz. Die postsäkulare Wende im Feminismus. *Feministische Studien* 39 (1), S. 75–102.

Braidotti, Rosi; Blaagaard, Bolette; De Graauw, Tobijn; Midden, Eva (2014): *Transforma-tions of Religion and the Public Sphere. Postsecular Publics.* Basingstoke: Palgrave Macmillan.

Brown, Wendy; Butler, Judith; Mahmood, Saba (2013): Preface, in: Asad, Talal; Brown, Wendy; Butler, Judith; Mahmood, Saba (Hrsg): *Is Critique Secular? Blasphemy, Injury, and Free Speech.* New York: Fordham University Press, S. vii—xx.

Bucaille-Euler, Agnes (1985): Ein umfassendes Thema mit starkem Engagement, in: Arbeits-gruppe Frauenkongreß (Hrsg.), 1985: *Sind wir uns denn so fremd? Ausländische und deutschen Frauen im Gespräch.* 2. Aufl., Frankfurt am Main: Subrosa, S. 115—119.

Butler, Judith (2013): The Sensibility of Critique. Response to Asad and Mahmood, in: Asad, Talal; Brown, Wendy; Butler, Judith; Mahmood, Saba (Hrsg.): *Is Critique Secular? Blasphemy, Injury and Free Speech.* New York: Fordham University Press, S. 95—129.

Cady, Linell E.; Fessenden, Tracy (2013): *Religion, the Secular and the Politics of Sexual Difference.* New York: California University Press.

Casanova, José (1994): *Public Religions in the Modern World.* Chicago: Chicago University Press.

Clough, Miryam (2017): *Shame, the Church and the Regulation of Female Sexuality.* New York: Routledge.

Coleman, Monica; Maparyan, Layli (2013): *"Ain't I a Womanist, Too?" Third Wave Womanist Religious Thought.* Augsburg: Fortress Press.

Deo, Nandini (2018): *Postsecular Feminisms. Religion and Gender in Transnational Context.* London: Bloomsbury Academic.

Dietze, Gabriele (2014): Feministischer Orientalismus und Sexualpolitik. Spuren einer unheimlichen Beziehung, in: Hostettler, Karin; Vögele, Sophie (Hrsg.): *Diesseits der imperialen Geschlechterordnung. Postkoloniale Reflexionen über den Westen.* Bielefeld: transcript, S. 241–277.

Dietze, Gabriele (2019): *Sexueller Exzeptionalismus. Überlegenheitsnarrative in Migrations-abwehr und Rechtspopulismus.* Bielefeld: transcript.

Dietze, Gabriele; Roth, Julia (2020): *Right-Wing Populism and Gender. European Perspec-tives and Beyond.* Bielefeld: transcript.

Ebertz, Michael (1991): Treue zur einzigen Wahrheit. Religionsinterner Fundamentalismus im Katholizismus, in: Kochanek, Hermann (Hrsg.): *Die verdrängte Freiheit. Fundamen-talismus in den Kirchen.* Freiburg im Breisgau: Herder, S. 30–52.

Floyd-Thomas, Stacey (2006): *Deeper Shades of Purple. Womanism in Religion and Society.* New York: New York University Press.

Foroutan, Naika (2019): *Die postmigrantische Gesellschaft. Ein Versprechen der pluralen Demokratie.* Bielefeld: transcript.

Göle, Nilüfer (2004): Die sichtbare Präsenz des Islam und die Grenzen der Öffentlichkeit, in: Göle, Nilüfer; Ammann, Ludwig (Hrsg.): *Islam in Sicht. Der Auftritt von Muslimen im öffentlichen Raum.* Bielefeld: transcript, S. 11–44.

Göle, Nilüfer (2016): *Europäischer Islam. Muslime im Alltag.* Berlin: Wagenbach.

Grey, Mary (2007): *Feminist Theology. A critical theology of liberation.* Oxford: Oxford University Press.

Grigat, Stephan (2017): *AfD und FPÖ. Antisemitismus, völkischer Nationalismus und Geschlechterbilder.* Wiesbaden: Nomos.

Gültekin, Neval (1985): Eine schweigende Mehrheit meldet sich zu Wort, in: Arbeitsgruppe Frauenkongreß (Hrsg.), *Sind wir uns denn so fremd? Ausländische und deutschen Frauen im Gespräch.* 2. Aufl., Frankfurt am Main: Subrosa, S. 9—13.

Gutiérrez Rodríguez, Encarnación (1996): Frau ist nicht gleich Frau, nicht gleich Frau, nicht gleich Frau… Über die Notwendigkeit einer kritischen Dekonstruktion in der feministischen Forschung, in: Schmitt, Mathilde; Fischer, Ute Luise; Kampshoff, Maria; Keil, Susanne (Hrsg.): *Kategorie: Geschlecht? Empirische Analysen und feministische Theorien.* Opladen: Leske und Budrich, S. 163–190.

Gutiérrez Rodríguez, Encarnación (1999): Fallstricke des Feminismus. Das Denken 'kritischer Differenzen' ohne geopolitische Kontextualisierung. Einige Überlegungen zur Rezeption antirassistischer und postkolonialer Kritik im deutschsprachigen Feminismus. *Polylog. Zeitschrift für interkulturelles Philosophieren* 4, S. 13—24.

Habermas, Jürgen (2001): Dankesrede. Glauben und Wissen. Anlässlich der Verleihung des Friedenspreises des Deutschen Buchhandels 2001. Frankfurt am Main: Börsenverein des Deutschen Buchhandels; www.friedenspreis-des-deutschen-buchhandels.de/.../2001_habermas.pdf.

Habermas, Jürgen (2008): Die Dialektik der Säkularisierung. *Eurozine,* www.eurozine.com/articles/2008-04-15-habermas-de.html.

Hark, Sabine, Villa, Paula-Irene (2017): *Unterscheiden und herrschen. Ein Essay zu den ambivalenten Verflechtungen von Rassismus, Sexismus und Feminismus in der Gegenwart.* Bielefeld: transcript.

, bell (1990): *Yearning: Race, Gender, and Cultural Politics.* Boston: South End Press.

Husserl, Edmund (1963 [1913]): *Ideas: A General Introduction to Pure Phenomenology.* New York: Collier Books. From the German original of 1913, originally titled Ideas pertaining to a Pure Phenomenology and to a Phenomenological Philosophy [Ideas I].

Husserl, Edmund (1989 [1915]): *Ideas pertaining to a Pure Phenomenology and to a Phenomenological Philosophy,* [Ideas II]. Dordrecht and Boston: Kluwer Academic Publishers. From the German original unpublished manuscript of 1912, revised 1915, 1928.

Isasi-Díaz, Ada María (2009 [1996]): *Mujerista Theology. A Theology for the Twenty-first Century.* Michigan: University of Michigan Press.

Kerner, Ina (2022): Den Zeitläufen Rechnung tragen. Für eine religionskritische Wende im postsäkularen Feminismus. *Theologische Quartalschrift* 14 (2).

Klapheck, Elisa (2014): *Margarete Susman und ihr jüdischer Beitrag zur politischen Philosophie.* Berlin: Hentrich und Hentrich.

Kruck Grünberg, Ricarda (1985): Was verbindet uns eigentlich?, in: Arbeitsgruppe Frauenkongreß (Hrsg.): *Sind wir uns denn so fremd? Ausländische und deutschen Frauen im Gespräch.* 2. Aufl. Frankfurt am Main: Subrosa, S. 155—169.

Mahmood, Saba (2005): *Politics of Piety. The Islamic Revival and the Feminist Subject.* Princeton: Princeton University Press.

Maihofer, Andrea (2017): Säkularismus – Wie weiter? Ein Essay. Freiburger Zeitschrift für Geschlechterstudien 23 (2), S. 93—110.

Mir-Hosseini, Ziba (2022): Global Contestations over Gender Equality in Islam. On Legal Interpretation and Muslim Feminist Scholar's Activism, in: Scheele, Alexandra; Roth,

Julia; Winkel, Heidemarie (Hrsg.): Global Contestations of Gender Rights. Bielefeld: Bielefeld und Press, S. 327—345.

Mohanty, Chandra Talpade (1988): Aus westlicher Sicht: Feministische Theorie und koloniale Diskurse. *Beiträge zur feministischen Theorie und Praxis: Modernisierung der Ungleichheit-weltweit* 23, S. 149—162.

Rafudeen, Auwais (2014): The study of religion as passionate engagement. The visionary sensibility of Talal Asad. *Journal for the Study of Religion* 27 (2), S. 43–65.

Räthzel, Nora (1994): Harmonious ‚Heimat' and Disturbing ‚Ausländer'. *Feminism und Psychology* 4 (1), S. 81—98.

Reihs, Sigrid (2009): Frauenpolitik. Stichwortinformation zur Geschichte der Frauenpolitik in Gesellschaft und Kirche. Sozialwissenschaftliches Institut der EKD. https://www.soz ialethik-online.de/download/SIPortalFrauenpolitik.pdf, Zugriff am 29. März 2023.

Reilly, Niamh (2017): Recasting Secular Thinking for Emancipatory Feminist Practice. *Social Compass* 64 (4), S. 481—494.

Riesebrodt, Martin (1990): *Fundamentalismus als patriarchalische Protestbewegung*. Tübingen: Mohr.

Riesebrodt, Martin (2000): Die globale Rückkehr von Religionen, in: Ders. (Hrsg.): *Die Rückkehr der Religionen. Fundamentalismus und der 'Kampf der Kulturen'*. München: C. H. Beck, S. 35–57.

Sadiqi, Fatima (2023): Islamic Feminisms. Locating Gender and Localizing Agency. *Journal of African Gender Studies (JAGS) 1(1–2)*. Marquette University Press (in print).

Scheele, Alexandra; Roth, Julia; Winkel, Heidemarie (2022): *Global Contestations of Gender Rights*. Bielefeld: Bielefeld University Press.

Schirilla, Nausikaa (1985): Religion – Letzter Halt oder eiserne Fessel, in: *Arbeitsgruppe Frauenkongreß* (Hrsg.): Sind wir uns denn so fremd? Ausländische und deutschen Frauen im Gespräch. 2. Aufl. Frankfurt am Main: Subrosa, S. 110—114.

Schnabel, Annette; Beyer, Heiko; Ülpenich, Bettina (2021): Die wahrgenommene feministische Bedrohung: Empirische Befunde zum Antifeminismus in Deutschland. *Österreichische Zeitschrift für Soziologie 47*, S. 175—198.

Schütz, Alfred (1945): On Multiple Realities. *Philosophy and Phenomenological Research* 5, S. 533—576.

Schütz, Alfred (1974): *Der sinnhafte Aufbau der sozialen Welt*. Frankfurt am Main. Suhrkamp.

Scott, Joan W. (2007): *The Politics of the Veil*. Princeton: Princeton University Press.

Scott, Joan W. (2013): Secularism and Gender Equality, in: Cady, Linell E.; Fessenden, Tracy (Hrsg.): *Religion, the Secular and the Politics of Sexual Difference*. New York: California University Press, S. 25—46.

Scott, Joan W. (2018): *Sex and Secularism*. Princeton: Princeton University Press.

Shooman, Yasemin (2010): (Anti-)Sexismus und Instrumentalisierung feministischer Diskurse im antimuslimischen Rassismus, in: MBR/Apabiz e. V. (Hrsg.): *Berliner Zustände 2010. Ein Schattenbericht über Rechtsextremismus, Rassismus und Antifeminismus*. Berlin: Ohne Verlag, S. 32–37.

Spivak, Gayatri Chakravorty (1988): Can the Subaltern Speak?, in: Nelson, Cary; Grossberg, Lawrence (Hrsg.): Marxism and the Interpretation of Culture. Urbana: University of Illinois Press, S. 271—313.

Taylor, Charles (2007): *A Secular Age*. Harvard: Belknap Press of Harvard University Press.

Tesfa, Wassy (1985): Der alltägliche Rassismus gegen Frauen, in: Arbeitsgruppe Frauenkongreß (Hrsg.): *Sind wir uns denn so fremd? Ausländische und deutsche Frauen im Gespräch*. 2. Aufl., Frankfurt am Main: Subrosa, S. 33—39.

Townes, Emily (2003): Womanist Theology. *Union Seminary Quarterly Review* 57 (3—4), S. 159—176.

Walker, Alice (1983): *In search of our mother's gardens. Womanist prose*. San Diego: Harcourt Brace Jovanovich.

Wendel, Saskia (2010): „Neuer Wein in neue Schläuche" – Von der Feministischen Theologie zu einer genderbewussten Rede von Gott. *Freiburger Studien für Geschlechterforschung* 24, S. 129—144.

Winkel, Heidemarie (2018): Global historical sociology and connected gender sociologies. On the colonial legacy and (re)nationalization of gender. *InterDisciplines. Journal of History and Sociology* 9 (2), S. 95–142.

Winkel, Heidemarie (2021): "Die Freiheit, (..) zu irritieren und sich irritieren zu lassen. Feministisches Denken, Re-Nationalisierung von Geschlecht und die koloniale Epistemik der Soziologie.", in: Betz; Gregor; Halatcheva-Trapp, Maya; Keller, Reiner (Hrsg.): *Wissenskulturen. Soziologische Experimentalität. Wechselwirkungen zwischen Disziplin und Gegenstand*. Weinheim: Betz Juventa, S. 180–196.

Winkel, Heidemarie (2022): Feminismus in postsäkularen Zeiten. blog interdisziplinäre geschlechterforschung, 07.06.2022, www.gender-blog.de/beitrag/feminismus-in-postsaekularen-zeiten/

Winkel, Heidemarie (2023): The Many Altars of Feminism. The Secular/Religious Divide in European Feminist Thought and its Impact on the Relation to Islamic Feminism. *Journal of African Gender Studies (JAGS)* 1 (1–2), S. 217–236 (in print).

Winkel, Heidemarie; Poferl, Angelika (2021): Einleitung. Eine Neubestimmung des Verhältnisses von Feminismus, Säkularismus und Religion. *Feministische Studien* 39 (1), S. 3–16.

Woodhead, Linda (2003): Feminism and the Sociology of Religion: From Gender-blindness to Gendered Difference, in: Fenn, Richard (Hrsg.): The Blackwell Companion to Sociology of Religion. Malden: Blackwell, S. 67-84.

Woodhead, Linda (2017): Wie der Feminismus die Religionsforschung revolutioniert hat, in: Sammet, Kornelia; Benthaus-Apel, Friederike; Gärtner, Christel (Hrsg.): *Religion und Geschlechterordnungen*. Wiesbaden: Springer VS, S. 37—48.

Heidemarie Winkel ist Professorin für Soziologie an der Universität Bielefeld. Ihre Forschungsschwerpunkte liegen im Bereich transkultureller Geschlechterstudien und einer global orientierten Religionssoziologie. Jüngere Publikationen sind: „Diversität in den Kirchen", in: Handbuch für Diversitäts- und Organisationsforschung, (2023, hrsg. von Maria Funder et al.); „Tracing (Theories of) Racism in Sociological Thinking", in: Racializing Humankind: Interdisciplinary Perspectives, (2022, hrsg. von Julian Gärtner); „Der Dualismus von Öffentlichkeit und Privatheit als koloniales Sinnschema. Eine postkolonialtheoretische Annäherung, in: Privat – öffentlich – politisch: Gesellschaftstheorien in feministischer Perspektive, (2022, hrsg. von Günter Burkart et al.); „Global Contestations of Gender

Rights" (2021, hrsg. mit Alexandra Scheele und Julia Roth); „Eine Neubestimmung des Verhältnisses von Feminismus, Säkularismus und Religion", Feministische Studien (2021, mit Angelika Poferl).

Die rechtspopulistische Wende, die orthodoxe Kirche und Sexualität in Georgien

7

Barbare Janelidze

1 Einleitung

Im Juli 2021 fand in Tbilissi, der Hauptstadt Georgiens, die Pride-Woche statt. Veranstaltet wurde sie von der LGBTQI*-Organisation Tbilissi-Pride mit verschiedenen Aktivitäten wie dem Pride Music Festival und einem Dokumentarfilmabend.[1] Die Pride-Woche sollte mit dem Hauptevent, dem Marsch der Würde, auf dem zentralen Rustaweli-Boulevard in Tbilissi abgeschlossen werden.

Kurz vor Veranstaltungsbeginn begannen rechtsradikale Gruppen durch Hatespeech, Trolling und Verbreitung von Fakenews eine Art moralische Panik in der Gesellschaft zu erzeugen, um die Bevölkerung gegen den Marsch der Würde zu mobilisieren. Gleichzeitig sprach sich das Patriarchat der Georgischen Orthodoxen Kirche (GOK) gegen die Pride-Woche und den Marsch aus. Die Kirche appellierte an die öffentliche Ordnung und Moral: Im Namen der nationalen Mehrheit forderte sie den Staat auf, den Marsch der Würde im Interesse der öffentlichen Ordnung nicht zuzulassen. Zugleich rief sie die georgische Bevölkerung auf, sich vor einer Kirche auf dem Rustaweli-Boulevard zu versammeln und gemeinsam einen Gottesdienst abzuhalten, um damit „der Welt zu zeigen,

---

[1] Einzelne Teile dieses Beitrages wurden in einer leicht abgewandelten Fassung in der Buchpublikation „Umstrittene Säkularität. Religion, Nation und Sexualität in Georgien" veröffentlicht (Janelidze 2023).

B. Janelidze (✉)
Universität Kassel, Kassel, Deutschland
E-Mail: barbare.janelidze@uni-kassel.de

© Der/die Autor(en), exklusiv lizenziert an Springer Fachmedien Wiesbaden GmbH, ein Teil von Springer Nature 2024
A. Schnabel et al. (Hrsg.), *Religionsanalyse und Theorieentwicklung*,
Veröffentlichungen der Sektion Religionssoziologie der Deutschen Gesellschaft für Soziologie, https://doi.org/10.1007/978-3-658-44533-1_7

dass wir unsere Würde verteidigen und dass jeder Versuch, unser Volk zu entar-
ten, für uns völlig inakzeptabel ist" (Stellungnahme des georgischen Patriarchats
07.03.2021).

Am 5. Juli, dem Tag des Marschs der Würde, ließ der georgische Premierminister Irakli Gharibashvili im Fernsehen verlauten, dass dessen Durchführung
auf dem Rustaweli-Boulevard „unangemessen" sei (radiotavisupleba.ge 2021): Da
„die Mehrheit der Bevölkerung den Marsch inakzeptabel findet" (ebd.), sei mit
der großen Gefahr einer „zivilen Konfrontation" (ebd.) zu rechnen. Gharibashvili
behauptete auch, dass der Marsch von der „radikalen Opposition" (ebd.) unter der
Leitung des ehemaligen georgischen Präsidenten Micheil Saakaschwili organisiert
worden sei.

In der Folge kam es zu massiven Gewaltausbrüchen in den Straßen von Tbilissi, bei denen rechtsradikale Gruppen das Büro von Tbilissi-Pride stürmten,
Regenbogen-Symbole zerrissen und das Büro zerstörten. Einige Personen haben
in Begleitung orthodoxer Kleriker die EU-Flagge von der Fassade des georgischen Parlamentsgebäudes entfernt, verbrannt und an ihrer Stelle ein Kreuz
aufgestellt.[2] Menschen wurden auf der Straße angegriffen: insbesondere Jour-
nalist*innen, die über die Tagesentwicklungen berichteten, wurden körperlich
verletzt. Obwohl die Polizei präsent war, wurde sie, verglichen mit anderen
Demonstrationen, in geringer Stärke eingesetzt.

Letztendlich entschieden die Organisator:innen der Tbilissi-Pride, den Marsch
wegen des hohen Risikos einer weiteren gewaltsamen Eskalation abzusagen.
Am nächsten Tag, dem 6. Juli, fand eine Protestveranstaltung gegen Gewalt
vor dem Parlamentsgebäude auf dem Rustaweli-Boulevard statt. Am 11. Juli,
nach dem Tod eines Kameramanns, der am 5. Juli von homophoben rechtsra-
dikalen Gruppen angegriffen und schwer verletzt worden war, gab es weitere
Demonstrationen. Premierminister Gharibashvili bezeichnete die Reden auf der
Anti-Gewalt-Demonstration als „klassisch staatsfeindlich, kirchenfeindlich und
damit antinational" (1tv.ge 2021) und betonte: „Wenn 95 % unserer Bevölkerung
gegen die Durchführung eines demonstrativ-propagandistischen Marsches oder
einer Parade ist, sollten wir das befolgen" (radiotavisupleba.ge 2021).

Im Hintergrund der jüngsten Entwicklungen in Georgien stehen zwei miteinander verknüpfte Aspekte[3]: die rechtspopulistische Umwandlung der politischen

---

[2] Bis heute steht das Kreuz vor dem Parlamentsgebäude. Keine staatliche Institution wagt es,
es zu entfernen.
[3] Gewaltausbrüche gegenüber LGBTQI*-Demonstrationen sind in Georgien nicht neu. Ein
deutliches Beispiel für Gewalt gegenüber LGBTQI*-Aktivist:innen war der 17. Mai 2013,
als eine von LGBTQI*- und Menschenrechtsorganisationen organisierte International Day
Against Homophobia, Biphobia, Interphobia and Transphobia (IDAHOBIT)-Demonstration

Arena auf der georgischen Regierungs- und Staatsebene, und die Mobilisierung heteronormativer Deutungen von Sexualität durch die säkular-religiöse Allianz der Regierungspartei Georgischer Traum (GT) und der orthodoxen Kirche als Zentrum der politischen Transformation. Diese säkular-religiöse Allianz ist nicht als Abweichung vom normativen Ideal des als säkular vorgestellten Staats oder als unzureichende Säkularisierung zu verstehen. Im Anschluss an Sadiqi und Winkel (2022) gehe ich davon aus, dass Religion und religiöse Akteur*innen das politische Leben in den verschiedenen historisch-staatlichen Kontexten und Phasen der modernen Geschichte stets mitgeprägt haben (Sadiqi & Winkel 2022: 287), etwa in Form religionspolitischer Gesellschaftsentwürfe. In diesem Sinne frage ich danach, wie es zur rechtspopulistischen Wende der Regierungspartei in Georgien gekommen ist, weshalb nicht-heteronormative Sexualität in diesem Zusammenhang angefeindet wird und Menschen im postsowjetischen Kontext Georgiens durch diese Allianz heteronormativen Politiken (Dhawan 2013: 195) von Kirche und Partei unterworfen werden.

Im Folgenden gehe ich diesen Fragen nach, indem ich zunächst den Fall Georgiens in den weltweiten Aufstieg rechtspopulistischer Regime einordne. Danach erläutere ich, wie die Neugründung des georgischen Nationalstaats nach dem Zerfall der Sowjetunion zur Entstehung der Georgischen Orthodoxen Kirche als moralischer Wegweiserin der georgischen Gesellschaft beigetragen hat. Schließlich diskutiere ich, wie die Figur der nicht-normativen Sexualität vor dem Hintergrund zunehmender politischer, sozialer und ökonomischer Krisen in der Ära der „schwindenden Souveränität des Staates" (Brown 2010, eigene Übersetzung) als Brennpunkt rechtspopulistischer Narrative in Georgien fungiert. Die Analyse dieser Transformation erfolgt entlang exemplarischer Auszüge aus den Weihnachts- und Osterepisteln des Oberhaupts der Georgischen Orthodoxen Kirche, Ilia II., sowie den öffentlichen Reden der Hauptfiguren der Regierungspartei Georgischer Traum.

---

von einer großen Gruppe von etwa 40.000 Gegendemonstrant:innen angegriffen wurde. Der gewalttätige Mob wurde von verschiedenen religiös-gesellschaftlichen Gruppen angeführt und von Klerikern der Georgisch Orthodoxen Kirche begleitet. Neu ist jedoch die rechtspopulistische Wende der Regierungspartei, wie im Folgenden ausgeführt wird.

2   Die (g)lokale Besessenheit mit Gender und Sexualität

In Zeiten des Aufstiegs neopopulistischer und autoritärer Regime sowie des (Wieder)Auftretens rechtsradikaler Strömungen lässt sich weltweit eine „Obsession" mit Gender und Sexualität (Dietze & Roth 2020: 7) beobachten. So identifizieren Winkel, Roth und Scheele in den rechtspopulistischen Strömungen eine sich global in verschiedenen gesellschaftlichen Arenen manifestierende „language of contestation"(Winkel, Roth & Scheele 2022: 25) bezüglich der „„richtigen"" Geschlechterordnung (ebd.: 24); diese Arenen reichen von der Familie, Reproduktion und Sexualität über neoliberale Wirtschafts- und Sozialpolitiken bis hin zur Religion. Wendy Brown folgend interpretieren sie die Erscheinungsformen dieser Auseinandersetzungen als „„re-framed culture wars"" (Brown 2018 zitiert in Winkel, Roth & Scheele 2022: 24), und damit als Frage symbolisch basierter Wissensordnungen. Dabei bemerken die Autor:innen, dass die Besonderheiten der kulturellen Kämpfe um Deutungshoheit jeweils eng mit den *glokalen* historischen, sozialen und politischen Verhältnissen verbunden bleiben (vgl. ebd.).

Gemeinsames Merkmal der global geteilten rechtspopulistischen Sprache der Auseinandersetzung ist die Konstruktion eines inneren und eines äußeren Feindes (Dietze & Roth 2020: 13). Beispielsweise werden Feminist:innen oder LGBTQI*-Aktivist:innen als innere Feinde dargestellt, während die sogenannte Gender-Ideologie als äußerer Feind gekennzeichnet wird, der die heteronormative Familie und Kinder bedrohe (ebd.). Religiöse Institutionen bzw. religiös-nationalistische Narrative spielen in diesen Konstellationen bei der Mobilisierung von anti-gender Stimmungen oft eine entscheidende Rolle. Gleichgeschlechtliche Ehe, LGBTQI*-Rechte, Schwangerschaftsabbruch und die Geschlechtergleichstellung, um nur einige Themen zu nennen, werden von verschiedenen religiösen Akteur:innen und politischen Regimen heftig angegriffen, sei es in den USA, Italien, Polen, Ungarn oder auch in Russland. Georgien bildet hierbei keine Ausnahme. Judith Butler spricht in diesem Zusammenhang von einem „Phantasm of Gender", das sich mit der Diffamierung von Geschlechterpolitiken und -rechten als Gender-Ideologie, die einen zentralen Ursprung in der vatikanischen Politik der 1990er Jahre hat, und sich danach schnell verbreitete (Butler 2023; Sadiqi & Winkel 2022: 300).[4] Heutzutage wird die Bekämpfung von Geschlechterrechten und Gleichstellungspolitiken auf staatliche und Regierungsebene beispielsweise durch

---

[4] Die Diffamierung von Geschlechterpolitiken und -rechten als Gender-Ideologie durch vatikanische Politik in den 1990er Jahren vollzog sich auf Ebene der UN-Konferenzen im Bündnis mit Vertretern einiger muslimischer Länder (Sadiqi & Winkel 2022: 300).

die US-amerikanische Republikanische Partei und ihre evangelikale Ausrichtung, sowie durch politische Akteur:innen wie Vladimir Putin, Viktor Orbán oder Giorgia Meloni gefördert. Diese Ideologie nimmt vulnerable Personen ins Visier, darunter Frauen, LGBTQI*-Personen, schwarze Menschen und Migrant:innen, und unterstützt die Betonung sogenannter traditioneller Werte und der christlich-heteronormativ geprägten Familie (vgl. Brown 2019; Butler 2023; Martín et al. 2022; Stoeckl & Uzlaner 2022).

In ihrer Analyse der Rolle der Russisch-Orthodoxen Kirche bei der Verbreitung und Durchsetzung der Angriffe gegen Geschlechterrechte in Russland wie auch weltweit, weisen Stoeckl und Uzlaner (2022: 3) zu Recht darauf hin, dass die Darstellung der Kontroversen um Internationales Norm-Entrepreneurship, also um Fragen von Gender und Sexualität als eines Konflikts zwischen „sozialem Konservatismus" und „sozialem Progressivismus", und dementsprechend als eines Kampfes zwischen religiösem Traditionalismus und säkularer liberaler Moderne, wie es sich oft im wissenschaftlichen Diskurs[5] findet, zu simplifizierend ist. Denn diese Darstellung vernachlässigt, dass nicht nur progressive, sondern auch transnationale konservative Akteure auf internationale Menschenrechtsregime zurückgreifen, um ihre Ziele zu erreichen (Stoeckl & Uzlaner 2022: 4); wie das traditionalistische Lager, wie etwa im russisch-orthodoxen Fall, transnationale Allianzen zur Durchsetzung sogennanter „traditioneller Werte" in internationalen Rechtsarenen schließt[6] (Stoeckl 2016: 132, 2020: 223. Deshalb entwickeln Stoeckl und Uzlaner die These, dass „the culture wars themselves […] bring forth a specific kind of religious traditionalism (and arguably also its counterpart, moral progressivism)" (Stoeckl & Uzlaner 2022: 3). Etwa seit den 2010er Jahren tritt auch die Russisch Orthodoxe Kirche unter Putins Staatsregime als „moral-norm-entrepreneur" auf der internationalen politischen Bühne auf, und präsentiert sich als Hüterin traditioneller Werte (Stoeckl & Uzlaner 2022:

---

[5] Stoeckl und Uzlaner verweisen hier u. a. auf folgende Autor:innen: Hunter (1991), Habermas und Ratzinger (2006), Inglehart (2021) (Stoeckl & Uzlaner 2022: 2 f.).

[6] Zum Verständnis des orthodoxen Kontextes und konkret der Russischen Orthodoxen Kirche ist an dieser Stelle die folgende Anmerkung von Stoeckl zu berücksichtigen: „The main point, which is relevant in the context (…), is that from 2000 to 2008 the discursive strategy of the Moscow Patriarchate with regard to human rights changed. It evolved from a clear-cut rejection of human rights as a western invention to endorsing human rights as a concept, but utilising the concept in a way that was opposed to the liberal and egalitarian evolution of the international human rights system. This change was the work of the traditionalist camp inside the ROC, and it sidelined the fundamentalists, who rejected any engagement with the topic, and the liberals, who would have preferred a clearer endorsement of human rights" (Stoeckl 2016: 134).

10). Die Analyse der Russisch-Orthodoxen Kirche als eines durch den globalen Kulturkampf um Deutungshoheit über das Geschlechterverhältnis erzeugten
moralischen Norm-Entrepreneurs, sowie die Kritik an herkömmlichen Säkulari-
sierungstheorien ist auch für den georgischen Fall und die Georgische Orthodoxe
Kirche zutreffend. Dies gilt insbesondere dann, wenn wir berücksichtigen, dass
die Gender-Ideologie und die sogenannten traditionellen Werte ebenfalls wichtige
Elemente in den öffentlichen Narrativen der GOK darstellen.

Allerdings kann die Obsession einiger religiöser Akteur:innen mit Gender- und
Sexualitätsfragen, und der Aufstieg rechtspopulistischer Regime und Stimmungen
weltweit im letzten Jahrzehnt nicht allein auf Kulturkämpfe reduziert werden.
Zwar sind die Kontroversen um Gender und Sexualität als globaler Kampf um
kulturelle Hegemonie zu verstehen, doch wie Brown in ihrem Werk „In the Ruins
of Neoliberalism" (2019) feststellt, zeichnet sich der gegenwärtige Rechtspopulismus durch ein ungewöhnliches Nebeneinander neoliberaler Elemente einerseits
und gegensätzlicher Positionen andererseits aus: Der zeitgenössische Rechtspopulismus stellt ein Konglomerat aus Libertarismus, Moralismus, Nationalismus,
Rassismus und christlichem Konservatismus dar (ebd.: 2). Wendy Brown (2010)
versteht die gegenwärtige Konstellation als postwestfälische Ordnung; – also als
Ordnung der schwindender national-staatlicher Souveränität *(waning sovereignty)*
und als eine Ära, in der die Grundpfeiler der Demokratie, nämlich die Räume der
Gleichheit und des Gemeinwohls, allmählich zu verschwinden beginnen (Brown
2019: 7, 183).

Die theoretische Annahme, die ich hier also vertrete, ist folgende: Um den
globalen kulturellen Kampf um moralische Deutungshoheit und die Zuspitzung auf Fragen von Gender und Sexualität besser zu verstehen, sollte zum
einen die gegenwärtige Bedingung des Nationalstaats und seiner Souveränität in die Analyse einbezogen werden. Brown beschreibt die gesellschaftlichen
Auswirkungen der schwindenden Souveränität des Nationalstaates als starke religiöse Aufladung politischer Machtansprüche im Gewand quasi-theologischer,
dogmatisch-fundamentalistischer Ansprüche und Positionierungen: „As it is wea-
kened and rivalised by other forces, what remains of nation-state sovereignty
becomes openly and aggressively rather than passively theological. So also do
popular desires for restored sovereign power and protection carry a strongly
religious aura" (Brown 2010: 62). Brown greift hier auf Souveränitätstheorien
zurück. Die schwindende Souveränität bezieht sich nicht auf das Ende oder die
Teilung der Souveränität, sondern auf die Ordnung, in der der Nationalstaat nicht
mehr in der Lage ist, die theologischen, wirtschaftlichen und politischen Kräfte,
d. h. jene Aspekte, die untrennbar mit der Idee der Souveränität verbunden sind,
in sich zu vereinen. In Bezug auf den theologischen Aspekt der Konzeption von

Souveränität stellt Brown fest, dass „The point is that even at the theoretical level, political sovereignty is never without theological structure and overtones, whether it is impersonating, dispelling, killing, rivaling, or serving God. But the containment and regulation of religion is also always a dimension of political sovereignty's function, even in the most overtly religious or theocratic states" (Brown 2010: 61).

Zum anderen sind die kulturellen Kämpfe im Anschluss an Butler (2023) im Zusammenhang mit der voranschreitenden Neoliberalisierung und der damit einhergehenden ökologischen Zerstörung zu verstehen. Butler zufolge weckt und bedient Gender als zentrales Thema rechter politischer Mobilisierung unterschiedlichste Ängste, die eigentlich Folge der ökonomischen und ökologischen Krisen sind. Die Gender-Ideologie dient so als Mittel der Verbreitung neofaschistischer Leidenschaften: „Those are passions that support increasingly authoritarian regimes that justify their wars and their acts of *destruction* by appearing as if they are putting an end to what threatens society with *destruction*" (Butler 2023, Herv. B.J.).

Mit diesen beiden zeitdiagnostischen Thesen von Brown und Butler gehe ich im nächsten Schritt denjenigen Narrativen und strukturellen Grundlagen nach, die im (g)lokalen Kontext Georgiens die Konstruktion von nicht-normativer Sexualität als Feindin der Nation an der Schnittstelle von Staat, Politik und Kirche begünstigen.

3   Die orthodoxe Kirche als moralische Wegweiserin der Nation

Nach der Auflösung der Sowjetunion entwickelte sich die orthodoxe Kirche zu einer wichtigen Akteurin in der öffentlichen und politischen Arena Georgiens. In den 1990er Jahren wurde das orthodoxe Christentum auf gesellschaftlicher und staatlicher Ebene auf explizite Weise an die georgische nationale Identität gekoppelt[7]. Die im Jahre 1995 verabschiedete Verfassung Georgiens regulierte nicht nur die rechtlichen Verhältnisse zwischen Staat und Religion im Allgemeinen, sondern institutionalisierte auch die neuen Beziehungen zwischen Staat

---

[7] An dieser Stelle soll kurz angemerkt werden, dass bereits in der Sowjetzeit einerseits religiöse Institutionen und hier spezifisch die GOK instrumentalisiert und verdrängt wurden, andererseits aber gleichzeitig Religionen – im konkreten Fall Georgiens das orthodoxe Christentum – mit ethnonationalen Kategorien verknüpft wurden (Janelidze 2023). Pelkmans (2009) weist auf den Einfluss und die Bedeutung sowjetischer Praktiken der Ethnisierung von Religion für die neue postsowjetische Situation hin.

und Geogisch-Orthodoxer Kirche im Besonderen. Diese manifestierte sich vor
allem in der postsowjetischen Liberalisierung des religiösen Bereichs, also in der
Implementierung neuer liberaler Gesetze zur Religionsfreiheit (Pelkmans 2014:
437). Gleichzeitig entstand eine besondere Beziehung zwischen dem Staat und
der GOK: zunächst durch die Anerkennung der besonderen historischen Rolle
der GOK in der Verfassung von 1995 und später durch die spezielle Verfassungsvereinbarung im Jahr 2002. Nach Artikel 9 der Allgemeinen Bestimmungen
der Verfassung bekennt sich der Staat zur „absoluten Glaubens- und Bekenntnis-
freiheit. Gleichzeitig anerkennt der Staat die besondere Rolle der Apostolischen
Autokephalen Orthodoxen Kirche von Georgien in der Geschichte Georgiens und
erklärt die Unabhängigkeit der Kirche vom Staat" (Verfassung Georgiens 1995).
Die Verfassungsvereinbarung wurde zwischen dem georgischen Staat und der
GOK abgeschlossen und von Eduard Schewardnadse, dem damaligen Präsidenten Georgiens, und Ilia II., dem Katholikos-Patriarchen der Georgisch Orthodoxen
Kirche, unterzeichnet. Innerhalb der Normenhierarchie der georgischen Rechts-
akte ist die Verfassungsvereinbarung der höchste normative Rechtsakt nach der
Verfassung und dem Verfassungsgesetz (Mikeladze et al. 2016: 19). Daher ist sie
einer der wichtigsten Rechtsakte, die die Beziehungen zwischen dem georgischen
Staat und der Georgisch Orthodoxen Kirche regulieren. Die Verfassungsvereinbarung besteht aus einer Präambel und zwölf Artikeln und betrifft unterschiedliche
Aspekte, wie Kooperationsbereiche zwischen Staat und Kirche in sozialen Projekten, die Unantastbarkeit des Katholikos-Patriarchen, die Freistellung des Klerus
vom Militärdienst, die Übertragung kirchlichen Eigentums unter die Regulierung
der GOK, die staatliche Anerkennung des von der Kirche erlittenen materiellen
und moralischen Schadens im 19. und 20. Jahrhundert unter dem Russischen Kaiserreich und dem Sowjetregime sowie die teilweise Übernahme und Vergütung
dieser Schäden von staatlicher Seite (Die Verfassungsvereinbarung 2002).

    Charles Taylor (2011: 45) zufolge ist die Bestimmung der kollektiven Identi-
tät für Gesellschaften eine äußerst schwierige, letztlich nie vollständig erfüllbare
Aufgabe, insbesondere wenn die Gründung eines Staates in der demokratischen
Ära stattfindet. Die Schaffung dieser kollektiven Identität hat in demokratischen
Staaten insofern eine äußerst wichtige Bedeutung, weil sie einerseits durch Prinzipien wie Demokratie, Menschenrechte und Gleichheit bestimmt ist. Andererseits
ist der Staat durch historische, sprachliche und religiöse Traditionen geprägt, welche die Grundfrage eines modernen Staats danach, wofür und für wen er gedacht
ist, weiterhin stark bestimmen und die Idee des modernen Nationalstaates selbst
legitimieren (Taylor 2004: 192).

    Da in modernen, säkularen Staaten kollektive Identität, Staatlichkeitsidee und
Volkssouveränität auf diesen traditionellen Elementen beruhen, wird ihnen oft

ein quasisakraler Status verliehen und sie gelten als unantastbar (Taylor 2011:
45 f.). Im Georgien der 1990er Jahre sehen wir den gleichen Prozess der Staats-
gründung in der Ära der Demokratie sowie Versuche, die Nation und das Gefühl
der kollektiven Zugehörigkeit mithilfe der Verfassung und der Verfassungsvereinbarung zu definieren. Der (Neu)Gründung der georgischen Nationalstaates
nach dem Zerfall der Sowjetunion wird aber noch interessanter, denkt man an
die Umwandlungen, die die nationalstaatliche Souveränität in der postwestfäli-
schen Ordnung, um es mit Wendy Browns (2010) Begriff zu beschreiben, erlebt.
Der georgische Staat wurde als souveräner Nationalstaat in einer Ära neuge-
gründet, als die Hauptmerkmale der Souveränität des Nationalstaates angefangen
hatten, an andere Instanzen – vor allem an die „unrelieved domination of capital and God-sanctioned political violence" (Brown 2010: 23) überzugehen. Wie
bereits erwähnt, vertritt Brown die These, dass die postwestfälische Ordnung
nicht schlicht die Ära bedeutet, in der nationalstaatliche Souveränität entweder
endet oder irrelevant wird. Vielmehr unterstreicht das Präfix *post* die Existenz
einer Ordnung, einer staatlich-gesellschaftlichen Formation.

> „that is temporally after but not over that to which it is affixed. ‚Post' indicates a
> very particular condition of afterness in which what is past is not left behind, but, on
> the contrary, relentlessly conditions, even dominates a present that nevertheless also
> breaks in some way with this past" (ebd.: 23, Herv. i. O.).

Der postsowjetische Zustand der georgischen Gesellschaft in den 1900er Jahren
benötigte eine Epistemologie der Nation und des Staates. Die Existenz im ‚post-
' – eine Existenz also, die durch das Präfix bestimmt ist, dessen Verwendung
Brown (2010) zufolge nur in Bezug auf eine Gegenwart möglich ist, die weiterhin durch ihre Vergangenheit verfasst und strukturiert ist – und die Situation
harter gesellschaftlicher, wirtschaftlicher und staatlicher Krisen, in der Georgien
sich in den 1990er Jahren befand, haben dazu geführt, dass eine religiös codierte
Vorstellung von der Nation entwickelt wurde, die auf rechtlichen Bestimmungen
des orthodoxen Christentums und der Georgisch Orthodoxen Kirche als zentra-
lem Symbol der georgischen Nation aufruht. Dies geschah auf eine Weise, die
dadurch nicht nur die Identität der Nation, sondern auch den souveränen Staat
selbst erhielten und die Regierung legitimierten.

Der postsowjetische georgische Nationalstaat hat seine Souveränität mit dem
in der Verfassung verankerten Anspruch verbunden, dass Staat und Gesellschaft
eine einzigartige Geschichte, Religion und Kirche haben (Verfassung Georgiens 1995, Art. 9). Dieser Anspruch wurde durch die Verfassungsvereinbarung
2002 zwischen dem georgischen Staat und der orthodoxen Kirche untermauert, in

dem das orthodoxe Christentum und die Georgische Orthodoxe Kirche implizit zur Mehrheitsreligion erklärt wurden. Sie stellt nun einen verfassungsrechtlich legitimierten Grundstein der kulturellen Orientierung des Landes dar. Die Präambel der Verfassungsvereinbarung besteht aus fünf Hauptprämissen. Dabei ist der dritte Grundsatz wie folgt formuliert: „Die Orthodoxie, eine der traditionellen Religionen Europas, war historisch [gesehen, B.J.] die staatliche Religion in Georgien, die eine jahrhundertealte georgische Kultur, nationale Weltanschauung und Werte geprägt hat" (Verfassungsvereinbarung 2002). Im vierten Punkt wird bekräftigt, dass „die große Mehrheit der georgischen Bevölkerung orthodoxe Christen sind" (ebd.). Der letzte, fünfte Satz bestätigt, dass die georgische Verfassung „die besondere Rolle der orthodoxen Kirche in der Geschichte des Landes und ihre Unabhängigkeit vom Staat" (ebd.) anerkennt. Die Frage, wofür und für wen dieser neue georgische Staat stand, wurde somit beantwortet: Er gehört der georgischen Nation. Die Nation dieses Staates wäre dann die demografische Mehrheit und ihre bestimmenden Elemente – das orthodoxe Christentum und die GOK.

Ein solcher rechtlich-normativer Hintergrund hat dazu beigetragen, dass die Georgisch Orthodoxe Kirche sich als eine Akteurin konstituierte, die sich mit mehreren, dem Bereich des Privaten angehörenden Thematiken beschäftigt, wie Sexualität, Familie und Scheidung, Geschlechterrollen und Schwangerschaftsabbruch. Gleichzeitig trat sie, da die georgische Verfassung die orthodoxe Kirche als Symbol der georgischen Nation, ihrer Kultur und ihrer Weltanschauung bestimmt hat, als diejenige Instanz auf, die beansprucht, diese Fragen in der Öffentlichkeit zu regulieren. Die Kirche ist also kulturalisiert worden, wobei unter Letzterem die „culturalization'of politics, citizenship, economics, religion and other areas of social life" zu verstehen ist, „whereby ‚cultural identities' and concomitant ‚sentiments of belonging' are prominently brought into play in the political arena" (Meyer & van de Port 2018: 1) gemeint ist.

Diese Rolle der Georgisch Orthodoxen Kirche verstärkte sich weiter in der Regierungszeit der Vereinten Nationalen Bewegung, nach der sogenannten Rosenrevolution 2003, als die orthodoxe Kirche dem rosenrevolutionären Narrativ der Modernität begegnete und zugleich ihr eigenes Modernitätsnarrativ festlegte.[8] Dieses Narrativ lässt sich anhand ausgewählter Auszüge aus den jährlichen Weihnachts- und Osterepisteln des Katholikos-Patriarchen Ilia II. exemplarisch skizzieren. Der Katholikos-Patriarch, also das Oberhaupt der Georgisch Orthodoxen Kirche, betont in seinen Episteln immer wieder die verheerenden Auswirkungen, die durch die Erosion nationaler und spiritueller Werte, die

---

[8] Für eine vergleichende Analyse dieser zwei Narrative siehe Janelidze 2023, Kap. 6.

Fehlinterpretation universeller Werte, die die etablierten Hierarchien herausfordern, das Missverständnis von Gleichheit und Menschenrechten, die Abwertung traditioneller Familienwerte und die Normalisierung von Abtreibung und nichttraditionellen sexuellen Beziehungen verursacht werden. Im Gegensatz dazu unterstreicht er kontinuierlich die Bedeutung von ihm als traditionell bezeichneter Werte, die sich um eine heteronormative Definition von Familie und die Ablehnung von Geschlechtergleichheit drehen. Darüber hinaus stellt Ilia II das orthodoxe Christentum als den Kern der georgischen nationalen Identität dar, der sowohl für das individuelle als auch für das nationale Überleben unerlässlich sei. Traditionelle Werte werden als der rechtschaffene Weg der Entwicklung gedeutet, während Abweichungen hiervon als zum gesellschaftlichen Niedergang führend porträtiert werden. Die Bewahrung dieser Traditionen wird als ein Mittel der Erlösung für die gesamte Nation sowie für einzelne Personen, insbesondere die Jugend, bezeichnet, wie z. B. im folgenden Auszug, in dem der Katholikos-Patriarch die Jugend lobt, nachdem er „sexuelle Minderheiten" als Hindernis für den Erhalt der traditionellen christlichen Familie dargestellt hat:

> „Heute ist es viel einfacher, die Familie aufzulösen, freie Beziehungen zu etablieren, Sodomie als Normalzustand darzustellen, über Familienanomalien laut zu sprechen. (…) Trotz dieses Drucks halten unsere Gesellschaft und der größere Teil unserer jungen Leute, das muss ich zu ihrem Lob sagen, immer noch die traditionellen Werte aufrecht" (Osterepistel 2011).

Im Narrativ der Georgisch Orthodoxen Kirche wird Homosexualität auch als „Anomalie und Krankheit" (NETGAZETI.ge 2013) und LGBTQI*-Personen als sündige Menschen dargestellt, die kirchlich-geistlicher Hilfe und Zurechtweisung bedürfen (ebd.). Darüber hinaus finden sich seit den 2010er Jahren in fast allen Weihnachts- und Osterepisteln gesonderte Passagen zu Gender- und Sexualitätsthemen.

Zusammenfassend lässt sich an dieser Stelle sagen: In ihrem Narrativ stellt die orthodoxe Kirche sich selbst als moralische Wegweiserin der georgischen Nation vor. Dies geschieht in erster Linie durch eine heteronormative Definition sowohl der privaten Sphäre des Einzelnen als auch des öffentlichen Lebens der Gesellschaft, und dadurch, dass die unbedingte Einhaltung dieser Ordnung mit dem Überleben und der Zukunft der Nation in Verbindung gebracht wird. Durch die Gründung des georgischen Nationalstaats in der Ära der „schwindenden Souveränität" (Brown 2010), und die spezifische Verflechtung zwischen dem georgischen Staat und der Kirche, wurden im postsowjetischen Georgien

das orthodoxe Christentum und die Kirche durch ihre Kulturalisierung „öffentlich sakralisiert" (Rots 2019). Dies ist die Konstellation, in der die Kirche als
moralische Wegweiserin des privaten und öffentlichen Lebens auftritt. Die Kirche schafft sich die Möglichkeit, beide Sphären heteronormativ zu bestimmen
und versucht, in beiden Sphären die ordnungsgebende Akteurin zu sein. Dadurch
kam eine Symbiose von öffentlicher und privater Sphäre zustande, da die Kirche
in der Lage ist, die individuelle Wahl mit dem Überleben der Nation zu verbinden, indem sie Sexualität zum zentralen Grenzort individuellen und kollektiven
‚Überlebens' macht. Als moralische Wegweiserin konstruiert die Kirche auch die
Figur des Queer-Subjekts, indem sie sie zugleich stigmatisiert, marginalisiert und
als das Andere der georgischen Nation darstellt. Eben dieses bereits von der GOK
etablierte Narrativ über nicht-heteronormative Sexualität als Hindernis einer blü-
henden Zukunft der georgischen Nation und das damit verbundene Othering von
LGBTQI*-Personen wurde später von der Georgischer Traum-Regierung im Zuge
ihrer rechtspopulistischen Wende in vollem Umfang aufgegriffen.

4   Der rechtspopulistische Aufstieg der Partei des „Georgischen Traums"

Die Ereignisse vom Juli 2021, die ich in der Einleitung zu diesem Bei-
trag beschrieben habe, zeigen, wie die religiös-säkulare Allianz der Partei des
Georgischen Traums und der Georgisch Orthodoxen Kirche die Sprache der
Menschenrechte im Namen der nationalen ‚Mehrheit' ausnutzt, um LGBTQI*-
Personen zu stigmatisieren und sie als die Feinde der Nation zu deuten. Seitdem
wurde die explizite Betonung der „georgischen Traditionen", der „nationalen
Würde", des „Volkes" und der „orthodoxen Kirche als Hüterin der traditionellen
Werte" (radiotavisupleba.ge 2023) in den öffentlichen Reden der Parteimitglie-
der der Partei des Georgischen Traums und die Darstellung nicht-normativer
Sexualität als Abweichung und Gefahr für die Nation in der politischen Rhetorik
der Regierungspartei normalisiert. So sprechen hochrangige Parteimitglieder in
ihrem öffentlichen Auftreten von sogenannter „LGBTQI*-Propaganda" (radiota-
visupleba.ge 2023). Auch Premierminister Gharibashvili nahm im Mai 2023 an
der Conservative Political Action Conference (CPAC) in Ungarn teil, auf der
Viktor Orbán Ungarn ein Jahr zuvor als „letzte Bastion konservativer christlicher Werte" (Rede Viktor Orbáns auf der CPAC 2022) bezeichnet hat. In
seiner Rede verwendete Gharibashvili sämtliche Schlüsselwörter, die für die globale rechtspopulistische Sprache kennzeichnend sind und die Judith Butler mit
dem Konzept „Phantasma des Genders" beschreibt. Nachdem Gharibashvili u. a.

Glaube, Freiheit, Frieden, Reinheit der Familie und Bewahrung der Traditionen als die grundlegenden, historisch gegebenen Werte Georgiens beschrieben und den Katholikos-Patriarchen der GOK gelobt hatte, sagte er:

> „Zweifellos bedeutet das Festhalten an Traditionen nicht, dass wir gegen Innovationen sind. Allerdings müssen wir vorsichtig sein, denn wir wissen, dass das Böse oft gerade im Namen der Innovation kommt. […] Unser Katholikos-Patriarch hat einmal gesagt, dass ‚die Freiheit im Namen der falschen Freiheit bekämpft wird', und das ist wahr" (Rede Irakli Gharibashvilis auf der CPAC 2023).

Nach dieser, um mit Brown zu sprechen, „kuriosen" (Brown 2019: 2) Zusammenstellung von neoliberalen „Innovationen" und christlich-konservativen „Traditionen" nannte der Premierminister auch die „Kräfte", die für die „falsche Freiheit" kämpfen:

> „Wie versuchen die Kräfte, die sich der Freiheit und der Wahrheit widersetzen, ihre Ziele zu erreichen? Eindeutig, indem sie die traditionellen Familienwerte zerstören und falsche Freiheiten erzwingen – durch LGBTQ + -Propaganda und Versuche, geschlechtsangleichende Verfahren für Kinder gesetzlich zu verankern – unter Umgehung ihrer Eltern, sowie durch das Erzwingen sogenannter ‚Innovationen', die die Menschen von ihren eigenen Wurzeln, ihrer Familie, ihren Traditionen, ihrer Kultur und ihrer Geschichte abschneiden. Sie tun dies, weil es einfach ist, eine wurzellose Person zu kontrollieren – jemanden, der seine Geschichte und seinen Glauben vergessen hat" (Rede Irakli Gharibashvilis auf der CPAC 2023).

Im Juni 2023 schlug Premierminister Gharibashvili in seiner Parlamentsrede die gesetzliche Regulierung von „LGBT-Propaganda" vor und begründete diese Initiative wie folgt: „Für mich ist diese LGBT-Propaganda in Kindergärten und Schulen inakzeptabel […]. Sie wissen, was in Europa und leider auch in Amerika passiert. […] Diese Propaganda ist schon in den Kindergärten angekommen. Das ist inakzeptabel, das ist eine Katastrophe" (radiotavisupleba.ge 2023).

Die Verwendung homophober und diskriminierender Sprache seitens der Mitglieder der Regierungspartei Georgischer Traum sowie in der öffentlichen politischen Sprache im Allgemeinen ist in Georgien nicht neu. Neu ist jedoch, dass Gender und Sexualität in den Mittelpunkt der Rhetorik der politischen Hauptfiguren gerückt werden. Im Unterschied dazu lässt sich die politische Sprache der Partei in der Regierungsperiode 2012–2020 als ein Changieren zwischen liberalen und konservativen Einstellungen und Rhetoriken beschreiben. Beispielsweise war die politische Rhetorik der Regierungspartei bei den Ereignissen vom 17. Mai 2013 anders als bei den Ereignissen im Juli 2021. Am

17. Mai 2013, dem internationalen Tag gegen Homo-, Bi-, Inter- und Transphobie (IDAHOBIT) waren die etwa fünfzig Teilnehmer:innen einer kleinen, von LGBTQI*-Gemeinschaftsorganisationen und feministischen NGOs organisierten Demonstration von ca. vierzigtausend Gegendemonstrant:innen unter Anführung des christlich-orthodoxen Klerus angegriffen worden. Obwohl der Staat auch damals nicht die Sicherheit der LGBTQI*-Demonstrant:innen und ihrer Unterstützer:innen gewährleisten konnte, garantierten vor der IDAHOBIT-Demonstration Regierungsvertreter der orthodoxen Kirche, darunter der damalige Premierminister Bidsina Ivanishvili (2012–2013) und der damalige Innenminister Irakli Gharibashvili, den reibungslosen Ablauf der LGBTQI*-Demonstration. Dies geschah trotz der Aufforderung der GOK an den Staat, die LGBTQI*-Demonstration nicht zu gewähren (Janelidze 2023). Zudem wurde im Jahr 2014 das Antidiskriminierungsgesetz trotz starken kirchlichen Widerspruchs verabschiedet. Im Jahr 2017 wurde allerdings die Ehe im Zuge der Verfassungsänderung ausdrücklich als Bund zwischen einem Mann und einer Frau definiert. Dennoch vermieden es hochrangige Politiker:innen, sich in öffentlichen Ansprachen homophober Rhetorik zu bedienen. So behauptete der derzeitige Parteivorsitzende Irakli Kobachidze, die Verfassungsänderung diene dazu, „homophobe und antiwestliche Stimmungen" (Kharadze 2017) zu verhindern.

Warum findet der Aufstieg der rechtspopulistischen Sprache und die damit einhergehende direkte Übernahme des GOK-Narrativs über nicht-normative Sexualität gerade jetzt, in den letzten drei Jahren, statt, während zuvor eine Politik des Lavierens üblich war? Das Zusammentreffen von lokalen und globalen Faktoren ist hier entscheidend, um diese Frage zu beantworten. Scheele, Roth und Winkel schlagen vor, die Verschärfung von Anti-Gender Stimmungen als ein glokales Phänomen zu verstehen, denn lokale politische und gesellschaftliche Kontroversen sind stets mit globalen Krisendynamiken wie der globalen Geopolitik und Ökonomie verwoben. (Scheele et al. 2022: 10).

Im lokalen georgischen Kontext ist die Mobilisierung rechtspopulistischer Rhetorik mit dem politischen Machterhalt auf der Ebene der Regierungspartei und der Regierung zu verbinden. In den letzten Jahren sieht sich die Partei des Georgischen Traums immer wieder mit wachsender gesellschaftlicher Unzufriedenheit in Bezug auf eine Reihe von Themen konfrontiert: Proteste gegen den geopolitischen Kurs des Landes und die sich offenbarende geopolitische Präferenz der Partei für Russland, die innenpolitische Polarisierung, Korruption, die schwierige soziale Lage sowie wachsende Proteste gegen unregulierte Umweltpolitik und Naturausbeutung. In einer solchen Situation findet die Partei des Georgischen Traums in als nicht-normativ etikettierter Sexualität, verkörpert in der Figur des Queer, den „idealen" Anderen, der die georgische Gesellschaft mit Zerstörung bedrohe. Mit der Zuspitzung von nicht-normativer Sexualität als Gefahr versucht der GT, die bereits im Narrativ der orthodoxen Kirche geprägten Deutungen von nationaler Zugehörigkeit zu mobilisieren und dadurch Wahlunterstützung für sich zu gewinnen. Das politische Regime der Regierungspartei Georgischer Traum wird somit im Bündnis mit der orthodoxen Kirche in die globale Mobilisierung der Diffamierung von Geschlechterpolitiken und -rechten als Gender-Ideologie verwickelt.

Um die rechtspopulistische Wende angesichts der säkular-religiösen Allianz von GT und GOK besser zu begreifen, ist es jedoch wichtig, die spezifischen lokalen politischen Praktiken und die damit verbundenen Versuche des Machterhalts mit strukturellen Ursachen in Verbindung zu bringen. Die These, die ich hier entwickle, lautet daher: Die rechtspopulistische Wende in Zeiten schwindender Souveränität ist unausweichlich. Im Zuge der Verschiebung nationalstaatlicher Souveränität wandern ihre wichtigsten Merkmale, laut Brown, vom Staat zur Kapitalherrschaft und der „gottgesegneten politischen Gewalt" (Brown 2010: 23). In dieser Lage greift die nationalstaatliche Souveränität verstärkt auf theologisch-religiöse Aspekte zurück, was jedoch langfristig zu ihrem Verfall beiträgt (ebd.: 64). Dabei sind einerseits durch die schwindende Souveränität mobilisierte Religionen eher transnational als national ausgerichtet. Dies trägt zur Schwächung der Souveränität von Nationalstaaten bei, was wiederum der Grund für „theologisches Outing" der nationalstaatlichen Souveränität ist (ebd.). Andererseits, so Brown, variieren die Art und Weise, wie diese Religionen interpretiert werden, und die Ergebnisse, die sie hervorbringen, selbst dann, wenn sie auf nationale Rahmen beschränkt sind, und Religionen neigen ebenso dazu, den Nationalstaat für ihre Zwecke zu nutzen, wie der Nationalstaat im Gegenzug die Religion nutzen kann (ebd.).

Der in diesem Beitrag beschriebene rechtspopulistische Aufstieg der georgischen Regierungspartei und die Anfeindung nicht-normativer Sexualität an der Schnittstelle von Staat und Kirche lässt sich dann folgenderweise zusammenfassen: Durch die Entfesselung „gottgesegneter Gewalt" (Brown 2010: 23) findet eine beispiellose Mobilisierung von Ängsten vor der Vernichtung der reproduktiven heteronormativen Nation statt (Spivak 2008). Wenn allerdings die Vernichtung droht, soll der Feind benannt werden, um die Ängste durch die Erzeugung von Ängsten zu beruhigen (Butler 2023), im Falle Georgiens durch die Stigmatisierung, Beschämung und Darstellung von LGBTQI*-Personen als der zentrale Feind des kollektiven Körpers der georgischen Nation.

Literatur

1tv.ge (2021): 'ირაკლი ღარიბაშვილი - გუშინდელ აქციაზე იყო კლასიკური ანტისახელმწიფოებრივი, ანტიეკლესიური და ანტიეროვნული გზავნილები'.. Letzter Zugriff 26.09.2023: https://1tv.ge/news/irakli-gharibashvili-gushindel-aqciaze-iyo-klasikuri-antisakhelmwifoebrivi-antieklesiuri-da-antierovnuli-gzavnilebi/.

Brown, Wendy (2010): *Walled States, Waning Sovereignty*. New York: Zone Books.

Brown, Wendy (2019): *In the Ruins of Neoliberalism. The Rise of Antidemocratic Politics in the West*. New York: Columbia University Press.

Butler, Judith (2023): Who's Afraid of Gender? | Butler's public lecture at University of Cambridge 2023. Letzter Zugriff 26.09.2023: https://www.youtube.com/watch?v=yD6 UukSbAMs.

Dhawan, Nikita (2013): The Empire Prays Back: Religion, Secularity, and Queer Critique. *Boundary 2* 40 (1), S. 191–222.

Dietze, Gabriele; Roth, Julia (2020): Right-Wing Populism and Gender: A Preliminary Cartography of an Emergent Field of Research, in: Dies. (Hrsg.): *Right-Wing Populism and Gender. European Perspectives and Beyond*. Bielefeld: transcript, S. 7–21.

Janelidze, Barbare (2023): *Umstrittene Säkularität. Religion, Nation und Sexualität in Georgien*. Wiesbaden: Springer VS.

Kharadze, Nino (2017): ქალისა და მამაკაცის კონსტიტუციური ერთობა [Verfassungsrechtliche Einheit von Mann und Frau], in: radiotavisupleba.ge 08.06.2017, https://www.radiotavisupleba.ge/a/qalisa-da-mamakatsis-konstitutsiuri-ertoba-tsvlileba/ 28536073.html.

Martín, Joseba García; Delgado-Molina, Cecilia; Griera, Mar (2022): "I'm going to do battle… I'm going to do some good". Biographical trajectories, moral politics, and public engagement among highly religious young Catholics in Spain and Mexico. *Sociology Compass, e13091*, S. 1–15.

Meyer, Birgit; van de Port, Mattijs (2018): Introduction: Heritage Dynamics: Politics of Authentication, Aesthetics of Persuasion and the Cultural Production of the Real, in: Dies. (Hrsg.): *Sense and Essence: Heritage and the Cultural Production of the Real*. New York, NY: Berghahn Books, S. 1–39.

Mikeladze, Tamta; Begadze, Mariam; Gvritishvili, Eto; Chutlashvili, Keti; Sukhishvili, Nino Sartania, Keti (2016): რელიგიის თავისუფლება. სახელმწიფოს დისკრიმინაციული და არასეკულარული პოლიტიკის კრიტიკა [Religionsfreiheit. Kritik an der diskriminierenden und nicht-säkularen Staatspolitik]. Tbilisi: EMC.

NETGAZETI.ge (2013): "პატრიარქი ხელისუფლებისგან 17 მაისის აქციის ნგბარ̄თვის გაუქმებას ითხოვს", 16.05.2013. Letzter Zugriff 26.09.2023: https:// netgazeti.ge/news/21856/.

Osterepistel (2011): 'უწმიდესი და უნეტარესი, სრულიად საქართველოს კათოლიკოს პატრიარქი ილია II საადგადამო ეპისტოლე'. Letzter Zugriff 26.09.2023: https://www.orthodoxy.ge/patriarqi/epistoleebi/saagdgomo2011.htm.

Pelkmans, Mathijs (2009): Introduction: Post-Soviet Space and the Unexpected Turns of Religious Life, in: Ders. (Hrsg.): *Conversion after Socialism: Disruptions, Modernisms and Technologies of Faith in the Former Soviet Union*. New York: Berghahn Books, S. 1–16.

Pelkmans, Mathijs (2014): Paradoxes of Religious Freedom and Repression in (Post-)Soviet Contexts. *Journal of Law and Religion* 29 (03), S. 436–446.

Radiotavisupleba.ge (2023): 'პრემიერ-მინისტრი პარლამენტში პრომოფობიური განცხადებით გამოვიდა'.. Letzter Zugriff 26.09.2023: https://www.radiotavi supleba.ge/a/32483984.html.

Radiotavisupleba.ge (2021): 'ირაკლი ღარიბაშვილი: როცა 95% მარშის ჩატარების წინააღმდეგია ყველა უნდა დაემორჩილოს'. Letzter Zugriff 26.09.2023: https://www.radiotavisupleba.ge/a/31354085.html.

Rede Viktor Orbáns auf der CPAC (2022): ‚Rede Viktor Orbáns auf der CPAC am 19. Mai 2022'. Letzter Zugriff 26.09.2023: https://visegradpost.com/de/2022/05/24/rede-viktor-orbans-auf-der-cpac-am-19-mai-2022/.

Rede Irakli Gharibashvilis auf der CPAC (2023): ‚Georgian Prime Minister Irakli Garibash-vili's speech at the annual Conservative Political Action Conference (CPAC)'. Letzter Zugriff 26.09.2023: https://www.gov.ge/en/news/357446?page=&year=

Scheele, Alexandra; Roth, Julia; Winkel Heidemarie (Hrsg.) (2022): *Global Contestations of Gender Rights.* Bielefeld: transcript.

Rots, Alike P. (2019): World Heritage, Secularisation, and the New 'Public Sacred' in East Asia. *Journal of Religion* 8 (1–3), S. 151–178.

Sadiqi, Fatima; Winkel, Heidemarie (2022): Politicizations of Religion in Morocco and Ger-many. Between Fundamentalist Contestations and Feminist Renegotiations, in: Scheele, Alexandra; Roth, Julia; Winkel, Heidemarie (Hrsg*.): Global Contestations of Gender Rights.* Bielefeld: transcript, S. 287–306.

Spivak, Gayatri Chakravorty (2008): *Other Asias.* Malden, Mass.: Blackwell.

Stellungnahme des georgischen Patriarchats, 07.03.2021: საქართველოს საპატრიარქოს განცხადება (03.07.2021). Letzter Zugriff 26.09.2023: https://patriarchate.ge/news/2776?fbclid=IwAR2IE2KEDedpB7QMSesRltE3PU60WdPtFrM3MoEPUdb7FGy9z pmLN2dJ27k.

Stoeckl, Kristina (2016): The Russian Orthodox Church as Moral Norm Entrepreneur. *Religion, State and Society* 44 (2), S. 132–151.

Stoeckl, Kristina (2020): The Rise of the Russian Christian Right: The Case of the World Congress of Families. *Religion, State and Society* 48 (4), S. 223-238.

Stoeckl, Kristina; Uzlaner, Dmitry (2022): *The Moralist International: Russia in the Global Culture Wars.* New York: Fordham University Press.

Taylor, Charles (2004): *Modern Social Imaginaries.* Durham: Duke University Press.

Taylor, Charles (2011): Why We Need a Radical Redefinition of Secularism, in: Mendieta, Eduardo; Van Antwerpen, Jonathan (Hrsg.): *The Power of Religion in the Public Sphere.* New York: Columbia University Press, S. 34–59.

Verfassung Georgiens (1995): Letzter Zugriff 26.09.2023: https://matsne.gov.ge/ka/doc ument/view/30346?publication=35.

Verfassungsvereinbarung (2002): Letzter Zugriff 26.09.2023: https://matsne.gov.ge/ka/doc ument/view/41626?publication=0.

Winkel, Heidemarie; Roth, Julia; Scheele, Alexandra (2022): Analytical Framing Three Paradigmatic Arenas of Global Contestations of Gender Rights, in: Dies. (Hrsg.): *Global Contestations of Gender Rights.* Bielefeld: transcript, S. 23–44.

Barbare Janelidze ist Lehrkraft für besondere Aufgaben an der Universität Kassel. Ihre Forschungsschwerpunkte sind: Religionssoziologie; Staatstheorien und Nationalismus; Queer, Cultural und Postcolonial Studies sowie der postsowjetische Raum. Jüngere Publikationen sind: „Umstrittene Säkularität: Religion, Nation und Modernität in Georgien" (2023), „‚Eine christliche, tolerante und europäische Nation' – Narrative der Zugehörigkeit in Georgien" (2023, in: Villa, Paula-Irene (Hrsg.): Polarisierte Welten. Verhandlungen des 41. Kongresses der Deutschen Gesellschaft für Soziologie) und „Die ‚Fortschrittlichen' und die ‚Rückständigen': Der Streit um Religion und Säkularität in der georgischen Öffentlichkeit" (2018, in: Nakhutsrishvili, Luca; Heinrich-Böll-Stiftung (Hrsg.): Georgien, neu buchstabiert. Politik und Kultur eines Landes, S. 183-195).

Teil IV
Multiple Religiosities – Multiple Secularities

Säkularisierungstheorie – revisited

8

Detlef Pollack

Von religiösen Gemeinschaften, Praktiken und Ideen kann eine beachtliche politische und kulturelle Dynamik ausgehen. Für vergangene Epochen leuchtet dies unmittelbar ein. Religion diente in vormodernen Gesellschaften ebenso der ideologischen Legitimation politischer Herrschaft wie sie eine Motivationsressource für politische Rebellion darstellte. Sie war Quelle der Stiftung von Friedensschlüssen, Ursache mörderischer Kriege, Vision einer Welt ohne Gewalt, aber auch Regulierungsinstanz für ökonomisches Handeln, Richtschnur der Rechtsprechung, Grundlage der umfassenden Deutung der Welt, das gute Gewissen des Fremdenhasses und vieles andere mehr. Das Erstaunliche, mit dem viele nicht gerechnet haben, besteht darin, dass Religion diese und ähnliche Funktionen auch heute noch ausüben kann. Über Jahrzehnte hinweg hatten säkularisierungstheoretische Ansätze den Bedeutungsrückgang der Religion vermessen, die zunehmende Trennung von Religion und Politik konstatiert und postuliert, dass Religion sich immer stärker privatisieren werde (Luckmann 1991 [1967]; Wilson 1982; Dobbelaere 2002). Seit einigen Jahren beobachten mehr und mehr Religionsforscher indes eine entgegengesetzte Tendenz: Die Deprivatisierung der Religion und ihre gesellschaftliche und politische Renaissance (Casanova 1994, 2015; Riesebrodt 2000). Religion sei, so Peter L. Berger (1999: 2), heute so pulsierend, wie sie es immer war, und an manchen Orten sogar mehr, als sie es jemals war.

D. Pollack (✉)
Universität Münster, Münster, Deutschland
E-Mail: Detlef.Pollack@gmail.com

© Der/die Autor(en), exklusiv lizenziert an Springer Fachmedien Wiesbaden   135
GmbH, ein Teil von Springer Nature 2024
A. Schnabel et al. (Hrsg.), *Religionsanalyse und Theorieentwicklung,*
Veröffentlichungen der Sektion Religionssoziologie der Deutschen Gesellschaft
für Soziologie, https://doi.org/10.1007/978-3-658-44533-1_8

Richtig daran ist, dass Religion – anders als es die Säkularisierungstheorie vielfach unterstellt – nicht einfach nur eine traditionale Größe darstellt, die dem gesellschaftlichen Wandel reaktiv ausgesetzt ist, sondern zur Einflussnahme auf Politik, Recht und Wirtschaft und damit zur Stimulierung gesellschaftlichen Wandels fähig ist, zur geschmeidigen Anpassung an sich wandelnde Umstände sowie zur innovativen Selbsterneuerung. Indem sie lebensweltliche Gewohnheiten, politische Ordnungen und kulturell eingeübte Einstellungen und Normen überschreitet und auf etwas bezieht, das sie als Transzendentes in Anspruch nimmt, ist sie sowohl in der Lage, die Welt sakral zu bestätigen und zu segnen, als auch, sie in ein anderes Licht zu tauchen und ihr einen neuen Sinn zu geben, ihre Ordnung infrage zu stellen und sogar umzukehren. Ob die Einsicht in das gesellschaftsverändernde Potenzial der Religion auf eine Widerlegung der Säkularisierungstheorie hinausläuft, die einen Zusammenhang zwischen Modernisierung und religiösem Bedeutungsrückgang behauptet, ist jedoch fraglich. Es ist durchaus möglich, die von religiösen Gemeinschaften und Identitäten ausgehende soziale und politische Dynamik anzuerkennen, ohne die übergreifende Dominanz von Prozessen der Säkularisierung in modernen Gesellschaften zu bestreiten.

Obwohl die Anzeichen einer tiefgreifenden Säkularisierung moderner Gesellschaften inzwischen unübersehbar geworden sind, halten viele Sozialwissenschaftler und Historiker jedoch an ihren Zweifeln an der Gültigkeit der Säkularisierungstheorie fest. In diesem Beitrag sollen gebräuchliche Gründe ihrer Ablehnung rekonstruiert und kritisch diskutiert werden. Diese Auseinandersetzung wird uns zu der Erkenntnis führen, dass die Entscheidung über die Aussagekraft der Säkularisierungstheorie nicht auf der theoretischen oder methodologischen, sondern auf der empirischen Ebene fällt. Da eine Auseinandersetzung mit den Aussagen der Säkularisierungstheorie auf empirischer Grundlage den hier gesetzten Rahmen überschreiten würde, müssen wir uns auf den Hinweis auf die zahlreichen vorliegenden religionssoziologischen Studien begnügen, die die Säkularisierungstheorie bestätigen (Chaves 2011; Höllinger und Muckenhuber 2019; Inglehart 2021; Norris und Inglehart 2004; Pickel 2010; Pollack und Müller 2013; Pollack und Rosta 2022; Reader 2012; Stolz et al. 2016; Stolz 2020; Voas 2008, 2009; Voas und Chaves 2016). Abschließend sollen noch einige wenige Überlegungen über die mögliche Weiterentwicklung und Modifikation der Säkularisierungstheorie angestellt werden.

Gegen die Säkularisierungstheorie werden nicht nur sehr viele, sondern auch äußerst unterschiedliche Einwände vorgebracht. Ihre Kritiker werfen ihr Determinismus, Unilinearität und Eurozentrismus vor. Sie kritisieren sie aber auch aus empirischen Gründen, wobei sie die USA, Japan, Südkorea, Osteuropa sowie

die Staaten Südamerikas und Afrikas als Beispiele dafür anführen, dass Modernisierung nicht zu einer Bedeutungsabschwächung von Religion führen muss,
sondern mit religiöser Mobilisierung Hand in Hand gehen kann. Ebenso verwerfen sie die Säkularisierungstheorie, da sie angeblich mit einem reduzierten
Religionsbegriff und essentialistischen Kategorien sowie mit einer Überzeichnung
des Gegensatzes von Moderne und Vormoderne arbeite, einen fortschrittsoptimis-
tischen Begriff von Moderne voraussetze und sich mehr ideologisch aufgeladenen
Zeitgeiststimmungen verdanke als wissenschaftlicher Analyse. Die Strategien zur
Bekämpfung der Säkularisierungstheorie sind vielfältig und bis auf Ausnahmen
wenig überzeugend.

1) Eine Strategie besteht darin, der Säkularisierungstheorie Aussagen zu unterstellen, die sie gar nicht trifft, etwa die, dass Säkularisierung eine notwendige
Folge von Modernisierung sei (Joas 2012: 28). Im 19. Jahrhundert – man
denke an Auguste Comte – wurde in der Tat ein solcher deterministischer
Zusammenhang zwischen der Verwissenschaftlichung des Weltzugangs und
der Überwindung der Religion angenommen. Dass Religion notwendig aus-
sterbe werde, wenn der Fortschritt voranschreite, findet sich als Idee auch
noch an abgelegenen Stellen in den 1960er Jahren (vgl. etwa Wallace 1966:
264 f.). Gern wird dabei auch die Aussage Peter L. Bergers aus dieser
Zeit zitiert, dass im 21. Jahrhundert „religious believers are likely to be
found only in small sects, huddled together to resist a worldwide secular
culture" (Berger 1968: 3). Heute nehmen die Vertreter und Vertreterinnen
der Säkularisierungstheorie allerdings nicht mehr einen Notwendigkeits-,
sondern einen Wahrscheinlichkeitszusammenhang zwischen Modernisierung
und Säkularisierung an (Wallis und Bruce 1992: 27; Norris und Inglehart
2004: 16; Goldstein 2009: 158). Modernisierung – verstanden als Anstieg
des Wohlstandsniveaus, als Zunahme existentieller Sicherheit, als Urbanisierung, Bildungsexpansion, Demokratisierung, als funktionale Differenzierung
oder Individualisierung – führe zwar mit hoher Wahrscheinlichkeit zu einem
Bedeutungsrückgang von Religion, aber nicht notwendigerweise und nicht
immer. „Nothing is inevitable, but some outcomes seem more probable than
others", so formuliert es einer der wichtigsten neueren Repräsentanten der
Säkularisierungstheorie (Voas 2008, S. 42 f.). Nur wenige Säkularisierungs-
theorien unterstellen einen linearen Verlauf, die meisten vertreten zyklische,
dialektische oder paradoxale Muster (Goldstein 2009: 158). Die Kritik an
ihrer einlinigen, teleologischen und deterministischen Aussagestruktur ist
jedoch inzwischen zu einem häufig benutzten Standardargument geworden

(Warner 1993: 1052; Stark 1999: 241; Casanova 2008b: 315 ff.; Joas 2007a: 14).

2) Eine weitere Strategie zur Bekämpfung der Säkularisierungstheorie hat ihren Skopus darin, leicht erklärbare Sonderfälle heranzuziehen, um den Zusammenhang zwischen Modernisierung und Säkularisierung zu bestreiten. José Casanova ist ein Meister dieser Methode. So meint er etwa, zur Widerlegung der Säkularisierungsthese genüge es, darauf hinzuweisen, dass im Osten Deutschlands das Niveau der Religiosität und Kirchlichkeit niedriger sei als im Westen Deutschlands, dass Westdeutschland jedoch im Modernisierungsprozess weiter vorangeschritten sei als Ostdeutschland (Casanova 2007: 239). Obwohl ihm die Auswirkungen von politischer Repression, atheistischer Propaganda und der gezielten Benachteiligung von Christen und Christinnen in der früheren DDR selbstverständlich vollkommen bewusst sind, glaubt er, einen multifaktoriellen Ursache-Wirkungszusammenhang auf einen Faktor reduzieren und damit die Säkularisierungstheorie aushebeln zu können.

3) Noch fragwürdiger ist es, die Gültigkeit der Säkularisierungstheorie zu bestreiten, indem empirische Forschungsergebnisse überhaupt als irrelevant behandelt werden. Konfrontiert mit empirischen Daten, die die Säkularisierungsthese bestätigen, erklärt zum Beispiel Charles Taylor (2018: 18), die religiöse Welt sei so komplex, dass sie sich nicht mit Statistiken abbilden ließe. Als Beleg verweist er auf einen Freund, der sich in Japan einem aus Brasilien stammenden Kult angeschlossen habe; das Leben, schlussfolgert er, sei „viel zu groß und chaotisch für die Statistik" (ebd.). Taylor ist nicht der Einzige, der statistisch erhobene Daten ignoriert. Hans Joas antwortete kürzlich auf die Frage, warum sich die Kirchen am Sonntag mehr und mehr leerten, kurz und knapp, dort, wo er in die Kirche gehe, sei diese „nie leer" (Joas 2017b).

4) Anstatt danach zu fragen, wie sich religionssoziologische Aussagen empirisch bewähren oder widerlegen lassen, werden immer wieder starke Thesen ohne jede empirische Evidenz aufgestellt. Zu diesen Thesen gehört die Behauptung der sozialen oder individuellen Unentbehrlichkeit von Religion. Behauptungen der Notwendigkeit von Religion haben in der Religionssoziologie eine lange Tradition. Schon Émile Durkheim unterstellt mit seiner Frage nach dem integrativen Band der Gesellschaft, das in elementaren Gesellschaften durch religiöse Riten und Vorstellungen garantiert werde, die funktionale Unentbehrlichkeit von Religion. In seiner Nachfolge behandelt Thomas Luckmann (1972: 5) Religion als dasjenige, „was den Menschen zum Menschen werden" lasse, was ihn zu einem sozialen Wesen mache, indem es ihn in einen heiligen Kosmos einbette. Ihm zufolge ist der Mensch

seinem Wesen nach religiös und kann es „keine Gesellschaft ohne Religion"
geben (ebd.). Vorstellungen von der Unausweichlichkeit von Religion finden
sich auch andernorts. Charles Taylor (2009: 1175) bestreitet die Möglichkeit
einer „totalen Flucht aus der Religion". „An der religiösen Dimension" führe
„kein Weg" vorbei; es gebe „nur die Wahl zwischen guter und schlechter
Religion". Hans Joas (2017a: 434) nimmt an, jeder Mensch mache die über-
wältigende Erfahrung der Selbsttranszendenz, und meint, „Erfahrungen der
Selbsttranszendenz führen zwingend zur Attribution der Qualität des ‚Heiligen'", auch wenn dieses nicht notwendig so bezeichnet werde. Mit der
Unterstellung einer anthropologischen oder sozialen Notwendigkeit von Religion ist die Möglichkeit von Religionslosigkeit und radikaler Säkularisierung
freilich schon definitorisch ausgeschlossen.

5) Eine weitere vielfach angewandte Strategie zur Abwehr der Säkularisierungstheorie besteht darin, die Bedeutungsvielfalt und Unklarheit des Säkulari-
sierungsbegriffs herauszuarbeiten, die Theorie in einzelne Bestandteile und
Bedeutungsgehalte auseinanderzulegen und deren Inkohärenz zu behaupten.
So drängt Casanova darauf, die funktionale Differenzierung der Gesellschaft,
die Marginalisierung von Religion und ihre Privatisierung analytisch ausein-
anderzuhalten. Nur das Prinzip der funktionalen Differenzierung erkennt er
als Kern der Theorie der Säkularisierung an (Casanova 1994: 19). Wie die
USA zeigten, seien moderne Differenzierungsprozesse nicht notwendig mit
einem Niedergang religiöser Vorstellungen und Praktiken verbunden, und
wie die Islamische Revolution 1979 im Iran, die Solidarnosc-Bewegung
in Polen, die aktive Rolle der katholischen Kirche bei der Überwindung
der Militärdiktatur in Brasilien und in anderen lateinamerikanischen Staaten
sowie die Politisierung des amerikanischen Evangelikalismus demonstrier-
ten, wohne dem Modernisierungsprozess kein Zwang zur Privatisierung der
Religion inne (Casanova 1994: 215). Im Gegenteil, es komme weltweit zu
einer De-Privatisierung der Religion (ebd.: 5 f.).

Die Behauptung, dass funktionale Differenzierung, religiöse Privatisierung und religiöse Marginalisierung nicht zusammengehen, ist unter theoretischen Gesichtspunkten jedoch wenig überzeugend. Wenn Religion nicht
mehr alle Bereiche der Gesellschaft durchdringt, sondern sich zu einem partikularen Bereich unter vielen ausdifferenziert, dann ist es sehr wahrscheinlich,
dass ihre gesellschaftliche Relevanz abnimmt (vgl. auch Joppke 2018: 85).
Ebenso hängt mit der funktionalen Ausdifferenzierung der Religion zusammen, dass ihre Praktiken und Vorstellungen nicht mehr gesellschaftsweit
verbindlich sind, sondern ihre Akzeptanz zunehmend zu einem Gegenstand

der privaten Entscheidung wird (Luhmann 1977: 239, 247). Das gibt Casanova sogar selbst zu, indem er erklärt, „as a corollary of the thesis of differentiation, religious disestablishment entails the privatization of religion"; er ergänzt, „inasmuch as the right to privacy serves as the very foundation of modern liberalism[...], then the privatization of religion is essential to modern societies" (Casanova 2001: 13790). Differenzierung, religiöse Marginalisierung und religiöse Privatisierung hängen theoretisch eng miteinander zusammen. Ihren Zusammenhang als historisch kontingent zu behandeln, übersieht die in der funktionalen Differenzierung liegenden Implikationen.

6) Doch nicht nur das soziologische Säkularisierungskonzept wird als inkohärent behandelt, die Kategorien der sozialwissenschaftlichen Religionsforschung werden insgesamt als unbrauchbar ausgewiesen. Die Begriffe, Unterscheidungen und theoretischen Annahmen der Religionsforschung würden sich spezifisch westlichen Denk- und Wahrnehmungsmustern verdanken, drückten politische Asymmetrien aus und könnten daher zur Erforschung religiöser Praktiken, Vorstellungen und Diskurse nicht herangezogen werden. Nicht die Analyse – um ein Beispiel zu bringen – von Anhängern und Anhängerinnen des Islam, ihrer Einstellungen und Praktiken, sei die gegenwärtig anstehende Aufgabe der Religionsforschung, sondern die Analyse dessen, wie Wissen produziert werde, wie Muslime wissenschaftlich konstruiert, vermessen, kategorisiert, archiviert und verobjektiviert würden und von welchen situativen politischen und kulturellen Bedingungen die Wissensproduktion abhängig sei (Amir-Moazami 2018). Den Islam als solchen gebe es nicht. Daher komme es darauf an zu erfassen, wie er diskursiv erzeugt werde. Im Interesse an der Bewahrung des Reichtums und der Vielfalt religiöser Phänomene werden Bemühungen um kategoriale Einordnungen, methodologisch angeleitete Vergleiche, empirisch gestützte Verallgemeinerungen als Formen westlicher Kolonialisierung zurückgewiesen. Damit verbleibt dieser Ansatz, der im Gefolge Foucaults wissenschaftliche Arbeit als machtförmig und interessengetrieben betrachtet, im Status der Kritik, schreitet aber nicht fort zur Produktion empirischen Wissens. Es werden die Methoden und Unterscheidungen dekonstruiert, mit denen die Wissenschaft arbeitet, einen Beitrag zur Forschung sucht man vergebens. Von der Unhintergehbarkeit des Gebrauchs theoretischer Konzepte haben die Kritiker einer kategorienbasierten Sozial- und Geschichtswissenschaft offenbar noch nichts gehört.

7) Berechtigt ist hingegen die Kritik an der Neigung vieler Säkularisierungs-
   theorien, die Aktivitätspotenziale religiöser Gemeinschaften und Organisationen auszublenden und Religion lediglich als abhängige Variable zu
   behandeln. Auch unter den Bedingungen von Modernität, Liberalität und
   Prosperität können religiöse Gemeinschaften, Bewegungen und Organisationen eine bedeutende politische, zivilgesellschaftliche und kulturelle Rolle
   spielen. Diese Einsicht wird heute etwa mithilfe des Konzepts „social capital" diskutiert (Putnam 2000; Pickel und Gladkich 2011; Traunmüller 2009),
   womit die integrativen, zwischenmenschliches Vertrauen und soziale Netzwerke stärkenden Effekte von Religion bezeichnet werden. Ebenso weisen
   Beobachter in diesem Zusammenhang auf die öffentlich ausgetragenen Konflikte um die Freiheitsrechte religiöser Minderheiten hin oder auch auf
   den politischen Einfluss, den Religionsgemeinschaften und ihre Führer in
   der ganzen Welt, auch in hoch säkularisierten Gesellschaften, auszuüben
   vermögen (Toft et al. 2011: 92 f., 108 f.; Willems 2018: 664 ff.).
8) Die in der Gegenwart beobachtbare Gleichzeitigkeit des Bedeutungsrück-
   gangs von Religion und des zunehmenden Einflusses religiöser Akteure in
   den politischen Konflikten der Welt stellt für die soziologische Analyse des
   religiösen Wandels in der Moderne eine analytische Herausforderung dar. Sie
   ist aber auch eine Gelegenheit, im Medium der Religionsanalyse den Diskurs über die sich verändernden Konstitutionsbedingungen der Moderne zu
   führen. So wie in der Vergangenheit die Säkularisierungstheorie Argumente
   bereitstellte, in deren Licht sich ihre Vertreter immer wieder über die Kennzeichen der Moderne vergewissern konnten, so ziehen ihre Gegner heute
   Einwände gegen die Säkularisierungstheorie heran, um das Selbstverständnis
   der Moderne, ihre Selbstbegründungsdiskurse, Institutionen und Organisati-
   onsweisen infrage zu stellen. Wo die Defizite der modernen Ordnung so offen
   zutage liegen wie heute, eignet sich die Kritik an der Säkularisierungstheorie
   offenbar gut, um mit ihrer Hilfe die Moderne überhaupt zu delegitimieren.
   Dieses Anliegen entbehrt nicht einer gewissen Logik. Wenn die Säkularisierungstheorie erodierende Effekte von Modernisierung auf Religion
   behauptet, dann liegt es nahe, diese Behauptung außer Kraft zu setzen,
   indem man der Moderne Signifikanz und Legitimität bestreitet. Nicht zufällig
   kommt es den Kritiker daher darauf an, nicht nur die Bedeutung der Religion
   für die Entstehung der Menschenrechte, für die Stärkung der Demokratie
   sowie die kulturelle und politische Identität Europas zu betonen (Casanova 2008b: 69, 73; 2015: 30), sondern auch darauf, den säkularen Staat
   zu depotenzieren und als eine Institution zu entlarven, die Ungleichheit
   zwischen Religionsgemeinschaften und damit ihre Unterdrückung fördert

(Mahmood 2016: 2, 168 f.), fortschrittsoptimistische Narrative zu dekonstru-
ieren (Casanova 2015: 23 f.), die westeuropäischen Staaten auf ihre Rolle
als Kolonialmächte festzulegen, als gewalttätig und repressiv zu brandmar-
ken und überhaupt die Moderne in ihrer Eigenständigkeit als analytische
Einheit infrage zu stellen (Asad 2003). Die Ablehnung der Annahmen der
Säkularisierungstheorie erfolgt durch die Abwertung der Moderne, und nicht
selten ist sie mit der Apologie der Religion und ihrer Idealisierung eng verbunden. Damit aber bleiben die Kritiker der Säkularisierungstheorie einer
Logik verhaftet, die sie doch gerade kritisieren. Nach wie vor werden Religion und Moderne als Gegensätze behandelt, nur dass die Bewertung der
beiden Konstrukte nunmehr seitenverkehrt erfolgt.

Neben der Entwertung der Moderne und der Aufwertung der Religion kommt es den Kritiker der Säkularisierungstheorie überraschenderweise
jedoch auch darauf an, die Kompatibilität von Religion und Moderne heraus-
zustellen (Casanova 2008a: 318). Als Beispiele werden etwa die USA, die
Türkei oder auch Staaten Asiens und Osteuropas angeführt. Diese Beispiele
zeigten, dass ein hoher und sich weiter erhöhender Grad an Modernität mit
einer lebendigen Religiosität zusammengehen könne. Die technisch, wirt-
schaftlich, kulturell hochentwickelte USA wiesen eine tiefe Religiosität auf
(Graf 2004: 55 f.; Casanova 2008a: 318 f.; Joas 2007b: 362). In der Türkei
werde die Politik immer „moderner" und demokratischer und zugleich immer
muslimischer und immer weniger säkular; Wohlstandsanhebung und Demokratisierung vollzögen sich in dem mehrheitlich muslimischen Land nicht
gegen den Islam, sondern in Übereinstimmung mit ihm in dem Anspruch
auf Verwirklichung „einer muslimischen kulturellen Moderne" (Casanova
2015: 68; Stark und Finke 2000: 75). Die nachholende Modernisierung in
den postkommunistischen Staaten Osteuropas falle mit der Renaissance des
Religiösen zusammen (ebd.: 73 f.; Casanova 2003: 64). Und in den ökono-
misch boomenden Staaten Ostasiens fände sich, wie etwa in Südkorea, eine
Vielzahl von Konversionen zu den charismatischen Formen des Christentums
und erfreuten sich Volksreligionen einer wachsenden Beliebtheit (Graf 2004:
56; Stark und Finke 2000: 76). Die Herausstellung der Kompatibilität von
Religion und Moderne demonstriert noch einmal anschaulich, wie stark die
Argumentation der Kritiker der Säkularisierungstheorie an deren Denkmuster
gebunden bleibt. Wenn die Kritiker der Säkularisierungsthese die Moderne
tatsächlich so geringschätzten, wie sie behaupten, dann sollte es ihnen doch
wohl nicht darum gehen, Religion als mit ihr vereinbar auszuweisen. Offenbar ist ihre Haltung zur Moderne durch ein hohes Maß an Ambivalenz
gekennzeichnet. Auf der einen Seite setzen sie ihre soziale Bedeutung herab

und betonen ihre Schattenseiten. Auf der anderen erkennen sie implizit ihre soziale Macht und Legitimität an. Es entsteht der Eindruck, als könnten sich auch die Kritiker der Moderne ihrer Attraktivität nur schwer entziehen.

9) Die modernisierungskritische Haltung der Gegner der Säkularisierungstheorie drückt sich auch darin aus, dass sie die historische Bedeutung des von ihr konstatierten Bruchs zwischen Moderne und Vormoderne bezweifeln und an seine Stelle eine weit zurückliegende Weichenstellung der globalen Religionsgeschichte setzen: die sogenannte Achsenzeit (Joas 2017a). Die Bezugnahme auf diesen epochalen Einschnitt hat nicht nur die Funktion, dem mit Industrialisierung, Demokratisierung, Aufklärung und Masseninklusion einsetzenden Umbruch zur Moderne seinen epochalen Charakter zu nehmen und einer auf diesen Umbruch teleologisch fixierten Geschichtsschreibung entgegenzuwirken, sondern auch die, Europa zu provinzialisieren und kulturell einzubetten. Warum allerdings ein mehr als 2000 Jahre zurückliegender historischer Einschnitt, der sich nur schwer empirisch nachweisen lässt und inhaltlich keine Eindeutigkeit besitzt (Assmann 2018: 285–290), für unsere heutige Zeit bedeutsamer sein soll als Industrialisierung, Demokratisierung, Aufklärung, Masseninklusion, Nationalstaat, Rechtsstaat, Wohlfahrtsstaat usw., erschließt sich nicht.

10) Als eine letzte hier anzuführende Strategie zur Abwehr der Säkularisierungstheorie sei der Versuch erwähnt, diese auf ihren Entstehungskontext zurückzuführen und auf diese Weise zu entkräften. Friedrich Wilhelm Graf (2004: 97) begründet den Abschied von der Säkularisierungstheorie mit dem Verweis darauf, dass sie bestenfalls „einen modernisierungstheoretischen Dogmatismus" widerspiegele, sich gegenüber der Empirie aber als resistent erweise. Callum Brown (2003: 39 f.) sieht in ihr ein aus der Aufklärung hervorgegangenes eurozentrisches „concept of modernity", das kritisch dekonstruiert werden müsse. Für Manuel Borutta (2005: 10, 16; 2010: 347, 350) stellt die Säkularisierungstheorie eine Selbstbeschreibung des Westens dar, die in einer bestimmten historischen Situation – den Kulturkämpfen des 19. Jahrhunderts – entstanden sei und als grand récit der Moderne ihre Überzeugungskraft verloren habe. Und Hans G. Kippenberg (2007: 50) ist davon überzeugt, dass „die These eines notwendig mit der Modernisierung schwindenden Ansehens von Religion sich spezifischen Umständen der sechziger Jahre verdankt".

Mit den Hinweisen auf die Entstehungskontexte der Säkularisierungstheorie ist über ihre Gültigkeit freilich noch nichts gesagt. Vielmehr muss zwischen den kulturellen Umständen sowie ideenpolitischen Interessen, die ihre Entstehung beeinflusst haben, und den Gründen für ihre Geltung unterschieden werden. Um ihre Gültigkeit abschätzen zu können, ist es erforderlich, ihre Aussagen einer empirischen Überprüfung zu unterziehen. Die Durchführung einer solchen Überprüfung ist nicht das Anliegen dieses Beitrags. Ihr ist jedoch eine Vielzahl von Studien gewidmet, auf die bereits hingewiesen wurde.

1   Fazit

Das Unbehagen an der Säkularisierungstheorie in der religionssoziologischen Forschung lässt sich angesichts ihrer nunmehr viele Jahrzehnte währenden Dominanz und ihrer auf die Gründungsväter der Soziologie zurückgehenden Prominenz leicht nachvollziehen, und es ist auch nicht völlig unberechtigt. Wohnt ihr nicht eine ermüdende argumentative Wiederholungsstruktur inne, das gleichförmige Insistieren auf eine überschaubare Zahl von Erklärungsfaktoren, eine naive Tendenz zum Optimismus, die die Moderne zum Maßstab der Analyse macht und ihre dunklen Seiten abblendet, ein fataler Hang zum Determinismus und die ignorante Bereitschaft zur Unterschätzung der Mobilisierungspotenziale der Religion? Es ist nicht zu bestreiten, dass mit diesen Fragen erkennbare Gefahren der säkularisierungstheoretischen Argumentation getroffen werden. Insbesondere die Kritik an der – teilweise schon durch die Versuchsanordnung bedingten – Depotenzierung religiöser Eigendynamik ist berechtigt. Aber auch der Kritik an der Gleichförmigkeit der in die säkularisierungstheoretischen Erklärungen einbezogenen unabhängigen Variablen – GDP per capita, Bildungsniveau, Urbanisierung, Pluralisierung etc. – kommt ein Recht zu.

So verständlich das Unbehagen an der Säkularisierungstheorie ist, so wenig überzeugend fallen indes die Versuche aus, sie zu überwinden. Neue Theorieangebote wie etwa die ökonomische Markttheorie haben sich als empirisch unhaltbar erwiesen (Stolz und Chaves 2017; Stolz 2018). Die Individualisierungstheorie, die sich als Alternative präsentiert, kann als ein Seitenaspekt der Säkularisierungstheorie behandelt werden (Pollack und Rosta 2022: 133–144, 240–247), und liefert nur wenige Einsichten, die über die Säkularisierungstheorie hinausgehen. Weitere innovative Neuansätze lassen sich kaum finden. Zumeist bleiben die Versuche zur Überwindung der Säkularisierungstheorie in der Dekonstruktion stecken, im Aufweis von theoretischen Vorurteilsstrukturen, methodologischen Verengungen, begrifflichen Unschärfen und Widersprüchlichkeiten und kulturgeschichtlichen Abhängigkeiten. Die meisten dieser Einwände konnten wir entkräften. Nur wenige hatten eine Berechtigung in der Sache.

Wenn es richtig sein sollte, dass bislang kaum überzeugende Alternativen zur Säkularisierungstheorie vorliegen, dann könnte ein verheißungsvoller Weg für die Erhöhung der analytischen Trennschärfe der religionssoziologischen Forschung vielleicht darin bestehen, die Säkularisierungstheorie, anstatt sich an ihrer Widerlegung abzuarbeiten, weiterzuentwickeln und zu ergänzen. Tatsächlich bewegt sich die empirisch arbeitende religionssoziologische Forschung genau in diese Richtung. Wie Jörg Stolz (2020) in einem kürzlich erschienenen Artikel in der Zeitschrift Social Compass, der die empirischen Ergebnisse der säkularisierungstheoretisch inspirierte Forschung resümiert, überzeugend dargelegt hat, konnte der säkularisierungstheoretische Ansatz in den letzten Jahren beachtenswerte empirische Fortschritte erzielen, etwa durch die Einbeziehung nichtwestlicher Regionen in die empirische Analyse, die Ausweitung des Feldes relevanter Einflussfaktoren, die Verfeinerung der Unterscheidung von Mikro- und Makroebene, die Erfassung von kausalen Mechanismen, die Untersuchung des Einflusses kritischer Ereignisse und anderes mehr.

Angesichts der ernüchternden Erfahrungen mit den unfruchtbaren Versuchen einer Radikalkritik an der Säkularisierungstheorie scheint es geraten zu sein, den Weg der immanenten Fortentwicklung und umsichtigen Ergänzung der Säkularisierungstheorie auch in Zukunft weiter zu verfolgen. Dabei könnte es sinnvoll sein, auf folgende kritische Punkte besondere Aufmerksamkeit zu richten, die hier ohne jeden Anspruch auf Vollständigkeit aufgeführt seien: Auf eine genauere Messung von Modernisierungsindikatoren wie etwa funktionale Differenzierung oder Individualisierung, die bislang unzureichend ausgefallen ist, bei gleichzeitiger Beachtung der mit diesen Variablen implizierten Ebenendifferenz, auf eine besser ausgearbeitete Erfassung von Kontingenz- und Unsicherheitserfahrungen, die unabhängig von religiösen Kontingenzbewältigungsformen untersucht werden müssten (was sich wohl nur im Zeitverlauf machen lässt), auf die schärfere Unterscheidung zwischen Wettbewerbs- und Konfliktmechanismen bei der Erklärung religiöser Dynamiken, auf die Ausbildung eines problembewussteren Sinns für die ambivalenten Wirkungen einer Allianz von Kirche und Staatsmacht, die – wie ein Blick auf die postsowjetischen Gesellschaften zeigt (Froese 2002) – der Attraktivität von Religionsgemeinschaften anscheinend nicht nur schaden, sondern auch nutzen kann, sowie auf die stärkere Beachtung des Unterschiedes von kurz- und langfristigen Wirkungen dieser Allianz.

Darüber hinaus kann die religionssoziologische Forschung aber auch durch die Anreicherung der Säkularisierungstheorie mit Gesichtspunkten, die zu dieser immanent nicht zugehören, an analytischer Kraft gewinnen. Zu denken wäre dabei etwa an eine Berücksichtigung der sozialen Dynamik, die von religiösen Gemeinschaften, Institutionen und Bewegungen, aber auch von religiösen Ideen,

Identitäten und Praktiken ausgehen kann, an eine Analyse der Auswirkungen von programmatischen, organisatorischen und personalen Entscheidungen religiöser Gemeinschaften, an eine Berücksichtigung historisch spezifischer Akteurskonstellationen (etwa im Verhältnis von Kirche, Staat, Parteien zur nationalen Identität) oder auch an eine Beachtung unterschiedlicher Typen von Religiosität und Religion (zum Beispiel Kulturchristentum, kirchlich verfasste Religiosität, Spiritualität, Fundamentalismus), die auf unterschiedliche Art und Weise auf Herausforderungen der Moderne reagieren und mit diesen unterschiedlich gut kompatibel sind.

Im Großen und Ganzen ist die empirische Arbeit der Religionssoziologie, die sich des Säkularisierungsparadigmas bedient, recht erfolgreich. Wohlstandsanhebung, soziale Ungleichheit, Urbanisierung, Ausbau des Wohlfahrtsstaates, Bildungsexpansion, Pluralisierung, Individualisierung können viel an religiöser Varianz und Veränderung erklären. Nicht ein Ausbrechen aus den Leitlinien des Säkularisierungsparadigmas ist angesichts dieser Erfolge angezeigt, sondern seine Weiterentwicklung und Ausweitung. Auf der Agenda der religionssoziologischen Forschung steht nicht der leichtfertige Befreiungsschlag, der erreichte Fortschritte missachtet, sondern die mühsame empirische Arbeit im Detail. Die leitenden Annahmen der Säkularisierungstheorie preiszugeben und nach völlig neuen Alternativen zu suchen, etwa an die Stelle des modernisierungstheoretisch vorausgesetzten Epochenbruchs zwischen Vormoderne und Moderne vor 200 Jahren, der das religiöse Feld nachhaltig verändert hat und empirisch gut belegbar ist, die diffuse und historisch fragwürdige Annahme eines mehr als 2000 Jahre zurückliegenden Achsenzeitalters zu setzen oder anstelle der erklärungskräftigen Annahme eines Zusammenhangs zwischen funktionaler Differenzierung und Säkularisierung die Behauptung ihrer historischen Kontingenz aufzustellen, bedeutet, mit willkürlichen Vereinfachungen zu arbeiten und erreichte Erkenntnisfortschritte zu verspielen. Will die religionssoziologische Forschung nicht im Nirgendwo landen, muss sie auf gewonnenen Einsichten aufbauen. Nur so geht es voran.

Literatur

Amir-Moazami, Schirin (Hrsg.) (2018): *Der inspizierte Muslim: Zur Politisierung der Islamforschung in Europa*. Bielefeld: transcript.
Asad, Talal (2003): *Formations of the Secular: Christianity, Islam, Modernity*. Stanford: Stanford University Press.
Assmann, Jan (2018): *Achsenzeit: Eine Archäologie der Moderne*. München: Beck.

Berger, Peter L. (1968): A Bleak Outlook Is Seen for Religion. *New York Times*, 25. April, 3.

Berger, Peter L. (Hrsg.) (1999): *The Desecularization of the World: Resurgent Religion and World Politics*. Washington, D.C: Ethics and Public Policy Center.

Borutta, Manuel (2005*): Religion und Zivilgesellschaft: Zur Theorie und Geschichte ihrer Beziehung*. Discussion Paper Nr. SP IV 2005–404. Berlin: Wissenschaftszentrum Berlin für Sozialforschung.

Borutta, Manuel (2010): Genealogie der Säkularisierungstheorie: Zur Historisierung einer großen Erzählung der Moderne. *Geschichte und Gesellschaft* 36, S. 347–376.

Brown, Callum G. (2003): The Secularisation Decade: What the 1960s Have Done to the Study of Religious History, in: McLeod, Hugh; Ustorf, Werner (Hrsg.): *The Decline of Christendom in Western Europe, 1750–2000*. Cambridge: Cambridge University Press, S. 29–46.

Casanova, José (1994): *Public Religions in the Modern World*. Chicago: Chicago University Press.

Casanova, José (2001): Secularization, in: Smelser, Neil J.; Baltes, Paul B. (Hrsg.): *International Encyclopedia of the Social and Behavioural Sciences*. Oxford: Elsevier, S. 13786–13791.

Casanova, José (2003): Das katholische Polen im nachchristlichen Europa. *Transit: Europäische Revue* 25, S. 50–65.

Casanova, José (2007): Die religiöse Lage in Europa, in: Joas, Hans; Wiegandt, Klaus (Hrsg.): *Säkularisierung und die Weltreligionen*. Frankfurt am Main: Fischer, S. 322–357.

Casanova, José (2008a): Public Religions revisited, in: Große Kracht, Hermann-Josef; Spieß, Christian (Hrsg.): *Christentum und Solidarität: Bestandsaufnahmen zu Sozialethik und Religionssoziologie*. Paderborn: Schöningh, S. 313–338.

Casanova, José (2008b): The problem of religion and the anxieties of European secular democracy, in: Motzkin, Gabriel; Fischer, Yochi (Hrsg.): *Religion and democracy in contemporary Europe*. Jerusalem: Alliance, S. 63–74.

Casanova, José (2015): *Europas Angst vor der Religion*. 3. Aufl. Berlin: Berlin University Press.

Chaves, Mark (2011): *American Religion: Contemporary trends*. Princeton: Princeton University Press.

Dobbelaere, Karel (2002): *Secularization: An Analysis at Three Levels*. Brüssel: Lang.

Froese, Paul (2002): *Religious Vitality in Monopoly Churches: The Unusual Case of the Former Soviet Union*. Baylor University: Masch.

Goldstein, Warren S. (2009): Secularization Patterns in the Old Paradigm. *Sociology of Religion* 70, S. 157–178.

Graf, Friedrich W. (2004): *Die Wiederkehr der Götter: Religion in der modernen Kultur*. München: Beck.

Höllinger, Franz; Muckenhuber, Johanna (2019): Religiousness and existential insecurity: A cross-national comparative analysis on the macro- and micro-level. *International Sociology* 34, S. 19–37.

Inglehart, Ronald (2021): *Religion's Sudden Decline: What's Causing it, and What Comes Next?* Oxford: Oxford University Press.

Joas, Hans (2007a): Gesellschaft, Staat und Religion, in: Joas, Hans; Wiegandt, Klaus (Hrsg.): *Säkularisierung und die Weltreligionen*. Frankfurt am Main: Fischer, S. 9–43.

Joas, Hans (2007b): Die religiöse Lage in den USA, in: Joas, Hans; Wiegandt, Klaus (Hrsg.): *Säkularisierung und die Weltreligionen*. Frankfurt am Main: Fischer, S. 358–375.

Joas, Hans (2012): *Glaube als Option: Zukunftsmöglichkeiten des Christentums.* Freiburg im Breisgau: Herder.

Joas, Hans (2017a): *Die Macht des Heiligen: Eine Alternative zur Geschichte von der Entzauberung; Das Heilige und die Macht.* Frankfurt am Main: Suhrkamp.

Joas, Hans (2017b): Die Macht des Heiligen: Gespräch mit Andreas Main im Deutschlandfunk am 19.10.2017. http://www.deutschlandfunk.de/hans-joas-die-macht-des-heiligen. 886.de.html?dram:article_id=398429 (abgerufen am 06. Juni 2023).

Joppke, Christian (2018): *Der säkulare Staat auf dem Prüfstand: Religion und Politik in Europa und den USA.* Hamburg: Hamburger Edition.

Kippenberg, Hans G. (2007): Europäische Religionsgeschichte: Schauplatz von Pluralisierung und Modernisierung der Religionen, in: Graf, Friedrich Wilhelm; Große Kracht, Klaus (Hrsg.): *Religion und Gesellschaft: Europa im 20. Jahrhundert.* Köln: Böhlau, S. 45–71.

Luckmann, Thomas (1972): Religion in der modernen Gesellschaft, in: Wössner, Jakobus (Hrsg.): Religion im Umbruch: Soziologische Beiträge zur Situation von Religion und Kirche in der gegenwärtigen Gesellschaft. Stuttgart: Enke, S. 3–15.

Luckmann, Thomas (1991 [1967]): *Die unsichtbare Religion.* Frankfurt am Main: Suhrkamp. (Ursprünglich: Luckmann, Thomas (1967): *The invisible religion: The problem of religion in modern society.* New York: Macmillan).

Luhmann, Niklas (1977): *Funktion der Religion.* Frankfurt am Main: Suhrkamp.

Mahmood, Saba (2016): *Religious Difference in a Secular Age: A Minority Report.* Princeton: Princeton University Press.

Norris, Pippa; Inglehart, Ronald (2004): *Sacred and secular: Religion and politics worldwide.* (Zweite Aufl. 2012) Cambridge: Cambridge University Press.

Pickel, Gert (2010): Säkularisierung, Individualisierung oder Marktmodell? Religiosität und ihre Erklärungsfaktoren im europäischen Vergleich. *Kölner Zeitschrift für Soziologie und Sozialpsychologie* 62, S. 219–245.

Pickel, Gert; Gladkich, Anja (2012): Religious Social Capital in Europe: Connections between Religiosity and Civil Society, in: Pickel, Gert; Sammet, Kornelia (Hrsg.): *Transformations of Religiosity: Religion and Religiosity in Eastern Europe 1989–2010.* Wiesbaden: Springer VS, S. 69–94.

Pollack, Detlef; Müller, Olaf (2013): *Religiosität und Zusammenhalt in Deutschland: Religionsmonitor – verstehen was verbindet.* Gütersloh: Bertelsmann Stiftung.

Pollack, Detlef; Rosta, Gergely (2022): *Religion in der Moderne: Ein internationaler Vergleich.* 2. Aufl. Frankfurt am Main: Campus. (Engl.: *Religion and modernity: An international comparison.* Oxford: Oxford University Press, 2017).

Putnam, Robert D. (2000): *Bowling Alone: The Collapse and Revival of American Community.* New York: Simon & Schuster.

Reader, Ian (2012): Secularisation R.I.P? Nonsense! The 'rush hour away from the gods' and the decline of religion in contemporary Japan. *Journal of Religion in Japan* 1, S. 7–36.

Riesebrodt, Martin (2000): *Die Rückkehr der Religionen: Fundamentalismus und der 'Kampf der Kulturen'.* München: Beck.

Stark, Rodney (1999): Secularization, R.I.P. *Journal for the Scientific Study of Religion* 60, S. 249–273.

Stark, Rodney; Finke, Roger (2000): *Acts of faith: Explaining the human side of religion.* Berkeley: University of California Press.

Stolz, Jörg (2018): Economics of religion on trial: How disestablishment did not lead to religious revival in the Swiss cantons of Geneva and Neuchâtel. *Journal of Contemporary Religion* 33, S. 229–246.

Stolz, Jörg (2020): Secularization theories in the twenty-first century: Ideas, evidence, and problems. Presidential address. *Social Compass* 67, S. 282–308.

Stolz, Jörg; Chaves, Mark (2017): Does disestablishment lead to religious vitality? The case of Switzerland. *British Journal of Sociology* 67, S. 412–435.

Stolz, Jörg; Könemann, Judith; Schneuwly Purdie, Mallory; Englberger, Thomas und Michael Krüggeler (2016): *(Un)Believing in modern society: Religion, spirituality, and religious-secular competition.* London: Routledge.

Taylor, Charles (2009): *Ein säkulares Zeitalter.* Frankfurt am Main: Suhrkamp.

Taylor, Charles (2018): „Wir befinden uns in einer Phase des Rückschritts": Gespräch mit Claudia Keller. *Herder-Korrespondenz* 4, S. 16–19.

Toft, Monica Duffy; Philpott, Daniel; Shah, Timothy Samuel (2011): *God's Century: Resurgent Religion and Global Politics.* New York: Norton.

Traunmüller, Richard (2009): Religion und Sozialintegration: Eine empirische Analyse der religiösen Grundlagen sozialen Kapitals. *Berliner Journal für Soziologie* 19, S. 435–468.

Voas, David (2008): The Continuing Secular Transition, in: Pollack, Detlef; Olson, Daniel V. A. (Hrsg.): *The Role of Religion in Modern Societies.* New York: Routledge, S. 25–48.

Voas, David (2009): The rise and fall of fuzzy fidelity in Europe. *European Sociological Review* 25, S. 155–168.

Voas, David; Chaves, Mark (2016): Is the United States a counterexample to the secularization thesis?, *American Journal of Sociology* 121, S. 1517–56.

Wallace, Anthony (1966): *Religion: An Anthropological View.* New York: Random House.

Wallis, Roy; Bruce, Steve (1992): Secularization: The Orthodox Model, in: Dies. (Hrsg.): *Religion and Modernization: Sociologists and Historians Debate the Secularization Thesis.* Oxford: Clarendon, S. 8–30.

Warner, R. Stephen (1993): Work in progress toward a new paradigm for the sociological study of religion in the United States. *American Journal of Sociology* 98 (5), S. 1044–1093.

Willems, Ulrich (2018): Religion und Politik, in: Pollack, Detlef; Krech, Volkhard; Müller, Olaf; Hero, Markus (Hrsg.): *Handbuch Religionssoziologie.* Wiesbaden: Springer VS, S. 659–692.

Wilson, Bryan (1982): *Religion in Sociological Perspective.* Oxford: Oxford University Press.

Detlef Pollack ist Seniorprofessor für Religionssoziologie an der Universität Münster. Seine Forschungsschwerpunkte sind: Religiöser Wandel in West- und Osteuropa und in den USA, politische Kultur in Ost- und Ostmitteleuropa, Systemtheorie und Differenzierungstheorie. In jüngerer Zeit ist erschienen: „Die Zukunft der Religion in modernen Gesellschaften" in: Martin Dürnberger (2023) (Hrsg.): Wie geht es weiter? Zur Zukunft der Wissensgesellschaft, „Religion and the Churches" in: Klaus Larres (2022) (Hrsg.):Oxford Handbook of German Politics (mit Olaf Müller) und „Von Verteidigern und Entdeckern: Ein Identitätskonflikt um Zugehörigkeit und Bedrohung" (2021, mit Mitja Back, Gerald Echterhoff et al.).

Unfertige Religionen in der technischen Welt

9

Wolfgang Eßbach

1 Theoretischer Rahmen

Mein religionssoziologisches Interesse richtet sich auf die mit gesellschaftlichen Zeiterfahrungen verbundenen Konjunkturen der Thematisierung von Religion bei Intellektuellen. Dabei orientiere ich mich an Max Webers Kerngedanken einer „Intellektuellenreligiosität" im Unterschied zu einer Massenreligiosität. Tragend ist dafür bei Weber die Unterscheidung zwischen äußeren und inneren Interessenlagen. Intellektuellenreligiosität hat als Quelle

> „den Intellektualismus rein als solchen, speziell die metaphysischen Bedürfnisse des Geistes, welcher über ethische und religiöse Fragen zu grübeln nicht durch materielle Not gedrängt wird, sondern durch die eigene innere Nötigung, die Welt als einen *sinnvollen* Kosmos erfassen und zu ihr Stellung nehmen zu können" (Weber 2005: 69).

Ich gehe davon aus, daß „die metaphysischen Bedürfnisse des Geistes" bei Intellektuellen durch die jeweils eigentümlichen Zeiterfahrungen angeregt werden, insbesondere die, die die Welt *nicht* als einen sinnvollen Kosmos zeigen. Dabei habe ich mich auf vier herausragende Zeiterfahrungen konzentriert, die sich auf die historische Genese von vier Strukturelementen der europäischen Moderne beziehen. In Stichworten:

W. Eßbach (✉)
Albert-Ludwigs-Universität, Freiburg im Breisgau, Deutschland
E-Mail: wolfgang.essbach@soziologie.uni-freiburg.de

© Der/die Autor(en), exklusiv lizenziert an Springer Fachmedien Wiesbaden   151
GmbH, ein Teil von Springer Nature 2024
A. Schnabel et al. (Hrsg.), *Religionsanalyse und Theorieentwicklung,*
Veröffentlichungen der Sektion Religionssoziologie der Deutschen Gesellschaft
für Soziologie, https://doi.org/10.1007/978-3-658-44533-1_9

- Die Transformation europäischer Herrschaftsformen von personaler Gewalt zu territorialen Konfessionsstaaten in den Glaubenskriegen der frühen Moderne.
- Die revolutionäre Etablierung einer politischen Verfassung der Gesellschaft, die sich an Idealen einer neuen Ordnung der Welt orientiert und sich in einem Enthusiasmus zeigt, der Irdisches und Göttliches fusioniert.
- Die Entfesselung der Marktgesellschaft im modernen Kapitalismus mit der Kommodifizierung auch von Arbeit, von Boden und Zahlungsmitteln, deren freie Kommerzialisierung zuvor beschränkt war, einhergehend mit einer Überhöhung der Wissenschaft als letzter Instanz und der Genese eines Religionsmarktes.
- Schließlich die Artifizielle Lebenswelt, d. h. die unmerklich fortschreitende Technisierung und Ästhetisierung der Umwelt, eine nie zuvor dagewesene Vermehrung von hergestelltem Zeug und von schwer verzichtbaren Anlagen umfassender künstlicher Gehäuse, deren Betrieb auf ökologische Katastrophen zuläuft.

Generell gilt: Zeiterfahrungen, die über Generationen hinweg beunruhigen und ratlos machen, sind ein fruchtbarer Boden für Thematisierungen von Religion, für religiöse Kreativität, für neue Religionsdeutungen, für Reform, für Experimente und für Kritik.[1]

Im Folgenden werde ich mich auf die Konjunkturen der Thematisierung von Religion bei Intellektuellen konzentrieren, die mit der letzten gesellschaftlichen Zeiterfahrung der Artifizierung der Lebenswelt verbunden sind.

2   Fertige und unfertige Religionen

Meine Rede von „unfertigen Religionen" bedarf einiger Erläuterungen. Wann sind Religionen schon fertig, könnte man fragen. Gläubige und religiöse Gemeinschaften antworten doch kontinuierlich – willig oder unwillig, einmütig oder kontrovers – mit Anpassungen und Modifikationen auf Herausforderungen, die ihnen die Geschichte abverlangt.

Dem ist zuzustimmen, aber im jeweiligen Anfang ist es anders. In Gebirgen von Büchern ist zum Beispiel der Anfang des Christentums aus der pluralistischen Welt des Judentums untersucht. Gläubige Christen streiten bis heute, ob Weihnachten, Karfreitag, Ostern oder Pfingsten als das jeweils zentrale historische Ereignis der Geburt einer neuen Religion besonders auszuzeichnen ist. Aber

---

[1] Dieser Beitrag fußt auf meinen vorherigen Ausführungen (Eßbach 2014, 2019a, 2019c).

vielleicht kann das Christentum als eine fertige Religion erst später angesprochen werden, zum Beispiel mit dem Wirken des Apostels Paulus, oder mit einem der ersten sieben Konzile. Das klärt die Theologie.

In der Religionssoziologie braucht man für die Differenz von unfertigen und fertigen Religionen Bestimmungen, die das Verhältnis von Religion und Gesellschaft einbeziehen. Fertige Religionen zeichnen sich durch eine stabilisierte Kernstruktur aus, die es erlaubt, von einem neuen Typus – im Sinne eines Idealtypus – zu sprechen.

So ist mit dem gesellschaftlichen Strukturwandel von personaler Herrschaft, im älteren Schulunterricht Feudalismus genannt, zum territorialen Konfessionsstaat der Typus der *Bekenntnisreligion* entstanden, der bis heute, was die Kernthematik angeht, mit dem Ensemble der Spannungen und Polaritäten von Reformation und Gegenreformation verbunden ist. Durch alle Wandlungen im Einzelnen und durch allfällige innere Variationen ist der Typus konstant geblieben. Für die Genese anderer Religionstypen im modernen Europa gilt dies *mutatis mutandis:* Für die Wissenschaftsreligion ebenso wie für die Nationalreligion und andere mehr. Sie korrespondieren in ihrer Genese jeweils mit qualitativ anderen epochalen Zeiterfahrungen und erreichen dann eine anhaltende Stabilität. Und dies ganz unabhängig, ob die Zahl der Anhänger anwächst oder schrumpft.

Ich gehe davon aus, daß die Erfahrungen der Artifizierung der Lebenswelt im 20. Jahrhundert eine Krisenerfahrung sind, die sich von anderen Krisen qualitativ unterscheidet. Neu ist der Sprung vom langsamen quantitativen Anstieg von Technisierung zur neuen Qualität einer umfassenden Artifizierung der Lebenswelt. Das Team von Ron Milo vom Weizmann-Institut in Jerusalem schrieb im Dezember 2020 im Fachjournal *Nature* (Elhacham et al. 2020), die Masse der von Menschen hergestellten und gebauten Dinge könnte einer Schätzung zufolge 2020 erstmals die Masse aller Lebewesen der Erde übertreffen. Seine Forscherschruppe hatte herausgefunden, daß die Masse von Menschenhand hergestellter Objekte sich in den vergangenen 100 Jahren alle 20 Jahre verdoppelt habe. Zu Beginn des 20. Jahrhunderts betrug sie demnach nur etwa drei Prozent der Biomasse. Inzwischen spricht man erdgeschichtlich von einem Anthropozän, dessen Folgen für das Fach Soziologie, wie Markus Schroer (2022) in seiner großen Studie aufgezeigt hat, erheblich sein dürften.

Alle modernen europäischen Religionen, die ihre stabilisierte Kernstruktur in früheren epochalen Zeiterfahrungen gebildet haben, sind bis heute präsent, und ihre Anhänger suchen nach religiösen Antworten auf die Probleme, die die umfassende Artifizierung der Lebenswelt Gesellschaften aufgibt. Aber welche Wege gibt es für die Intellektuellen, die keiner christlichen Konfession angehören, die weder an die Vernunft noch die Kunst, weder an die Nation noch an die Wissenschaft als Höchstwert glauben und die dennoch an religiöser Orientierung interessiert sind? Wo werden Intellektuelle zu suchen anfangen, wenn ihre „innere Nötigung, die Welt als einen *sinnvollen* Kosmos erfassen und zu ihr Stellung nehmen zu können" (Weber 2005: 69), es mit einer fortschreitend artifizierten Welt zu tun hat? Kurz gefragt: Welche Wege werden sie erproben, wenn sie die technische Welt transzendieren wollen?

Meine These lautet: Entweder folgen sie dem Pfad einer Transzendierung ins Übertechnische oder ins Untechnische. Man könnte auch sagen, sie fahnden im Prähistoire, d. h. einer Welt vor den technologischen Revolutionen, und sie fahnden im Posthistoire, d. h. in Weltenwürfen und Imaginationen vollendeter Technisierung. Es gibt andere Pfade, ich belasse es hier bei diesen beiden.

3   Der Pfad ins Vortechnische, ins Prähistoire

Um 1900 setzt ein vermehrtes Interesse von Intellektuellen und Künstlern an den Glaubenspraktiken der schriftlosen Völker außerhalb Europas ein. Die Zahl der Berichte von Missionaren und Kolonialbeamten wächst, und die ethnologische Berichterstattung nimmt an Fahrt auf. All dies spielt sich im Kontext des Kolonialismus ab, von dem historische Forschung heute mehr und mehr zu Tage fördert (grundlegend: Reinhard 2016).

Warum ausgerechnet die schriftlosen Völker? In der Zeit um 1900 bewegten sich die religiösen Orientierungen von Intellektuellen in der Alternative von Christentum oder Säkularismus. Man war entweder gebunden an eine konfessionelle Auslegung der Bibel oder gebunden an die Wissenschaft, dazwischen gab es andere Höchstwerte wie z. B. die Heiligkeit der Nation oder einen philosophischen Glauben, wobei Kombinationen durchaus möglich waren. Gemeinsam war allen diesen religiösen Orientierungen, daß Texte eine zentrale Rolle spielten. Es ging um schriftlich fixierte Aussagen über Gott, das Göttliche, das Absolute, über die letzte Wahrheit, die wahre Weltanschauung, die letzte Instanz und andere Höchstwerte. Die Glaubenspraktiken der schriftlosen Völker außerhalb Europas hatten keine Texte, und dies war eine bislang in Europa unerschlossene Quelle für Religiosität. Darüber hinaus boten die einfachen kleinen indigenen Völker für europäische Intellektuelle ein ideales Gegenbild zur technischen Hochzivilisation.

Erschließungsarbeit leisteten die um 1900 entstehenden Religionswissenschaften. Sie waren in einer schwierigen Lage: Sie wollten keine Theologen sein, und sie konnten sich auch nicht den Säkularisten anschließen, die alle Religion für Humbug hielten. Also wichen sie aus. Einige machten die außereuropäischen

Weltreligionen (Hinduismus, Buddhismus, Islam) zu ihrem Thema, die schon in der europäischen Aufklärung und Romantik Intellektuelle interessierten und die sich teilweise zu Lesereligionen entwickelt hatten.

Andere, die für unser Thema besonders wichtig sind, machten sich auf die Suche nach dem Ursprung der Religion in der Frühgeschichte oder bei den „Naturvölkern", so genannt, weil sie im Unterschied zu sogenannten „Kulturvölkern" keine Schrift besaßen.[2] Die indigenen Völker hatten keine Schrift, aber dafür Objekte geschaffen, die insbesondere die kunstinteressierte Avantgarde faszinierte. Denn diese Avantgarde hatte ein epochales Problem: Wie sollte man die Dominanz des Artifiziellen in der Lebenswelt künstlerisch darstellen?

1914 gibt der Maler Ludwig Meidner eine *Anleitung zum Malen von Großstadtbildern*. (Meidner 1965: 84) „Wir müssen endlich anfangen, unsere Heimat zu malen, die Großstadt, die wir unendlich lieben. Auf unzähligen freskengroßen Leinwänden sollten unsere biebernden Hände all das Herrliche und Seltsame, das Monströse und Dramatische der Avenuen, Bahnhöfe, Fabriken und Türme hinkritzeln." Das bedeutet, sich vom Malstil der Impressionisten abzusetzen: „[M]alt man Häuserungetüme so strichelnd und durchsichtig, wie man Bäche malt und Boulevards wie Blumenbeete!?" (ebd.: 85). Und er schließt eine kunstgeschichtliche Reflexion an: „Früher hieß es immer: Es gibt keine gerade Linie in der Natur, die freie Natur ist unmathematisch. Man liebte die gerade Linie nicht [...]; die Künstler haben immer vermieden, neue Gebäude, neue Kirchen und Schlösser auf ihren Bildern anzubringen. Sie zogen die pittoresken Dinge vor, denn diese waren unregelmäßig und vielgestaltig: baufällige Häuser, Ruinen und möglichst viel Laubbäume. Wir Heutigen, Zeitgenossen des Ingenieurs, empfinden die Schönheit der geraden Linien, der geometrischen Formen" (ebd.: 87). Es waren die abstrakten und ornamentalen Bildersprachen der Indigenen, die irgendwie zur modernistischen Artefaktewelt zu passen schienen.

Wie sehr die Kunst der Indigenen der Avantgarde entgegenkam, zeigt Carl Einsteins berühmte Studie *Negerplastik* (Einstein 1992). Einstein hat die kubistische Malerei, bei der der Raum in zweidimensionale kubische Formen zerlegt wird, mit afrikanischen Plastiken konstelliert und deren religiöse Bedeutung herausgestellt. Der afrikanische Künstler besäße „von Beginn an Distanz zum Werk, das der Gott ist oder ihn festhält." (Einstein 1994: 240) Diese Kunstwerke würden nicht als künstlerischer Ausdruck des Kunstschöpfers gelten, sie seien „selbständig, transzendent und unverwoben" (ebd.: 241). Es handele sich um eine artifizielle Wirklichkeit transzendenter Qualität, die nicht malerische Fläche sei,

---

[2] Zur Neubestimmung von Grenzziehungen zwischen oralen und Schriftkulturen: Severi (2018).

die beschaut werden könne, sondern eine räumliche Qualität habe, die soziale
Pflichten evoziere. „Das europäische Kunstwerk wurde geradezu die Metapher
der Wirkung, die den Beschauer zu lässiger Freiheit herausfordert. Das religiöse Negerkunstwerk ist kategorisch und besitzt ein prägnantes Sein, das jede
Einschränkung ausschließt" (Einstein 1994: 242).

Nicht nur in Bildender Kunst, auch in Romanen geht es um die Resonanz
zwischen indigenen religiösen Praktiken und der Erfahrung technischer Zivilisation, wie zum Beispiel in *Tropen. Der Mythos der Reise. Urkunden eines deutschen
Ingenieurs. Herausgegeben von Robert Müller anno 1915* (Müller 1993). Im Vorwort berichtet der Herausgeber von einem gewaltsamen Konflikt an der Grenze
zwischen Brasilien und Venezuela. Dort sei 1907 unter Führung einer Priesterin
namens Zana ein Aufstand der Indigenen „gegen die immer merkbarer übergreifende Zivilisation" ausgebrochen (Müller 1993: 7). Bei diesen Unruhen sei
eine Expedition von Nordamerikanern und Deutschen ums Leben gekommen,
die Urwaldgebiete weißen Farmern zugänglich machen wollte. Der dort umge-
kommene deutsche Ingenieur Hans Brandlberger habe dem Herausgeber vor
langer Zeit ein umfangreiches maschinengeschriebenes Manuskript übergeben.
Die Publikation in der internationalen Monatsschrift *Three worlds* sei gescheitert. Man habe dort inhaltliche Bedenken gehabt, der Text widerspräche den
philanthropischen Grundsätzen der „von ausbeuterischen Millionären geförderten
Zeitschrift" (ebd.). Daraufhin habe Müller den Entschluß gefaßt, Hans Brandlber-
gers Aufzeichnungen als Buch zu veröffentlichen. In diesen fiktiven Rahmen hat
Robert Müller seinen Roman gestellt.

Der wilde Tanz der indigenen Priesterin Zana vor einer Statue, begleitet von
lärmenden Gesängen der Gruppe, bildet das Zentrum des Romans. In den fiktiven
Aufzeichnungen des Ingenieurs heißt es: „Ich verstand alles, was Zana tanzte, ich
las deutlich das Gesicht des Gottes, so wie sie es beschrieb" (ebd.: 151). Medium
dieses Erlebens einer Gottesnähe ist der ausführlich beschriebene Rhythmus, den
die Füße der Tänzerin hervorzaubern. Sie holen „die charakteristischen Läufe
dieser Musik, dumpfe ungepflegte Töne, eine niedrigstehende Lautskala, aus der
Unterlage hervor. Es bedurfte eines wahnwitzigen Gehörs, um auf diese Trom-
melfellreize verstehend einzugehen" (ebd.: 143). Die Komplexität der Rhythmen
ermöglicht einerseits eine ekstatische Körpererfahrung, andererseits verändern
sie die Weise der Welterschließung: „[A]lles Funktionelle und alles periodisch
Geschehende wurde an sich musikalisch empfunden", „Musik wohnte noch in
jeder Aktion, jeder Passivität, jeder körperlichen Verwandlung" (ebd.). Diese Zentralstellung des Rhythmus wird von Brandlberger kulturvergleichend reflektiert
und mit den technischen Leistungen Europas in Beziehung gesetzt. Von den Tropen heißt es: „[D]er Rhythmus bringt dort am menschlichen Körper Leistungen

hervor, denen wir nichts Gleichartiges entgegenzustellen haben und die in ihrer steifen und von uns aus unnachahmbaren Einseitigkeit nur mit unserer Spezialität Technik verglichen werden können" (ebd.: 53).

Die Tanzszene in Müllers *Tropen* ist vermutlich durch die Berichte inspiriert, die Spencer und Gillen (1904) über die Feste der australischen Aborigines, die *Corroborees*, publiziert hatten, die nicht zuletzt Émile Durkheim (1984) in seiner Religionssoziologie als Modell für die Genese von Religionen gedient haben. Wie bei Durkheim wird bei Müller die feiernde Indiogemeinschaft eine „quellende mystische Masse", die Versammlung ist ein „einziger wilder Organismus von Fleisch" (Müller 1993: 147).

Das Interesse von Intellektuellen, sich angesichts der Erfahrung technisierter Moderne indigener Religiosität zuzuwenden, ist nicht auf Europa beschränkt gewesen. Oswald de Andrade, Mitbegründer des brasilianischen *Modernismo* und der kulturrevolutionären Antropophagie-Bewegung, schreibt 1928: „All das, weil wir weder Grammatiken hatten, noch Sammlungen alter Pflanzen. Und nie wußten wir etwas von Städten, von Vorstädten, von Grenzen und Kontinenten. Träge auf der Landkarte Brasiliens. Ein teilhabendes Bewußtsein, eine religiöse Rhythmik" (Andrade 2016: 37 f.). Aufgegriffen werden heute Impulse der Antropophagie-Bewegung z. B. bei Eduardo Viveiros de Castro (2017, 2019). Auseinandersetzungen mit dem sogenannten Neuen Animismus finden sich bei Jenny Nerlich (2020) und Milan Stürmer (2021).

Daß Intellektuelle aus modernen, auf einer weit entwickelten funktionalen Differenzierung basierenden Gesellschaften, in den Rhythmen indigener, segmentär strukturierter Kollektive, ein Medium gefunden haben, das Lebensgefühl einer hochartifiziellen Lebenswelt zu artikulieren, ist bemerkenswert.

Und thematisiert werden nicht nur Rhythmus und Tanz. Das Interesse richtet sich auch auf Magie, Fetischismus und vor allem auf Riten. Dafür steht prominent Arnold Gehlens Schrift *Urmensch und Spätkultur* (1986). Auch Jürgen Habermas ist spät dieser Spur gefolgt und hat in *Auch eine Geschichte der Philosophie* von 2019 in den Riten der menschlichen Frühzeit den Wesenskern von Religion überhaupt ausgemacht. (Habermas 2019, Bd.1: 246–272, Eßbach 2019b: 142–148).

4   Der Weg ins Übertechnische, ins Posthistoire

Was die Spur betrifft, die ins Posthistoire im Sinne eines Übertechnischen führt, so wird man mit dem Erfahrungsraum nach 1900 beginnen können, in dem der Anteil der in Industrie und im Dienstleistungsbereich arbeitenden Personen die

Zahl der im Agrarsektor arbeitenden Personen überrundet hatte und die naturnahe Lebensweise von Intellektuellen nicht mehr als dominant vorausgesetzt werden konnte (Bade 1980: 161). In den Deutungen dieses sozialen Prozesses konnten der alte Gegensatz zwischen ‚natürlich‘ und ‚künstlich‘ in das Diskursschema vom Gegensatz zwischen Natur (= organische Ganzheit) und Maschine (= unorganische Rationalität) übersetzt und Varianten der Rettung eines fundierenden Ganzheitsglaubens diskutiert werden (Harrington 1996)[3].

Der Glaube an eine Ganzheit als etwas, das größer nicht gedacht werden kann und daher einzelne Elemente wie auch den Menschen übersteigt, ist alt; man denke nur an Vorstellungen einer All-Einheit oder an pantheistische Glaubenslehren. Zur langen Linie und wiederkehrenden Attraktivität von Pantheismus gerade bei Naturwissenschaftlern gibt es einen erhellenden Beitrag von Burkhard Gladigow (1998).

Für den Weg ins Übertechnische war allerdings die Erschütterung des physikalischen Weltbildes in der Folge von Relativitätstheorie und Quantenmechanik maßgeblich. Mikrokosmos und Makrokosmos erwiesen sich dank der immer anwachsenden technischen Eindringtiefe keineswegs als eine Ganzheit, sondern als unendliche Offenheit. Diese entfernte sich immer weiter von der Anschaulichkeit des alltäglich erlebbaren Mesokosmos. Die Unanschaulichkeit der modernen Physik war für Fachwissenschaftler unter sich erträglich, besaßen sie doch raffinierte Meßgeräte und Instrumente des mathematischen Formalismus. Aber letzterer war und ist nicht jedermanns Sache.

Die Entwertung der Anschaulichkeit im Bereich grundlegenderer Orientierungen von Raum und Zeit, das Fraglichwerden der Geltung von Kausalität im Mikrobereich der Atome, die rechnerischen Hypothesen über den Charakter des Kosmos faszinierten auch Laien und regten sie dazu an, sich auf die hoffnungsfrohe Suche nach Qualitäten in einem Jenseits der Anschauung zu machen. Das „Kunstgewerbe der Hypothesenbildung" (Spengler 1972: 542) war für technikbegeisterte, spekulationsfreudige Intellektuelle interessant, weil die unendliche Offenheit der den Mesokosmos transzendierenden anderen Welten einen weiten Raum religiös-weltanschaulicher Imaginationen eröffnete (Eßbach 2019a: 1132–1199).

Religiöse Aufstiege aus der nur apparativ darstellbaren Quantenwelt findet man auch bei Spitzenforschern im sogenannten „quantum mysticism", etwa bei Werner Heisenberg, Niels Bohr, Pascual Jordan, Wolfgang Pauli, gefolgt von

---

[3] Bemerkenswert, daß die deutsche Ausgabe im Titel nicht wie die englische „to Hitler", sondern „zum New Age" führt (Harrington 1996 bzw. 2002).

Autoren der *New-Age*-Strömung der Sixties (Asprem 2014, 2015). Mit der Entwicklung von Raketentechnik und Raumfahrt gerät auch der Makrokosmos, das
Weltall, dessen Entstehung immer schon Gegenstand mythischer Erzählungen
war, in den Horizont technofiktiver Religionen, sei es als Glaube an mit märchen-
hafter Supertechnik ausgestattete extraterrestrische Überwesen, oder in solchen
religiösen Firmen wie der vom Science-Fiction-Autor L. Ron Hubbard 1954
gegründeten *Church of Scientology* (Hauser 2010, umfassend zur Science Fiction
im religionsgeschichtlichen Kontext: Hauser 2016).

Religiöse Orientierungen können sich auch an Bedrohungen des Planeten
Erde festmachen. Mit der Möglichkeit einer Weltvernichtung durch Atomkriege
und Umweltzerstörung sowie mit dem Blick vom Mond auf den Planeten Erde
lassen sich weitere Thematisierungen von Wegen ins Übertechnische, ins Posthistoire aufzeigen. Hier ist zunächst die anhaltende Thematisierung von Apokalypse
(Vondung 1988), genauer von kupierter Apokalypse, zu nennen, der eben keine
Erlösung folgt und bei der auch nicht wie in älteren Modellen allein Gott
der Akteur gewesen ist und wir Menschen den Untergang erwarten mußten.
In technophober Apokalyptik sind es die Menschen selbst, die den Untergang
herbeiführen. Dem korrespondieren bei denen, die einem Apokalypse-Denken
verfallen sind, Verstrickungen und Atmosphären terroristischer Selbstdestruktion.
Als Beispiel sei hier nur an den jüngst verstorbenen „university and airline
bomber", den UNA-Bomber, erinnert (Dammbeck, 2005).

In einer weiteren Linie sind neben den in der christlichen Theologie geführten
Debatten um die Bewahrung der Schöpfung auch Vorstellungen von der Heiligkeit
der Natur entwickelt worden, verbunden mit Bemühungen, sie als Ganzes oder
durch die Umgrenzung von tabuierten heiligen Bezirken zerstörerischen Tech-
nisierungsprozessen zu entziehen (Eßbach 2019a: 1209–1226). Im Unterschied
zur Sakralisierung von Vernunft, Nation, Kunst oder Wissenschaft hat „Natur"
zu viele Enden, die für eine Heiligung infrage kommen könnten. Geht es um
Natur als einer von Menschenhand unberührten ‚natürlichen' Natur, oder um die
naturalistische Natur, zu der selbstredend auch technische Objekte gehören, ob
sie nun funktionsfähig sind oder als Schrott existieren? Oder soll ein jetzt ver-
trautes, stabil zu haltendes Aneinanderliegen von Wildnis, gestalteter Landschaft
und menschlicher Behausung sakralisiert werden?

Geht man den Debatten im Einzelnen genauer nach, so läßt sich die Tendenz
feststellen, für bestimmte Bereiche Tabuzonen, heilige Bezirke zu markieren, die
aus der fortschreitenden Technisierung der Lebensbedingungen ausgegrenzt werden. Welche Bereiche dafür infrage kommen, ist in hohem Maße strittig. Denn es
hier geht nicht um ein allgemeines Naturheiliges, sondern um ein Konkretum wie
etwa ein bestimmtes „Naturparadies", eine bestimmte, vom Aussterben bedrohte

Tierart – beispielsweise um Orang-Utans, die so menschenähnlich sind, daß ihnen eine besondere Sakrosanktheit zukommen muß.

Für Lösungen in diesem Streit gibt es Ethikkommissionen und Ethikdebatten, die darauf zielen, Wertordnungen prinzipiell der rationalen Argumentation und Kritik zugänglich zu machen. Die Frage, ob es gelingen könnte, ökologische Ethik allein *per rationem* zu verankern, ist schon vor Jahrzehnten bezweifelt worden. So forderte Carl Amery darüberhinausgehend: „[I]nnere Kontrollen, welche sicherstellen, daß das Sprachloseste, das Schutzloseste, das am meisten in unsere Willkür gegebene, nicht nur als das letzten Endes Unverletzlichste anerkannt, sondern wirksam verteidigt wird". (Amery 1978: 181 f.) Er forderte die Reetablierung von so etwas wie „frommer Scheu" als ein kraftvolles Gegengewicht zur Technisierung von Lebensbedingungen (ebd.). Ähnliche Überlegungen hat Lewis Mumford bereits in den 1960er Jahren angestellt. Seine Kulturgeschichte der Technik mündet in die Forderung: „Um zu ihrer Rettung zu gelangen, wird die Menschheit eine Art spontaner religiöser Bekehrung vollziehen müssen" (Mumford 1977: 807). Denn: „Wenn der Mensch seiner programmierten Selbstvernichtung entkommen soll, dann wird der Gott, der uns schützt, kein *deus ex machina* sein – er wird in der menschlichen Seele auferstehen" (ebd.).

Das berühmte Foto vom Aufgang der Erde über dem Mond, das der Astronaut Bill Anders von der Apollo 8-Mission am 24. Dezember 1968 live übertragen zur Erde schickte, zeigte einen schönen, aber auch fragilen Planeten und bestärkte diejenigen, die ihre Hoffnung auf die Regenerationsfähigkeit, auf Selbstheilungskräfte der Ganzheit der Erde richteten. Das Modell dafür war der einzelne Organismus als eine sich selbst regulierende funktionelle Einheit. Das Modell der Selbstregulation, im Kern ein kybernetisches Modell, ließ sich dann auch auf ökologische Systeme übertragen, die – so konnte man sie beschreiben – danach streben, sich im Gleichgewicht zu halten. Und man konnte schließlich in einer ganzheitlichen Perspektive den Planeten Erde als ein Lebewesen ansehen. Diese Denkfigur wurde Vorlage für Gruppen, die mit Ideen spielten, den Planeten als Göttin Gaia zu sakralisieren (Berry 2009; Latour 2012; Folkers und Marquardt 2017; Eßbach 2019a: 1226–1253).

5   Schluß

Unter dem Titel „Unfertige Religionen in der technischen Welt" habe ich zwei divergierende religiöse Suchbewegungen skizziert, die angesichts der epochalen Erfahrung umfassend artifizierter Lebenswelt Transzendierungen auf der Spur sind, die Dimensionen ins Spiel bringen, die für andere europäische Religionstypen, die mit anderen Strukturumbrüchen unserer Moderne verbunden sind, nur am Rande eine Rolle spielten. Entweder folgt die Thematisierung neuer Religiosität dem Pfad einer Transzendierung ins Vortechnische oder ins Übertechnische. Man könnte zwei Steckbriefe formulieren. Einmal sollte es etwas Religiöses mit Rhythmus sein, eine performative Religion ohne bedeutungsschwangeren Text, aber mit Tanz. Sie könnte sich auch am Thema Magie festmachen, das der phantastischen Handlungsmacht ähnlich zu sein scheint, die in den Wundern der Technik Wirklichkeit geworden ist. Man könnte die Fetische hinzunehmen, die auch zur Sehnsuchtsfigur einer Integration der Vormoderne in die Moderne gehören.

Der andere Steckbrief nimmt die Erschütterungen des Ganzheitsglaubens, die beiden wissenschaftlichen ‚Revolutionen' der Relativitätstheorie und der Quantenmechanik, zum Anlaß, Transzendenz in Dimensionen zu suchen, die jenseits des uns vertrauten Mesokosmos liegen. Wen Niels Bohrs Befriedung des Streits um die Natur des Lichts (Welle oder Teilchen), es handele sich um die Komplementarität einander widersprechender Wahrheiten, nicht beruhigte, versuchte es mit *quantum mysticism* (Bohr 1928; Könneker 1998; Grim 1990: 267–351). Alternativ zum immer tieferen apparativen Eindringen in den Mikrokosmos sehnten sich andere danach, in die Makrowelt des Universums vorzustoßen und technofiktive Religionen zu stiften. Auf der Liste der übertechnischen Transzendierungen steht nicht zuletzt der Glaube, auf die Erfahrung erschütterter Ganzheit mit Überzeugungen antworten zu können, die der technischen Welt selbst entstammten. Die Kybernetik versprach, daß kreis-kausal geschlossene und rückgekoppelte Mechanismen die Wunden, die technische Dominanz der Erde und ihren Bewohnern geschlagen hat, durch Technik heilen können (Eßbach 2019a: 1226–1253). Vielleicht wäre dieser Pfad in Situationen der Drohung von Weltvernichtung durch Atomkrieg und Umweltzerstörung als einer zu beschreiben, auf dem sich Gottvertrauen in Naturvertrauen und Naturvertrauen in Systemvertrauen transformiert.

Literatur

Andrade, Oswald de (2016 [1928]): Anthropophages Manifest, in: Ders: *Manifeste*. Wien/ Berlin: Turia + Kant, S. 34–59.
Amery, Carl (1978): *Natur als Politik. Die ökologische Chance des Menschen*. Reinbek: Rowohlt.

Asprem, Egil (2014): *The Problem of Disenchantment. Scientific Naturalism and Esoteric Discourse, 1900–1939.* Leiden: Brill.

Asprem, Egil (2015): Dis/unity of Knowledge. Models for the Study of Modern Esotericism and Science. *Numen* 62, S. 538–567.

Bade, Klaus J. (1980): Arbeitsmarkt, Bevölkerung und Wanderung in der Weimarer Republik, in: Stürmer, Michael (Hrsg.): *Die Weimarer Republik – Belagerte Civitas.* Königstein im Taunus: Athenäum, S. 160–187.

Berry, Thomas (2009): *The Sacred Universe. Earth, Spirituality, and Religion in the Twenty-first Century.* New York: Columbia UP.

Bohr, Niels (1928): Das Quantenpostulat und die neuere Entwicklung der Atomistik. *Die Naturwissenschaft* 16 (15), S. 245–257.

Dammbeck, Lutz (2005): *Das Netz. Die Konstruktion des Unabombers.* Hamburg: Edition Nautilus.

Durkheim, Émile (1984 [1912]): *Die elementaren Formen des religiösen Lebens.* Frankfurt am Main: Suhrkamp.

Einstein, Carl (1992 [1915]): *Negerplastik.* Berlin: Fannei&Walz.

Einstein, Carl (1994): Religion und afrikanische Kunst, in: Haarmann, Hermann; Siebenhaar, Klaus (Hrsg.): *Werke. Band 1.* Berlin: Fannei & Walz, S. 240–243.

Elhacham, Emily: Ben-Uri, Liad; Grozovski, Jonathan; Bar-On, Yinon M.; Milo, Ron (2020): Global human-made mass exceeds all living biomass. *Nature* 588, S. 442–444. https://www.nature.com/articles/s41586-020-3010-5 (Letzter Abruf 06.06.2023).

Eßbach, Wolfgang (2014): *Religionssoziologie 1. Glaubenskrieg und Revolution als Wiege neuer Religionen.* Paderborn: Fink.

Eßbach, Wolfgang (2019a): *Religionssoziologie 2. Entfesselter Markt und Artifizielle Lebenswelt als Wiege neuer Religionen,* Zwei Teilbände. Paderborn: Fink/Brill.

Eßbach, Wolfgang (2019b): Das Ganze nicht aus dem Auge verlieren. Habermas' Rettung der Philosophie im Angesicht des sakralen Komplexes. (Rezensionsaufsatz). *Sociologia Internationalis. Europäische Zeitschrift für Kulturforschung* 57 (1/2), S. 129–153.

Eßbach, Wolfgang (2019c): Probleme einer religionssoziologischen Typologie europäischer Religionen. *Zeitschrift für Religion, Gesellschaft und Politik* 3 (1), S. 81–101.

Folkers, Andreas und Nadine Marquardt (2017): Die Kosmopolitik des Ereignisses. Gaia, das Anthropozän und die Welt ohne uns, in: Bath, Corinna; Meißner, Hanna; Trinkaus, Stephan; Völker, Susanne (Hrsg.): *Verantwortung und Un/Verfügbarkeit. Impulse und Zugänge eines (neo)materialistischen Feminismus.* Münster: Westfälisches Dampfboot, S. 96–112.

Gehlen, Arnold (1986): *Urmensch und Spätkultur. Philosophische Ergebnisse und Aussagen.* Wiesbaden: Aula.

Gladigow, Burkhard (1998): Pantheismus als ›Religion‹ von Naturwissenschaftlern, in: Antes, Peter; Pahnke, Donate (Hrsg.): *Die Religion von Oberschichten. Religion – Profession – Intellektualismus.* Marburg: diagonal, S. 219–239.

Grim, Patrick (1990): *Philosophy of Science and the Occult.* Albany: State University of New York Press.

Habermas, Jürgen (2019): *Auch eine Geschichte der Philosophie. Band 1: Die okzidentale Konstellation von Glauben und Wissen.* Berlin. *Band 2: Vernünftige Freiheit. Spuren des Diskurses über Glauben und Wissen.* Berlin: Suhrkamp.

Harrington, Anne (1996): *Reenchanted Science: Holism in German Culture from Wilhelm II to Hitler.* Princeton, NJ: Princeton University Press.

Harrington, Anne (2002): *Die Suche nach Ganzheit. Die Geschichte biologisch-psychologischer Ganzheitslehren. Vom Kaiserreich bis zur New-Age-Bewegung.* Reinbek: Rowohlt.

Hauser, Linus (2010): *Scientology. Geburt eines Imperiums.* Paderborn: Schöningh.

Hauser, Linus (2016): *Kritik der neomythischen Vernunft, Band 3: Die Fiktionen der Science auf dem Wege in das 21. Jahrhundert.* Paderborn: Schöningh.

Könneker, Carsten (1998): Das Zeitalter der Komplementarität. Moderne Physik als Bezugsgröße postmoderner Toleranz, in: Baßler, Moritz; Châtellier, Hildegard (Hrsg.): *Mystique, mysticisme et modernité en Allemagne autour de 1900.* Straßburg: Presses Universitaires de Strasbourg, S. 245–257.

Latour, Bruno (2012): Warten auf Gaia. Komposition der gemeinsamen Welt durch Kunst und Politik, in: Hagner, Michael (Hrsg.): *Wissenschaft und Demokratie.* Berlin: Suhrkamp, S. 163–187.

Meidner, Ludwig (1965 [1914]): Anleitung zum Malen von Großstadtbildern, in: Schmidt, Diether (Hrsg.): *Schriften deutscher Künstler des zwanzigsten Jahrhunderts, Band 1: Manifeste. 1905–1933.* Dresden: VEB Verlag der Kunst, S. 84–89.

Müller, Robert (1993 [1915]): *Tropen. Der Mythos der Reise.* Stuttgart: Reclam.

Mumford, Lewis (1977): *Mythos der Maschine. Kultur, Technik und Macht.* Frankfurt am Main: Fischer.

Nerlich, Jenny (2020): Animismus: Neue Betrachtungen eines evolutionistischen Begriffes. *Zeitschrift für junge Religionswissenschaft* 15, S. 1–20.

Reinhard, Wolfgang (2016): *Die Unterwerfung der Welt. Globalgeschichte der europäischen Expansion 1415–2015.* München: Beck.

Severi, Carlo (2018): *Das Prinzip der Chimäre, Eine Anthropologie des Gedächtnisses.* Göttingen: Konstanz University Press.

Schroer, Markus (2022): *Geosoziologie. Die Erde als Raum des Lebens.* Berlin: Suhrkamp.

Spencer, Baldwin und Francis James Gillen (1904): *The northern tribes of Central Australia.* London: Macmillan.

Spengler, Oswald (1972 [1917/1923]): *Der Untergang des Abendlandes. Umriß einer Morphologie der Weltgeschichte.* München: dtv.

Stürmer, Milan (2021): Die Errettung der Zivilisation. Über das Versprechen der Onto-Epistemologie des Neuen Animismus. *Kulturwissenschaftliche Zeitschrift* 6 (2), S. 39–56.

Viveiros de Castro, Eduardo (2017): *Die Unbeständigkeit der wilden Seele.* Wien/Berlin: Turia + Kant.

Viveiros de Castro, Eduardo (2019): *Kannibalische Metaphysiken.* Berlin: Merve.

Vondung, Klaus (1988): *Die Apokalypse in Deutschland.* München: dtv.

Weber, Max (2005 [1922]): *Religiöse Gemeinschaften,* MWS I/22–2. Tübingen: Mohr Siebeck.

Wolfgang Eßbach ist emeritierter Professor für Kultursoziologie an der Albert-Ludwigs-Universität in Freiburg. Seine Forschungsschwerpunkte betreffen: Kultur- und Religionssoziologie, Soziologische Theorie, Anthropologie, Ideengeschichte. Jüngere Publikationen sind: „Was in der Moderne heilig sein kann. Historische Schichten europäischer Religionen", in: Heil, Uta; Schellenberg, Annette (2023) (Hrsg.): Theologie der Zukunft – Zukunft der Theologie, Göttingen: V&R unipress, „Die Verschiedenheit der Religionen und der junghegelianischen Kritik an ihnen", in: Junginger, Horst; Faber, Richard (2023) (Hrsg.): Marxistische Religionskritik, Würzburg: Königshausen&Neumann, „Rückblick auf das Sexualitätsdispositiv. Marginalien zu Foucaults »Die Geständnisse des Fleisches«", in: Barth, Jonas; Henkel, Anna (2022) (Hrsg.): Leib. Grenze. Kritik. Festschrift für Gesa Lindemann, Weilerswist: Velbrück Wissenschaft, „Interdisziplinäre Kreuzungen. Soziologie – Anthropologie – Geschichte", 2022, Wiesbaden: Springer VS und „Religionssoziologie 2. Entfesselter Markt und Artifizielle Lebenswelt als Wiege neuer Religionen" 2019, Paderborn: Wilhelm Fink.

Teil V
(Im)material Religion: Zwischen religiöser Kommunikation, *lived religion* und sakraler Materialität

Der Material Turn in der Religionssoziologie. Beobachtungen zur Vergesellschaftung der Formfrage im 19. Jahrhundert

10

Uta Karstein

1 Einleitung

In seinem Buch „Geosoziologie" von 2022 hat Markus Schroer der Soziologie jüngst noch einmal eindrucksvoll vor Augen geführt, was ihr an Themen, Fragestellungen und Perspektiven zuwächst, wenn sie ihren Gegenstandsbereich über die – in der Regel nicht-materiell konzipierte – Sozialität des Menschen hinaus erweitert und sich als eine „Lebenswissenschaft" im vollumfänglichen Sinne begreift (Schroer 2022, S. 18). Im Zeitalter des Anthropozäns müsse sie sich der Tatsache stellen, dass der Mensch nicht losgelöst von den stofflichen Lebensbedingungen auf der Erde existiere, sondern zutiefst von ihnen abhänge, so Schroer. Trotz Digitalisierung, virtueller Räume und immer neuer Vorstöße ins Weltall hat der Mensch seine Bodenhaftung nicht verloren. Nach wie vor baut er Häuser, errichtet Mauern und Zäune, nimmt Bohrungen vor, nutzt Ackerland, sucht im Urlaub nach unberührten Orten, hält sich Tiere – und verbraucht bei all dem jede Menge materieller Ressourcen. Geographische Lage, Boden und Klima könnten nicht mehr länger als stabile Faktoren angesehen werden, „die nur den neutralen Rahmen für das Schauspiel der menschlichen Interaktion abgeben" (ebd., S. 30). Sie seien vielmehr „dynamische Aktivposten", die einen teilweise erheblichen Einfluss auf das Geschehen nehmen. Eine solche Geosoziologie würde eine Soziologie der „Erde der Umwelt, der Natur und der Kultur" ebenso (beinhalten)

U. Karstein (✉)
Universität Leipzig, Leipzig, Deutschland
E-Mail: Karstein@uni-leipzig.de

wie eine des Raums, der Grenzen, der Territorien, der Architektur, des Wohnens und des Wissens, der Politik und der Ökonomie" (ebd., S. 31 f.). Dabei bleibt Schroer jedoch nicht stehen. Er macht darüber hinaus darauf aufmerksam, dass nicht nur der Mensch, sondern „auch andere Lebewesen aktiv ihre Umwelt gestalten und Lebensräume hervorbringen" (ebd., S. 137). Folgerichtig widmet er in seinem Buch der gestaltenden Kraft von Pflanzen und Tieren lange Kapitel. Er verweist darauf, dass auch Tiere bauen und Gesellschaften bilden, Pflanzen sich Lebensräume erobern, symbiotische oder parasitäre Beziehungen zu anderen Lebewesen unterhalten und anderes mehr.

Solch eine breite Perspektive wird hier im Folgenden nicht eingenommen. Das Interesse an der stofflichen Dimension des Lebens trägt jedoch auch diesen Beitrag. Allerdings fokussieren sich die Überlegungen und Befunde in erster Linie auf Artefakte und Architektur – und damit auf von Menschen gezielt hervorgebrachte materielle Objekte. Diskutiert wird, in welchem Maße eine daran interessierte Soziologie auch für die Erforschung von Religion fruchtbar gemacht werden kann. Der Beitrag entwickelt dafür zunächst (Abschnitt II) eine Perspektive auf die Religionssoziologie, die diese als ein soziales (Sub-)Feld innerhalb der Soziologie konzipiert und geht den Ursachen für die lange Abwesenheit materialitätssensibler Perspektiven in der (Religions-)Soziologie nach. Im Anschluss daran (Abschnitt III) werden Konzeptualisierungen des Verhältnisses von Sozialität und Materialität vorgestellt, die es erlauben, aus der unfruchtbaren Entgegensetzung von handelndem Subjekt vs. wirkmächtigen Objekten herauszukommen. Im Abschnitt IV schließlich geht es anhand der zeitgenössischen Auseinandersetzungen über das Interieur und Exterieur von Kirchen im 19. Jahrhundert um die Rekonstruktion von Wirksamkeitsannahmen, die in den gesellschaftlichen Debatten engagierter Akteure von damals sichtbar werden. Argumentiert wird, dass sie dabei einer breiten Vergesellschaftung der Formfrage Vorschub leisteten.

2   Materialität im Feld der (Religions-)Soziologie

Die Religionssoziologie – wie andere Teildisziplinen auch – unterliegt Konjunkturen: Nicht nur ist sie mal mehr mal weniger präsent und prominent innerhalb des Faches; auch die Frage, womit sie sich als Teildisziplin bevorzugt beschäftigt, unterliegt Schwankungen und Verschiebungen. Wissenschaftssoziologisch lässt

sich die Religionssoziologie als ein Feld beschreiben und analysieren (vgl. Bourdieu 1993, 1998).[1] Dabei stellt sie – wie andere Forschungsbereiche auch – eines
der Subfelder innerhalb der Soziologie dar, weist aber aufgrund des Gegenstandes
„Religion" auch zu anderen Disziplinen wie den Religionswissenschaften, den
Geschichtswissenschaften, der Theologie und auch der Ethnologie eine gewisse
Nähe auf. Global betrachtet sieht man darüber hinaus nationale oder sprach-
räumliche Besonderheiten. So kann man wohl zu Recht behaupten, dass sich
die deutsche Religionssoziologie in theoretischer Hinsicht beispielsweise durch
eine starke Rezeption der Luhmannschen Systemtheorie auszeichnet, die sich so
anderswo nicht ohne weiteres findet (Tyrell et al. 1998).[2]

Anstöße für die Veränderung der Kräfteverhältnisse im Feld der Religionssoziologie erfolgen unter anderem durch das Auftreten neuer Phänomene im
Forschungsfeld selbst, die mit bisherigen Erklärungsansätzen oder Methoden
nicht angemessen erfasst werden können. Ein eindrückliches Beispiel dafür sind
die Debatten um die Säkularisierungstheorie der letzten Jahre, in deren ältere
‚orthodoxe' Fassungen (Norris und Inglehart 2004; Wallis & Bruce 1992) sich
etwa religiöse Konjunkturen in Lateinamerika (vgl. Köhrsen 2016) oder die
anhaltende Vitalität und öffentliche Präsenz des Religiösen in den USA (vgl.
Casanova 1994; Stark und Finke 2000) nicht so ohne weiteres einfügen wollten. Dies hat zu einem Dominanzverlust der Säkularisierungstheorie geführt,
aber auch zu Bemühungen um ihre Neujustierung und Anpassung, bei denen
die vorgebrachten Kritiken mehr oder weniger weitreichend in Rechnung gestellt
wurden (Kleine und Wohlrab-Sahr 2020; Pollack 2003, 2013; Wohlrab-Sahr
und Burchardt 2012). Zuweilen führt auch die theoretische Neufassung des
Forschungsgegenstandes zu einer produktiven Verschiebung bisheriger Aufmerk-
samkeiten und zur Etablierung neuer Forschungsthemen. So hat beispielsweise

---

[1] Die Spielmetapher von Bourdieu aufgreifend, lassen sich Felder als Spielfelder mit zumeist
professionellen Akteuren (Spieler:innen, aber auch Organisationen oder Netzwerke) begreifen, die den Glauben an den Wert des jeweiligen Spiels teilen. Um an dem sozialen ‚Spiel'
teilhaben zu können, müssen sie Zutrittsbarrieren (bspw. über den Erwerb bestimmter Bil-
dungstitel) überwinden und die Spieregeln beherrschen lernen (durchaus auch – aber nicht
nur – im Sinne inkorporierten Wissens). Sich in einem Feld zu bewegen heißt, sich zu positionieren. Im Falle der (Religions-)Soziologie beinhaltet dies u. a. Entscheidungen für Theorien
(bzw. bestimmte Denkschulen) oder Paradigmen sowie – eng damit verknüpft – entsprechenden Forschungsmethoden.

[2] Die frühe Religionssoziologie war eng verzahnt mit der allgemeinen soziologischen Theoriebildung. Blickt man beispielsweise auf die Arbeiten Max Webers oder Émile Durkheims,
stellt man fest, dass deren soziologische Theoriebildung bevorzugt – oder doch zumindest
prominent – entlang religiöser Gegenstände erfolgte. Das ist heute nicht mehr so selbstverständlich und wird zuweilen durchaus explizit beklagt.

die wissenssoziologische Fassung des Religionsbegriffs durch Thomas Luck-mann insbesondere in der deutschsprachigen Religionssoziologie eine ganze Reihe neuer Forschungsarbeiten angestoßen (Luckmann 1960, 1991; vgl. dazu Wohlrab-Sahr 2000).

Innovationspotenziale erreichen das Feld aber auch durch neue Theorien und Forschungsparadigmen aus anderen Bereichen der Sozial- und Kultur-wissenschaften, die dann weitere Subfelder erfassen und sie mit einer Reihe innovativer Themen und Forschungsperspektiven versorgen. Hier gingen von den verschiedenen *cultural turns* der letzten Jahrzehnte maßgebliche Impulse aus (Bachmann-Medick 2006; Moebius 2012). Dies ließ sich beispielsweise für den *iconic* bzw. *visual turn* (Burri 2008; Uehlinger 2015) und den *body turn* (Bur-kitt 1999; Csordas 1990; Gugutzer 2006) beobachten, in deren Folge in der Erforschung des Religiösen vermehrt die sinnlich-körpergebundene Aspekte the-matisiert wurden (vgl. Gugutzer und Böttcher 2012; McGuire 1990; Mellor und Shilling 2010; Meyer 2010).

Auch die aktuell verstärkte Beschäftigung mit den materialen Aspekten des Religiösen ist auf äußere Anstöße zurückzuführen. Sie wurde durch die Kon-junktur soziologischer Theorien und Forschungszusammenhänge stimuliert, die seit den 1980er Jahren zunächst einmal die technische Vermitteltheit des Sozia-len ins Zentrum rückten. Hier sei vor allem auf die *science and technology studies* verwiesen, in deren Folge dann aber viel grundsätzlicher nach dem Stel-lenwert des Materiellen im bisherigen soziologischen Theoriehaushalt gefragt wurde (Lengersdorf und Wieser 2014; Schroer 2022). Vor allem im Kontext des *new materialism* wird nicht mehr nur über den Stellenwert von Dingen, Arte-fakten oder Architekturen, diskutiert, sondern über Materie an sich (Hoppe und Lemke 2021). Damit einher geht in der Regel eine vehemente Kritik an alten Dichotomien und Trennungen wie Geist–Materie, Subjekt–Objekt, Kultur–Natur. Einig sind sich die Vertreter:innen des new materialism auch in dem Versuch der Überwindung der Zentralstellung des Menschen und damit einhergehenden anthropozentrischen Denkformen.[3]

Die Moderne, so Bruno Latour als einer der Wegbereiter einer materialitätssen-siblen Soziologie, zeichne sich durch einen sprunghaften Anstieg von Hybriden aus, die die auch in der Soziologie bis dato prominente Trennung von Subjekt und

---

[3] Der *new materialism* hat natürlich durchaus Vorläufer und baut auf vorangegangenen Debatten und Theorieentwicklungen auf. Anders als die ähnliche Bezeichnung es vermuten lassen, ist es aber nicht so sehr die klassische Historische Materialismus Marxscher Prägung, der hier Pate stand. Es sind vielmehr poststrukturalistische und posthumanistische Theorien und deren feministische Rezeption durch Autorinnen wie Donna Haraway, Karen Barad und anderen, die dem Neuen Materialismus sein Gepräge geben.

Objekt und damit einhergehende Zuschreibungen von aktiv und passiv mindestens fragwürdig erscheinen lassen. Folgerichtig zielt Latours Denken in eine Richtung, die diese Sphären miteinander verbindet bzw. als genuin miteinander verschränkt konzipiert: „Niemand hat je reine Techniken gesehen – und niemand je reine Menschen. Wir sehen nur Assemblagen, Krisen, Dispute, Erfindungen, Kompromisse, Ersetzungen, Übersetzungen und immer kompliziertere Gefüge, die immer mehr Elemente in Anspruch nehmen" (Latour 1996, S. 21). Ausdruck eines solchen Verständnisses ist der Begriff des *Netzes* bzw. *Netzwerkes,* der die fortlaufende Verknüpfung von Menschen und Dingen verdeutlichen soll, ohne dieser Beziehung eine Hierarchie einzuschreiben (Latour 2008, S. 104, 136). Einer der Effekte eines solchen Denkens ist, dass Artefakte und Architekturen regelrecht in Bewegung geraten. Sie seien keine statischen Objekte, sondern unterliegen permanenter Veränderung, so Bruno Latour und Albena Yaneva (2017). Der Fokus liegt weder auf den Artefakten oder der Architektur, noch auf den Menschen und ihren Motiven oder Zwecken, sondern auf der prozesshaften Verbindung zwischen ihnen. Davon ausgehend finden sich auch in der jüngeren deutschen Architektursoziologie grundbegriffliche Anregungen, die die traditionelle Subjekt-Objekt-Dichotomie zu überwinden versuchen. So spricht etwa Heike Delitz in ihrer Architektursoziologie von den Dimensionen der *Gestalt* und des *Gefüges,* wobei sie dabei auf die Theorien von Gilles Deleuze und Cornelius Castoriadis rekurriert. Architektur ist in diesem Sinne ein symbolisches Medium, durch das sich eine Gesellschaft erst als „*diese bestimmte* Gesellschaft" *konstituiert,* indem sie sich mit ihrer Hilfe eine „expressive, sicht- und greifbare Gestalt *schafft"* (Gestalt) (Delitz 2010, S. 13). Zugleich erscheint Architektur als ein Artefakt, das sich „mit dem individuellen Leben" ständig verbindet, und dabei „Körperhaltungen, Bewegungen und Blicke" ermöglicht (Gefüge) (ebd., S. 14).

Ausgehend von diesen Impulsen des *material turn* formierte sich innerhalb weniger Jahre ein neues Forschungsfeld. Ungeachtet von Differenzen eint die gemeinten Vertreter:innen das Interesse für Orte, Stoffe und Dinge, um dem Sozialen auf die Spur zu kommen. Die Grundthese ist dabei, dass Soziales nicht nur in Form immaterieller Zeichen, Normen oder Symbole existiert, sondern immer auch in materialer Gestalt, das heißt in Artefakten, Architekturen und Körpern. Materiales erscheint nunmehr als Träger von Erinnerungskulturen, als Sozialisationsagent, Mittel der In- und Exklusion, Medium von Repräsentation – kurz: als Bedingung, Beschränkung und Instrument sozialer Praxis, dem nicht nur ermöglichende und stabilisierende, sondern auch irritierende und transformierende Qualitäten zugesprochen werden (Karstein und Schmidt-Lux 2017, S. 3 f.).

Fragt man nach den Ursachen und Gründen für die lange Abwesenheit materialitätsbezogener Perspektiven und Fragestellungen, so erweisen sich die Erklärungsansätze von Wolfgang Eßbach (2001) und Markus Schroer (2022) als erhellend. Eßbach vertritt die These, dass die relative Distanz der Soziologie zum materialen Substrat der Gesellschaft auf spezifische habituelle Dispositionen derjenigen zurückführbar sei, die an der Wende zum 20. Jahrhundert die soziologischen Grundbegriffe entwickelt haben. Zwei Quellen identifiziert Eßbach: Zum einen sieht er bei den damaligen Intellektuellen angesichts der schwindelerregenden „Ausbreitung materieller Artefakte" eine „rigorose Verteidigung der geistigen Dimension" am Werke, die sie offenbar durch das Anwachsen des Materiellen bedroht sahen (Eßbach 2001, S. 132). Der andauernden Artefaktvermehrung setzten Denker wie Edmund Husserl oder Ludwig Wittgenstein, aber auch Max und Alfred Weber und Alfred Schütz die Konzentration auf „Text, Diskurs, Sinnaufbau und Sprachspiel" entgegen (ebd.).[4] Die zweite Quelle der habituellen Dispositionen sieht Eßbach in der Konkurrenz zwischen Soziologie und Religion bei der „Abwehr von Ideen einer Technisierung oder Ästhetisierung der Sozialwelt" begründet (ebd., S. 125). Aus der Sicht Eßbachs lassen sich die grundbegrifflichen Strategien der Klassiker bei aller sonstigen Verschiedenheit als Versuche charakterisieren, „die Verführungen einer Reorganisation der Gesellschaft aus dem Geist der Kunst bzw. Technik abzuwehren, indem nach Substituten für Leistungen Ausschau gehalten wird", von denen angenommen werde, dass religiöse Weltdeutungen sie vormals erbracht hätten (ebd., S. 127).

Markus Schroer stellt in einer kritischen (Re-)Lektüre von Arbeiten aus der Entstehungszeit der Soziologie fest, dass es zunächst durchaus Ansätze gegeben hat, die der materialen Dimension des Sozialen eine gewisse Aufmerksamkeit geschenkt haben. So findet er etwa verstreute Hinweise bei Herbert Spencer oder Georg Simmel, die sich mit den geographischen Bedingungen als fördernde, hemmende oder generell prägende Faktoren für die Entwicklung von Gesellschaften auseinandergesetzt hatten (ebd., S. 49 f.). Der heute nahezu unbekannte Soziologe Hermann Schmalenbach hatte 1923 zudem eine „Soziologie der Sachverhältnisse" vorgelegt, die als Pionierleistung einer Soziologie der Dinge gelten kann.[5]

---

[4] Ergänzen müsste man an dieser Stelle, dass Theoretiker wie Husserl oder Schütz damit auch Anknüpfungspunkte ignorierten, die der Historische Materialismus mit seinem Interesse an den Produktionsverhältnissen schon für eine spezifisch sozialwissenschaftliche Perspektive auf Artefakte und Architekturen bereitstellte.

[5] Heike Delitz (2010, S. 185) hat darauf aufmerksam gemacht, dass sich ein Nachdenken über das Verhältnis des Menschen zu seiner materiellen Umwelt auch in der Philosophischen Anthropologie zeigt. Und in der Tat findet sich etwa bei Arnold Gehlen eine Perspektive auf

Gerade diese Beträge seien dann aber im weiteren Verlauf nicht weiter ver-folgt und zugunsten einer ‚reinen' Soziologie aufgegeben worden (Schroer 2022, S. 62). Dies hatte Schroer zufolge vor allem disziplinpolitische Gründe und einer damit verknüpften Angst der Soziologie, „in andere Wissenschaften abzugleiten" (ebd., S. 63).[6] Die schon bei Durkheim zu beobachtende Tendenz, der Sozio-logie einen hochexklusiven Bereich zuzuweisen, habe sich im Laufe des frühen 20. Jahrhunderts durchgesetzt, so Schroer. In Deutschland sei dies ab den 1920er Jahren vor allem an den Bestrebungen Leopold von Wieses zu beobachten gewe-sen, der die Soziologie ausschließlich als eine Lehre des Zwischenmenschlichen etablieren wollte. Ein solches Verständnis würde später durch die Kölner Schule weiter getragen und habe – gestützt durch den *linguistic turn* – auch bei ansons-ten so unterschiedlichen Theoretikern wie Jürgen Habermas und Niklas Luhmann seinen Niederschlag gefunden (ebd., S. 63, 71).

Aus diesen Gründen standen auch in der deutschsprachigen Religionsso-ziologie des 20. Jahrhunderts zunächst vor allem ideelle, kommunikative oder handlungsbezogene Aspekte von Religion im Vordergrund. Im Anschluss an Max Weber interessierte sie sich vorrangig für Fragen religiöser Vergemeinschaftung und Lebensführung (Gärtner 2018) und im Nachgang von Émile Durkheim für die Herstellung kollektiver Identitäten und kollektiver Emotionen (Alkemeyer 2012; Leistner und Schmidt-Lux 2012). Niklas Luhmann inspirierte Arbeiten zu religiöser Kommunikation (Tyrell et al. 1998) und Forschungen zu deren organisationsförmiger Strukturierung (Kern und Schimank 2013; Krüggeler et al. 1999), und im Anschluss an Peter L. Berger und Thomas Luckmann wurden vor allem Fragen von Säkularisierung, Pluralisierung und Privatisierung von Reli-gion verhandelt (Hero und Krech 2010; Knoblauch 2018). Die materiale Seite

---

das Materiale, die weit über eine bloße Hilfestellung zur Erreichung menschlicher Zweckset-zungen hinausgeht. Gehlen fasst dies im Begriff der „Sollsuggestion" (Gehlen 2004, S. 24) und meint damit die Fähigkeit von Dingen und Bauten, menschliche Bewegungen und Emp-findungen zu lenken oder mindestens zu beeinflussen. Eine Werkstatt beispielsweise, so Gehlen, biete den sie Nutzenden eine stabilisierende Hülle und wirke verhaltensauslösend. Sie fungiere in dieser Hinsicht wie ein „chronischer Aktualisator" bestimmter Verrichtungen und Gewohnheiten (ebd.: 46).

[6] Befördert hat eine solche Verengung des Gegenstandsbereiches aber wohl auch die zuneh-mende Orientierung der Soziologie an der Ökonomie. Dies habe der Annahme Vorschub geleistet, dass sich die Menschen zunehmend von der Natur und dem Boden als Einfluss-faktoren gesellschaftlicher Zusammenhänge zu emanzipieren beginnen, so Schroer (2022, S. 56 f.). Neben dem technologischen Fortschritt sei es auch die sich ausbreitende, alles abs-trahierende und anonymisierende Geldkultur die den Eindruck zunehmender Unabhängigkeit von erdräumlichen, klimatischen und anderen stofflichen Bedingungen erwecke.

des Religiösen, also die Rolle, der Gebrauch und die Bedeutung von Artefakten (Talismane, Gebetsfahnen, Abendmahlskannen etc.), Stoffen und Substanzen
(Düfte, Textilien, Flüssigkeiten, Pflanzenextrakte etc.) sowie von Architektur
und Infrastruktur avancierte zunächst in keiner dieser Strömungen zu einem
systematisch bearbeiteten Forschungsfeld.

Mit dem zuerst die englischsprachige (Religions-)Soziologie (Hazard 2013;
Houtman und Meyer 2012; Keenan und Arweck 2006) erfassenden *material
turn* änderte sich dies aber auch hierzulande (vgl. Karstein und Schmidt-Lux
2017). So liegen mittlerweile einige Arbeiten vor, die sich mit religiöser Architektur als Ausdruck und Medium religiösen Wandels auseinandersetzen und
dabei häufig Grenzziehungsfragen zwischen Religiösem und Säkularem besondere Aufmerksamkeit schenken (vgl. etwa Breuer 2017; Duttweiler 2012, 2017;
Schmidt-Lux 2011, 2017; Schroer 2015). Andere Forschungen untersuchen Artefakte und ihre Verflochtenheit mit religiösen Praktiken, für deren Gelingen sie
eine konstitutive Rolle spielen (Cress 2014, 2017). Dabei gerät auch die Transformation religiöser Artefakte – etwa im Zuge ihrer Musealisierung – in den
Blick (Claußen 2009). Religiöse Architekturen werden darüber hinaus auch aus
(stadt-)räumlicher (Becci et al. 2013; Burchardt et al. 2023; Farias et al. 2023),
diversitätstheoretischer (Becci et al. 2017; Burchardt und Häring 2021) und
infrastrukturtheoretischer Perspektive (Burchardt 2017) in den Blick genommen.

3   Materialität erforschen – systematische und forschungspraktische Überlegungen

Im Zuge des *material turn* wurden nicht nur Konzeptionen des Sozialen kritisiert, die gänzlich ohne Materialitätsbezug auskommen. Darüber hinaus sind auch
Vorstellungen hinterfragt worden, die das Materiale zwar thematisieren, dabei
aber – etwa im Nachgang des Weberschen Handlungsbegriffs – vor allem eine
subjekttheoretische und instrumentelle Perspektive auf Materialität favorisieren.
Ein Artefakt war für Weber nur insofern relevant, als sich in der Herstellung und
im Umgang mit ihm subjektive Sinnsetzungen (in Form von Zwecken und Motiven) manifestieren (Weber 1980, S. 3). Diese Sinnzusammenhänge waren daher
auch der ‚eigentliche' Gegenstand seines soziologischen Nachdenkens (Karstein
und Schmidt-Lux 2017, S. 5). Ganz ähnlich argumentierte später auch von
Wiese (1933). Wenn Dinge bei ihm überhaupt in den Blick kamen, dann als
„bloße Hilfsmittel" bei der Konkretisierung von Mensch-Mensch-Beziehungen
bzw. deren Symbolisierung (Wiese 1933, S. 106). Eine solche Position vertrat

im angloamerikanischen Kontext später auch Clifford Geertz (1973). Demgegenüber haben sich in den letzten Jahren Positionen in Stellung gebracht, die dem
stofflichen Substrat des Lebens auch selbst den Status wirkmächtiger Akteure
zuschreiben. Neben Bruno Latour zählen hier etwa auch Karen Barad (2012)
und Jane Bennett (2010) zu vielzitierten, einflussreichen Theoretiker:innen (vgl.
Hoppe und Lemke 2021).

Die Debatten darüber wurden lange Zeit sehr grundsätzlich und kontrovers
geführt. Mehr als einmal wurde der Verweis auf die stofflichen Grundlagen unse-
res Lebens als unzulässiger Determinismus abgewiesen. Umgekehrt wurde den
Positionen, die sich auf Sinn, Kommunikation und die Souveränität des handelnden Subjekts bezogen, naiver Voluntarismus vorgeworfen (Schroer 2022, S. 64 f.).
Diese Dichotomie von Freiheit versus Determinismus ist jedoch völlig ungenü-
gend. Menschliche Akteure sind weder frei noch determiniert, „sondern Teil eines
Gefüges von anderen Lebewesen und Materialien (…), die sich stets wechselseitig
beeinflussen (ebd., S. 65).

Auch andere haben aus diesen unfruchtbaren Frontstellungen Konsequenzen
gezogen. So argumentieren Herbert Kalthoff, Torsten Cress und Tobias Röhl
dafür, Materialität und Sozialität nicht als einander gegenüberliegende und klar
voneinander trennbare Entitäten zu konzipieren, sondern als zwei Enden eines
Kontinuums, innerhalb dessen vielfältige Relationierungen denkbar sind (Kalthoff et al. 2016, S. 12 f.). Diese „Graduierung" erlaube eine empirische Analyse
der Konstellationen des Materiellen und des Sozialen – Konstellationen, in denen
das Handeln, die Praxis bzw. das soziale Ereignis unterschiedlich figuriert seien,
so Kalthoff, Cress und Röhl:

> „Dieses (das Kontinuum, Anm. d. Verf.) reicht von Artefakten und anderen materiel-
> len Entitäten, die als wirkendes Gegenüber auftreten, über Formen der Hybridisierung
> und des leiblichen Verschmelzens in der subjektiven Erfahrung bis hin zu einer das
> Materielle transzendierenden Praxis" (ebd.).

Die Autoren verweisen die Frage einer angemessenen Modellierung des Verhältnisses von Materialität und Sozialität also in den Bereich konkreter Forschung.
Je nach Erkenntnisinteresse und Gegenstand lassen sich demnach sehr unterschiedliche Beziehungen bzw. Relationen zwischen handelnden Subjekten und
ihrer stofflichen Umwelt identifizieren. Im Grunde lassen sich aus einer solchen
Perspektive dann auch die theoretisch-konzeptionellen Bemühungen der letzten
Jahre auf einem solchen Kontinuum anordnen – je nachdem, wie stark sie entweder mit Weber „das situierte und Sinn konstituierende Handeln *mit* Objekten

betonen", oder aber im Gefolge Latours „die wirkmächtige Rahmung sozialen Handelns *durch* Objekte in den Vordergrund und die Handelnden in den Hintergrund rücken" (ebd., Herv. d. Verf.).

Auch der architektursoziologische Entwurf von Silke Steets (2015) verspricht einen Ausweg aus der Frontstellung. Mithilfe der Wissenssoziologie Peter L. Bergers und Thomas Luckmanns spannt sie ein theoretisches Dreieck aus Externalisierung – Objektivierung – Internalisierung auf, das den Schwerpunkt der Betrachtungen jeweils in Richtung Sozialität oder Materialität zu verschieben erlaubt, ohne dass diese gegeneinander ausgespielt werden. *Externalisierung* meint aus dieser Perspektive den Vorgang des Entwerfens und Bauens, der in modernen Gesellschaften in der Regel durch darauf spezialisierte Expertinnen und Experten erfolgt, aber auch die gesellschaftlichen Debatten umfasst, die zuweilen mit einem Bau in seinem Planungsstadium einhergehen. *Objektivierung* meint den Umstand, dass einmal geschaffene materielle Kulturprodukte – in die Welt getragen – dem Menschen als *fait social* im Sinne Durkheims gegenüberstehen (Steets 2015, S. 169). In dieser Eigenschaft fungieren sie als Sollsuggestionen (Gehlen) und werden mit ihren materialen Qualitäten zu einer (unhinterfragten) Gewissheit. *Internalisierung* wiederum bezeichnet die subjektive Aneignung dieser gebauten Faktizitäten, also im Falle von Architektur deren Nutzung und eigensinnige Anverwandlung.

Deutlich wird in diesem Entwurf, dass zu einer vollständigen Betrachtung des Verhältnisses von Sozialität und Materialität immer alle drei Aspekte dazugehören würden. Genauso klar ist aber auch, dass es möglich ist, nur einzelne oder zwei Aspekte der Trias näher zu beleuchten. So könnte etwa das Forschungsinteresse vor allem auf die Ideen und Auseinandersetzungen um ein geplantes Bauprojekt oder Artefakt und deren Umsetzung herum konzentriert sein. Hier haben in der Vergangenheit viele architektur- und kunstgeschichtliche Arbeiten angesetzt und den Bau eines Gebäudes oder die Herstellung eines kunstvollen Artefakts in erster Linie als Ergebnis der direkten Umsetzung subjektiver Ideen und Vorstellungen von Kunstschaffenden und Architekten interpretiert. Das soziokulturelle Umfeld bzw. der gesellschaftliche Kommunikationsraum blieben dabei jedoch oft ausgespart (vgl. dazu kritisch Marek et al. 2012). Denkbar ist auch die primäre Betrachtung des Gebauten (oder anderweitig Hergestellten) mit seiner jeweiligen Beschaffenheit und die Wirkungen, die es durch Atmosphären, Sollsuggestionen, Platzierungen, Materialien etc. entfaltet. Die neuen materialitätstheoretischen Perspektiven der letzten Jahre haben sich vor allem auf diesen Aspekt konzentriert. Schließlich kann das primäre oder ausschließliche Interesse auch auf der aneignenden und damit immer auch eingreifenden und verändernden Aneignung und Nutzung von Artefakten oder Gebäuden durch soziale Akteure liegen.

Auch in der theoretischen Konzeption von Steets wird also deutlich, dass es eine Frage des Erkenntnisinteresses und der darüber jeweils eingenommenen Perspektive auf das Verhältnis von Akteuren und Objekten ist, ob das Gewicht eher auf der Seite der handelnden Subjekte (Sozialität) liegt oder auf der Seite der wirkmächtigen Objekte (Materialität).

4   Die Macht der Objekte und die Vergesellschaftung der Formfrage im 19. Jahrhundert

Die folgenden Ausführungen orientieren sich an der von Kalthoff, Steets und anderen entwickelten Perspektive. Von besonderem Interesse sind dabei im vorliegenden Fall Diskurse. Mit einer solchen Perspektive werden der gesellschaftliche Kommunikationsraum und die sich in ihm abspielenden Auseinandersetzungen um Artefakte und Architekturen ins Zentrum gestellt. Steets verortet eine solche diskursive Ebene in ihrer Trias am Pol der Objektivierung (Steets 2015, S. 199–203). Sie macht aber zugleich deutlich, dass die Auseinandersetzungen nicht nur das schon fertige Gebäude betreffen, sondern auch den Entwurfs- und Planungsprozess sowie die (angedachte) spätere Nutzung. Relevant ist eine solche Perspektive, weil sie erstens daran erinnert, dass die Wirkungsmacht von Objekten keine ,Entdeckung' der Wissenschaft ist, sondern auch im Alltag gewusst und zum Gegenstand von Aushandlungsprozessen wird. Zweitens trägt die Perspektive der Tatsache Rechnung, dass große und prestigeträchtige Bauprojekte vor allem im 19. Und 20. Jahrhundert zu einer öffentlichen Angelegenheit wurden, in die nicht nur Architekt:innen, Planer:innen und Auftraggeber:innen involviert waren, sondern eine breite Öffentlichkeit (vgl. Jones 2001). Beide Punkte werden in den nächsten Abschnitten kurz erläutert, bevor abschließend anhand von Quellenmaterial über Debatten um das Interieur und Exterieur von Kirchenbauten im 19. Jahrhundert exemplarisch illustriert wird, welche Alltagstheorien über die „soziale ,Effektivität'" (Delitz 2010, S. 12) von Objekten hier öffentlich verhandelt wurden.

4.1   Das Wissen um die Wirksamkeit des Materiellen im sozialen Feld

In der in geradezu emphatischer Manier betonten Wirksamkeit von Objekten, Architekturen, Stoffen, geographischen Gegebenheiten und anderem mehr wird zuweilen vergessen, dass das Wissen um die soziale Effektivität des Materiellen kein Spezifikum der Sozial- und Geisteswissenschaften des ausgehenden 20. und 21. Jahrhunderts ist. Ganz im Gegenteil: Die Frage nach den Dingen und ihrer Beschaffenheit wurde immer schon im sozialen Feld selbst zum Thema und Gegenstand von Aushandlungsprozessen und Konflikten. Trotz oder abseits der starken Prägung durch europäische Philosophien wie dem Platonismus und Cartesianismus mit deren Aufwertung und Bevorzugung des geistig Innerlichen vor dem materiell Äußerlichen (Hahn 2017), finden sich auch in der europäischen Geschichte immer wieder Beispiele für die eigenständige Kraft, die die Menschen ihrem dinglich-ästhetischen Umfeld zugesprochen haben. Ganz zu schweigen von dem Stellenwert, den das Wissen um und Vorstellungen von der Macht des Materiellen in anderen kulturellen Kontexten hatte und hat (Beck et al. 2017; Bräunlein 2012).

Der religiöse Bereich liefert hierfür naturgemäß viele Beispiele, da die religiösen Lehren mit ihren Bezugnahmen auf das Unanschauliche, der direkten Erfahrbarkeit Entzogene, in besonderem Maße auf material-ästhetische Medien der Vermittlung angewiesen sind (Karstein und Schmidt-Lux 2017, S. 14). Er liefert aber auch genauso viele Beispiele dafür, wie kontrovers die Ansprüche, Vorstellungen und Erwartungen an die – aber auch Ängste vor der – Wirkung von Bildern, Artefakten, besonderen Orten und Architekturen dabei ausfallen können (Belting 2004; Bredekamp 1975; Scharfe 1968; Seesemann und Billerbeck 2012).

Hierbei lassen sich in der europäischen Religionsgeschichte zwei wesentliche Konfliktlinien ausmachen. Die erste betrifft den Stellenwert, der dem Sinnlichen in der religiösen Lehre zukommt. Diese Frage wurde immer wieder neu verhandelt und kontrovers diskutiert. Zuletzt während der Reformation zwischen den verschiedenen reformierten Strömungen. Zwingli etwa sah das „Sinnliche als Gegensatz zum Heiligen" und lehnte deshalb Bilder im Kirchenraum völlig ab (Scharfe 1968, S. 8). Luther hingegen bejahte „die Zusammengehörigkeit der Sinne und des Geistes im Menschen" und nahm daher auch eine gemäßigte Haltung gegenüber den Künsten ein (ebd.). Sie erhielten bei ihm in der Folge den Status von Adiaphora. Die zweite Konfliktlinie bezieht sich auf die vollzogene oder nicht vollzogene Trennung zwischen Darstellung und Dargestelltem. Die ersten Christen lehnten bekanntermaßen die Verehrung plastischer Bilder ab, aber kurz nach seiner Anerkennung durch den römischen Kaiser Konstantin lebte die Praxis der Bilderverehrung wieder auf oder wurde von den Kaisern nun auf Christus übertragen (Beck und Bredekamp 1997, S. 116). Die Grundannahme ist, dass das, was auf dem Bild (oder einer Statue) dargestellt wird, durch die Darstellung wirklich gegenwärtig ist. Hier wird also kein Unterschied zwischen dem Dargestellten und der Darstellung gemacht. In der Ostkirche (christlich-orthodox) ist diese Annahme auch heute noch in Bezug auf Ikonen präsent. In der Westkirche wurde die Praxis der Bilderverehrung im Zuge des byzantinischen Bilderstreits im 8. und 9. Jahrhundert zurückgedrängt. Doch auch die westliche Kirche wollte nicht auf die Praxis der Visualisierung und Materialisierung der heiligen und zentralen Glaubensinhalte verzichten. So gibt es bis zur Reformation auch in der römisch-katholischen Kirche zahlreiche Beispiele dafür, dass Bilder und Statuen als verehrungswürdig gelten (Beck und Bredekamp 1997). Das Verhältnis von Abgebildetem und Abbildung blieb jedoch ein wiederkehrendes Thema. Einerseits mussten vor allem Vertreter der römisch-katholischen Kirche auf den Artefaktcharakter der Werke hinweisen, um den Bilderkult zu verhindern; gleichzeitig begegneten sie diesem Artefaktcharakter selbst mit Misstrauen. Immer wieder wurde die Befürchtung geäußert, dass ein Zuviel an handwerklicher und formaler Meisterschaft die eigentliche Botschaft überlagern und eine erneute Verehrung fördern würde (Krauss 2012, S. 140).

Die Reformation setzte schließlich die Verwendung von Gemälden und Skulpturen zu Bildungszwecken durch. Zudem etablierte sich die Position, dass es vor allem auf die Art der Rezeption ankäme. Wie schon erwähnt, war es insbesondere Luther, der religiösen Bildern und Objekten nicht per se quasi-magische Fähigkeiten und damit schädliche Wirkungen auf den Gläubigen zuschrieb, sondern betonte, dass es auf die innere Einstellung der Betrachtenden und den sachlichen Umgang mit den Objekten ankomme.[7] Dabei „asymmetrisierte" die Bildtheologie „den Unterschied zwischen Darstellung und Dargestelltem zugunsten des Dargestellten und ließ die Seite der Darstellung, im weitesten Sinne das ‚Wie', Material, Stil und Medium, außen vor" (ebd.). Die Formfrage konnte sich damit aus dem Horizont des Religiösen lösen und wurde ‚frei'. In dieser Folge hat die Kunst die Formfrage und die in ihr zum Ausdruck kommenden ästhetischen Mittel wenig später zum zentralen Dreh- und Angelpunkt ihrer Selbstbestimmung machen können. Dies heißt jedoch nicht, dass sich nicht auch religiöse Akteure im 19. Jahrhundert erneut und unter veränderten Bedingungen mit Stil- und Materialfragen in Sachen religiöser Kunst auseinandersetzten, wie weiter unten noch gezeigt werden wird.

---

[7] Andere Protagonisten der Reformation hingegen meinten, dass man dem Glauben an die Macht der Bilder nur dann Herr werde, wenn man sie konsequent entfernt – was bei Lichte betrachtet – ja nur eine weitere Bestätigung für deren angenommene *agency* darstellt (Beck & Bredekamp 1997, S. 123).

4.2 Architektur als öffentliche Angelegenheit

Zunächst soll jedoch auf einen zweiten Aspekt aufmerksam gemacht werden, der durch eine Fokussierung auf die Dimension der Objektiviation und der sich um sie herum anlagernden Auseinandersetzungen sichtbar wird. Denn mit einem solchen Fokus lässt sich auch der Tatsache Rechnung getragen, dass dem gesellschaftlichen Kommunikationsraum bei Bauprojekten in der Moderne eine enorme Bedeutung zukommt. Dies hat vor allem mit dem Prinzip der Öffentlichkeit als einem das Selbstverständnis der bürgerlichen Gesellschaft des 18. und 19. Jahrhunderts prägenden Prinzips zu tun (Habermas 1990).

Bekanntlich zeichnet sich die bürgerliche Kultur durch ihren Modus unablässigen Reflektierens aus, der dafür sorgt, dass „die Wirklichkeit, in die sich der Mensch hineingestellt findet, ihrer unmittelbar erlebten Selbstverständlichkeit beraubt wird" (Tenbruck 1990, S. 252). Diese Konstellation habe – so etwa Friedrich Tenbruck – einen nicht mehr versiegenden Strom von Werken der Literatur, Philosophie, Kunst und Wissenschaft hervorgebracht, in dem sich seitdem immer wieder neue Ideen, Ideologien und Weltanschauungen manifestieren. Mit der Verselbständigung der Kultur, so Tenbruck, hätte die erlebte und bekannte Wirklichkeit für die einzelnen an Breite und Tiefe gewonnen. Aber sie habe auch einen gesteigerten Bedarf an Verständigung hervorgebracht. Diese Verständigung nun, erfolgt in der Sphäre des Öffentlichen, seien es die frühen bürgerlichen Salons und Kaffeehäuser, oder dann später die Vereine – nicht zu vergessen die mediale Öffentlichkeit, die durch die Vielzahl an Tageszeitungen, Zeitschriften und Magazinen hergestellt wurde und die ein permanentes Forum des Austausches, der kritischen Reflexion und der Urteilsbildung boten (Habermas 1990). Diese Öffentlichkeit ist mehr und anders als das bloß öffentlich Sicht- und Wahrnehmbare. Sie bezeichnet vielmehr eine Haltung, die Mitbestimmung und Urteilsfähigkeit in öffentlichen Angelegenheiten bei ihren Zeitgenoss:innen sowohl voraussetzt als auch einfordert und praktiziert (ebd., S. 97). Als Sphäre schiebt sich das Öffentliche und mit ihr das räsonierende Publikum zwischen die staatliche Gewalt und den Bereich der gesellschaftlichen (Re-)Produktion.

Diese Öffentlichkeit und ihr Interesse an Dingen von allgemeinem Belang bescherte nun auch großen Bauvorhaben breite Aufmerksamkeit und Anteilnahme. Sie wurden gewissermaßen zu einer öffentlichen Angelegenheit (Karstein 2022). Dies gilt auch für religiöse Bauprojekte. Schon das 19. Jahrhundert kannte eine ganze Reihe an Bauprojekten, in denen sich diese neue öffentliche Qualität zeigte, man denke nur an den Kölner Dom oder die Gedächtniskirche der Protestation in Speyer, denen in der Bauphase teilweise über Jahrzehnte hinweg eine breite und überregionale öffentliche Aufmerksamkeit und Anteilnahme zukam (Pilger 2004). Naheliegende Beispiele aus den europäischen Nachbarländern wären hier sicherlich die Kirche Sacré-Cœur de Montmartre in Paris (Dauss und Rehberg 2009) oder die Votivkirche in Wien. Aber auch zeitgenössische Bauprojekte vermögen weiterhin die öffentliche Anteilnahme zu erregen. Der Fall der Leipziger Universitätskirche ist dafür nur ein Beispiel (vgl. Schmidt-Lux 2011); der Wiederaufbau der Dresdener Frauenkirche oder die Diskussionen um das Kreuz auf dem Berliner Humboldtforum (Steets 2017) andere. Weitere Beispiele findet man in den sich auch religiös pluralisierenden Gesellschaften des 21. Jahrhunderts häufig dort, wo sich neue Religionsgemeinschaften im öffentlichen Raum zeigen wollen. Die Moscheebaukonflikte in Mannheim, Köln und anderswo sind hierfür beredte Zeugnisse (Wildt et al. 2019).

Die angestammten Kirchen des 19. Jahrhunderts und ihr Umfeld blieben von diesen Entwicklungen nicht unberührt. Wie gleich noch genauer zu zeigen sein wird, machten sie sich die Prinzipien der Öffentlichkeit durchaus aktiv zu Eigen. Nicht nur verfassten Kirchenvorstände und Pfarrer öffentliche Stellungnahmen zu Fragen der inneren und äußeren Gestaltung von kirchlichen Gebäuden und Artefakten, die zum Teil publiziert wurden. Auch Vereine und Architekten setzten sich in ihren Zeitschriften mit Bauprojekten und Ausstattungsfragen auseinander. Regelmäßig berichtete zudem die örtliche, teilweise auch die überregionale Presse darüber. Dort publizierte Unterstützungsaufrufe für neue Kirchenbauvorhaben wurden von einer breiten Öffentlichkeit rezipiert und verfehlten ihre mobilisierende Absicht nicht. Über einen langen Zeitraum hinweg gab es auch auf den Kirchentagen Diskussionsforen zu Fragen christlicher Kunst und Architektur. Darüber hinaus lassen sich für die Zeit nach 1850 zahlreiche Ausstellungen und auch Kongresse nachweisen, in denen das Thema Kirchenbau und christliches Kunsthandwerk verhandelt und zur Diskussion gestellt wurden (Schnell 1973, S. 14 f.).

4.3   Kirchenbau im 19. Jahrhundert

Das folgend vorgestellte empirische Material fußt auf der Beobachtung, dass es im 19. und beginnenden 20. Jahrhundert neben der von Eßbach genannten Aversion gegen die überbordende Menge an Dingen auch andauernde und fortgesetzte Bemühungen gab, Dinge und ihre Erscheinungsweisen zum Gegenstand gesellschaftlicher Auseinandersetzungen zu machen und breite Kreise dafür zu interessieren und zu sensibilisieren.[8] Entsprechend dem bürgerlichen Gesellschaftsmodell verblieben etwaige Überlegungen zur (angemessenen) Beschaffenheit oder (erwünschten) Wirksamkeit nicht im engen Kreis zwischen den Kunstschaffenden und ihren Auftraggebern, sondern wurden zum Gegenstand öffentlicher Aushandlungsprozesse und Diskurse. Getragen wurden solche Anstrengungen vom gleichen Impuls, dem auch die von Eßbach ins Visier genommenen Intellektuellen folgten, nämlich dem Unbehagen an der industriellen Massenproduktion (Karstein 2019a). Allerdings flüchten sich die von mir untersuchten Akteure nicht ins geistig-immaterielle, sondern versuchten – ganz im Gegenteil – aktiv Einfluss zu nehmen auf die Erscheinungsweise von Artefakten und Gebautem. Lange bevor etwa der Dürerbund und der Deutsche Werkbund zu Beginn des 20. Jahrhunderts ihre Arbeit begannen und sich einschlägige Zeitschriften wie *Der Kunstwart* der Aufgabe einer volkspädagogischen Erziehung zum Guten und Schönen widmeten, zeigten sich dabei schon Mitte des 19. Jahrhunderts im kirchlichen Milieu kritische Auseinandersetzungen mit den industriellen Produktkulturen und darauf bezogene Bemühungen einer stärkeren künstlerischen Durchbildung sowie auch erzieherische Bestrebungen in Richtung eines geläuterten Geschmacks im Kirchenbau mehr als deutlich (Karstein 2019a, b). Man beklagte die negativen Folgen, die der „Niedergang des Kunstgewerbes" für die Qualität und Erscheinungsweise von Dingen des (außer-)alltäglichen Gebrauchs zeitigte und versuchte, dem aktiv entgegen zu steuern.[9]

Verantwortlich dafür waren vor allem christliche Kunstvereine, die es seit den 1850er und 1860er Jahren auf katholischer wie auf evangelischer Seit gab (Karstein 2019b). Diese nahmen dabei nicht nur die Kirchenarchitektur in den Blick, sondern das gesamte Interieur, also Abendmahlskannen ebenso wie Taufsteine, Paramente, Konfirmandenurkunden, Grabmäler, Altarbilder usw. usf. Eine Grundklage lautete hier, dass die Gemeindeglieder oder auch Pfarrer bei Fragen des Kirchenbaus und seiner Ausstattung minderwertiger „Fabrikware" gegenüber würdigen und schönen Produkten den Vorzug geben.[10] Praktisch versuchte man

---

[8] Das hier verwendete Archivmaterial sowie Quellen, die keine:n Autor:in aufweisen, werden in Fußnoten aufgeführt.

[9] Diese Diagnose stammt von Georg Heinrich von Merz, der in den 1880er Jahren Vorsitzender des Vereins für christliche Kunst in der evangelischen Kirchen Württembergs war. Formuliert hat er diese in einem Brief an den Württembergischen Zweigverein des Gustav-Adolf-Vereins. Vgl. Landeskirchenarchiv Stuttgart (LKA) K1 Nr. 87, Bericht über die Jahresversammlung des Württembergischen Gustav Adolf Vereins, 1880: 44.

[10] Berathungen über die christliche Kunst auf dem Hamburger Kirchentage. Christliches Kunstblatt für Kirche, Schule und Haus, 1859 Heft 2: 11. Auch auf katholischer Seite gibt es kritische Stimmen. Solche Objekte würden dem „echt modernen Geist des Industrialismus",

dies über die Verbreitung entsprechenden Anschauungsmaterials, die Organisation eigener Ausstellungen, mithilfe kunsthistorischer Aufklärung durch öffentliche Vorträge und Zeitschriftenartikel sowie durch die Vermittlung für gut befundener Entwürfe an bauende Gemeinden zu korrigieren. Über diese vielschichtigen Formen der Geschmackserziehung sollte beim Kirchenvolk wieder ein „Sinn für würdigen Kirchenschmuck und ein Verständnis für kirchliche Kunst" geweckt werden, der sie zukünftig – hoffentlich – die ‚richtige' Wahl in solchen Dingen treffen ließ (Pfannschmidt 1928, S. 120). Insgesamt lässt sich sagen, dass die Vereine die gesamte Trias von Externalisierung, Objektivierung und Internalisierung im Blick hatten. Ihre Aktivitäten erfolgten im Vorgriff auf das tatsächliche Entwerfen, hinsichtlich der Erscheinung fertiger Objekte (Artefakte oder Gebäude) und mit Blick auf spätere sozialisatorische Wirkungen. Insofern es hier nicht nur um einzelne Zuschreibungen geht, sind solche Deutungsakte dabei immer auch Teil größerer Diskurszusammenhänge; im vorliegenden Fall der christlichen Kunstvereine etwa sind es Auseinandersetzungen um eine zeitgemäße Gestalt von Protestantismus (Karstein 2014) und Katholizismus.

Die Problemhorizonte, die in den Aktivitäten der christlichen Kunstvereine sichtbar werden, sind in mehrfacher Hinsicht höchst aufschlussreich. In ihnen zeigen sich eine Reihe von Wirkungsannahmen und damit gewissermaßen Alltagstheorien der sozialen Effektivität von Objekten. Diese sollen kurz vorgestellt werden. So handelt es sich zum einen um die Annahme, Kunst und Architektur hätten die „Macht (…), auf die Gemüther zu wirken" – im Positiven wie im Negativen.[11] Man war davon überzeugt, dass „unzweckmäßige" und „unschöne" Dinge dazu geeignet seien, den „Totaleindruck zu stören", „im entgegengesetzten Falle aber, im Zusammenhange des Ganzen auch ihrerseits zur Hervorbringung der beabsichtigten Stimmung mitzuwirken" (Kottmeier 1860, S. 68). An anderer Stelle heißt es, „durch schöne und würdige Ausrüstung der Kirche" könne man „das erstorbene Behagen, Interesse und Verständnis für den Ort, da des Herrn Ehre wohnet" wiedererwecken.[12] Dabei ist den Protagonisten angemessenes (d. h. in der Regel wertvolles) Material ebenso wichtig wie die richtige Gestaltung. Mitte des 19. Jahrhunderts hieß dies vor allem, Kirchen und kirchliches Interieur im gotischen Stil herzustellen bzw. bei Renovierungen auf Stilreinheit zu achten.

---

dem „Geist der Schablone, des Fabriktandes" entspringen, hieß es von der Deutschen Gesellschaft für Christliche Kunst. Vgl. *Jahresbericht der Deutschen Gesellschaft für christliche Kunst.* 1894: 1.

[11] Evangelisches Zentralarchiv (EZA), 49/1 D2, Einladung zur Theilnahme an einem zu gründenden Vereine für religiöse Kunst in der evangelischen Kirche.

[12] Jahresbericht des Vereins für religiöse Kunst in der evangelischen Kirche, 1867: 9.

Daneben finden sich Annahmen über eine enge Verbindung von Ethik und Ästhetik. So wird von „ästhetisch unschönen" bzw. geschmacklosen Darstellungen oder Objekten angenommen, sie würden „moralischen Schaden" anrichten (Grüneisen 1828, S. 40). Ein Zuviel an Effekthascherei würde unter der Hand „Rohheit und Sünde" sowie eine dem nahestehende „Scheinfrömmigkeit" fördern (Grüneisen 1860, S. 28). ‚Gute' Dinge hingegen bewirkten nicht nur eine Schärfung des ästhetischen Gewissens, sondern auch der sittlichen Gewissenhaftigkeit.[13]

Eine weitere Alltagstheorie zielt vor allem auf die Erscheinungsweise von Kirchenarchitektur im Stadtraum. Die Kirchen des 19. Jahrhunderts sollten nicht nur würdevoll sein, sondern von monumentaler Erscheinung. Offenbar stellten die Zeitgenoss:innen eine Verbindung her zwischen den Proportionalitäten im Stadtraum und der sozialen Relevanz der damit verknüpften Praktiken und sozialen Gruppen. Die Vereine unterstützten angesichts der sich in rasantem Tempo urbanisierenden und dabei in die Höhe wachsenden Städte daher folgerichtig Bestrebungen, neue Kirchen sehr viel größer zu bauen, als es noch bei den früheren mittelalterlichen Vorgängern der Fall gewesen war (Karstein 2023).

5 Resümee

Diese drei Problemhorizonte sollen genügen, um zu verdeutlichen, dass Annahmen über die soziale Effektivität von Objekten keine neue Entdeckung ist, die uns der *material turn* verschafft hat, sondern dass es Alltagstheorien darüber schon lange (und wahrscheinlich schon immer) gibt. Die Diskussion um Kirchen und ihre Innenausstattung im 19. Jahrhundert sind dafür ein exemplarisches Beispiel. Die in diesem Kontext zu findenden und hier knapp vorgestellten Theorien kreisen um Fragen von Affektivität, Moral und sozialer Hierarchie. In aller Deutlichkeit zeigt sich hierin auch ein Wissen um die mediale Qualität von Objekten. Solche Vorstellungen determinieren die Schaffung von Architekturen und Artefakten nicht, aber sie haben einen nicht zu unterschätzenden Einfluss auf den Entstehungs- und Aneignungsprozess. Dass Religion auch eine sinnliche Vermittlung braucht, steht für die Beteiligten völlig außer Frage. Die Gleichsetzung (oder ‚Verwechslung') von Dargestelltem und Darstellung ist dabei im 19. Jahrhundert (zumindest in den hier untersuchten Kreisen) kein Thema mehr. Allerdings wenden sich die christlichen Kunstvereine mit Interesse Fragen der

---

[13] Berathungen über die christliche Kunst auf dem Hamburger Kirchentage. Christliches Kunstblatt für Kirche, Schule und Haus, 1859 Heft 6: 44.

Darstellung, und damit Fragen des Stils und der Form zu: Es geht nicht in erster Linie darum, *dass* Kirchen neu erbaut oder restauriert werden sowie ausgestattet werden müssen, sondern *wie*. Dies taten sie auf eine für das bürgerliche Zeitalter typische Weise und trugen damit zu einer bis dato neuartigen Vergesellschaftung der Formfrage bei. Neuartig waren nicht nur die vereinsförmige Organisation und die sich herausbildende breite Publizistik, sondern auch das Maß an Popularisierung, das damit einherging. In dem Ansinnen, möglichst breite Kreise von der Notwendigkeit zu überzeugen, sich Formfragen zuzuwenden, zeigt sich damit ein Grundelement bürgerlicher Kultur, die trotz aller distinktiven Exklusivität doch immer auch allgemeines Vorbild sein wollte (Kaschuba 1988).

Man kann die Vergesellschaftung der Formfrage aber durchaus auch als Ausdruck und Reaktion auf das sich ausdifferenzierende und Autonomie erlangende Kunstfeld interpretieren. Unter Autonomisierung lässt sich verstehen, dass die Kunst sich ihrer eigenen technisch-rationalen Ausdrucksmittel bewusst wird und diese Kompetenz ins Programmatische wendet – also nicht nur in den Kunstwerken selbst ausstellt, sondern auch im Rahmen der philosophischen Ästhetik theoretisch begründet (Busch 1997; Kösser 2006). Mit diesen technisch-rationalen Ausdrucksmitteln aber liegt der Schwerpunkt auf dem *Wie* einer Darstellung, eines musikalischen Themas, Gebäudetyps etc. Die sich an diese Entwicklung anschließenden Veränderungen lassen auch andere Gesellschaftsbereiche nicht unbeeindruckt. Schon gar nicht das religiöse Feld. Die Aktivitäten der christlichen Kunstvereine sind so gesehen ein Ausdruck dafür, dass in dem Glauben an die soziale Effektivität religiöser Kunst und Architektur die Formfrage auch in den Kreis religiöse engagierter Akteure und Institutionen hineingetragen wird. Mit diesem Anliegen waren sie übrigens nicht allein. Auch Kunstgewerbe- oder Altertumsvereine trugen das Interesse für die Beschaffenheit der Dinge in breite Bevölkerungskreise hinein und leisteten einer differenzierten Ästhetisierung des Blicks Vorschub, die breite Teile der sich verbürgerlichenden Gesellschaftsschichten für Form- und Stilfragen sensibilisierte.[14] Dies hieß jedoch auch, die Frage der Form nicht nur den Kunstschaffenden zu überlassen.

---

[14] Mit Blick auf Reckwitz' These von der Ästhetisierung der Gesellschaft ist die Arbeit der Vereine auch deswegen in Rechnung zu stellen, weil ohne sie gar nicht erklärbar wäre, wie die überschießenden ästhetischen Ideen der romantischen Künstler – auf die er sich als eine der Quellen des Ästhetisierungsprozesses ja maßgeblich beruft – langfristig eine derartige Breitenwirkung haben entfalten können (Karstein 2021).

Literatur

Alkemeyer, Thomas (2012): Die olympische Neuverzauberung der Moderne. Über verkörperte Formen kollektiver Sinnstiftung in: Gugutzer, Robert; Böttcher, Moritz (Hrsg.): *Körper, Sport und Religion. Zur Soziologie religiöser Verkörperung.* Wiesbaden: Springer VS, S. 249–270.

Bachmann-Medick, Doris (2006): *Cultural Turns: Neuorientierungen in den Kulturwissenschaften.* Hamburg: Rowohlt.

Barad, Karen (2012): *Agentieller Realismus. Über die Bedeutung materiell-diskursiver Praktiken.* Berlin: Suhrkamp.

Becci, Irene; Burchardt, Marian; Casanova, José (Hrsg.) (2013): *Topographies of Faith. Religion in Urban Spaces.* Leiden: Brill.

Becci, Irene; Burchardt; Gioarda, Maria (2017): Religious super-diversity and spatial strategies in two European cities. *Current Sociology* 65 (1), S. 73–91.

Beck, Andrea; Herbers, Klaus; Nehring, Andreas (Hrsg.) (2017): *Heilige und geheiligte Dinge. Formen und Funktionen.* Wiesbaden: Franz Steiner.

Beck, Herbert; Bredekamp, Horst (1997): Bilderkultur und Bildersturm, in: Busch, Werner (Hrsg.): *Funkkolleg Kunst. Eine Geschichte der Kunst im Wandel ihrer Funktionen.* München: Piper, S. 108–126.

Belting, Hans (2004): *Bild und Kult. Eine Geschichte des Bildes vor dem Zeitalter der Kunst.* München, C. H. Beck.

Bennett, Jane (2010): *Vibrant matter. A political ecology of things.* Durham: Duke University Press.

Bourdieu, Pierre (1993): Über einige Eigenschaften von Feldern, in: Ders.: Soziologische Frauen. Frankfurt am Main: Suhrkamp, S. 107–114.

Bourdieu, Pierre (1998): *Vom Gebrauch der Wissenschaften. Für eine klinische Soziologie des wissenschaftlichen Feldes.* Konstanz: UVK.

Bräunlein, Peter (2012): Material Turn, in: Georg-August-Universität Göttingen (Hrsg.): *Dinge des Wissens. Die Sammlungen, Museen und Gärten der Universität Göttingen.* Göttingen, Wallstein Verlag, S. 30–44.

Bredekamp, Wolfgang (1975): *Kunst als Medium sozialer Konflikte. Bilderkämpfe von der Spätantike bis zur Hussitenrevolution.* Frankfurt am Main: Suhrkamp.

Breuer, Marc (2017): Religiöse Architektur im Säkularisierungsprozess. Katholische Kirchengebäude der Nachkriegsmoderne, in: Karstein, Uta; Schmidt-Lux, Thomas (Hrsg.): *Architekturen und Artefakte. Zur Materialität des Religiösen.* Wiesbaden: Springer VS, S. 73–92.

Burchardt, Marian (2017): Infrastrukturen des Religiösen: Materialität und urbane Ordnungsregime, in: Karstein, Uta; Schmidt-Lux, Thomas (Hrsg.): *Architekturen und Artefakte. Zur Materialität des Religiösen.* Wiesbaden: Springer VS, S. 233–252.

Burchardt, Marian; Häring, Johanna (2021): Das Versprechen der Architektur: Schaffen Multireligiöse Räume Toleranz? *Zeitschrift für Religion, Politik und Gesellschaft. 5(1)*, S. 111–139.

Burchardt, Marian; Martínez-Ariño, Julia; Griera, Mar; Bramadat, Paul (Hrsg.) (2023): Rite and Stone. Special issue, Space and Culture 26(2).

Burkitt, Ian (1999): *Bodies of Thought. Embodiment, Identity and Modernity.* London: Sage Publications.

Burri, Regula Valérie (2008): Bilder als soziale Praxis: Grundlegung einer Soziologie des Visuellen. *Zeitschrift für Soziologie. 37(4),* S. 342–358.

Busch, Werner (1997): Die Autonomie der Kunst, in: Werner Busch (Hrsg.): *Funkkolleg Kunst. Eine Geschichte der Kunst im Wandel ihrer Funktionen.* München: Pieper, S. 230–256.

Casanova, José (1994): *Public religions in the modern world.* Chicago: University of Chicago Press.

Claußen, Susanne (2009): *Anschauungssache Religion. Zur musealen Repräsentation religiöser Artefakte.* Bielefeld: transcript.

Cress, Torsten (2014): Religiöse Dinge, in: Samida, Stefanie; Eggert, Manfred K. H.; Hahn, Hans Peter (Hrsg.): *Handbuch materielle Kultur: Bedeutungen – Konzepte – Disziplinen.* Stuttgart: Metzler, S. 241–244.

Cress, Torsten (2017): *Sakrotope – Studien zur materiellen Dimension religiöser Praktiken.* Bielefeld: transcript.

Csordas, Thomas J. (1990): Embodiment as a Paradigm for Anthropology. *Ethos. Journal of the Society for Psychological Anthropology 18,* S. 5–47.

Dauss, Markus; Rehberg, Karl-Siegbert (2009): Gebaute Raumsymbolik: Die ‚Architektur der Gesellschaft' aus Sicht der Institutionenanalyse. In: Fischer, Joachim; Delitz, Heike (Hrsg.): *Die Architektur der Gesellschaft. Theorien für die Architektursoziologie.* Bielefeld: transcript, S. 109–136.

Delitz, Heike (2010): *Gebaute Gesellschaft. Architektur als Medium des Sozialen.* Frankfurt am Main: Campus.

Duttweiler, Stefanie (2012): „Jetzt ist es ein richtiges Dorf! Neue religiöse Räume an Orten (simulierter) Urbanität". In Pock, Johann; Hoyer, Birgit; Schüßler, Michael (Hrsg.): Ausgesetzt. Exklusionsdynamiken und Exposureprozesse in der Praktischen Theologie. Münster: Lit-Verlag, S. 277–294.

Duttweiler, Stefanie (2017): Grenzarbeit zwischen Sakralisierung und Profanität. Multireligiöse Räume in nicht-religiösen Kontexten, in: Karstein, Uta; Schmidt-Lux, Thomas (Hrsg.): *Architekturen und Artefakte. Zur Materialität des Religiösen.* Wiesbaden: Springer VS, S. 193–211.

Eßbach, Wolfgang (2001): Antitechnische und antiästhetische Haltungen in der soziologischen Theorie, in: Lösch, Andreas; Schrage, Dominik; Spreen, Dierk; Stauff, Markus (Hrsg.): *Technologien als Diskurse. Konstruktionen von Wissen, Medien und Körpern.* Heidelberg: Synchron, S. 125–138.

Farias, Ignacio; Löw, Martina; Steets, Silke; Schmidt-Lux, Thomas (2023): *Kultursoziologische Stadtforschung. Grundlagen, Analysen, Perspektiven.* Frankfurt am Main: Campus.

Gärtner, Christel (2018): Religiöse Lebensführung/Biographie, in: Detlef Pollack; Krech, Volkhard; Müller, Olaf; Hero, Markus (Hrsg.): *Handbuch Religionssoziologie.* Wiesbaden: Springer VS, S. 1001–1019.

Geertz, Clifford (1973): *The Interpretation of Culture. Selected essays.* New York: Basic Books Publishers.

Gehlen, Arnold (2004): *Urmensch und Spätkultur. Philosophische Ergebnisse und Aussagen.* Frankfurt am Main: Klostermann.

Gugutzer, Robert (2006): *Body Turn. Perspektiven der Soziologie des Körpers und des Sports.* Bielefeld: transcript.

Gugutzer, Robert; Böttcher, Moritz (Hrsg.) (2012): *Körper, Sport und Religion. Zur Soziologie religiöser Verkörperungen.* Wiesbaden: Springer VS.

Grüneisen, Carl (1828): *Über bildliche Darstellung der Gottheit. Ein Versuch.* Stuttgart: Gebrüder Franck.

Grüneisen, Carl (1860): Ein Streifzug durch die Bilderwelt von F. Oldenberg. *Christliches Kunstblatt für Kirche, Schule und Haus* (3/4), S. 28–31.

Habermas, Jürgen (1990): *Strukturwandel der Öffentlichkeit. Untersuchungen zu einer Kategorie der bürgerlichen Gesellschaft.* Frankfurt am Main: Suhrkamp.

Hahn, Hans Peter (2017): Fragwürdige Episteme der Materialität. Warum Theorien materieller Kultur die Komplexität der Dingwelt unterschätzen. *Österreichische Zeitschrift für Volkskunde,* 120 (3/4), S. 189–208.

Hazard, Sonia (2013): The Material Turn in the Study of Religion. *Religion and Society: Advances in Research* 4 (1), S. 58–78.

Hero, Marcus; Krech, Volkhard (2010): Religiöse Pluralisierung in Deutschland. Empirische Befunde und systematische Überlegungen, in: Pickel, Gert; Sammet, Kornelia (Hrsg.): *Religion und Religiosität im vereinigten Deutschland: Zwanzig Jahre nach dem Umbruch.* Wiesbaden: Springer VS, S. 27–41.

Hoppe, Katharina; Lemke, Thomas (2021): *Neue Materialismen. Zur Einführung.* Hamburg: Junius.

Houtman, David; Meyer, Birgit (2012): Introduction. Material Religion. How Things matter, in: Dies (Hrsg.): *Things, Religion and the Question of Materiality.* New York: Fordham University Press, S. 1–23.

Jones, Paul (2001): *The Sociology of Architecture. Constructing Identities.* Liverpool: Liverpool University Press.

Kalthoff, Herbert; Cress, Torsten; Röhl, Tobias (Hrsg.) (2016): *Materialität. Herausforderungen für die Sozial- und Kulturwissenschaften.* Pfullingen: Fink.

Karstein, Uta (2014): Missionierung im Medium Architektur. Zur Rolle des Kirchenbaus bei der Reintegration der Arbeiterschaft im ausgehenden 19. Jahrhundert. In: Löw, Martina (Hrsg.): *Vielfalt und Zusammenhalt. Verhandlungen des 36. Kongresses der Deutschen Gesellschaft für Soziologie in Bochum.* Frankfurt am Main (CD-Rom).

Karstein, Uta (2019a): Wider die „entadelte Kunst" der Industrie. Zum Verhältnis von Kunst, Handwerk und Industrie im kirchlichen Milieu des 19. Jahrhunderts, in: Mickan, Antje; Klie, Thomas; Berger, Peter A. (Hrsg.): Räume zwischen Kunst und Religion — sprechende Formen und religionshybride Praxis. Bielefeld: transcript, S. 45–68.

Karstein, Uta (2019b): Eine Frage des Geschmacks? Christliche Kunstvereine und der Kirchenbau im 19. Jahrhundert. *Geschichte und Gesellschaft. Zeitschrift für historische Sozialwissenschaft* 45 (2), S. 161–190.

Karstein, Uta (2021): Geschmackserziehung im „Kitschzeitalter". Zur Formierung der Sinne im 19. Jahrhundert, in: Schürkmann, Christiane; Zahner, Nina Tessa (Hrsg.): *Wahrnehmung als soziale Praxis.* Wiesbaden, Springer VS, S. 111–132.

Karstein, Uta (2022): Religious architecture as a public matter? Some insights about church building in the modern era, in: Wabel, Thomas; Eberlein-Braun, Katharina; Stamer, Torben (Hrsg.): *Space and Place as a Topic for Public Theologies.* Zürich: LIT Verlag, S. 71–91.

Karstein, Uta (2023): Urban Space, Functional Differentiation, and Conditions of Religious Place-Making in 19th-Century German and British Cities. *Space and Culture. Special issue: Rite and Stone*. Vol. 25 (4), S. 155–166.

Karstein, Uta; Schmidt-Lux, Thomas (2017): Die materiale Seite des Religiösen. Soziologische Perspektiven und Ausblicke, in: Dies. (Hrsg.): Architekturen und Artefakte. Zur Materialität des Religiösen. Wiesbaden: Springer VS, S. 3–22.

Kaschuba, Wolfgang (1988): Deutsche Bürgerlichkeit nach 1800. Kultur als symbolische Praxis, in: Kocka, Jürgen; Frevert, Ute (Hrsg.): *Bürgertum im 19. Jahrhundert. Deutschland im europäischen Vergleich*. München: DTV, S. 9–44.

Keenan, William J. F.; Arweck, Elisabeth (2006): Introduction. Material Varieties of Religious Expression, in: Dies. (Hrsg.): *Materializing Religion. Expression, Performance and Ritual*. Aldershot: Ashgate, S. 1–20.

Kern, Thomas; Schimank, Uwe (2013): Megakirchen als religiöse Organisationen: Ein dritter Gemeindetyp jenseits von Sekte und Kirche?, in: Wolf, Christoph: König, Matthias (Hrsg.): *Religion und Gesellschaft. Kölner Zeitschrift für Soziologie und Sozialpsychologie*, Sonderheft 53. Wiesbaden: Springer VS, S. 285–309.

Kleine, Christoph; Wohlrab-Sahr, Monika (2020): Comparative Secularities: Tracing Social and Epistemic Structures beyond the Modern West. *Method & Theory in the Study of Religion* 32 (4), S. 1–30.

Knoblauch, Hubert (2018): Individualisierung, Privatisierung und Subjektivierung, in: Pollack, Detlef; Krech, Volkhard, Müller; Hero, Markus (Hrsg.): *Handbuch Religionssoziologie*. Wiesbaden: Springer VS, S. 329–346.

Köhrsen, Jens (2016): *Middle Class Pentecostalism in Argentina: Inappropriate spirits.* Leiden: Brill.

Kösser, Uta (2006): *Ästhetik und Moderne. Konzepte und Kategorien im Wandel.* Erlangen: filos.

Kottmeier, Dr. (1860): Kirchenfenster und Kirchenthüren. *Christliches Kunstblatt für Kirche, Schule und Haus* (9/10), S. 67–78.

Krauss, Sebastian W. (2012): *Die Genese der autonomen Kunst. Eine historische Soziologie der Ausdifferenzierung des Kunstsystems.* Bielefeld: transcript.

Krüggeler, Michael; Gabriel, Karl; Gebhardt, Winfried (Hrsg.) (1999): *Institution, Organisation, Bewegung: Sozialformen der Religion im Wandel.* Opladen: Leske und Budrich.

Latour, Bruno (1996): *Der Berliner Schlüssel. Erkundigungen eines Liebhabers der Wissenschaften.* Berlin: Akademie-Verlag.

Latour, Bruno (2008): *Wir sind nie modern gewesen.* Frankfurt am Main: Suhrkamp.

Latour, Bruno; Yaneva, Albena (2017): «Give Me a Gun and I Will Make All Buildings Move»: An ANT's View of Architecture. *Architectural Design Theory* (1), S. 103–111.

Leistner, Alexander; Schmidt-Lux, Thomas (2012): Konzentriertes Fallenlassen. Ansätze einer Soziologie kollektiver Ekstase, in: Schnabel, Annette; Schützeichel, Rainer (Hrsg.): *Emotionen, Sozialstruktur und Moderne.* Wiesbaden: Springer VS, S. 317–333.

Lengersdorf, Diana; Wieser, Matthias (2014): *Schlüsselwerke der Science & Technology Studies.* Wiesbaden: Springer VS.

Luckmann, Thomas (1960): Neue Schriften zur Religionssoziologie. *Kölner Zeitschrift für Soziologie und Sozialpsychologie* 12, S. 315–326.

Luckmann, Thomas (1991): *Die unsichtbare Religion.* Frankfurt am Main: Suhrkamp.

Marek, Michaela; Karstein, Uta; Stoye, Fanny; Hausmann, Ilka; Rinn, Philipp (2012): Von der Künstlerschöpfung zum multiauktorialen Werk. Großstädtischer Kirchenbau und der Wandel des Architekturbegriffs in der Ära der Modernisierung. *Denkströme. Journal der Sächsischen Akademie der Wissenschaften* (9), S. 44–78.

McGuire, Meredith B. (1990): Religion and the body. Rematerializing the Human Body in the Social Sciences of Religion. *Journal for the Scientific Study of Religion* 29 (3), S. 283–296.

Mellor, Philip A.; Shilling, Chris (2010): Body pedagocics and the religious habitus: A new direction for the sociological study of religion. *Religion* 40 (1), S. 27–38.

Meyer, Birgit (2010): Aesthetics of persuasion: global Christianity and Pentecostalism's sensational forms. *South Atlantic Quarterly* 109 (4), S. 741–763.

Moebius, Stephan (Hrsg.) (2012): *Kultur. Von den Cultural Studies bis zu den Visual Studies. Eine Einführung.* Bielefeld: transcript.

Norris, Pippa; Inglehart, Ronald (2004): *Sacred and Secular: Religion and Politics Worldwide.* Cambridge: Cambridge University Press.

Pfannschmidt, Heinrich (1928): Der Verein für religiöse Kunst in der evangelischen Kirche einst und jetzt. *Monatsschrift für Gottesdienst und kirchliche Kunst* (34), S. 120–124.

Pilger, Kathrin (2004): *Der Kölner Zentral-Dombauverein im 19. Jahrhundert. Konstituierung des Bürgertums durch formale Organisation.* Köln: SH Verlag.

Pollack, Detlef (2003*): Säkularisierung – ein moderner Mythos?* Tübingen: Mohr Siebeck.

Pollack, Detlef (2013): *Religion und gesellschaftliche Differenzierung.* Tübingen: Mohr Siebeck.

Scharfe, Martin (1968): *Evangelische Andachtsbilder. Studien zu Intention und Funktion des Bildes in der Frömmigkeitsgeschichte vornehmlich des schwäbischen Raumes.* Stuttgart: Verlag Müller & Gräff.

Schmidt-Lux, Thomas (2011): Kirchenkampf und Aulastreit. Die Debatten um den Wiederaufbau der Leipziger Universitätskirche, in: Pickel, Gert; Sammet, Kornelia (Hrsg.): *Zwanzig Jahre nach dem Umbruch. Religion und Religiosität im vereinigten Deutschland.* Wiesbaden: Springer VS, S. 343–356.

Schmidt-Lux, Thomas (2017): Kirche und Aula zugleich? Eine Gebäudeinterpretation des Leipziger Paulinums, in: Karstein, Una; Schmidt-Lux, Thomas (Hrsg.): *Architekturen und Artefakte. Zur Materialität des Religiösen.* Wiesbaden: Springer VS, S. 121–144.

Schnell, Herbert (1973): *Der Kirchenbau des 20. Jahrhunderts in Deutschland.* München/ Zürich: Schnell & Steiner.

Schroer, Markus (2015): Raum, Macht, Religion. Über den Wandel sakraler Architektur, in: Beinhauer-Köhler, Bärbel; Roth, Mirko; Schwarz-Boennecke, Bernadette (Hrsg.): *Viele Religionen – ein Raum?!* Berlin: Frank & Timme, S. 17–34.

Schroer, Markus (2022): *Geosoziologie: Die Erde als Raum des Lebens.* Berlin: Suhrkamp.

Seesemann, Rüdiger; Billerbeck, Liane von (2012): „Es geht darum, Götzen zu zerstören". Islamwissenschaftler Seesemann über den religiösen Vandalismus in Mali. Deutschlandfunk Kultur Beitrag am 2.7.2012. https://www.deutschlandfunkkultur.de/es-geht-darum-goetzen-zu-zerstoeren.954.de.html?dram:article_id=211069.

Silke Steets (2017): Seductive Atmospheres, Conflicting Symbols: Religious Landmark Buildings in Diverse Societies. *Eurostudia – Revue Transatlantique de Recherche sur l'Europe*, 12 (1), S. 125–135.

Stark, Rodney; Finke, Roger (2000): *Acts of faith: Explaining the human side of religion.* Berkeley: University of California Press.

Steets, Silke (2015): *Der sinnhafte Aufbau der gebauten Welt. Eine Architektursoziologie.* Berlin: Suhrkamp.

Tenbruck, Friedrich H. (1990): *Die kulturellen Grundlagen der Gesellschaft. Der Fall der Moderne.* Opladen: Westdeutscher Verlag.

Tyrell, Hartmann; Krech, Volkhard; Knoblauch, Hubert (1998): *Religion als Kommunikation.* Würzburg: Ergon.

Uehlinger, Christoph (2015): Approaches to visual culture and religion. *Method and Theory in the Study of Religion* 27 (4/5), S. 384–422.

Wallis Roy; Bruce, Steve (1992): *Secularization: The Orthodox Model,* in: Bruce, Steve (Hrsg.): *Religion and Modernization: Sociologists and Historians Debate the Secularization Thesis.* Oxford: Clarendon Press.

Weber, Max (1980): *Wirtschaft und Gesellschaft. Grundriß der verstehenden Soziologie.* Tübingen: Mohr Siebeck.

Wiese, Leopold von (1933): *System der Allgemeinen Soziologie als Lehre von den sozialen Prozessen und den sozialen Gebilden der Menschen.* München/Leipzig: Duncker & Humblot.

Wildt, Kim de; Radermacher, Martin; Krech, Volkhard; Löffler, Beate; Sonne, Wolfgang (2019): Transformations of ‚Sacredness in Stone': Religious Architecture in Urban Space in 21st Century Germany—New Perspectives in the Study of Religious Architecture. *Religions* 10 (11).

Wohlrab-Sahr, Monika (2000): What has happened since "Luckmann 1960"? Sociology of Religion in Germany, Austria, and Switzerland. *Schweizerische Zeitschrift für Soziologie* 26 (1), S. 169–192.

Wohlrab-Sahr, Monika; Burchardt, Marian (2012): Multiple Secularities: Towards a Cultural Sociology of Secular Modernities. *Comparative Sociology* 11 (6), S. 875–909.

Uta Karstein ist wissenschaftliche Mitarbeiterin am Institut für Kulturwissenschaften der Uni¬versität Leipzig. Ihr Forschungsschwerpunkte liegen in den Bereichen Kultur- und Religions¬soziologie sowie Kunst- und Architektursoziologie. Von ihr erschien zuletzt der gemeinsam mit Thomas Schmidt-Lux und Marian Burchardt herausgegebene Band „Verstehen als Zugang zur Welt. Soziologische Perspektiven" (Campus 2022) sowie der Artikel "Urban Space, Functional Differentiation, and Conditions of Religious Place-Making in 19th-Century German and British Cities" (Space & Culture 2023).

Teil VI
Multiparadigmatische Religionssoziologie

Kornelia Sammet

1 Einleitung

In diesem Beitrag greife ich den Tagungstitel „Religionsanalyse und Theorieentwicklung" auf und beziehe ihn auf die Methodenentwicklung in der Religionssoziologie – genauer: auf das Verhältnis von *qualitativen* Methoden und religionssoziologischer Theorieentwicklung.

Nun steht qualitative – die rekonstruktive und interpretative – Sozialforschung allgemein in einer produktiven Beziehung zur soziologischen Theorienentwicklung. Sie verfolgt zum einen das Ziel, aus dem zugrunde liegenden empirischen Material Theorien zu entwickeln, die dann in der Konfrontation mit dem Datenmaterial abduktiv überprüft, ausdifferenziert oder modifiziert werden. Es handelt sich zumeist um Theoretisierungen mittlerer Reichweite. Zum anderen liefern – vor allem formale – Theorien forschungsleitende Konzepte oder auch „metatheoretische Kategorien" (Przyborski und Wohlrab-Sahr 2008, S. 42–45, 337–350) für die Generalisierung und Typenbildung in der qualitativ-rekonstruktiven Sozialforschung. Nun gilt diese Beschreibung des Verhältnisses von Theorie und Empirie nicht nur für das religionssoziologische Arbeiten, sondern generell für qualitative Methodologien. Jedoch – und das ist die These, die ich im Folgenden von verschiedenen Seiten beleuchten möchte – zeigt sich diese produktive Beziehung in der Religionssoziologie in besonderer Weise. Dazu blicke ich auf das Vierteljahrhundert seit der Wiedergründung der Sektion Religionssoziologie im Jahr 1995 im Rahmen des 27. Kongresses der Deutschen Gesellschaft für

K. Sammet (✉)
Deutsches Jugendinstitut, Halle (Saale), Deutschland
E-Mail: sammet@dji.de

© Der/die Autor(en), exklusiv lizenziert an Springer Fachmedien Wiesbaden   195
GmbH, ein Teil von Springer Nature 2024
A. Schnabel et al. (Hrsg.), *Religionsanalyse und Theorieentwicklung*,
Veröffentlichungen der Sektion Religionssoziologie der Deutschen Gesellschaft
für Soziologie, https://doi.org/10.1007/978-3-658-44533-1_11

Soziologie in Halle (Saale) zurück und beziehe dabei auch die Vorgeschichte mit
ein. In einem ersten Schritt (2) erinnere ich an kritische Diagnosen zur theoretischen und empirischen Lage der Religionssoziologie in den 1970er Jahren
sowie an fachpolitische und methodische Impulse, die zur Wiederbelebung der
Religionssoziologie beitrugen. Daran anschließend (3) widme ich mich der qualitativen Forschung in der Religionssoziologie der 1990er Jahre, bei der zwei
Erhebungsverfahren eine zentrale Rolle spielten – nämlich narratives Interview
und Gruppendiskussionsverfahren – und diskutiere ihre besonderen Potenziale
für die religionssoziologische Forschung. Diese methodischen Innovationen sind
beispielhaft dokumentiert in einem Tagungsband, in dem auch die religionssoziologische Theorieentwicklung der 1990er Jahre einen wichtigen Platz einnimmt.
Auf die Beiträge von zwei Autoren in diesem Band – *Thomas Luckmann* und
Ulrich Oevermann – gehe ich ausführlicher ein, weil bei ihnen die Entwicklung von qualitativer Methodologie und von religionssoziologischer Theorie eng
miteinander verknüpft sind (4). Daran zeigt sich, wie innovativ und produktiv es für die Religionssoziologie ist, wenn methodologisches und theoretisches
Denken Hand in Hand gehen. Abgeschlossen wird dieser Beitrag mit einigen
Bemerkungen zu Mixed Methods in der (religions-)soziologischen Forschung (5).

2   Religionssoziologisches Forschen in der zweiten Hälfte des 20. Jahrhunderts

Zunächst möchte ich kurz in Erinnerung rufen, wie sich die Lage der Religionssoziologie in Deutschland vor etwa 50 Jahren darstellte, also Anfang der
1970er Jahre.[1] In *empirischer* und *methodischer* Hinsicht wurde damals für
die Entwicklung im Verlauf der 1950er und -60er Jahre eine Verengung der
Religionssoziologie konstatiert: inhaltlich auf kirchlich gebundene Religion und
methodisch vorrangig auf quantitative Verfahren. Volker Drehsen beschrieb dies
als eine Situation,

> „in der sich die Religionssoziologie nahezu gänzlich aus dem Aufmerksamkeitshori-
> zont einer allgemeinen, theorieorientierten und an gesamtgesellschaftlicher Diagnos-
> tik interessierten Soziologie verabschiedet und weitgehend auf das Kümmerdasein
> einer thematisch begrenzten, theorievergessenen, wenn auch empirisch teilweise recht
> emsigen Kirchensoziologie zurückgenommen hatte" (Drehsen 1992, S. III).

---

[1] Darauf geht der Beitrag von Hartmann Tyrell in diesem Band ausführlicher ein.

Den Beginn der theoretischen und methodischen Umbrüche in der Religionssoziologie datiert Wohlrab-Sahr auf 1960 als „das Jahr des berühmt gewordenen
Angriffs Thomas Luckmanns auf die damals dominanten Perspektiven der
empirischen Religionssoziologie" (2003, S. 427; vgl. auch 2000). Dies führte
letztlich dazu, dass die damalige DGS-Sektion Religionssoziologie Anfang der
1970er Jahre „mangels Nachfrage" unter Thomas Luckmann als Sprecher aufgelöst wurde (Tyrell 2014, S. 62). Das Schicksal der religionssoziologischen
Theoriearbeit beschreibt Tyrell folgendermaßen:

> „Aber das, wofür dann soziologiebezogen das vielbemühte Jahr 1968 steht: die
> Politisierung des Faches, die zeitweise Hegemonie der Kritischen Theorie und des
> (religiös vollends unmusikalischen) Neomarxismus, der unvermeidliche Befassungs-
> zwang damit (und einiges mehr) – all das war der Soziologie der Religion wenig
> zuträglich. Die Tendenz, die Religionssoziologie auf das Feld der Wissenssoziologie
> zu ziehen bzw. sie in Wissenssoziologie aufzulösen, trat hinzu" (Tyrell 2014, S. 62).

Die für die Religionssoziologie fatalen Tendenzen waren also zusammengefasst
theoretische Verarmung, inhaltliche Verengung sowie eine *methodologische* wie
paradigmatische Vereinseitigung (vgl. Wohlrab-Sahr 2003, S. 435).

Einige Wurzeln der Wiederbelebung der deutschen Religionssoziologie liegen
in Bielefeld an der neugegründeten Fakultät für Soziologie. Tyrell (2014) hat
an die Initiative von Franz-Xaver Kaufmann erinnert, seine Ermunterung und
seine Einflussnahme im Vorstand der DGS, auch wenn die Wieder-Gründung der
Sektion Religionssoziologie schließlich von anderen umgesetzt wurde.

Für die Entdeckung und Entwicklung qualitativer Methoden in Deutschland sind ebenfalls Initiativen und Aktivitäten an der Bielefelder Fakultät
für Soziologie von großer Bedeutung. In diesem Zusammenhang möchte ich
die *Arbeitsgruppe Bielefelder Soziologen* nennen, die qualitative Forschung als
„kommunikative Sozialforschung" (1976) profilierte und damit wichtige methodologische Inspirationen lieferte, unter anderem durch die Übersetzung und
Publikation von Grundlagentexten in den beiden Bänden „Alltagswissen, Interaktion und gesellschaftliche Wirklichkeit" (Arbeitsgruppe Bielefelder Soziologen
1973), durch die der symbolische Interaktionismus und die Ethnomethodologie
Eingang in die Methodendiskussion in Deutschland fanden. Mit Joachim Matthes
war in dieser Gruppe ein Soziologe aktiv, der auch in der Religionssoziologie zur

Theorieentwicklung beitrug.[2] Auf andere „Bielefelder Soziologen" komme ich noch zu sprechen.

3   Qualitative Forschung in der Religionssoziologie der 1990er Jahre

Nach der Gründung zunächst der Arbeitsgruppe Religionssoziologie 1990 und fünf Jahre später der Sektion wurden erste Tagungen durchgeführt und Sammelbände dazu publiziert, die belegen, dass qualitativ-rekonstruktive Methoden für die religionssoziologische Arbeit der Mitglieder eine wichtige Rolle spielten. Schon der erste von Karl Gabriel (1996) herausgegebene Band der Sektionsreihe mit dem Titel „Religiöse Individualisierung oder Säkularisierung: Biographie und Gruppe als Bezugspunkte moderner Religiosität", der auf einer im Dezember 1994 (noch von der Arbeitsgruppe Religionssoziologie) durchgeführten Tagung basiert, macht die theoretischen und methodischen Bezugspunkte deutlich, die in den folgenden Jahren das qualitative Arbeiten in der Religionssoziologie bestimmt haben: zum einen die Gegenüberstellung von Theorieentwürfen, die auf Prognosen gesellschaftlicher Entwicklungstendenzen zielen (Individualisierung versus Säkularisierung), zum anderen die Identifikation, theoretische Reflexion und empirische Untersuchung von sozialen Gestalten des Religiösen: *Biographie* und *Gruppe*.[3] Die für eine rekonstruktive und interpretative Forschung zu diesen Themen geeigneten und vielfach genutzten Erhebungsverfahren – das *biographisch-narrative Interview* und das *Gruppendiskussionsverfahren* – gehen maßgeblich auf zwei Mitglieder der Arbeitsgruppe Bielefelder Soziologen zurück, nämlich *Fritz Schütze* und *Ralf Bohnsack*.

Ich möchte diese beiden Erhebungsverfahren und ihre methodologische Grundlegung auf ihre Potenziale für qualitatives Forschen im Feld der Religionssoziologie hin befragen. Zunächst gehe ich auf die *Gruppendiskussion* ein, die Bohnsack als Verfahren zur Erfassung und Rekonstruktion kollektiver Orientierungen und Wissensbestände profiliert und methodologisch fundiert hat.

---

[2] Religionssoziologische und methodologische Schriften von Matthes sind versammelt in dem von Rüdiger Schloz herausgegebenen Band „Das Eigene und das Fremde" (Matthes 2005).

[3] In seinem Vorwort als Herausgeber des Bands weist Karl Gabriel schon darauf hin, dass Tagung und Tagungsband eine methodische Weiterentwicklung verfolgten: „Forschungsmethodisch stellt sich hier die Frage nach einer notwendigen Erweiterung beziehungsweise Ablösung der Dominanz massenstatistisch-quantitativer Forschung durch eine rekonstruktiv verfahrende Religionsforschung" (1996: 8).

Allerdings interessiert dabei nicht die Gruppe als solche, sondern als Ort der „*Artikulation* und *Repräsentation* [...] kollektiver Erlebnisschichtung" (Bohnsack 2000, S. 378, Herv. i. O.). Die konkrete Gruppe liefert einen Zugang für die Analyse unterschiedlicher Erfahrungsräume, im Gespräch wird – so Bohnsack – das Gemeinsame anhand unterschiedlicher Themen zum Ausdruck gebracht.

In der qualitativen Religionsforschung wurde und wird das Verfahren daran anschließend für milieu-, geschlechts- oder generations- und altersspezifische Ausprägungen religiöser Orientierungsmuster und Habitusformationen herangezogen (z. B. Sammet 2006a). Die ersten auf Tagungen präsentierten Forschungsprojekte interessierten sich vor allem für Deutungsmuster in Solidaritätsgruppen (Gabriel und Treber 1996; Gabriel et al. 2002; Krüggeler et al. 2001) bzw. Ökologiegruppen (Christmann 1996).

Jedoch kann das Gruppendiskussionsverfahren gerade im Bereich der Religion auch für darüber hinaus gehende Fragestellungen genutzt und dadurch weiterentwickelt werden. Denn in der Religion (besonders auffällig in der christlichen Religion der Moderne) ist es für den Bereich zwischen der Individual- und Organisationsebene typisch, dass sich soziale Formen bilden, die sehr stark auf verbaler Kommunikation basieren. Dazu gehören stärker institutionalisierte Kreise innerhalb von religiösen Gemeinden, aber auch eher lose verbundene Sozialformen, wie z. B. Bewegungen, Netzwerke oder auch Teilnehmende an religiösen Events. Alle diese Vergemeinschaftungsformen, die durch diffuse Sozialbeziehungen geprägt sind, möchte ich unter dem Begriff der „Gruppe" fassen – in Anschluss an Neidhardts[4] (1979) und Tyrells (1983) Vorschlag, „Gruppe" als Ebene zwischen Interaktion und Organisation zu konzipieren. Wenn Gruppendiskussionen nun mit „natürlichen Gruppen" bzw. „Realgruppen" durchgeführt werden, kann auf dieser Basis die Gruppe als spezifische soziale Einheit – als soziale Größe *sui generis* – untersucht werden. Das heißt: Die Gruppe kommt mit ihren interaktiven Praktiken und Routinen, damit verbunden mit ihrer spezifischen Struktur, ihrem Selbstverständnis, ihrer Identität und Geschichte, aber auch mit ihren Grenzziehungen nach außen sowie den damit verbundenen Vorstellungen von „,*Zugehörigkeit*' (des einzelnen) und ,*Zusammengehörigkeit*'" (Tyrell 1983, S. 82, Herv. i. O.) – Tyrell spricht auch von einem Zusammengehörigkeitsgefühl" (1983, S. 79) bzw. „Wir-Gefühl" (1983, S. 82) – in den Blick (vgl. Sammet 2006b). Damit können Sozialformen des Religiösen gegenstandsangemessen und

---

[4] Neidhardt bestimmt „Gruppe" als „ein soziales System, dessen Sinnzusammenhang durch unmittelbare und diffuse Mitgliederbeziehungen sowie durch relative Dauerhaftigkeit bestimmt ist" (1979, S. 642).

unmittelbar untersucht werden, da die Gruppe nicht als Summe ihrer Einzel-
teile verstanden wird. Vielmehr steht mit den Gruppendiskussionen Datenmaterial
zur Verfügung, anhand dessen sich Gruppeninteraktionen und die über die konkrete Situation hinausweisende Identität der Gruppe als Gruppe – das, was ihre
Zusammengehörigkeit und die Zugehörigkeit zu ihr konstituiert – rekonstruieren
lassen.

Der geannte von Gabriel herausgegebene Sammelband enthält zudem einige
Beiträge, die sich mit der Bedeutung von Religion für Biographien befassen.[5]
Für die rekonstruktive *Biographieforschung* hat sich das *biographisch-narrative
Interview* weitgehend etabliert (auch wenn andere Datengrundlagen durchaus
vorstellbar sind und teilweise auch genutzt werden). Diese Interviewform geht
auf Fritz Schütze zurück, jedoch ist die Akzentuierung auf biographiebezogene
Fragestellungen zu eng gefasst (vgl. Schütze 1976a). Denn insbesondere die
religionssoziologische Forschung kann meines Erachtens sehr profitieren, wenn
sie sich mit Schützes dahinter stehenden grundlagentheoretischen Überlegungen
befasst. *Narrationen* bzw. Erzählungen werden darin als eine spezifische Text-
sorte profiliert, nämlich als Darstellung von selbsterlebten Ereignisverkettungen,
die besonderen Darstellungslogiken und Zugzwängen folgt. Die Erzählung ist für
Schütze zudem – was oft vergessen wird – an eine spezifische Adressatin bzw.
ein Publikum gerichtet und damit per se in Interaktionen eingebettet:

> „Als Grundtyp von Erzählung dürfte die rückblickende mündliche Darstellung eige-
> ner alltagsweltlicher Erfahrungen (im Rahmen aktuell erlebter und z. T. auch aktiv
> weitergetriebener Handlungskontexte) anzusehen sein – von Erfahrungen, die der
> Sprecher einem in der aktuellen Sprechsituation anwesenden Hörer direkt übermit-
> telt" (Schütze 1976b, S. 7).

Das heißt: *Erzählungen* sind eine genuin *interaktive Praxis.*

Erzählungen sind für beziehungsweise in Religionen eine ganz wesentliche
kommunikative Praxis. Sie können unterschiedliche Formen annehmen (z. B. als
ausformulierte Mythen, kanonisierte Texte, historische Dokumente oder mündli-
che Praxis) und in andere kommunikative Gattungen eingebettet sein (wie z. B.
Predigten, Romane, Filme, Dramen oder religiöse Überlieferungen). Auch wenn

---

[5] Dabei geht es unter anderem um religiöse Deutungsmuster in der Adoleszenz (Schöll
1996), um religiöse Selbstthematisierung in den Biographien von Managern (Hartmann
1996) oder um die biographische Struktur und Funktion einer Konversion zum Islam
(Wohlrab-Sahr 1996). Das Thema Konversion war in den ersten Jahren nach der Wieder-
gründung der Sektion Religionssoziologie ein prominenter Gegenstand der Analyse von
Erzählungen (vgl. Knoblauch et al. 1998; Wohlrab-Sahr 1999).

es dazu schon Forschungen und Analysen[6] gibt, würde sich eine vertiefende soziologische Untersuchung der Funktion von Erzählungen für Religion lohnen. Denn Erzählungen veranschaulichen religiöse Sinnzuschreibungen anhand der Darstellung von Handlungs- und Ereignisverkettungen, das heißt am Beispiel erinnerter oder ausgedachter konkreter lebenspraktischer Vollzüge. Dabei wird Erfahrenes in Auseinandersetzung mit vorhandenen Sinnressourcen und Deutungsangeboten vergegenwärtigt und re-interpretiert. Das wird in der Anekdote aus dem eigenen Familienleben beispielsweise in der Predigt eines Pfarrers ebenso deutlich und rekonstruierbar wie in Konversionserzählungen oder in den biblischen Erzählungen über die israelischen Könige oder Prophet:innen. Zugleich erheben Erzählungen den Anspruch, individuelle oder auch kollektive Erfahrungen für sich selbst und das Publikum plausibel und kohärent verstehbar zu machen.

4 Beziehungen zwischen qualitativen Methodologien und religionssoziologischen Theorieentwürfen: Thomas Luckmann und Ulrich Oevermann

Der oben erwähnte von Karl Gabriel herausgegebene Tagungsband wurde eröffnet durch zwei theoretisch ausgerichtete Beiträge von *Thomas* Luckmann (1996) und *Ulrich* Oevermann (1996). Ausgehend von diesen Aufsätzen möchte ich zeigen, wie sich religionssoziologische Theorie und Methodenentwicklung wechselseitig beeinflussten und inspirierten. Bei beiden Autoren ist *Sinn* ein zentrales Element ihrer Theorieentwürfe, sodass für empirische Untersuchungen zwangsläufig hermeneutische Verfahren entwickelt und herangezogen werden mussten.

Luckmann und Oevermann interessieren sich beide für Religion in sozialtheoretischer Hinsicht und fragen nach der Funktion von Religion, genauer: nach der „elementare[n] Religiosität" (Luckmann 1996, S. 18) bzw. der „strukturellen Religiosität" (Oevermann), die für sie im Prozess der Menschwerdung fundiert und daher universell ist. Damit bestimmen sie das Religiöse nicht grundlegend durch besondere soziale Formen oder Institutionalisierungen (wie z. B. in Kirchen), die sie vielmehr als historisch-konkrete Bearbeitungen der Sinnfrage verstehen, die für soziale Integration sorgen und kollektive Geltung verbürgen. Auch hier drückt

---

[6] Als Beispiel wäre Oevermanns Genesis-Interpretation (1995) im Band zu Religion und Biographie zu nennen.

sich eine Abkehr von der Kirchensoziologie aus. Zugleich kommt bei beiden
Autoren in der Betrachtung der Funktion der Religion das *Verhältnis des Indivi-
duums zur Gesellschaft* in den Blick, das für Luckmann eine „anthropologische
Konstante" (1985, S. 475; vgl. auch 1991, S. 77–86) darstellt:

> „Die fundamentale Bedeutung der Religion in allen Gesellschaften besteht im Ver-
> hältnis einer gesellschaftlichen Ordnung zu den Einzelorganismen der Gattung, die
> erst zu Personen werden, indem sie in der jeweiligen, historisch einzigartigen gesell-
> schaftlichen Ordnung aufwachsen" (Luckmann 1985, S. 475).

Religion trägt nach Luckmann zur gesellschaftlichen Integration der Individuen
und zur Stiftung von Ordnung bei, indem sie die Einzelnen in einen sie transzendierenden Sinnkosmos sozialisiert. Luckmann spricht in diesem Zusammenhang
vom „Heiligen Kosmos" (1996, S. 26 f.; 1991). Mit diesem theoretischen Verständnis der Religionssoziologie als Wissenssoziologie gingen methodologische
Entwicklungen einher (Wohlrab-Sahr 2003, S. 435 f.), die zur Ausarbeitung der
wissenssoziologischen Hermeneutik führten.

Wenn Religion in ihrer nomisierenden, Ordnung herstellenden Funktion
betrachtet wird, gerät – wie vielfach kritisiert wurde – das Konfliktpotenzial
von Religion, also ihre desintegrativen Momente, aus dem Blick.[7] Besonders
die Kritik von Fritz Schütze möchte ich hier anführen, weil sie (auch) auf
methodologischen Überlegungen und empirischer Arbeit beruht. Ein zentrales
Thema von Schützes Forschung ist das Interesse an *Unordnungserfahrungen*
und an den Prozessen, in denen Unordnung sichtbar wird.[8] Schützes Analysen zielen auf „das Chaotische und Verhängnishafte sozialer Realität" (2006b,
S. 212; vgl. auch 2006a) und auf die daraus resultierenden „biographischen
Erleidens- und Unordnungssituationen" (2006b, S. 206).[9] In seinen Untersuchungen der „Prozessstrukturen des Lebenslaufs" (1983, 2006b) entwickelt er das
soziologische Konzept der *Verlaufskurve* und arbeitet Stadien und Mechanismen

---

[7] Darauf weist in diesem Zusammenhang auch Volkhard Krech hin: „Die desintegrative Wirkung von Religion wird etwa in Religionskriegen oder in solchen Konflikten deutlich, in
denen Religion einen wichtigen Faktor darstellt" (1999, S. 27).

[8] Dieses Interesse teilt er gewissermaßen auch mit Ulrich Oevermann, für den „Krise" als
konstitutionstheoretischer Normalfall ein zentrales Konzept ist (1995, S. 45).

[9] Folgen bzw. Begleiterscheinungen von Verlaufskurvenprozessen arbeitet Schütze auf verschiedenen Ebenen heraus: (1) auf einer „quasi-metaphysischen" Ebene die Untergrabung
des Vertrauens in die Ordnung und in die Gerechtigkeit der Welt und das „Laborieren an einer
Art säkularisierter Theodizeeproblematik" (2006b, S. 230), (2) bezogen auf Interaktionsver-
hältnisse ein generalisiertes Misstrauen in das Gegenüber (ebd.) sowie (3) ein Fremdwerden
der eigenen Identität (231 f.).

ihrer Ablaufdynamiken heraus: Die „Betroffenen vermögen nicht mehr aktiv zu handeln, sondern sind durch als übermächtig erlebte Ereignisse und deren Rahmenbedingungen getrieben und zu rein reaktiven Verhaltensweisen gezwungen" (2006b, S. 212 f.; vgl. auch 1983). Diese Hervorhebung des Unordentlichen, Anomischen und Chaotischen schlägt sich in Schützes Verständnis von Religion nieder: Er weist darauf hin, dass Religion neben einer *Kosmisierungsfunktion* im Sinne Luckmanns auch eine „*Kontingenzperspektive*" haben könne, indem sie „das Rätselhafte, das Kontingente, Chaotische, Paradoxe, Antinomische der Weltereignisse und der Verflochtenheit des Einzelnen in sie" (2006a, S. 337) bearbeite. Krisen und Erfahrungen von Kontingenz, von Anomie oder mangelnden Gestaltungsmöglichkeiten werden demnach nicht (nur) durch Kosmisierung (und damit durch die kognitive Herstellung von Ordnung und Kohärenz) bearbeitet. Vielmehr können sie auch als Grundbedingung des Lebens hingenommen oder als etwas, unter dem man leidet, beklagt werden. Daran können sich wiederum Ordnungsversuche anschließen. Die Funktion von Religion ist demnach nicht generell Kontingenz*bewältigung,* sondern zunächst und in erster Linie Kontingenz*bearbeitung.*

Auch bei Ulrich Oevermann sind methodologische Grundlegungen und religionssoziologische Theoriebildung eng miteinander verknüpft. Wie Luckmann argumentiert auch Oevermann in seinem Theorem der *strukturellen Religiosität* (z. B. 1995, 1996, 2001, 2003) konstitutionstheoretisch; auch für Oevermann ist das von der Religion zu lösende Problem im Übergang von der Natur zur Kultur und in der durch die Sprachlichkeit entstandenen Fähigkeit zur Bildung hypothetischer Welten begründet.[10] Die damit verbundene Erfahrung von Kontingenz und das Bewusstsein der Endlichkeit des eigenen Lebens bringen laut Oevermann das universale „Bewährungsproblem" hervor. Eine zentrale Rolle in Oevermanns Theorieentwürfen kommt der „Lebenspraxis" zu, die er als „widersprüchliche Einheit von Entscheidungszwang und Begründungsverpflichtung" (1995, S. 36–41, 2000, S. 130 ff.) versteht. Damit ist gemeint, dass jedes Handeln, jede Interaktion in jedem Moment mit einer Entscheidung verbunden ist, da jede Anschlusshandlung zwangsläufig eine Auswahl trifft, die andere Handlungsalternativen verwirft. Diese Entscheidung verlangt im Prinzip eine Begründung, die jedoch zumeist im Moment des Handelns nicht eingelöst werden kann, sondern erst nachträglich von ihrer Folge her. In der Lebenspraxis sind demnach Handlung, Deutung und Evaluation untrennbar miteinander verwoben.

---

[10] Sein Theorieentwurf zielt darauf, „Religiosität als allgemeinen Strukturzusammenhang aus den *Konstitutionsbedingungen* der Praxis zu entwickeln" (1995, S. 31, Herv. i. O.).

Auf diesen Zusammenhang zielt in Oevermanns Strukturmodell der Begriff der *„Bewährung"*, und auf ihn haben sich viele Kritiken gerichtet, weil er unterschiedliche Bedeutungen und Perspektiven impliziert. Er hat religiöse Konnotationen[11] und ist normativ aufgeladen, da er Maßstäbe des Gelingens und Scheiterns mit sich führt.

Der Gehalt und der Nutzen des Begriffs „Bewährung" lassen sich meines Erachtens klären, wenn man Oevermanns Methodologie der Objektiven Hermeneutik heranzieht. In diesem von Oevermann entwickelten Interpretationsverfahren taucht der Gedanke der Bewährung auch auf, allerdings in einer methodischen Bedeutung. Bei der sequentiellen Analyse von Datenmaterial werden Lesarten des vorliegenden Falles entworfen, die im Fortgang der Analyse an Anschlusshandlungen (als Auswahlen bzw. „Entscheidungen" des Falles) überprüft und damit bestätigt oder verworfen werden. Die Methode folgt damit der sequentiellen Struktur der Lebenspraxis, deren Entscheidungslogik als Fallstrukturgesetzlichkeit rekonstruiert wird.[12] So werden aus Lesarten, die sich in der Analyse bewährt haben, Strukturhypothesen zum Fall und darauf aufbauend Typen und Theoretisierungen entwickelt. Dabei entfaltet die Wissenschaftlerin ihre Deutungen und Theoretisierungen – entlastet von Zeitdruck und Handlungszwang – in Auseinandersetzung mit Dokumenten der sozialen Wirklichkeit, an denen sich die Deutungen sequentiell bewähren müssen, damit sie Gültigkeit beanspruchen können. Die *strukturlogische Gemeinsamkeit* von „Bewährung" in der Lebenspraxis im Strukturmodell der Religiosität einerseits und in der Methode der Objektiven Hermeneutik andererseits besteht darin, dass es um den sequentiell hervorgebrachten Zusammenhang von Praxis und Deutung geht.

In Oevermanns Strukturmodell von Religiosität werden über den Begriff der Bewährung (religiöse oder nicht-religiöse) Glaubensinhalte auf die Lebenspraxis bezogen, die sich in Hinblick auf einen konkreten Bewährungsmythos *bewähren* muss. Dem Bewährungsmythos kommt für Oevermann die folgende Aufgabe zu:

---

[11] Oevermann benutzt an verschiedenen Stellen in seinem theoretischen Entwurf des „Strukturmodells von Religiosität" religiöse Begriffe als analytische Kategorie, die auf konkrete (nämlich christliche) Traditionen verweisen. In der Theoriebildung wird von den konkreten Inhalten und semantischen Bezügen abstrahiert sowie ihre strukturelle Funktion hervorgehoben und universalisiert. Allerdings wird dabei ihr religiös-normativer Gehalt latent mitgeführt. Ein weiteres Beispiel dafür ist Oevermanns Konzeptualisierung von „Charisma" (1995, S. 44–51), das er nicht als Merkmal einer Person oder Beziehung begreift, sondern als eine Phase im Prozess der Entstehung von Neuem.

[12] Oevermann (1995, S. 41–44) geht in der Darstellung des Strukturmodells auf die „Methode der Sequenzanalyse als Modell von Lebenspraxis" (41) ein.

„Er muß den Entwurf einer möglichen Lösung des Bewährungsproblems enthalten, einen – notwendig immer utopischen – Maßstab des möglichen Gelingens vorgeben und vor allem eine Instanz der Erlösung und des Heils, dessen Gnade man prinzipiell teilhaftig werden kann, verbürgern [sic!]. Ganz elementar muß der Mythos korrelativ zum Bewußtsein von der Endlichkeit des Lebens die mit dem Bewußtsein aufgeworfenen Fragen: Woher komme ich, wohin gehe ich, wer bin ich? also die Grundform der fundamentalen Sinnfrage beantworten" (1996, S. 35).

Dieses Verständnis von Bewährung ist noch nah an einem religiösen Verständnis von Bewährung in der Lebensführung. Oevermann weist darauf hin, dass der Bewährungsmythos einer „permanenten" und „zweifelsfreien Evidenzsicherung" (1996, S. 36) bedürfe, die nicht durch theoretische Überprüfung, sondern praktisch erfolgen müsse. Die Evidenz des Mythos könne nur kollektiv, also durch eine religiöse Vergemeinschaftung verbürgt werden. Dafür waren traditionell religiöse Glaubenssysteme und ihre Institutionen zuständig: Sie haben kulturspezifisch Mythen formuliert und tradiert, die sich auf den Ursprung und das Ende des Menschen beziehen sowie Kriterien gelingenden Lebens formulieren.

Analytisch ist das Verhältnis von Bewährungsmythos und lebenspraktischer Bewährung auch in die andere Richtung zu denken: Das heißt, der Mythos muss sich an der Lebenspraxis bewähren. Denn wenn er keine sinnvolle Deutung der Lebenspraxis ermöglicht, ist er gescheitert und wird unvermeidlich angepasst und revidiert. Das bedeutet: Der Bewährungsmythos muss auf die Fragen, die praktischen Probleme und die darauf bezogenen Interessen der jeweiligen Lebenspraxis Antworten geben. Daraus resultieren beständige Reinterpretationen des Bewährungsmythos und damit verbunden (Neu-)Aneignungen von religiösen wie nicht-religiösen Deutungsangeboten (vgl. Sammet und Erhard 2019).

Beispiele für die vielfältigen, an lebenspraktische Erfordernisse angepassten Mythen, Glaubenssysteme und Ethiken liefert schon Max Weber im § 7 seiner Religionssoziologie in „Wirtschaft und Gesellschaft" unter der Überschrift „Stände, Klassen, Religion" (1980, S. 285–314). Für Oevermann besteht die Herausforderung – die „Nicht-Stillstellbarkeit des Bewährungsproblems" (1995, S. 61) – für moderne Menschen darin, dass diese Mythen nicht mehr kollektiv verbürgt seien. Ob das tatsächlich zutrifft, wäre noch zu diskutieren. Meines Erachtens gibt es auch und gerade in modernen (säkularisierten und pluralisierten) Gesellschaften Formen der kollektiven Verbürgung von Bewährungsmythen, die es zu erforschen gilt.

5   Mixed-Methods-Designs: vielfach erprobt, (zu) wenig methodologisch reflektiert?

Beschließen möchte ich meine Überlegungen mit einem Appell, auch zukünftig methodisches Vorgehen mit theoretischem Nachdenken (und umgekehrt) zu verknüpfen. Dies gilt in besonderem Maße für Mixed-Methods-Designs, die zunehmend an Beliebtheit und Verbreitung gewinnen. Daher möchte ich zum Abschluss kurz auf damit verbundene methodologische Anforderungen eingehen. Studien, die mit Methodenkombinationen forschen, müssen – insbesondere wenn sie qualitative mit quantitativen Zugängen verbinden – die methodologischen Grundlagen der genutzten Verfahren und ihre jeweiligen Möglichkeiten und Grenzen bedenken. Eine solche Verknüpfung macht meines Erachtens nur Sinn, wenn die Methoden nicht aneinander angeglichen oder ineinander überführt werden, sondern ihren jeweils besonderen Erkenntnispotenzialen entsprechend eingesetzt werden. Zugespitzt gesagt: Methodenkombination darf nicht dazu führen, dass nichts mehr „richtig" gemacht wird und etwa deskriptive Statistik mit qualitativer Inhaltsanalyse verknüpft wird. Dies wird weder den Standards und erkenntnistheoretischen Grundlagen der quantitativ-standardisierenden noch der interpretativ-rekonstruktiven Verfahren gerecht, und es verschenkt wertvolle Erkenntnispotenziale. Denn qualitative Inhaltsanalyse beschränkt sich auf die Inhaltsebene und verbleibt damit an der Oberfläche der untersuchten Phänomene, Datenausschnitte werden zumeist aus ihrem Zusammenhang herausgelöst und vorgegebenen Kategorien subsumiert. Interpretative und rekonstruktive – wie die in diesem Beitrag vorgestellten – qualitativen Verfahren interessieren sich nicht nur für das „Was" der Daten (also die inhaltliche Ebene), sondern insbesondere für das „Wie": ihre kommunikative Form, ihre Kontextualität und den in ihnen zum Ausdruck kommenden latenten Sinn. So nutzten sie die Potenziale einer kommunikativ situierten und auf die Rekonstruktion von Sinn bezogenen empirischen Forschung zur Theorieentwicklung. Davon kann sich religionssoziologische Forschung auch zukünftig inspirieren lassen.

Literatur

Arbeitsgruppe Bielefelder Soziologen (Hrsg.) (1973): *Alltagswissen, Interaktion und gesellschaftliche Realität.* Reinbek: Rowohlt (2 Bd.).
Arbeitsgruppe Bielefelder Soziologen (Hrsg.) (1976): *Kommunikative Sozialforschung. Alltagswissen und Alltagshandeln, Gemeindemachtforschung, Polizei, politische Erwachsenenbildung.* München: Fink.

Bohnsack, Ralf (2000): Gruppendiskussion, in: Flick, Uwe; von Kardorff, Ernst; Steinke, Ines (Hrsg.): *Qualitative Forschung. Ein Handbuch.* Reinbek: Rowohlt, S. 369–384.

Christmann, Gabriela B. (1996): Die ‚religioiden' Anteile im Denken von Umweltschützer/innen. Über Herkunft und Aufrechterhaltung umweltschützerischer Sinnelemente, in: Gabriel, Karl (Hrsg.): *Religiöse Individualisierung oder Säkularisierung: Biographie und Gruppe als Bezugspunkte moderner Religiosität.* Gütersloh: Kaiser, Gütersloher Verlagshaus, S. 198–214.

Drehsen, Volker (1992): Religionssoziologische Theoriebildung und empirische Forschung: Probleme ihres Verhältnisses. In: *Sociologica Internationalis* 30, S. III f.

Gabriel, Karl (Hrsg.) (1996): *Religiöse Individualisierung oder Säkularisierung: Biographie und Gruppe als Bezugspunkte moderner Religiosität.* Gütersloh: Kaiser, Gütersloher Verlagshaus.

Gabriel, Karl; Gärtner, Christel; Münch, Maria-Theresia; Schönhöffer, Peter (2002): *Solidarität mit Osteuropa. Praxis und Selbstverständnis christlicher Mittel- und Osteuropagruppen.* Mainz: Matthias Grünewald Verlag.

Gabriel, Karl; Treber, Monika (1996): Deutungsmuster christlicher Dritte-Welt-Gruppen, in: Gabriel, Karl (Hrsg.): *Religiöse Individualisierung oder Säkularisierung: Biographie und Gruppe als Bezugspunkte moderner Religiosität.* Gütersloh: Kaiser, Gütersloher Verlagshaus, S. 173–197.

Hartmann, Klaus (1996): Religiöse Selbstthematisierung, berufliche Identität und Individualität in Managerbiographien, in: Gabriel, Karl (Hrsg.): *Religiöse Individualisierung oder Säkularisierung: Biographie und Gruppe als Bezugspunkte moderner Religiosität.* Gütersloh: Kaiser, Gütersloher Verlagshaus, S. 130–149.

Knoblauch, Hubert; Krech, Volkhard; Wohlrab-Sahr, Monika (Hrsg.) (1998): *Religiöse Konversion. Systematische und fallorientierte Studien in soziologischer Perspektive.* Konstanz: uvk.

Krech, Volkhard (1999): *Religionssoziologie.* Bielefeld: transcript.

Krüggeler, Michael; Büker, Markus; Dubach, Alfred; Eigel, Walter; Englberger, Thomas; Friemel, Susanne (2001): Solidarität und Religion – Solidaritätsgruppen in der Deutschschweiz, in: Pickel, Gert; Krüggeler, Michael (Hrsg.): *Religion und Moral.* Wiesbaden: Springer VS, S. 189–212.

Luckmann, Thomas (1985): Bemerkungen zu Gesellschaftsstruktur, Bewusstseinsformen und Religion in der modernen Gesellschaft, in: Lutz, Burkart (Hrsg.): *Soziologie und gesellschaftliche Entwicklung. Verhandlungen des 22. Deutschen Soziologentags in Dortmund 1984.* Frankfurt am Main: Campus, S. 475–484.

Luckmann, Thomas (1991): *Die unsichtbare Religion.* Frankfurt am Main: Suhrkamp.

Luckmann, Thomas (1996): Privatisierung und Individualisierung. Zur Sozialform der Religion in spätindustriellen Gesellschaften, in: Gabriel, Karl (Hrsg.): *Religiöse Individualisierung oder Säkularisierung: Biographie und Gruppe als Bezugspunkte moderner Religiosität.* Gütersloh: Kaiser, Gütersloher Verlagshaus, S. 17–28.

Matthes, Joachim (2005): *Das Eigene und das Fremde. Gesammelte Aufsätze zu Gesellschaft, Kultur und Religion.* Herausgegeben von Rüdiger Schloz. Würzburg: Ergon.

Neidhardt, Friedhelm (1979): Das innere System sozialer Gruppen. *Kölner Zeitschrift für Soziologie und Sozialpsychologie* 31, S. 639–660.

Oevermann, Ulrich (1995): Ein Modell der Struktur von Religiosität. Zugleich ein Strukturmodell von Lebenspraxis und von sozialer Zeit, in: Wohlrab-Sahr, Monika (Hrsg.):

Biographie und Religion. Zwischen Ritual und Selbstsuche. Frankfurt am Main: Campus, S. 27–102.

Oevermann, Ulrich (1996): Strukturmodell von Religiosität, in: Gabriel, Karl (Hrsg.): *Religiöse Individualisierung oder Säkularisierung: Biographie und Gruppe als Bezugspunkte moderner Religiosität.* Gütersloh: Kaiser, Gütersloher Verlagshaus, S. 29–40.

Oevermann, Ulrich (2000): Die Methode der Fallrekonstruktion in der Grundlagenforschung sowie der klinischen und pädagogischen Praxis, in: Kraimer, Klaus (Hrsg.): *Die Fallrekonstruktion. Sinnverstehen in der sozialwissenschaftlichen Forschung.* Frankfurt am Main: Suhrkamp, S. 58–156.

Oevermann, Ulrich (2001): Bewährungsdynamik und Jenseitskonzepte – Konstitutionsbedingungen von Lebenspraxis, in: Schweidler, Walter (Hrsg.): Wiedergeburt und kulturelles Erbe. Reincarnation and Cultural Heritage. Sankt Augustin: Academia, S. 289–338.

Oevermann, Ulrich (2003): Strukturelle Religiosität und ihre Ausprägungen unter Bedingungen der vollständigen Säkularisierung des Bewusstseins. In: Gärtner, Christel; Pollack, Detlef; Wohlrab-Sahr, Monika (Hrsg.): *Atheismus und religiöse Indifferenz.* Opladen: Springer, S. 339–387.

Przyborski, Aglaja; Wohlrab-Sahr, Monika (2008): *Qualitative Sozialforschung. Ein Arbeitsbuch.* München: Oldenbourg.

Sammet, Kornelia (2006a): Lebensstile in Gruppendiskussionen: Gruppenidentitäten, Abgrenzungen und Konfliktlinien, in: Huber, Wolfgang; Friedrich, Johannes; Steinacker, Peter (Hrsg.): *Kirche in der Vielfalt der Lebensbezüge. Die vierte EKD-Erhebung über Kirchenmitgliedschaft.* Gütersloh: Gütersloher Verlag, S. 247–262.

Sammet, Kornelia (2006b): Vergemeinschaftung in Gruppen: Lebensstile, Gruppenidentität und Abgrenzungen. Analysen der Gruppendiskussionen, in: Hermelink, Jan; Lukatis, Ingrid; Wohlrab-Sahr, Monika (Hrsg.): *Kirche in der Vielfalt der Lebensbezüge. Die vierte EKD-Erhebung über Kirchenmitgliedschaft. Band 2: Analysen zu Gruppendiskussionen und Erzählinterviews.* Gütersloh: Gütersloher Verlag, S. 59–136.

Sammet, Kornelia; Erhard, Franz (2019): Everyday lived Islam among Young People from Migrant Families in Germany, in: Shipley, Heather, Arweck, Elisabeth (Hrsg.): *Young People and the Diversity of (Non)Religious Identities in International Perspective.* Cham: Springer, S. 221–239.

Schöll, Albrecht (1996): „Einfach das Leben irgendwie nicht verpennen". Zur Funktion religiöser Deutungsmuster in der Adoleszenz, in: Gabriel, Karl (Hrsg.): *Religiöse Individualisierung oder Säkularisierung: Biographie und Gruppe als Bezugspunkte moderner Religiosität.* Gütersloh: Kaiser, Gütersloher Verlagshaus, S. 112–129.

Schütze, Fritz (1976a): Zur Hervorlockung und Analyse von Erzählungen thematisch relevanter Geschichten im Rahmen soziologischer Feldforschung, in: Arbeitsgruppe Bielefelder Soziologen (Hrsg.): *Kommunikative Sozialforschung. Alltagswissen und Alltagshandeln, Gemeindemachtforschung, Polizei, politische Erwachsenenbildung.* München: Fink, S. 10–87.

Schütze, Fritz (1976b): Zur soziologischen und linguistischen Analyse von Erzählungen, in: Dux, Günter; Luckmann, Thomas (Hrsg.): *Beiträge zur Wissenssoziologie – Beiträge zur Religionssoziologie.* Opladen: Westdeutscher Verlag, S. 7–41.

Schütze, Fritz (1983): Biographieforschung und narratives Interview. *Neue Praxis* 3, S. 283–293.

Schütze, Fritz (2006a): „Weltsichten" unter dem Gesichtspunkt von paradoxen Lebenserfah-
rungen und Existenzbedingungen, in: Huber, Wolfgang; Friedrich, Johannes; Steinacker,
Peter (Hrsg.): Kirche in der Vielfalt der Lebensbezüge. Die vierte EKD-Erhebung über
Kirchenmitgliedschaft. Gütersloh: Gütersloher Verlag, S. 337–353.

Schütze, Fritz (2006b): Verlaufskurven des Erleidens als Forschungsgegenstand der inter-
pretativen Soziologie. In: Krüger, Heinz-Hermann; Marotzki, Winfried (Hrsg.): *Handbuch erziehungswissenschaftliche Biographieforschung.* 2., überarbeitete und aktuali-
sierte Auflage. Wiesbaden: Springer VS, S. 205–237.

Tyrell, Hartmann (1983): Zwischen Interaktion und Organisation I: Gruppe als System-
typ, in: Neidhardt, Friedhelm (Hrsg.): Gruppensoziologie: Perspektiven und Materialien.
Kölner Zeitschrift für Soziologie und Sozialpsychologie, Sonderheft 25, S. 75–87.

Tyrell, Hartmann (2014): Religionssoziologie – Christentumssoziologie, in: Goertz, Stephan;
Große Kracht, Hermann-Josef (Hrsg.): *Christentum – Moderne – Politik. Studien zu Franz-
Xaver Kaufmann.* Paderborn: Schöningh, S. 61–93.

Weber, Max (1980 [1921/1922]): *Wirtschaft und Gesellschaft. Grundriß der verstehenden
Soziologie.* 5. rev. Aufl., hrsg. v. Johannes Winckelmann. Tübingen: Mohr Siebeck.

Wohlrab-Sahr, Monika (1996): Lösung eines deutschen Dilemmas. Maximaler Kontrast und
innere Gefolgschaft als Struktur einer Konversion zum Islam, in: Gabriel, Karl (Hrsg.):
*Religiöse Individualisierung oder Säkularisierung: Biographie und Gruppe als Bezugs-
punkte moderner Religiosität.* Gütersloh: Kaiser, Gütersloher Verlagshaus, S. 150–170.

Wohlrab-Sahr, Monika (1999): *Konversion zum Islam in Deutschland und den USA.* Frankfurt
am Main: Campus.

Wohlrab-Sahr, Monika (2000): ‚Luckmann 1960' und die Folgen. Neuere Entwicklungen in
der deutschsprachigen Religionssoziologie. *Soziologie,* 3: S. 36–60.

Wohlrab-Sahr, Monika (2003): ‚Luckmann 1960' und die Folgen. Neuere Entwicklungen
in der deutschsprachigen Religionssoziologie, in: Orth, Barbara; Schwietring, Thomas;
Weiß, Johannes (Hrsg.): *Soziologische Forschung. Stand und Perspektiven. Ein Handbuch.*
Opladen: Leske und Budrich, S. 427–448.

Kornelia Sammet ist als wissenschaftliche Referentin in der Außenstelle Halle des Deutschen Jugendinstituts tätig. Ihre Forschungsschwerpunkte liegen in der Religions- und Kultursoziologie, der Soziologie sozialer Ungleichheiten, der Armuts- und Wohlfahrtsstaatsforschung, der Professionssoziologie sowie der qualitativ-rekonstruktiven Sozialforschung.
Jüngere Publikationen sind: „»Sie hat im Chat geschrieben, sie hört uns nicht«. Methodische
und methodologische Überlegungen zu Videokonferenz-basierten Gruppendiskussionen",
ZQF – Zeitschrift für Qualitative Forschung (2022, mit Franziska Heinze & Ellen Schro-
eter); Touristifizierung von Religion und Spiritualisierung von Tourismus. Erkundungen am
Beispiel von religiösen Wanderwegen im Schwarzwald. Zeitschrift für Religion, Gesell-
schaft und Politik (2021, mit Uta Karstein); „Gesellschaftliche Integration im und durch den
Wohlfahrtsstaat", in: Handbuch Integration (2020, mit Tomas Steffens) und „Religion und
Geschlechterordnungen in der Religionssoziologie um 1900", in: Religionssoziologie um
1900. Eine Fortführung, (2020, Hrsg. Volkhard Krech & Hartmann Tyrell).

Religion vermessen – zur Quantifizierung von Religion(en) und Religiosität

12

Annette Schnabel

„Numbers, graphs and formulas (are) first of all strategies of communication. ...
Reliance on numbers and quantitative manipulation minimizes the need for intimate
knowledge and personal trust" (Porter 1995, S. viii, ix).

Die moderne Wissenschaft favorisiert Daten-basierte Erkenntnis – und hier vor allem das Experiment – als Möglichkeit der personen-unabhängigen Wissensgenerierung. Seit der „Erfindung der Objektivität" (Daston 2001a) im Zuge der Aufklärung und deren Etablierung im Verlaufe des 19. Jahrhunderts sind quantitative Vergleiche wichtigstes Moment von Wissenschaftlichkeit. Der Vergleich in Zahlen wiederum soll Objektivität ermöglichen, denn Objektivität gilt im hegemonial naturwissenschaftlich bestimmten Feld der Wissenschaft als wichtiger Standard für Qualität.

Insofern Zahlen auf eine Außenwelt verweisen, handelt es sich bei der Quantifizierung um einen spezifischen Zugriff auf Welt und ihre zahlenbezogene Form kann als spezifischer Modus der Kommunikation angesehen werden (Heintz 2007). Dies gilt auch für die quantitative Erfassung von Religion und Religiosität. Im folgenden Beitrag wird die quantitative Erfassung von Religion in den Kontext der Soziologie des Vergleichens eingebettet. Durch diese wissenssoziologische Verfremdung soll ein Beitrag zur religionssoziologischen Methodendiskussion geleistet werden, der sowohl die Stärken als auch die Probleme quantitativer Vergleiche im Feld offenlegt.

A. Schnabel (✉)
Heinrich-Heine-Universität, Düsseldorf, Deutschland
E-Mail: Schnabel@uni-duesseldorf.de

Der Beitrag konzentriert sich also weniger auf eine Darstellung der Quanti-
fizierungsbemühungen der Religionssoziologie, als vielmehr auf die *Grundsatzfrage* nach den Aufgaben, Funktionen und Herausforderungen einer Quantifizierung des Religiösen.

Dazu möchte ich mit Bettina Heintz (2007) zwischen *Forschungshandeln* und
Forschungskommunikation unterscheiden. Erstes betrifft das Definieren, Dimen-
sionalisieren und Operationalisieren, letzteres die Kommunikation in und durch
Zahlen. Mit diesem Fokus lässt sich zeigen, dass Quantifizierung – auch in
der Religionssoziologie – als symbolisch generalisiertes Kommunikationsmedium
Kommunikationsanweisungen umfasst, die für unwahrscheinliche Kommunikationen Legitimität schaffen (Heintz 2007, S. 65), aber als solche auch mit
besonderen Problemen verbunden sind.

1   Vergleichen, Standardisieren, Quantifizieren

Vergleiche sind in Alltag und Wissenschaft gleichermaßen ubiquitär – auch in der
Soziologie gilt der Vergleich als Methode spätestens seit Durkheim als *das* Mittel der Wahl, um Wissen von hoher Legitimität über das Soziale zu erzeugen. Im
Vergleich werden Entitäten und Sachverhalte auf ihre Ähnlichkeiten und Unterschiede hin beobachtet. Die dazu benötigte Verwendung von Vergleichs*kategorien*
und Vergleichs*verfahren* ist im wissenschaftlichen Diskurs institutionalisiert: Dies
betrifft nicht nur die Festlegung der Dimensionen, die als hinlänglich vergleichbar oder eben als unvergleichbar gelten, sondern auch die Methoden, mittels
derer legitimer Weise verglichen wird und mittels derer Vergleiche angemessen
kommuniziert werden.

Wer vergleicht, unterstellt (mehr oder minder explizit), dass Elemente oder
Ereignisse überhaupt vergleichen werden können (Gleichheitsunterstellung) und
beobachtet dann Unterscheidendes. Vergleiche benötigen also drei Operationen:
Die Unterstellung prinzipieller Vergleichbarkeit, die Beobachtung tatsächlicher
Differenzen anhand eines Kriteriums, das für diese Beobachtung herangezogen
wird *(tertium comparationis)*, und die Relationierung der beobachteten Elemente
zu einander (Heintz 2016, S. 309).

Diese drei Operationen werden immer dann problematisch, wenn die ihnen
zugrunde liegenden Kriterien unklar oder kontrovers sind. Es lässt sich wissenschaftshistorisch nachverfolgen, dass und wie diese Probleme in einer sich
globalisierenden und ausdifferenzierenden wissenschaftlichen Welt im Anschluss
an die Aufklärung im langen 19. Jahrhundert kumulierten und wie sie beantwortet wurden (z. B. Daston 2001a): institutionelle Veränderungen als Folge der

Expansion der Wissenschaften, der immer stärkere kommunikativen Vernetzung von Forschenden und der Ausdifferenzierung von Disziplinen führten dazu, dass die Verfahren, die wissenschaftlichen Ergebnissen bis dato Glaubwürdigkeit verliehen – etwa die Reputation der Forschenden und später die Zeugenschaft und Verpflichtung auf gemeinsame Wahrnehmung – versagten: „Während es früher die Anwesenheit sozial vertrauenswürdiger Zeugen war, die einer wissenschaftlichen Aussage Objektivität und damit Akzeptanz verlieh, verlagert sich das Gewicht nun auf die Form der Mitteilung" (Heintz 2007, S. 69).

Standardisierung von Orten der Wissenserzeugung (Universitäten), der wissenschaftliches Wissen Erzeugenden (ausgebildete und professionalisierte Wissenschaftler:innen), Wissenserzeugung durch die Standardisierung von Maßen, Messinstrumenten und Messvorschriften sowie der wissenschaftlichen Kommunikation (z. B. in Fachzeitschriften, wissenschaftlichen Buchreihen oder auf Konferenzen) ist eine historisch geronnene Antwort auf die Notwendigkeit, wissenschaftliche Ergebnisse auch über verschiedene Standorte und Forschungszeitpunkte hinweg kommunizierbar und vergleichbar zu machen. Hieraus resultiert ein Verständnis von Objektivität, mit dem moderne Wissenschaften – allen voran die Naturwissenschaften – operieren (Daston 2001b). Quantifizierung gilt dabei als bestmöglicher Weg, Beobachtungen und deren Kommunikation zu standardisieren und dadurch ortsungebundene und Beobachter:innen-unabhängige Vergleiche zu ermöglichen (Porter 1995). Quantifizierung benennt dabei eine bestimmte Form der Wissenschaftspraktik sowie ihrer Kommunikation, nämlich der Fabrikation und Kommunikation von und durch Zahlen[1]: dabei wird eine Entität oder ein Ereignis in Zahlenwerten beschreibbar und in dieser Form dem Vergleich zugänglich gemacht. Damit verbunden ist immer die Implikation, dass es möglich ist, diese Entität oder dieses Ereignis tatsächlich in einem Zahlenwert zu übersetzen, liegen die Entitäten oder Ereignisse ontologisch eben nicht bereits als Zahlenwert vor.

Objektivität bedeutet also, Beobachtungen herzustellen, die unabhängig von der beobachteten Person und von den Bedingungen des Beobachtens sind. Objektivität in Form von Quantifizierung wiederum setzt die Fabrikation von Zahlenwerten voraus, die ihrerseits Messungen erfordert. Die Glaubwürdigkeit der Zahl hängt damit von der Zuverlässigkeit und Nachvollziehbarkeit der Messung ab (Heintz 2007, S. 74).

---

[1] Fabrikation meint hier – in Anlehnung an Knorr-Cetina (1980) – die vorstrukturierte und dadurch wiederholbare Herstellung von Wissen. Es geht also um Prozesse, die nach festgelegten Verfahren regelmäßig und aktiv wiederholt werden. Fabrikationen sind in diesem Sinne soziale Konstruktionen der besonderen Art.

Die Herstellung zahlenförmiger Messwerte umfasst dabei unterschiedliche wissenschaftliche Praktiken des Vereinheitlichens und Standardisierens – bis schlussendlich eine Entität oder ein Sachverhalt in Zahlen kommunizierbar wird. Diese Praktiken lassen sich in den gängigen, hochgradig kanonisierten Methoden-büchern (für die Religionssoziologie vgl. z. B. Cohen et al. 2017, Johnson und Grim 2013, Pickel 2011, S. 317–337) nachlesen. Hierzu gehören: (i) die Feststellung dessen, was quantitativ vermessen werden soll (*Definition* des Gegenstands); (ii) die Zerlegung des theoretischen Konzepts in potenziell operationalisierbare Dimensionen *(Dimensionalisierung);* (iii) die Übersetzung der Dimensionen in Regeln des Beobachtens (Messens), in Messinstrumente und Messbedingungen *(Operationalisierung)*. Dieser letzte Schritt der Operationalisierung muss sicher-stellen, dass die Dimensionen zuverlässig erfasst werden – also Messungen unter gleichen Bedingungen auch die gleichen Ergebnisse erbringen (Reliabilität) und die Messinstrumente auch das messen, was sie messen sollen (Validität). Diese mit jeweilig anerkannten Praktiken einhergehende Prozesse gehen der Herstellung von Zahlen voraus. Es sind dies methodische Schritte, die auf einander aufbauen und eine Kette von Verhandlungen und Entscheidungen involvieren; sie basieren auf Selektionen, die in neuerliche Selektionen übersetzt werden (Knorr-Cetina 1980, S. 230). Dass sie hochgradig voraussetzungsvoll sind, immer soziale Prak-tiken involvieren und dadurch potenziell infrage gestellt werden können, soll im Folgenden für die quantitative Religionssoziologie gezeigt werden.

1.1 Definieren

Damit Definitionen ihre kommunikative Funktion erfüllen können, müssen sie gleichsetzen und gleichzeitig abgrenzen. Sie sind damit essentiell für einen (quan-titativen) Vergleich, da sie festlegen, was als prinzipiell vergleichbar gelten soll und damit der Gleichheitsunterstellung unterliegt und was eben nicht verglichen werden kann oder darf und daher ignoriert werden muss. Für die Religionssozio-logie ist dies nicht zuletzt deshalb eine besondere Herausforderung, weil aufgrund der empirischen Vielschichtigkeit des Phänomens nach wie vor (und in letzter Zeit wieder verstärkt) darüber gestritten wird, was eigentlich unter „Religion" oder „Religiosität" verstanden und verglichen werden kann (zusammenfassend: Pollack 2017).

In der Religionssoziologie werden substantielle, funktionale und diskursive Definitionsversuche verwendet mit je unterschiedlichen Vor- und Nachteilen: Will man etwa die *Substanz* von Religion erfassen, also die Merkmale, die Religion speziell ausmachen (wie z. B. der Bezug zu etwas Göttlichem oder Heiligem), so werden sich immer Phänomene finden lassen, die als ‚religiös' verglichen werden sollen, diese Merkmale aber nicht aufweisen und umgekehrt. Beispielsweise kennen buddhistische Religionen weder Göttliches noch Heiliges (jenseits heiliger Orte), sind aber eindeutig dem Phänomenbereich zuzuordnen, während Fußballspiele von einigen Menschen mystifiziert werden, ohne im engeren Sinne religiös zu sein. Definiert man Religion hingegen über ihre *Funktion*, etwa über ihre Fähigkeit, Gruppen zu integrieren oder Antworten auf sogenannte ‚letzte Fragen' zu geben, so lassen sich immer funktionale Äquivalente finden, die die entsprechenden Bezugsprobleme der Religion ebenfalls bearbeiten. Diskursive Religionsbestimmungen nutzen das, was Beobachtete oder Befragte als selbst als Religion auffassen und praktizieren. Damit folgen solche Definitionsversuche unmittelbar der Definition ihrer Untersuchungssubjekte und erschweren die Vergleichbarkeit, weil vergleichen werden soll, wofür es unter Umständen keine Gleichheitsunterstellung (mehr) gibt.

Aus der Notwendigkeit, trotz aller Schwierigkeiten, Religion gegen andere Gegenstände des Sozialen diskursiv abzugrenzen, empirisch quantitativ vermessen und interkulturell vergleichen zu können, hat sich entgegen vielstimmiger Kritik[2] mittlerweile – im Rahmen eines historischen Erkenntnisprozesses – als für die Empirie pragmatisch erwiesen, Religion als soziales Phänomen zu betrachten, mit dem Sozialitäten Kontingenz bearbeitet, das Transzendente in Immanentes zu (re-)integrieren versuchen und Erfahrungs- und Lebenswelten durch individuelle und gemeinschaftliche Praktiken zusammenführen (Pollack 2017, S. 31). Dies kann und soll jedoch nicht darüber hinwegtäuschen, dass Religion immer in Kontexte eingebettet ist, die darüber bestimmen, wie die Kontingenzen jeweils ausgestaltet sind, welche Elemente als Bezugsprobleme der Religion fungieren, welche Praktiken und Überzeugungen als religiös betrachtet werden und welche Ausgestaltungen Transzendenz und Immanenz konkret haben. Gleichzeitig beeinflusst Religion diese Kontexte und prägt deren Gefüge. Damit bleibt auch diese Definition eine ausgehandelte Selektion, die infrage gestellt werden kann, weil sie alternative Selektionen ausschließt.

---

[2] Diese Kritik ist vor allem im Lager konstruktivistischer und diskurstheoretischer Theorien prominent (u. a. Kippenberg 1983, McCutcheon 1995).

1.2   Dimensionalisieren

Vergleiche – egal, ob im Kontext der Wissenschaft oder des Alltags – erfordern
eine Festlegung derjenigen Merkmale, über die die Zugehörigkeit zu einer Kategorie bestimmt werden soll. In ihrer Funktion des Identifizierens und Abgrenzens
bedingen Definitionen die Aushandlungsprozesse über die *Dimensionen,* über die
daran anschließend identifiziert und abgegrenzt werden soll. Sie bilden gleichsam das *tertium comparationis,* mittels dessen die Ungleichheitsbeobachtungen
angeleitet werden und die angeben, was eben nicht zur Beobachtung herangezogen werden soll. Dies ist insbesondere für die Religionssoziologie wegen der
Vielfältigkeit und Verschiedenartigkeit der Sozialformen, in denen Religion und
Religiosität auftreten können, eine Herausforderung.

Für die von Religion leistet die Dimensionen-Unterscheidung von Glock (u. a.
1962) eine wichtige Orientierungshilfe: in den 1960er Jahren schlug Glock vor,
Erfahrung und Emotionalität, rituelle Praktiken, ideologische Glaubenssätze, das
Wissen um die Inhalte einer Glaubenslehre sowie Konsequenzen für die alltägliche Lebensführung als Dimensionen zu unterscheiden, mittels derer sich
Religion(en) sowohl als kollektive Phänomene als auch in Form individueller
Religiosität erfassen und vergleichen lassen. Diese Dimensionalisierung liegt
vielen aktuellen Quantifizierungsversuchen zugrunde; sie ist jedoch nicht unum-
stritten und wird kontinuierlich erweitert. So gelten mittlerweile die Dimensionen
„Bindung an eine Glaubensgemeinschaft/Gemeinde", „individuelle Spiritualität"
und „Religion als Identifikation" als weitere, wichtige Dimensionen von Religion
und Religiosität. Mit diesen Dimensionen werden bestimmte Merkmale signifikant gesetzt und gelten als Grundlage für gehaltvolle Vergleiche. Hahnenkämpfe
sind dann zwar für *einige* Religionen wichtig, gelten aber nicht als signifikante
Dimension, mittels derer sich Religion(en) generell sinnvoll beobachten und vergleichen lassen, während das Streben nach territorialer Souveränität, das als
zentrale Dimension nationaler Kollektive gilt, für den Kontext des Religiösen
gar keine Bedeutung hat (sondern erst bedeutungsvoll wird, wenn „Nation" ins
Spiel gebracht wird).

Die bei weitem noch nicht abgeschlossene Diskussion um Dimensionen zeigt
auch für die Vermessung von Religion, dass ihre Dimensionalität sich weder
quasi-automatisch aus dem Gegenstand noch aus seiner definitorischen Bestimmung ergibt, sondern im wissenschaftlichen Prozess sozial fabriziert wird. Dies
betrifft über die dimensionale Festlegung hinaus auch die Reproduktion der
Relevanz dieser Dimensionen im Prozess ihrer wissenschaftlichen Nutzung, beispielsweise durch (z. B. in peer-review-Verfahren) als wissenschaftlich anerkannte

Publikationen oder auf Konferenzen (Gusfeld 1976; Hirschauer 2004). Denn „gehärtet" werden Dimensionen im Sinne einer weithin geltenden Anerkennung und Legitimierung – wie übrigens auch Definitionen und Operationalisierungen – durch die kontinuierliche Eingliederung von Ergebnissen in die aktuelle Forschung.

1.3 Operationalisieren

Über die Aushandlung von Dimensionen des Vergleichens – und damit von zulässigen und unzulässigen Vergleichen – hinaus stellt sich die Frage nach Wegen ihrer *empirischen Übersetzung*. Dabei geht es um die Art und Weise, *wie* die Dimensionen in Form von Daten erfasst werden können. Operationalisierung ist damit die Antwort auf die Frage nach geeigneten Maßen, Messinstrumenten und Messbedingungen – oder auf Luhmanns Frage: „Wie kann also zuverlässig festgestellt werden, was der Fall ist" (Luhmann 1997, S. 339)?

Für quantifizierende Vergleiche gilt als geeignet, was ein theoretisches Konstrukt *valide* und *reliabel* zu erfassen vermag, also was dieses Konstrukt *tatsächlich* misst und auch bei wiederholter Messung *zuverlässig* die gleichen Ergebnisse produziert. Diese Anforderung ist nicht willkürlich, sondern Ergebnis der historischen Verankerung von Objektivität als Qualitätsmerkmal wissenschaftlicher Erkenntnisgenerierung (Daston 2001a, b), wonach Befunde orts- und personen-unabhängig generiert werden sollen. Die Legitimation modernen, wissenschaftlichen Wissens wird mithin daran gemessen, in welchem Ausmaß der „Blick aus dem Nirgendwo" kommt, sich also Theorie und Beobachtung trennen lassen und letzteres von der beobachtenden Person unabhängig realisiert werden kann (Daston und Galison 1992). Dies wird sichergestellt durch die Operationalisierung, mittels derer die explizit festgelegt wird, wie etwas (z. B. die Praxis des gemeinsamen religiösen Feierns) beobachtbar oder messbar gemacht werden soll. Dabei ist festzulegen, mit welchem Messinstrument (z. B. einem standardisierten Online-Fragebogen im Unterschied zu einer Telefonbefragung) welche Merkmale (z. B. „Häufigkeit" im Unterschied zu „Dauer") der zu quantifizierenden Dimension (z. B. gemeinsames religiöses Feiern im Unterschied zu individuellen Gebeten) vermessen werden sollen.

Historisch ist und war die Erfassung von Religion immer problematisch: einerseits stellten Kirchenbücher und Kirchenregister lange Zeit die wichtigste Quelle standardisierter Erhebungen von Bevölkerungen dar (Desrosières 2005, S. 22). Sie dokumentieren die für das christliche Leben relevanten Daten: also Taufen, Trauungen und Todesfälle. Freilich war (und ist) die religionsbezogene

Dokumentation der Bevölkerungen in Kirchenregistern hochgradig politisch: Ihre Erfassung ist auf christliche Kontexte beschränkt und Bevölkerungsgruppen mit abweichenden Konfessionszugehörigkeiten werden ungenau, gar nicht oder in politisch opportuner Form erfasst. Beispielsweise wurde der Tod von Mitgliedern der Sami-Bevölkerung in Schweden meist als „Selbstmord" in die lokalen Kirchenbücher eingetragen, um die Gestorbenen nicht auf dem protestantischen Gottesacker beerdigen zu müssen (Axelsson 2010).

Im Zuge der Etablierung des Nationalstaates wurde es dann als zunehmend wichtig erachtet, statistische Informationen über die Gesamtbevölkerungen (nicht zuletzt zur Erhebung von Steuern und zum Ausheben militärischen Personals) und über bestimmte Milieus zu erhalten (u. a. Boltanski 2013). Aber auch hier war die Erhebung der Konfessionszugehörigkeit nie unproblematisch. Auch aktuell liefern das Melderegister der Evangelischen Kirche Deutschlands (EKD) und der Deutschen Bischofskonferenz (DBK), nach wie vor die vollständigsten Daten über die Konfessionszugehörigkeit in Deutschland – für alle anderen Konfessionen müssen die Anteile aus Befragungen hochgerechnet werden (Forschergruppe Weltanschauungen in Deutschland (2022).

Aus den Kirchenregistern entwickelte sich die politische Arithmetik und, später, die demographische Forschung. Sie bilden die „Blaupause" für die staatlichen Moralstatistiken des 19. Jahrhunderts, in denen neben Eheschließungen und Geburten auch Delinquenz erhoben wurden, um Bürger*innen quantitativ erfassen und staatlich verwalten zu können. Dabei induziert die Art, wie amtliche Statistik organisiert ist, einen spezifischen Blick auf Gesellschaft (Vanderstraeten 2006): Das, was (und was eben nicht) erhoben wird, ist dabei genauso relevant, wie die Art und Weise, wie es erhoben wird und es zeigt an, was gesellschaftlich-administrativ als wichtig erachtet wird, um Regierbarkeit herzustellen. Damit wird auch impliziert, was vergleichen werden darf und welche Vergleichsverbote gelten – was also statistisch als „Religion" gilt und was nicht. Zahlenmäßige Erfassung und Vergleiche sind dabei eben nicht quasi-natürlich oder „ergeben sich einfach", sondern folgen Anfragen des gouvernementalen Verwaltens und Regierens, des sozial Erlaubten und Verbotenem und damit nicht zuletzt politischen Logiken.

Der lange Atem der durch Kirchenregister initiierten quantitativen Erfassung setzt eine Selektion, die sich auch in der Entwicklung aktueller religionsrelevanter Indikatoren historisch weiterträgt: So war die Übersetzung in Survey-Befragungen ab der Mitte des 20. Jahrhunderts lange Zeit kirchen-soziologisch angeleitet und stellte Kirchgangshäufigkeit und Kirchenmitgliedschaft zentral. Obwohl nach wie vor Kirchgangshäufigkeit nach wie vor als einschlägiger Indikator für individuelle – christliche – Religiosität gilt (Bechert und Quandt 2013), ist im Zuge der zunehmenden Individualisierung von Religion (und neuerdings von post-kolonialen Debatten) diese Religions-Beobachtung in die Kritik geraten – sie fokussiere zu viel auf institutionalisierte Religiosität[3] und damit auf die christliche Organisation von Religion. Als Antwort wird zunehmend auf religiöse Überzeugungen, Selbsteinschätzungen und unterschiedliche gemeinschaftliche und individuelle Praktiken, auf Spiritualität und alternative Religionsverständnisse fokussiert. Dazu gehören u. a. die von Allport und Ross (1967) vorgeschlagene Unterscheidung in „intrinsische" und „extrinsische" religiöse Orientierung, die mittlerweile als „Goldstandart" gilt (Cohen et al. 2017, S. 1724) oder die von Huber und Klein (2011) vorgeschlagenen Indikatoren zur Vermessung von „Spiritualität". Verstärkt finden damit Erkenntnisse aus der Psychologie und Theologie Eingang in die quantitative Religionssoziologie. Damit wird der Pluralität von Religion(en) zunehmend Rechnung getragen. Die Vergleichbarkeit ist damit allerdings erschwert, nicht zuletzt, weil solchermaßen veränderte Selektionen auf der operationalen Ebene Rückwirkungen auf definitorische Ebene haben, auf der geklärt wird, was als „Religion" gilt.

Aktuell findet die quantitative Vermessung in erster Linie in (mehr oder minder) repräsentativen, einstellungsfokussierten, standardisierten Bevölkerungsumfragen statt. Dies ist nicht zuletzt dem geschuldet, dass nicht in allen Staaten amtlich erhobene Daten von Religion existieren. So wird z. B. in Nordirland aus politischen Gründen auf die Erhebung der Konfessionszugehörigkeit verzichtet. Tab. 1.1 gibt einen kursorischen Überblick über nationale und internationale Studien, die systematisch Fragen zu religiösen Mitgliedschaften, Einstellungen und Praktiken umfassen, wobei Spiritualität als stärker am Erleben ausgerichtete Dimension von Religiosität nach wie vor eher nachrangig quantitativ erhoben wird:

Operationalisierung betrifft – wie oben festgestellt – nicht nur die Umsetzung der Dimensionen in quantitative Maße, sondern auch die Umsetzung in Messinstrumente und die damit verbundenen Messbedingungen. In der quantitativen Religionsforschung haben sich Umfragen etabliert, die teils mündlich, teils schriftlich mit standardisierten Fragen individuelle Religiosität zu erheben versuchen. Schwierigkeiten ergeben sich dabei nicht zuletzt daraus, dass die entsprechenden Instrumente zwar auf der Basis von Befragungen mit vorgegebenen Antworten erfolgen, dass aber sowohl die Fragen als auch die Antwortvorgaben je nach Befragung variieren können. Variationen sind dabei sowohl der Intention der Befragung, also dem Untersuchungsziel, also auch der Notwendigkeit

---

[3] So formulierte Luckmann bereits 1963 gravierende Kritik an der Konzentration der Religionssoziologie auf eine „Kirchensoziologie".

Tab. 1.1 Nationale und internationale Studien zur Messung von Religiosität in der Umfrageforschung (Pickel (2011, S. 326 ff.))

Survey	Umfasst	National (N) International (IN)
Allbus – Allgemeine Bevölkerungsumfrage der Sozialwissenschaften	Regelmäßig Standardfragen zu Konfessionszugehörigkeit, Kirchgang und religiöser Selbsteinschätzung	N
Studien der Evangelischen Kirche Deutschlands (EKD, alle zehn Jahre)	Schwerpunkt bei der Erfassung protestantischer Gläubiger mit Konfessionslosen als Vergleichsgruppe; umfangreicher Korpus von Fragen zu Religion und Kirchlichkeit	N
Sinus-Studie	Religiöse Lebensstile von Jugendlichen und jungen Erwachsenen	N
World Values Surveys (WVS) International Social Survey Programme (ISSP) European Social Surveys (ESS) European Values Surveys (EVS)	International vergleichende, regelmäßig durchgeführte Mehrthemenumfragen mit Fragen zu religiösen Praktiken und Überzeugungen	IN
PEW Research Center	Think Tank, der regelmäßig Daten und Ergebnisse zu Einstellungen, Demographie und Inhaltsanalysen anbieten, ein Schwerpunkt ist dabei Religion	IN
Bertelsmann Religionsmonitor	Standardfragen zur Religion als Wertevermittler für den gesellschaftlichen Zusammenhalt	IN
Gallup Polls	Umfrage eines der wichtigsten, internationalen Markt- und Meinungsforschungsinstitute aus Washington (USA)	IN
	Singuläre Mehrländerstudien	IN

geschuldet, die Befragten nicht mit zu langen Fragebögen zu verschrecken. Diese Variationen erlauben zwar einen Vergleich zwischen den mit der Befragung adressierten Befragten, nicht aber unbedingt zwischen unterschiedlichen Befragungen. Dadurch entstehen nicht-triviale Harmonisierungsprobleme: So macht es bereits einen Unterschied, ob Kirchgangshäufigkeit auf einer Skala gemessen wird, die drei Antwortvorgaben umfasst oder fünf oder sechs (u. a. Biolcati et al. 2020). Tab. 2.2 vermittelt einen kursorischen Überblick über aktuell in der Religionssoziologie verwendeten Operationalisierungen – also Messanweisungen mit daran anschließender Anleitung zur Übertragung qualitativer Sachverhalte in nummerische Größen.

2   Zahlen und Kennziffern als Medium der Kommunikation

Standardisierung als die orts- und personen-unabhängige Bestimmung dessen, was erfasst und wie es erfasst werden soll, erfordern einen spezifischen Code der wissenschaftlichen Kommunikation. Indem sich wissenschaftliche Aussagen als Beschreibungen von Sachverhalten präsentieren, die durch Befolgung anerkannter methodischer Regeln zustande kamen, erhöht sich ihre Akzeptanzwahrscheinlichkeit. Dabei entfalten Zahlen ihre besondere Bedeutung (Porter 1995): Sie reduzieren Indexikalität und realisieren durch ihre Unpersönlichkeit in besonderer Form die Anforderungen an die Legitimation wissenschaftlicher Aussagen: „Ein in einer formalen Sprache formuliertes Argument, das deduktiv und (praktisch) lückenlos aufgebaut ist, hat zwingenden Charakter: es lässt keinen Raum offen für Uneindeutigkeiten und Missverstehen und lässt sich nicht bestreiten" (Heintz 2007, S. 73).

Zahlen sind also Verdichtung von Wissen, indem sie komplexe Sachverhalte auf einen numerischen Wert reduzieren – sie managen Mengen und Heterogenitäten (Verran 2001). So wird etwa mithilfe des Fragebogens des International Social Survey Programme (ISSP 2018) zu Religion die religiöse Sozialisation als Katholik:in in den Wert „2" übersetzt, und eine starke Überzeugung, religiöse Oberhäupter hätten zu viel Einfluss, in den Wert „1". Individuelle Gläubige und Nichtgläubige werden gezählt und zu einem Wert verdichtet, der Individualität nicht mehr differenziert.

Zahlen gelten dabei als praktische Vermittler zwischen „einer Welt da draußen", bestehend aus religiösen Zugehörigkeiten, Überzeugungen, Praktiken und der menschlichen Kognition, weil sie transportabel, stabil, manipulierbar, kombinierbar sind. Sie sind nicht allein abstrakte logische Zeichen, sondern Verweise auf etwas anderes. Spätestens hier öffnet sich das Schisma zwischen qualitativer und quantitativer Religionssoziologie, das sich entlang der Frage entzündet, ob insbesondere die persönliche Bedeutung von Religion

Tab. 2.2 Überblick über verschiedene Vermessungsinstrumente (Pickel (2011, S. 321))[4]

Dimension	Beispielhafte Übersetzung in Messinstrumente
Religiöse Sozialisation	„Meine Eltern haben mich im Glauben erzogen." „Wenn Sie daran denken als sie 11 oder 12 Jahre alt waren. Wie oft gingen Sie damals in die Kirche?"
Spiritualität	„Einmal davon abgesehen, ob sie sich für religiös halten oder nicht, als wie spirituell würden Sie sich selbst bezeichnen"
Gottesglaube	Antwortalternativen: „Ich glaube an einen persönlichen Gott" oder „Ich glaube an eine höhere Macht" oder „Ich weiß nicht, was ich glauben soll" oder „Ich glaube nicht wirklich an einen Gott oder eine höhere Macht" oder „Ich bin Atheist"
Gotteseinfluss	„Gott bestimmt mein Leben"
Religiöse Individualisierung	„Man kann auch ohne Kirche religiös sein"
Religion und Politik	„Religiöse Führer sollten Wahlen nicht beeinflussen" „Die Europäische Verfassung sollte einen expliziten Bezug auf Gott beinhalten"
Religion und Wissenschaft	„Wissenschaftliche Arbeit sollte durch religiöse Vorstellungen und Religion nicht behindert werden"
Subjektive Religiosität	„Würden Sie sich selbst als … beschreiben?" – Spannbreite von sieben Antwortvorgaben: [extrem religiös] bis [komplett unreligiös
Religiöse Konflikte	„Wenn man sich auf der Welt so umschaut, dann bringt Religion mehr Konflikt als Frieden"

(Fortsetzung)

[4] Die Tabelle umfasst nur einen kleinen Ausschnitt unterschiedlicher Instrumente und ist nicht vollständig. Viele der Fragen finden sich aber in unterschiedlichen Umfragen wieder wie dem European Social Survey oder dem Religionsmonitor der Bertelsmann-Stiftung.

Tab. 2.2 (Fortsetzung)

Dimension	Beispielhafte Übersetzung in Messinstrumente
Zusammensetzung der eigenen Religiosität	Antwortalternativen: „Ich bin religiös nach den Lehren meiner Kirche" oder „Ich bin religiös nach meinem eigenen Weg" oder „Ich kann nicht entscheiden, ob ich eine religiöse Person bin oder nicht" oder „Ich bin nicht religiös; ich habe damit nichts zu tun"
Außerchristliche oder alternative Formen von Religiosität	„Hellseher können die Zukunft voraussagen" „Ich glaube an die Vorhersagen der Astrologie" „Horoskope können den Lebenslauf beeinflussen"

und ihre symbolische Gewichtigkeit überhaupt in Zahlen, geschweige denn in Koeffizienten verdichtet werden könne (Pollack 2015, S. 454).

Darüber hinaus ermöglichen Zahlen weitere Zahlen. Zahlenwerte dienen nicht nur ihrer unmittelbaren Kommunikation, sondern können zu Kennziffern, Koeffizienten und statistischen Parametern noch weiter verdichtet werden. Diese Kennziffern, Koeffizienten und statistischen Parameter erhalten ihre Legitimation durch statistische Verfahren, die selbst zum Gegenstand wissenschaftlicher Untersuchungen und Aushandlungen gemacht werden. Eine solche – man könnte fast sagen „Sekundärlegitimation" – verkürzt wissenschaftliche Kommunikation. Die Verwendung eines Regressionskoeffizienten, mit dem beispielsweise Vertrauen in andere auf Kirchgangshäufigkeit zurückgeführt wird (u. a. in Welch et al. 2004), bedarf im Feld der Religionssoziologie keiner weiteren Legitimation, da das Verfahren der Berechnung dieses Koeffizienten bereits an anderer Stelle des wissenschaftlichen Systems, nämlich in der Statistik – als Teilgebiet der Mathematik – über die dort anerkannten Wege der Generierung wissenschaftlichen Wissens etabliert wurde (z. B. van der Waerden 1971). Der Koeffizient selbst verdichtet in Zahlenwerte übersetzte Sachverhalte zu (theoretisch) gerichteten Zusammenhängen. Seine Anerkennung als legitimer Koeffizient im Feld der Religionssoziologie und seine vorherige Absicherung durch die wissenschaftliche Disziplin der Statistik ermöglicht eine verkürzte Kommunikation: Es erübrigt sich, die Ableitung des Koeffizienten selbst zu dokumentieren, für eine als legitim erachtete quantitative religionssoziologische Studie reicht die Dokumentation seines Werts in der konkreten Analyse sowie seine untersuchungsbezogene Interpretation: Wissende Kolleg*innen sind dann in der Lage, das dahinter liegende

Verweissystem zu erkennen und (auch in seinen Limitierungen) in Rechnung zu stellen.

Das bedingt auch im Feld der Religionssoziologie nicht nur den Ausschluss derer, die im Rahmen der Qualifizierung als nicht vergleichbar gelten, sondern auch den Ausschluss derer, die mit diesem Verweissystem selbst vertraut sind. Quantitative religionssoziologische Studien setzen eben auch voraus, dass die dahinter legenden statistischen Verfahren akzeptiert und verstanden werden (können). Quantifizierung und deren Verdichtung in Kennziffern, Koeffizienten und statistische Parameter setzt Methoden- und Statistikkenntnisse und damit eine besondere wissenschaftliche Spezialisierung voraus. Auch im Feld der quantitativen Religionssoziologie gilt damit, dass Wissensgenerierung ein voraussetzungsvolles Gemeinschaftsprojekt ist, dass inkludiert und exkludiert und in dem Selektionsentscheidungen in Hinblick auf Akzeptanz und Kritik bestimmter – und bestimmbarer – *scientific communities* getroffen werden (Knorr-Cetina 1980, S. 237 ff.). Dabei gilt: Einmal etabliert, wirkt die Legitimation durch die Verfahren der Quantifizierung sozialer Sachverhalt innerhalb der entsprechenden *community* zwingend. Abweichungen von den Regeln quantifizierender Vergleiche und von den einmal etablierten Definitionen, Dimensionalisierungen, Operationalisierungen und deren fachgerechter Kommunikation de-legitimieren Ergebnisse und müssen sich in Verfahren der Aushandlung feldspezifischer Vergleichsregeln erst gegen etablierte Arten und Weisen des quantitativen Vermessens durchsetzen. Wie anspruchsvoll solche sozialen Aushandlungsprozesse sind, zeigt sich nicht zuletzt daran, dass immer wieder über Operationalisierungen und Harmonisierungen religiöser Indikatoren verhandelt wird (Bechert 2018). Allerdings haben quantitativ artikulierte Wissensbestände auch außerhalb der Wissenschaft hohe Legitimität, insofern sich der naturwissenschaftliche Standard quantitativer Vergleiche im öffentlichen Diskurs als „vertrauenswürdig" etabliert hat. Dies zeigt sich nicht zuletzt in der steigenden Nachfrage nach „Zahlen", wie die Soziologie der Quantifizierung konstatiert (Espeland und Stevens 2008).

3   Was folgt aus diesen Beobachtungen?

Quantitative Vergleiche gelten als hochgradig legitim zur Generierung wissenschaftlichen Wissen: Wissenschaftshistorisch hat sich Objektivität als Qualitätsstandard wissenschaftlicher Ergebnisse durchgesetzt. Damit sind explizite Anforderungen an die Fabrikation dieser Ergebnisse und an das „doing research" verbunden. Objektivität liegt nicht im Wesen der Sache, sie wird durch Praktiken erzeugt und durch Verfahren legitimiert, sie ist genuin sozial. In der

Quantifizierung werden die Anforderungen an die Praktiken und die Verfahren durch die Standardisierung von Maßen, Messinstrumenten, Messbedingungen und ihrer zahlenförmigen Kommunikation expliziert und umgesetzt. Dies ermöglicht, Phänomene unter Absehung ihrer individuellen Unterschiede als vergleichbar einzustufen und in eine numerische Ordnung zu bringen.

Auch wenn Zahlenwerte an sich hochgradig objektiviert sind, steht hinter ihnen immer ein Übersetzungsverfahren, das auf sozialen Kategorisierungsprozessen beruht: Das zu messende Phänomen muss eben definiert, dimensionalisiert und durch Operationalisierung auf legitimiertem Weg in als legitim geltende Messgrößen übersetzt werden. Kategorien wiederum machen Bestimmtes signifikant, geben aber auch an, was nicht verglichen werden darf, was vergessen gehen soll und muss. Kategorien abstrahieren von der Verschiedenartigkeit des Einzelfalls, reduzieren Komplexität, indem sie näher rücken, was als hinreichend ähnlich gilt, und auseinanderrücken, was als verschieden anzusehen ist (Zerubavel 1996).

All das involviert soziale und organisationale Prozesse der sozialen Aushandlung, Abstimmung und Verfestigung, also Selektionsentscheidungen, die Selektionen zur Folge haben: Was für Erkenntnisgewinnung im Labor von Knorr-Cetina (1980) umfänglich gezeigt werden konnte, gilt auch für die quantifizierte Vermessung von Religion: Wissensgenerierung ist hochgradig vorstrukturiert und wird durch die Regeln des wissenschaftlichen Arbeitens und durch die damit verbundenen Selektionen der Anerkennung (nicht zuletzt im Rahmen von peer-review-Verfahren der Publikation und der Finanzierung von Forschungsvorhaben nach kompetitiven Auswahlverfahren) kontinuierlich verfestigt, regelgeleitet reproduziert und in besonderen Fällen auch – ebenfalls regelgeleitet – infrage gestellt.

Diese sozialen und organisationalen Vorstrukturierungen gehen in der wissenschaftlichen Wissensgenerierung verloren – sie sind, mit Bruno Latour gesprochen: black boxes (Latour und Woolgar 1986). Dies ermöglicht einerseits die reibungslose Umsetzung der Forderung nach Religionssoziologie im Modus des methodologischen Atheismus (Knoblauch 1999, S. 14 ff.), gleichzeitig geht aber auch das Wissen um die sozialen Voreinstellungen der Fabrikation quantitativer Vergleiche vergessen und so wird verschleiert, wer an den Aushandlungen beteiligt ist und wer nicht.

Das wird aktuell insbesondere durch Vergleiche mit nicht-europäischen Gesellschaften und ichren Religionen sichtbar: Seit Beginn der soziologischen Auseinandersetzung bei Weber oder Durkheim fänden, so die Beobachtung, diese Vergleiche auf der Basis eines europäischen, vornehmlich christlich geprägten

Religionsverständnisses statt. Kritik an diesem Verständnis wird in den letzten Jahren zunehmend mit Blick auf die europäische Kolonialgeschichte laut: Deren Untersuchung macht nicht nur darauf aufmerksam, dass und wie die Vermessung von Religion zum Transmissionsriemen der kolonialen und imperialen Unterdrückung genutzt wurde (u. a. Petzke 2015), sondern auch darauf, dass den quantitativen Vergleichen selbst ein zutiefst europäisches Wissen um Religion zugrunde läge, sodass vielleicht sogar davon gesprochen werden müsse, dass Begriffe, Konzepte wie „Religion", „Gott" oder „Konfession" selbst mit einem europäisch-christlichen Bias versehen sei. Dieser lasse nur noch Vergleiche innerhalb Europas, maximal noch für und mit Nordamerika zu (Horii 2015). In der Forderung, diesen Bias nicht nur anzuerkennen, sondern darüber hinaus Vergleiche epistemisch zu begrenzen, artikulieren sich Zweifel nicht nur an der Brauchbarkeit von Definitionen und Dimensionalisierungen, sondern auch an den der Quantifizierung zugrunde liegenden Vorstellungen der Möglichkeit von ort- und personen-unabhängiger Standardisierung und Objektivität.

Religionssoziologie steht hier exemplarisch für das Dilemma der wissenschaftlichen Erkenntnisgewinnung – auch durch quantifizierende Vergleiche: Sie sollen eine orts- und personen-unabhängige Erkenntnisgewinnung und Wissenschaftskommunikation ermöglichen und nutzen den wissenschaftlichen Legitimationsüberschuss von Zahlen und den der damit verbundenen statistischen Verfahren für den geforderten „Blick aus dem Nirgendwo". Gleichzeitig sind sie immer auch eine sozial und organisational hochgradig vorstrukturierte Angelegenheit, beruhen Zahlen als Ergebnis der Übersetzung von Ereignissen in eine mathematische Form doch immer auf Kategorisierungsprozessen (Heintz 2007). Ihre Herstellung ist damit immer zwangsläufig ortsgebunden. Donna Haraway spricht hier von „situated knowledge" (Haraway 1988) und verweist darauf, dass es keine körperlose Wissensgenerierung gegen könne und dass mit dieser Körper-Gebundenheit auch immer eine Standort-Gebundenheit einher gehe. Dies, so sollte gezeigt werden, gilt auch und in besonderem Maße für die quantitative Vermessung von Religion(en) und Religiosem.

Quantitative Religionsvergleiche und ihre Fabrikation unterliegen dem sozialen Wandel und sind ihm und den damit verbundenen (nicht zuletzt gouvernementalen) Bedürfnissen nach Information, Bekennzifferung und Vergessen (von religiösen Gruppen, Praktiken, Überzeugungen) unterworfen. Allerdings birgt die Sichtbarmachung der der Quantifizierung zugrunde liegenden sozialen Prozesse auch die Gefahr der Delegitimation wissenschaftlich gewordenen Wissens: Wird den Zahlen der Nimbus ihrer Orts- und Personenunabhängigkeit entzogen, leistet dies, insbesondere im nicht-wissenschaftlichen Kontext politischer Debatten, einem problematischen Wissenschaftsskeptizismus Vorschub.

Die hier vorgeschlagene Perspektive auf die quantitativen Religionsforschung im Rahmen einer Soziologie des Vergleichens soll explizit nicht die insbesondere während der Aufklärung durchgesetzte Einigung auf Objektivität als wissenschaftlichem Standard auflösen, sie kann aber dabei helfen, die Stärken und Schwächen einer Quantifizierung von Religion im wissenschaftlichen Diskurs jenseits der bisherigen Grabenkämpfe zwischen quantitativer und qualitativer Sozialforschung sichtbar zu machen. Vor dem Hintergrund einer Soziologie des Vergleichens erscheinen die Differenzen dann gar nicht mehr so groß und die Herausforderungen beider Wege der Wissensgenerierung als durchaus ähnlich.

Literatur

Allport, Gordon W., & Ross, J. Michael (1967): Personal Religious Orientation and Prejudice. *Journal of Personality and Social Psychology* 5 (4), S. 432–443.

Axelsson, Per (2010): Abandoning "the other": Statistical Enumeration of Swedish Sami, 1700 to 1945 and beyond. Berichte zur Wissenschaftsgeschichte 33 (3), S. 263–279.

Bechert, Insa (2018): Comparing Religiosity Cross-nationally: About Invariance and the Role of Denomination. *Zeitschrift für Religion, Gesellschaft und Politik* 2 (1), S. 135–157.

Bechert, Insa; Quandt, Markus (2013): ISSP Data Report: Religious Attitudes and Religious Change (GESIS- Schriftenreihe, 13). Köln: GESIS – Leibniz-Institut für Sozialwissenschaften.

Biolcati, Ferruccio; Molteni, Francesco; Quandt, Markus; Vezzoni, Cristiano (2020): Church Attendance and Religious Change Pooled European dataset (CARPE): A Survey Harmonization Project for the Comparative Analysis of Long-term Trends in Individual Religiosity. *Quality & Quantity,* 56, S. 1–25.

Boltanski, Luc (2013): *Rätsel und Komplotte: Kriminalliteratur, Paranoia, moderne Gesellschaft.* Frankfurt am Main: Suhrkamp.

Cohen, Adam B.; Mazza, Gina L.; Johnson, Kathryn A.; Enders, Craig K.; Warner, Carolyn M.; Pasek, Michael H.; Cook, Jonathan E. (2017): Theorizing and Measuring Religiosity Across Cultures. *Personality and Social Psychology Bulletin* 43 (12), S. 1724–1736.

Daston, Lorraine (2001a): Die Kultur der wissenschaftlichen Objektivität, in: Hagner, Michael (Hrsg.): *Ansichten der Wissenschaftsgeschichte.* Frankfurt am Main: Fischer, S. 137–160.

Daston, Lorraine (2001b): Angst und Abscheu vor der Einbildungskraft in der Wissenschaft, in: Dies.: *Wunder, Beweise und Tatsachen.* Frankfurt am Main: Fischer, S. 99–125.

Daston, Lorraine; Galison, Peter (1992): The Image of Objectivity. *Representations* 40: Special Issue: Seeing Science (Autumn 1992), S. 81–128.

Desrosières, Alain (2005): *Die Politik der großen Zahlen: Eine Geschichte der statistischen Denkweise.* Berlin: Springer.

Espeland, Wendy N.; Stevens, Mitchell L. (2008): A sociology of quantification. *European Journal of Sociology/Archives européennes de sociologie* 49 (3), S. 401–436.

Forschergruppe Weltanschauungen in Deutschland (2022): Religionszugehörigkeit, Deutschland, Bevölkerung [https://web.archive.org/web/20151015230431http://fowid.de/fileadmin/datenarchiv/Religionszugehoerigkeit/Religionszugehoerigkeit_Bevoelker ung_1970_2011.pdf]

Glock, Charles Y. (1962): On the Study of Religious Commitment. *Religious Education* 57 (4), S. 98–110.

Gusfield, Joseph (1976): The Literary Rhetoric of Science: Comedy and Pathos in Drinking Driver Research. *American sociological review* 41 (1), S. 16–34.

Haraway, Donna (1988): Situated Knowledges: The Science Question in Feminism and the Privilege of Partial Perspective. *Feminist Studies* 14 (3), S. 575–599.

Heintz, Bettina (2007): Zahlen, Wissen, Objektivität: Wissenschaftssoziologische Perspektiven, in: Mennicken, Andrea; Vollmer, Hendrik (Hrsg.): *Zahlenwerk*. Wiesbaden: Springer VS, S. 65–85.

Heintz, Bettina (2016): „Wir leben im Zeitalter der Vergleichung". Perspektiven einer Soziologie des Vergleichs. *Zeitschrift für Soziologie* 45 (5), S. 305–323.

Hirschauer, Stefan (2004): Peer Review Verfahren auf dem Prüfstand. Zum Soziologiedefizit der Wissenschaftsevaluation. *Zeitschrift für Soziologie* 33, S. 62–83.

Horii, Mitsutoshi (2015): Critical Reflections on the Category of 'Religion' in Contemporary Sociological Discourse. *Nordic Journal of Religion and Society* 28 (1), S. 21–36.

Huber, Stefan; Klein, Constantin (2011): Spirituelle und religiöse Konsträume: Plurale Konstruktionsweisen religiöser und spiritueller Identitäten im Spiegel der deutschen Daten des Religionsmonitors 2008, in: Büssing, Arndt; Kohls, Niko (Hrsg.): *Spiritualität transdisziplinär: Wissenschaftliche Grundlagen im Zusammenhang mit Gesundheit und Krankheit*. Wiesbaden: Springer VS, S. 53–66.

ISSP (2018): International Social Survey Programme. https://issp.org/.

Johnson, Todd M.; Grim, Brian J. (2013): *The World's Religions in Figures: An Introduction to International Religious Demography*. Oxford: Wiley-Blackwell.

Kippenberg, Hans G. (1983): Diskursive Religionswissenschaft: Gedanken zu einer Religionswissenschaft, die weder auf einer allgemein gültigen Definition von Religion noch auf einer Überlegenheit von Wissenschaft basiert, in: Gladigow, Burkhard; Kippenberg, Hans G. (Hrsg.): *Neue Ansätze in der Religionswissenschaft*. München: Kösel, S. 9–28.

Knoblauch, H. (1999): *Religionssoziologie*. Berlin: De Gruyter.

Knorr-Cetina, Karin D. (1980): Die Fabrikation von Wissen: Versuch zu einem gesellschaftlich relativierten Wissensbegriff, in: Stehr, Nico; Meja, Volker (Hrsg.): *Wissenssoziologie*. Sonderheft 22 der Kölner Zeitschrift für Soziologie und Sozialpsychologie. Stuttgart: Lucius & Lucius, S. 226–245.

Latour, Bruno; Woolgar, Steve (1986): *Laboratory Life: The Social Construction of Scientific Facts*. Princeton: Princeton University Press.

Luckmann, Thomas (1963): *Das Problem der Religion in der modernen Gesellschaft: Institution, Person und Weltanschauung*. Freiburg im Breisgau: Rombach.

Luhmann, Niklas (1997): *Die Gesellschaft der Gesellschaft*. Frankfurt am Main: Suhrkamp.

McCutcheon, Russell T. (1995): The Category" Religion" in Recent Publications: A Critical Survey. *Numen* 42 (3), S. 284–309.

Petzke, Martin (2015): Religion im Schema von Interaktion, Organisation und Weltgesellschaft. Der Fall des pfingstlich-evangelikalen Christentums, in: Heintz, Bettina;

Tyrell, Hartmann (Hrsg.): *Interaktion–Organisation–Gesellschaft revisited. Anwendungen, Erweiterungen, Alternativen. Sonderheft der Zeitschrift für Soziologie.* Stuttgart: Lucius & Lucius, S. 294–320.

Pickel, Gert (2011): *Religionssoziologie.* Wiesbaden: Springer VS.

Pollack, Detlef (2015): Religionssoziologie in Deutschland seit 1945: Tendenzen-Kontroversen-Konsequenzen. *Kölner Zeitschrift für Soziologie & Sozialpsychologie* 67 (3), S. 433–474.

Pollack, Detlef (2017): Probleme der Definition von Religion. *Zeitschrift für Religion, Gesellschaft und Politik,* 1 (1), S. 7–35.

Porter, Theodore (1995): *Trust in Numbers: The Pursuit of Objectivity in Science and Public Life.* Princeton: Princeton University Press.

Van der Waerden, Bartel L. (1971): *Mathematische Statistik* (Vol. 87). Berlin: Springer.

Vanderstraeten, Raf (2006): Soziale Beobachtungsraster: Eine wissenschaftliche Analyse statistischer Klassifikationensschemata. *Zeitschrift für Soziologie* 35 (3), S. 193–211.

Verran, Helen (2001): *Science and an African Logic.* Chicago: Chicago University Press.

Weber, Max (2002 [1921]): *Wirtschaft und Gesellschaft.* Tübingen: Mohr Siebeck.

Welch, Michael R.; Sikkink, David; Sartain, Eric; Bond, Carolyn (2004): Trust in God and Trust in Man: The Ambivalent Role of Religion in Shaping Dimensions of Social Trust. *Journal for the Scientific Study of Religion* 43 (3), S. 317–343.

Zerubavel, Eviatar (1996): Lumping and Splitting: Notes on Social Classification. *Sociological* Forum 11 (3), S. 421–433.

Annette Schnabel ist Professorin für Soziologische Theorie an der Heinrich-Heine-Universität. Ihre Forschungsschwerpunkte betreffen: Religionssoziologie, Geschlechterforschung, Wohlfahrtsstaatsforschung und Tier-Mensch-Beziehungen. Jüngere Publikationen sind: „Von Mädchen und Pferden", Tierstudien (2023, mit Alexandra König), „Die wahrgenommene feministische Bedrohung: Empirische Befunde zum Antifeminismus in Deutschland", Österreichische Zeitschrift für Soziologie (2021, mit Heiko Beyer und Bettina Ülpenich), „Religion und ihre Einbettung in Verfassungen als Kontext", Zeitschrift für Religion, Gesell¬schaft und Politik (2021, mit Lisa Hönes).

Vergleichende Forschung zu Religion – Konzepte, Methoden, Systematiken, beispielhafte Ergebnisse der vergleichenden Umfrageforschung

13

Gert Pickel

1 Einleitung – Vom Nutzen vergleichender Religionssoziologie

Die Erforschung von Religion und Religionen ist per se ein internationales Geschäft. Selbst wenn man die Aufteilung der Evangelischen Kirche in Landeskirchen oder die starke Gemeindeorientierung im Islam berücksichtigt, handelt es sich bei den meisten der aktuell untersuchten Religionen um Weltreligionen. Religionen sind also staaten- und nationenübergreifend und besitzen einen globalen und einen regionalen Charakter (Barbalet et al. 2011; Fox 2008). Man könnte, wenn man wollte, von Glokalisierung sprechen (Pfau-Effinger et al. 2009; Seibert 2017). Religiöse Entwicklungen sind also keineswegs allein für singuläre Gebiete, sondern auch in einem größeren Vergleich zu beobachten. Solche Vergleiche ermöglichen, bzw. fordern die teilweise weit reichenden, universalen Theorien der Religionssoziologie (z. B. Säkularisierungstheorie, Marktmodell des Religiösen). Diese internationale Ausrichtung der Religionssoziologie drückt sich in der Präsenz in übergreifenden Forschungsprogrammen aus, seien es die *World Values Surveys* (WVS), die *European Values Study* (EVS – zuletzt Polak und Rohs 2023), das *International Social Science Programme* (ISSP) oder den *Global Studies* der New Yorker Organisation PEW (https://www.pewresearch.org/topic/

G. Pickel (✉)
Universität Leipzig, Leipzig, Deutschland
E-Mail: Pickel@uni-leipzig.de

© Der/die Autor(en), exklusiv lizenziert an Springer Fachmedien Wiesbaden GmbH, ein Teil von Springer Nature 2024
A. Schnabel et al. (Hrsg.), *Religionsanalyse und Theorieentwicklung*,
Veröffentlichungen der Sektion Religionssoziologie der Deutschen Gesellschaft für Soziologie, https://doi.org/10.1007/978-3-658-44533-1_13

religion/) und dem *Religionsmonitor* (https://www.bertelsmann-stiftung.de/de/uns
ere-projekte/religionsmonitor/; z. B. El-Menouar und Pickel 2022). Daneben finden sich vergleichend angelegte Einzelprojekte.[1] Hinzu kommt der Vergleich
von Strukturdaten, welche im religionssoziologischen Spektrum lange auf kir-
chensoziologische Fragen beschränkt blieb. Dies änderte sich in den späten
2000er Jahren mit dem Entstehen von Kirche-Staat-Indizes (zusammenfassend
Grim & Finke 2006; Pickel & Pickel 2012; Traunmüller 2012, S. 207–231) oder
Indizierungen des Verhältnisses von Religion und Politik (Fox 2008).

Nun ist internationale Forschung nicht allein auf quantitative Großprojekte
fokussiert. Fallanalysen und kooperative Verbünde, wie z. B. das der *„multiple
secularities"* in Leipzig, bringen qualitative und auf Länderexpertise aufbau-
ende Überlegungen in ein vergleichendes Design zusammen (https://www.mul
tiple-secularities.de/). Neben den Stärken einer spezifischen Fachexpertise für
verschiedene Länder, erkenntnisgewinnbringenden Möglichkeiten der Prüfung
und Entwicklung von Theorien sowie der Überwindung eines Eurozentrismus,
verfallen entsprechende Vorgehen aber manchmal in ein Nebeneinander von
Länderexpertisen. Man kann dies als Forschung sehen, die den kulturellen
Besonderheiten der Untersuchungsgebiete gerecht wird, man kann aber auch
auf den gelegentlich geringen *comparative merit*[2] solcher Vorgehen verweisen
(Dogan und Kazancigil 1994; Lijphart 1971; Smelser 1976). Diese Kritik betrifft
keineswegs allein qualitative Forschungsvorhaben. Auch viele quantitative Forschungsprojekte erschöpfen sich in *Special Issues* und Sammelbänden, in denen
Ergebnisse aus verschiedenen Ländern nebeneinander präsentiert werden. Maximal gibt es einen komparativen Beitrag, die die Länder in Beziehung setzt
und eine Zusammenfassung in der Einleitung. Dies mag statthaft sein, erfüllt
aber nur begrenzt die Bezeichnung *systematischer vergleichender oder komparativer Forschung*. Dass systematische Möglichkeiten eines Vergleichs bestehen,
zeigt seit Jahrzehnten die über Professuren etablierte politikwissenschaftliche
Vergleichsforschung (z. B. Lauth et al. 2015; Pickel 2016).

Denn dass eine systematische vergleichende Forschung gerade in der Religionssoziologie seinen Nutzen hat, resultiert nicht allein aus der Existenz von
Weltreligionen, sondern aus den grundsätzlichen Erklärungstheorien religiöser Entwicklung. Sei es eine Gegenüberstellung von Säkularisierungstheorie,
Individualisierungsthese und religiösem Marktmodell (vgl. Pickel 2011, S. 135–
226; Traunmüller 2013), eine weitreichende sozialphilosophisch angeregte Sicht

---

[1] Wie z. B. das ONBound-Projekt (https://www.gesis.org/en/services/processing-and-analyz
ing-data/data-harmonization/onbound); auch Schnabel et al. (2020).

[2] *Comparative merit* ist der Gewinn, den man aus dem Vergleich ziehen kann.

auf Säkularität (Taylor 2007), eine Erweiterung der internationalen Sicht über multiple Säkularitäten (Wohlrab-Sahr und Burchardt 2013) oder kombinierte Entwicklungen (Pollack und Rosta 2015): Immer handelt es sich um theoriebasierte Vergleiche, in denen von theoretischen Konzeptionen ausgehend komparative Verständnisse angestrebt werden. Zudem ist der Vergleich von Religionen und ihrer Entwicklung kein völlig neuer Ansatz: Bereits Max Weber strengte in der Wirtschaftsethik der Weltreligionen erste Bemühungen eines Vergleiches von Religionen und ihrer Wirkungen an (Weber 1989, 1996, 2005 [1915–1920]) und Émile Durkheim (1981) legte in seinen „Regeln der soziologischen Methode" ebenfalls großen Wert auf den systematischen Vergleich von Ereignissen und Rahmenbedingungen. 1958 veröffentlichte der Leipziger Religionswissenschaftler Joachim Wach sogar Prinzipien für den Vergleich von Religionen und Gebieten mit spezifischen religiösen Kulturen. Dabei empfahl er Vergleiche und Typisierungen für eine sich entwickelnde Disziplin der Religionswissenschaft, aber auch alle andere Forschung zu Religion als Notwendigkeit (Wach 1962). Gleichwohl kam eine systematische international komparatistische Forschung auf der Makroebene in der Soziologie – aller Versuche zum Trotz (z. B. Scheuch 1968) – nach ihrer Bedeutung in der Gründungsphase der Soziologie eher langsam in Schwung. Sieht man einmal von den Arbeiten von Lipset und Rokkan (1967) und darauf fußenden Folgearbeiten (z. B. Flora 2000; Hooghe und Marks 2018) ab, nahm eine systematische, an Vergleichsregeln orientierte Forschung erst mit der Etablierung der beschriebenen Survey-Programme wieder stärker an Fahrt auf.

Ich möchte im Folgenden in drei Schritten vorgehen. Zuerst skizziere ich einige Prämissen aus der vergleichenden Politikwissenschaft sowie den Ursprüngen der vergleichenden Soziologie, die in der Religionssoziologie hilfreich sein könnten. Darauf folgend möchte ich kurz auf für die Religionssoziologie verfügbare Datensätze eingehen, die systematische Vergleiche zulassen. Zuletzt werde ich anhand weniger ausgewählter vergleichender Ergebnisse den Nutzen für die Religionssoziologie illustrieren. Dies kann aus Gründen eines beschränkten Platzes in diesem Artikel nur in aller Kürze gehen. Deswegen fokussiere ich mich auf die quantitative vergleichende Forschung. Dies soll keine Abwertung vergleichender qualitativer Forschung sein, gleichwohl wurden Möglichkeiten der vergleichenden qualitativen Sozialforschung bereits an anderer Stelle umfassender vorgestellt (siehe z. B. Wohlrab-Sahr 2018).[3]

---

[3] Außen vor lasse ich weiterreichende Überlegungen, welche Reflexion an die Stelle methodisch geleiteten Vergleichs setzen wollen (Steinmetz 2021). Deutlich wird nur, dass durch einen geordnete und regelgeleitete qualitative Sozialforschung mit dem Ziel der Generalisierung komparative Studien problemlos möglich sind (Przyborski und Wohlrab-Sahr 2014, S. 359–98; Pickel und Sammet 2014).

2   Vergleichende Forschung – Lernen von anderen Disziplinen

Eine deutlich stärke Stellung als in der Soziologie hat die komparative Forschung in der Politikwissenschaft. Aufbauend auf amerikanischer Grundlagenforschung entwickelte sich in der Politikwissenschaft eine eigenständige Disziplin – die Vergleichende Politikwissenschaft (Lijphart 1971; Merritt und Rokkan 1966; Przeworski und Teune 1970; Verba 1967; aktuell: Lauth et al. 2015). Die Grundlagen des Vergleichens finden sich früh. Bereits John Stuart Mill (1843) versuchte durch systematische Vergleichsanordnungen Erkenntnisse zu gewinnen. Seine Kernidee war dabei die der Kontrolle der Umstände. Seine Überlegungen einer analytischen – und wie in einem Experiment kontrollierbaren – Zusammenstellung der Untersuchungsregionen, seien es Städte, Kommunen oder Länder, mündeten in zwei systematische Ordnungsanlagen, die auch heute noch bei der Zusammenstellung der Untersuchungsländer hilfreich sind: Dem Most Similar System Design (MSSD) und dem Most Different System Design (MDSD) (Pickel 2016, S. 37). Die Idee ist relativ einfach. Beim *Most Similar System Design* werden Länder ausgewählt, die sich in vielen Merkmalen ähnlich sind. Dann wird ein veränderliches Merkmal identifiziert, welches in seiner Wirkung auf ein anderes Merkmal untersucht werden soll, z. B. die Homogenität der religiösen Zugehörigkeit eines Landes, die in ihrer Wirkung auf die Religionspolitik des Landes analysiert werden soll. Dieser Zusammenhang wird dann quantitativ bzw. qualitativ untersucht und es findet sich entweder ein bestimmendes oder ein nicht existierendes Ergebnis.

Das *Most Different System Design* wiederum setzt auf die Unterschiedlichkeit von Ländern und möchte untersuchen, ob ein Zusammenhang unter unterschiedlichen Bedingungen auftritt (ebd., S. 38). Dies wäre der Fall, wenn man in relativ unähnlichen Ländern – vielleicht einem afrikanischen, einem asiatischen und einem westeuropäischen Staat – immer wieder einen Zusammenhang zwischen der Zugehörigkeit in einer Kirche und der persönlichen Religiosität vorfindet. Hier wird durch die Auswahl und Selektion der Untersuchungsländer die Möglichkeit geschaffen, inhaltliche Aussagen zu erzielen. Ein solches kontrolliertes und systematisches Vorgehen steht im Gegensatz zu Umfragen, Aggregatdatenanalysen oder qualitativen Analysen, die ohne Vorüberlegungen eher nach Zufall Vergleichsländer auswählen. Ähnliches gilt für die Möglichkeit eines Paarvergleichs. Hier hat man etwas mehr Möglichkeiten als beim Small-N-Vergleich, der durch MSSD oder MDSD bearbeitet werden kann. Gleichwohl gilt es zu überlegen, warum und mit welchem Erkenntnisinteresse man Länder für einen

Paarvergleich auswählt. Dies hängt zum einen von der zu beantwortenden For-schungsfrage ab, zum anderen können Logiken der Auswahl nach Ähnlichkeit oder Differenz angewandt werden. Wichtig ist nur eine begründete Strategie des Vergleichens anzusetzen.

An dieser Stelle sollte man noch auf die qualitativ vergleichende Analyse im Sinne von *QCA* (Qualitative Comparative Analysis) verweisen. Hier wird nicht auf schließende Statistik, sondern auf Konfigurationen von Fällen gesetzt (Ragin 1987; Schneider und Wagemann 2009). Mit dem klassischen Verständnis von qualitativer Forschung in der Soziologie hat dies zwar nicht viel zu tun, gleich-wohl ist *QCA* oder die davon abgeleitete *Fuzzy Set Analysis* gerade im mittleren Fallbereich ein interessantes Verfahren. So können damit unterschiedliche, äqui-finale Wege zu einem Ergebnis und Ereignis herausgearbeitet werden (Schneider und Wagemann 2012). Dies bricht die statistische Logik einer Gewichtung von Gründen, aber eben eines linearen Ergebnisses auf.

Einen eigenen Platz nehmen *Einzelfallanalysen* ein. Jetzt könnte man sagen, diese besäßen ja sowieso keinen vergleichenden Gewinn oder *comparative merit*. Dies stimmt nur, wenn man bei einer Deskription des Einzelfalls verbleibt, die weder an eine Theorie noch eine Verallgemeinerung angebunden ist. Einzelfall-studien besitzen sehr wohl vergleichenden Charakter: Sie können repräsentativ für eine bereits bekannte Kategorie oder Theorie sein, sie können ein prototypi-sches Muster für eine Kategorie oder Theorie darstellen, sie können aber auch abweichende und deviante Fälle behandeln, oder eine theoriesprengende Relevanz besitzen bzw. eine archetypische Form einer neuen Kategorisierung ermitteln (Muno 2009, S. 117; Pickel 2016, S. 32). Wichtig ist, dass der Einzelfall für etwas steht und nicht eine zufällige Deskription eines Landes, einer Region oder eines Falls ist.

Am häufigsten denkt man bei komparativen Studien an den *Large-N-Vergleich* oder den *systematischen Vergleich von vielen Fällen* (Goerres et al. 2019; Pickel 2009). Dieser kann mit Aggregatdaten, aber auch über große Umfragestudien, die eine größere Zahl an Ländern umfassen, umgesetzt werden. Zentral hierfür sind statistische Analysen (Müller und Pickel 2018). Diese könne sich deskriptiv, in Form von Häufigkeiten oder sogenannten *Scatterplots* – faktisch Kreuztabel-len auf der Aggregatebene –, äußern. Hier liegt der Fokus auf Abweichungen zwischen den Ländern und darauf bezogene Erklärungen. In der Forschung zu Religion sind die systematischen Arbeiten von Fox (u. a. 2008), Pickel (2017) oder Norris und Inglehart (2005) exemplarisch. In all diesen Arbeiten werden Bezüge über Länder hinweg identifiziert, wie z. B. staatliche Restriktion auf reli-giöse Vitalität wirkt oder wie Religiosität in Beziehung zu sozioökonomischen Unterschieden steht. Beide Beispiele stehen in engem Bezug zu Theorien der

Religionssoziologie (wie dem religiösen Marktmodell oder der Säkularisierungstheorie; Pickel 2011). Der Blick richtet sich auf grundsätzliche Zusammenhänge, die auf universale Faktoren hinweisen, und abweichende Fälle, die auf Variationen und Spezifika hindeuten können. Ob ein Fall abweicht, sieht man erst durch eine komparative Analyse. Wichtig ist es, Kontexte zu beachten und diese – wenn möglich – in Variablen umzusetzen. Bei der systematischen vergleichenden Analyse handelt es sich um ein variablenorientiertes Verfahren (Pickel und Pickel 2018, S. 33–36, 141–146). Diese können in Aggregatdatenanalysen Bezüge zwischen Anzahl der Kirchenmitglieder und der Demokratiequalität berechnen, oder aber auch aggregierte Individualdaten mit Aggregatdaten in Beziehung setzen (Welzel 2009). Aber auch Bezüge zwischen aggregierten Individualdaten, z. B. Durchschnitt der Religiosität pro Land und Zustimmungsgrad zur Ehe unter Homosexuellen sind im Aggregat ermittelbar. Der Vorteil der Individualdaten liegt hier bei der zusätzlichen Messung auf der Individualebene und in den Ländern. Will man über reine Aggregatvergleiche hinausgehen, hat sich in den letzten Jahrzehnten die *Mehrebenenanalyse* etabliert. Sie verbindet Aggregateffekte mit Individualdateneffekten in einem statistischen Modell. Allerdings ist zu beachten, dass für sie mindestens 30 Aggregatfälle vorliegen sollten, da sonst die Varianz auf der Ebene der Aggregatfälle zu gering und zu Fehleranfällig für einzelne Abweichungen wird. Zudem sollte man sich überlegen, was das Ziel der Untersuchung ist.

Die verwendete *Stichprobe* besitzt für alle systematischen Vergleiche große Bedeutung. Gibt es systematische Ausfälle oder fehlen bestimmte Ländergruppen überproportional, ist mit großer Vorsicht zu operieren, verändern doch wenige Fälle Aggregatdatenergebnisse massiv (Ebbinghaus 2005, S. 145–153). Gerade mit Bezug auf religionssoziologische Fragestellungen ist die von besonderer Relevanz, können doch Einzelfälle unter Sonderbedingungen aus dem Rahmen fallen (siehe z. B. die hohe Religiosität in Irland oder Polen in Europa, die über zusätzliche Identitätskonflikte mit erklärt werden muss). Insgesamt stehen also verschiedene vergleichende Zugänge bereit, die es in Teilen auch in die Religionssoziologie schafften (Freiberger 2019; Pickel 2017).[4]

---

[4] Es gibt viele weiterreichende Überlegungen zur vergleichenden Analyse, die hier nicht alle genannt werden können. Aber erwähnenswert sind zweifelsohne die Überlegungen zu quantitativen und qualitativen Forschungskriterien und Forschungsdesigns (Brady und Collier 2004), zu *Multi-Method*-Zugängen (z. B. Creswell 2014) oder Weiterführungen der Fallstudien (Gerring 2007). Eine breite Übersicht über vergleichende Zugänge findet sich bei Pickel et al. (2009).

3   Verfügbares Datenmaterial und was man damit machen kann

Werfen wir einen Blick auf das verfügbare empirische Material (siehe auch Müller 2018). Für den Weltvergleich hervorzuheben sind die *World Values Surveys* (WVS): Von Ronald Inglehart 1981 mit dem ehrgeizigen Ziel etabliert, Vergleiche für alle Länder der Welt vornehmen zu können, erhebt ein Konsortium von Wissenschaftler:innen Umfragen in einer wechselnden Zahl von Ländern. Heute sind die *World Values Surveys* die mit Blick auf die Untersuchungsländer am breitesten aufgestellte Ressource für internationale Vergleiche von Wertorientierungen, politischen Überzeugungen und Religiosität (https://www.worldvaluessurvey.org/wvs.jsp). Sie haben Kritik an der Qualität des Datenmaterials genauso überstanden wie den Tod ihres Gründervaters. Mit mittlerweile sieben WVS-Wellen (1981, 1990, 1997, 2004, 2010, 2017, 2022) können weltweit Entwicklungen auf der Einstellungsebene betrachtet werden – auch über das europäische und westliche Spektrum hinaus. Schwächen sind die wechselnden Länder und die nicht zu vermeidende Unvollständigkeit einer Abbildung der ganzen Welt. So sind manche Gebiete der Welt, wie z. B. Afrika, weniger gut erfasst als zum Beispiel Europa. Auch ist man sich nicht sicher, ob die Datenqualität in allen Erhebungsgebieten gleich gut ist. Gleichzeitig eröffnet das breit gefächerte Datenmaterial Möglichkeiten, über den europäischen Tellerrand hinauszuschauen. Dies gilt insbesondere für die seit Beginn oft mit mehreren Variablen erfasste Religiosität und Kirchlichkeit.

Für Europa standen bereits relativ früh Erhebungsprogramme zur Verfügung. Auch hier kann Ronald Inglehart als Initiator gelten, orchestrierte er doch 1970–1972 die Vorgängerstudien der ersten Eurobarometer (European Community Studies). Durch die seit 1973 kontinuierliche Erhebung der *Eurobarometer* konnte eine umfassende Kenntnis der Ansichten der Bevölkerungen in den Mitgliedsländern der Europäischen Union und der Aufnahmeländer erlangt werden. Speziell die Replikation von Fragen, die Bereitstellung von Zeitreihen sowie wechselnde Schwerpunkte machen die Eurobarometer zu einem wertvollen Instrument der sozialwissenschaftlich komparativen Forschung. Bei aller Kritik an der Methodik und Durchführung der Eurobarometer stellen sie ein wichtiges Instrumentarium zur vergleichenden Analyse der Einstellungen europäischer Bürger:innen bereit (Nissen 2014). Religiosität spielt allerdings in den Eurobarometern meist eine Nebenrolle, sieht man einmal zu speziellen Studien zu antimuslimischem Rassismus und Antisemitismus ab. Die Bereitstellung der aufbereiteten Daten über die

GESIS zur eigenen Reanalyse oder der Zugriff über die entsprechenden Home-
pages der Europäischen Union auf die Ergebnisse und Fragebögen erweist sich
als hilfreiches Instrument für Wissenschaftler:innen und Studierende.[5]
    Gleiches gilt für die *European Values Study* (EVS; https://europeanvaluess
tudy.eu/) oder das *International Social Survey Programme* (ISSP; https://issp.
org/). Weist ersteres teils ähnliche Fragen wie die World Values Surveys auf
und setzt immer wieder Schwerpunkte auf Religion, Religiosität und sogar
Spiritualität, findet sich Religion bei der seit 1988 jährlich erhobenen ISSP-
Befragungsreihe vor allem dann vor, wenn es einen Religions-Schwerpunkt gibt
(1991, 1998, 2008, 2018). Während die *European Values Study* auf europäische
Länder beschränkt ist, dort aber eine gute Abdeckung besitzt und immer wie-
der Fragen zur Religion aufruft (siehe jüngst Polak und Rohs 2023), streuen die
Themen in den *ISSP*-Studien stärker, reichen aber in ihrer Länder-Abdeckung
dafür über Europa hinaus. Diese beiden für die Religionssoziologie wichtigen
Studienprogramme werden seit 2002 durch die zweijährig erhobenen *European
Social Surveys* ergänzt (https://www.europeansocialsurvey.org/). In diesen spielt
allerdings Religion zumeist eine Nebenrolle; jenseits von Religionszugehörigkeit,
Kirchgang und subjektiver Religiosität werden wenige Merkmale des Religiösen erfragt. Somit lassen sich die eine hohe Datenqualität besitzenden Daten des
European Social Survey nur begrenzt für religionssoziologische Fragestellungen
nutzen – sieht man von einigen Zeitvergleichen ab.
    Insgesamt hat sich die Datenlage über Religion im internationalen Vergleich
in den letzten Jahren wesentlich verbessert. Damit wird ein systematischer Vergleich von Fragestellungen der Religionssoziologie ermöglicht. Speziell öffnet
sich die Chance, religiösen Entwicklungen im Kontext unterschiedlicher Rahmenbedingungen auf die Spur zu kommen (Schnabel et al. 2018). Der deutliche
Anstieg an verfügbaren Ressourcen eröffnet teilweise überhaupt erst die Möglichkeit, auf exaltiertere Verfahren der quantitativen Sozialforschung zurückgreifen
zu können, wie zum Beispiel Mehrebenenanalysen, Aggregatdatenanalysen oder
Strukturgleichungsmodelle. Gleichzeitig lassen sich bei der Verwendung quantitativer Methoden in der Religionssoziologie einige Desiderate oder Probleme
feststellen. Zum einen besteht immer noch bei einer nicht geringen Zahl von
Religionssoziolog:innen dieses Gebietes eine Skepsis gegenüber der Arbeit mit
quantitativen empirischen Methoden. Man hält die Verwendung von quantitativen Methoden für einschränkend, „überbürokratisiert" und eurozentristisch.
Sowohl ein Misstrauen gegenüber Ergebnissen der Umfrageforschung als auch
eine teilweise fehlenden Ausbildung in statistischen Verfahren spielen hier eine

---

[5] http://ec.europa.eu/public_opinion/index_en.htm.

Rolle. Zudem wirkt sich immer noch die Differenz zwischen den Fachdiszipli-
nen der Politikwissenschaft und der Soziologie aus, die sich in unterschiedlichen
Methodenpräferenzen ausdrücken. Hier ist generell ein Blick über die Fach-
grenzen angeraten: So überschneiden sich nicht nur Fragestellungen zwischen
der Soziologie und der Politikwissenschaft an verschiedenen Stellen, man kann
durch die Nutzung der verfügbaren sozialwissenschaftlichen Methoden seine
Erkenntnisspielräume merklich erweitern. Dies setzt allerdings eine zumindest
grundständige Ausbildung in sozialwissenschaftlichen Methoden voraus, aber
eben auch eine Ausbildung in komparativer Forschung.

Neben diesen eher affektiven Problemen existieren zum anderen auch manifeste Schwierigkeiten. So müssen quantitativ arbeitende Sozialforscher:innen mit
den *begrenzten Fallzahlen* auf der Makroebene umgehen. Nur selten übersteig-
gen Studien die benötigte Anzahl von Fällen für Mehrebenenanalysen.[6] Zudem
sind Ergebnisse oft von Ausreißern und abweichenden Einzelfällen abhängig,
räumlich begrenzt, bzw. nicht vollständig in der Zusammensetzung und damit
unausgeglichen (siehe z. B. die geringe Zahl afrikanischer Staaten im WVS).
Dies birgt die Gefahr von verzerrten Aussagen (Lauth et al. 2015, S. 236–248).
Dem kann durch verschiedene Maßnahmen begegnet werden: (1) Der Anlage
eines guten und von anderen nachvollziehbaren Forschungsdesigns (bzw. einer
systematischen Untersuchungsanlage) (ebd., S. 49–52); (2) einer inhaltlichen
Kontrolle der Ausreißer und Interpretation der Besonderheiten; (3) dem Einbezug von Daten auf einem niedrigeren Analyselevel (zum Beispiel Regionen),
um Ergebnisse auf der höheren Ebene (Länder) in ihrer Systematik und ihren
Zusammenhängen zu überprüfen; (4) der Verbindung von quantitativen Analysen
mit qualitativen Analysezugängen. Für letzteres kann man über die analytisch
angelegte Verknüpfung der Ergebnisse verschiedener Methodenzugänge im Sinne
von *Mixed-Method-Designs* und Triangulation auf interpretativem Wege, über
Mehrebenenanalysen auf statistischem Wege einen deutlichen Erkenntnisgewinn
erzielen (Pollack und Rosta 2015, S. 437–448). Diese im Bereich der vergle-
chenden Politikwissenschaft angelegten methodischen Weiterentwicklungen sind
gerade für die Religionssoziologie hilfreiche Instrumente, die es sich anzueignen
lohnt. Dies enthebt den Forscher:innen nicht, das immer begrenzte Setting aus
Ländern und Regionen, mit denen man arbeitet, bewusst zu reflektieren.

---

[6] Was manche:n Forscher:in nicht davon abhält, sie auch mit geringeren Fallzahlen auf der
Makroebene durchzuführen.

4   Exemplarische Ergebnisse

Ich versuche an einem kleinen Beispiel zu zeigen, was eine auf der Makroebene angesiedelte Religionsforschung in der Lage ist zu leisten. Dafür greife ich auf eine Grafik aus Daten der aktuellen European Values Study zurück (Polak und Rohs 2023). Die These hinter dem vorliegenden *Scatterplot* ist, dass Religiosität die Nähe zu konservativen und autoritären Vorstellungen einer Gesellschaft fördert. Betrachtet man das Ergebnis, muss diese universale Annahme als widerlegt betrachtet werden: Ein R^2 von .36 als Maß für die aufgeklärte Varianz der Daten ist für eine Aggregatdatenanalyse mit wenigen Fällen als niedrig einzuschätzen (im Gegenteil zu einer viele Fälle umfassenden Individualdatenanalyse). Gleichzeitig zeigt sich trotz dieser Zurückhaltung in der Deutung ein Hinweis auf den Zusammenhang sowie ein Unterschied zwischen West- und Osteuropa. Gleich mehrere osteuropäische Staaten weisen eine hohe Wertekombination für den Wunsch nach einer starken Führungsperson sowie einer hohen Religiosität auf. Umgekehrt klumpen sich die westeuropäischen Länder (plus Ungarn und Estland) bei einer geringeren Zustimmung zu einer starken Führungsperson, aber auch einer geringeren Zahl an Personen, die sich selbst als religiös einschätzen. Slowenien und die Slowakei siedeln sich dazwischen an. Nimmt man nun Ausreißer wie Polen, Belarus und Albanien aus der Berechnung heraus, verbessert sich der Bezug deutlich ($R^2 = .62$; nicht im Bild ausgeführt) (Abb. 1.1).

Haben wir es nun doch mit einem universalen Bezug zu tun? Wenn wir die Klumpung der Länder betrachten, dürfte es sich vermutlich eher um einen West-Ost-Effekt handeln, der durch einige osteuropäische Länder gestört wird (Müller 2013). Auf einen universalen Zusammenhang deutet wenig hin, vor allem wenn man innerhalb der westeuropäischen und der osteuropäischen Gruppen Berechnungen durchführt. Innerhalb beider Gruppen haben wir keine systematischen Beziehungen (hier nicht im Bild ausgeführt): Das Ergebnis dieser Analyse ist also, die universale Annahme zu verwerfen, aber die bestehende Differenz zwischen West- und Osteuropa stärker in den Blick zu nehmen.

Hätten wir mehr Platz, dann könnten wir uns noch weitere Bezüge ansehen. Dies gilt z. B. für den immer wieder feststellbaren engen Bezug zwischen Religiosität und Modernisierung (gemessen über den Human Development Index), den Norris und Inglehart im Weltvergleich herausarbeiteten (Norris und Inglehart 2011, S. 129, 267). So gibt es einen starken und nachweisbaren universalen Bezug zwischen Modernisierung und Religiosität bzw. religiösen Praktiken. Sie manifestiert sich als ein sozialer Bedeutungsverlust von Religion – oder eben Säkularisierung. Diese empirische Beziehung variiert allerdings innerhalb

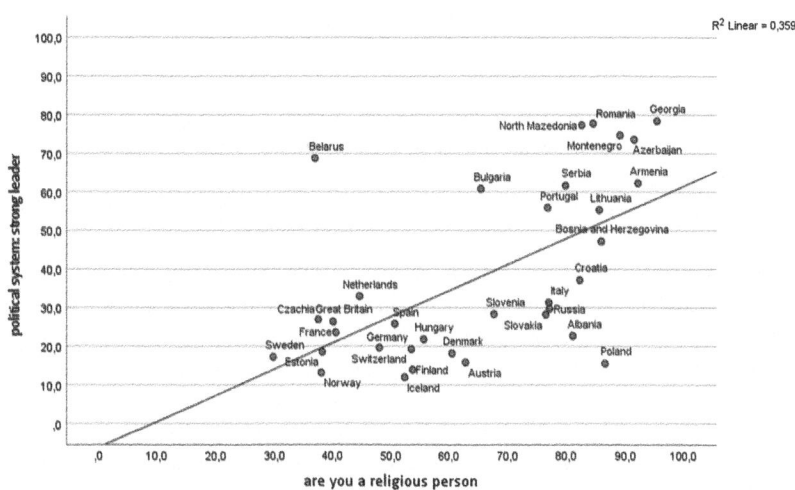

Abb. 1.1 Beispiel: Beziehungen zwischen Religiosität und dem Wunsch nach einer starken Führungsperson. Quelle: Eigene Berechnungen auf der Basis der European Values Study 2017 (entnommen Pickel und Pickel 2023, S. 189).

unterschiedlicher Kulturgebiete und insbesondere für verschiedene Religionsgemeinschaften. Nicht, dass es keine Beziehung zwischen Modernisierung und Säkularisierung gäbe, sie ist nur abhängig von den kulturellen und religiösen Rahmenbedingungen schneller, langsamer, fängt später oder früher an und besitzt unterschiedliche Dynamiken. Norris und Inglehart nennen dies *pfadabhängige Säkularisierung*. Diese können sie auf der Basis einer breiten Analyse von aggregierten Daten (allerdings teilweise auch Individualdaten) nachzeichnen. Besonders interessant ist ihre empirische Widerlegung der Annahme des religiösen Marktmodells von Iannaccone (1992, 1998), dass religiöse Pluralisierung religiöse Vitalität erhöhe (Norris und Inglehart 2011, S. 101). Dabei wird das Problem der Berechnungen der Markttheorien deutlich: Sie haben teils nur eine begrenzte Zahl an Ländern – die auch zu ihrer These passen – in die Analyse aufgenommen. Erweitert oder verändert man die Datenbasis, verschwinden viele dieser Effekte (Pollack und Pickel 2009, S. 155, 162). Der Fallauswahl kommt also genauso große Bedeutung zu wie der Berücksichtigung von Kontextfaktoren und der Sauberkeit der empirischen Überprüfung unterschiedlicher Bezüge.

5   Fazit – Vergleichende Forschung ist sinnvoll

Wie ich in diesem kurzen Artikel zu zeigen versucht habe, ist komparative Forschung in der Religionssoziologie mehr als sinnvoll. Sie bietet einerseits die Möglichkeit, die überwiegend universal ausgerichteten Theorien zu überprüfen, aber auch zu verwerfen; andererseits hilft sie über ihren *comparative merit* bei der Einordung der Entwicklungen im eigenen Land. Entwicklungen in Deutschland werden vor dem Hintergrund einer gesamteuropäischen Entwicklung und von globalen Verbindungen besser erklärbar. Auch sind die Dynamiken in den Ländern besser einzuschätzen, wenn man nicht auf diese beschränkt bleibt. So befindet sich Deutschland zum Beispiel trotz der Krise christlicher Religionen immer noch im europäischen Mittelfeld von subjektiv geäußerter Religiosität und religiösen Glaubenspraktiken, wenn man so etwas wie eine Rangliste europäischer Staaten aufstellt (Pickel 2017). Die komparative Analyse benötigt dabei klare, abgrenzbare Einheiten – in der Regel Nationen. So wichtig dies ist, besitzt es doch auch ein Manko. So werden im Sinne eines methodologischen Nationalismus Staaten als homogene Container aufgefasst, wo sie doch eher Rahmenbedingungen darstellen und zudem in sich differenzierter sind. Entsprechend ist es wichtig, komparative Analyse, für die Länder zuerst einmal nur Einheiten sind, durch Fallanalysen und vergleichende Fallanalysen, vor allem aber auch Theorie zu stützen.

Mehr Aufmerksamkeit sollte in Zukunft der Zusammensetzung und Begründung der verwendeten Stichproben zukommen, besitzen sie doch beachtliche Bedeutung für die Interpretation. Zudem sollten systematische komparative Analysen nicht nur universale Theorien bestätigen oder verwerfen, sondern auch Fälle ausweisen, die von den erwarteten Mustern abweichen. Ihre spezifische Analyse hilft dabei, politische, historische oder soziale Entwicklungen zu verstehen. Keine Hilfe ist es, entsprechende – oft an modernisierungstheoretischen Überlegungen ausgerichtete – Analysen aufgrund einer oder zwei Abweichungen in Bausch und Bogen abzulehnen, da sie ja eurozentrisch seien und den Ländern nicht gerecht würden. Nicht selten übersehen Detailanalysen von Ländern die größeren Zusammenhänge und neigen zu einer Einordnung der Fälle als so besonders, dass diese Länder nicht mehr vergleichbar werden. Solche Aussagen führen einen bei aller Genauigkeit in der Deskription häufig nicht viel weiter, da ihnen die Anschlussfähigkeit an eine breitere und theoretische Forschung fehlt. Diese kann durch Anbindung an Theorie und eben den systematischen Vergleich überwunden werden. Damit dürfte das Plädoyer für den systematischen Vergleich in der Religionssoziologie sichtbar geworden sein. Speziell vor dem Hintergrund einer weltweiten Existenz von Religion und der vielfältigen Beziehungen zwischen

Religiosität und Gesellschaft scheint eine stärker komparative Sicht notwendig, um nationale oder regionale Ergebnisse richtig einordnen zu können. Dass man dazu in verwandten Fachbereichen lernen kann, ist nur eine Fußnote, wenn auch keine unwichtige.

Literatur

Barbalet, Jack; Possamai, Adam; Turner, Bryan (2011): *Religion and the State: A Comparative Sociology.* London: Anthem Press.

Brady, Henry; Collier, David (2004): *Rethinking Social Inquiry: Diverse Tools, Shared Standards.* Landham: Routledge.

Creswell, James W. (2014): *Research Design: Qualitative, quantitative, and mixed approaches.* Thousand Oaks: Sage (4. Aufl.).

Dogan, Mattei; Kazancigil, Ali (Hrsg.) (1994): *Comparing Nations. Concepts, Strategies, Substance.* Oxford: University Press.

Ebbinghaus, Bernhard (2005): When Less is More: Selection Problems in Large-N and Small-N Cross-National Comparison. *International Sociology* 20 (2), S. 133–152.

El-Menouar, Yasemin; Pickel, Gert (2022): Einleitung ZRGP zum Religionsmonitor 2017. *Zeitschrift für Religion, Gesellschaft und Politik* 6 (2), S. 661–667.

Durkheim, Emile ([1912] 1981): *Die elementaren Formen des religiösen Lebens.* Frankfurt am Main: Suhrkamp.

Flora, Peter (2000): Externe Grenzbildung und interne Strukturierung – Europa und seine Nationen: Eine Rokkan'sche Forschungsperspektive. *Berliner Journal für Soziologie* 10, S. 151–165.

Fox, Jonathan (2008): *A World Survey of Religion and State.* Cambridge: Cambridge University Press.

Freiberger, Oliver (2019): *Considering Comparison: A Method for Religious Studies.* Oxford: Oxford University Press.

Gerring, John (2007): *Case Study Research, Principles and Practices.* Cambridge: Cambridge University Press.

Goerres, Achim; Siewert, Markus; Wagemann, Claudius (2019): Internationally Comparative Research Designs in the Social Sciences: Fundamental Issues, Case Selection Logics, and Research Limitations. *Kölner Zeitschrift für Soziologie und Sozialpsychologie* (Supl. 1), S. 75–97.

Grim, Brian; Finke, Roger (2006): International religion indexes: Government regultion, government favoritism, and social regulation of religion. *Interdisciplinary Journal of Research on* Religion 2 (1), S. 1–80.

Hooghe, Liesbet; Marks, Gary (2018): Cleavage Theory meets Europe's Crisis: Lipset, Rokkan, and the transnational cleavage. *Journal of European public policy* 25 (1), S. 109–135).

Iannaccone, Laurence (1992): Religious Markets and the Economies of Religion. *Social Compass* 39, S. 123–131.

Iannaccone, Laurence (1998): Introduction to the Economics of Religion. *Journal of Economic Literature* 36 (3), S, 1465–1495.

Lauth, Hans-Joachim; Pickel, Gert; Pickel, Susanne (2015): *Methoden der vergleichenden Politikwissenschaft.* Wiesbaden: Springer VS.

Lijphart, Arend (1971): Comparative Politics and the Comparative Method. *American Political Science Review* 65, S. 682–693.

Lipset, Seymour-Martin; Rokkan, Stein (1967): Cleavage Structures, Party Systems, and voter alignments: an introduction, in: Dies. (Hrsg.): *Party Systems and Voter Alignments: Cross-National Perspectives.* Toronto: The Free Press, S. 1–64.

Merritt, Richard; Rokkan, Stein (Hrsg.) (1966): *Comparing Nations. The Use of Quantitative Data in Crossnational Research.* New Haven: Yale University Press.

Mill, John Stuart (1843): *A System of Logic, Ratiocinative and Inductive: Collected Works, Vol. VII und VIII.* Toronto: University of Toronto Press.

Müller, Olaf (2013): *Kirchlichkeit und Religiosität in Ostmittel- und Osteuropa. Entwiclungen – Muster – Bestimmungsgründe.* Wiesbaden: Springer VS.

Müller, Olaf (2018): Religionssoziologische Datenquellen, in: Pollack, Detlef; Krech, Volkhard; Müller, Olaf; Hero, Markus (Hrsg.): *Handbuch Religionssoziologie.* Wiesbaden: Springer VS, S. 283–300.

Müller, Olaf; Pickel, Gert (2018): Quantitative Methoden in der Religionsforschung, in: Pollack, Detlef; Krech, Volkhard; Müller, Olaf; Hero, Markus (Hrsg.): *Handbuch Religionssoziologie.* Wiesbaden: Springer VS, S. 255–281.

Muno, Wolfgang (2009): Fallstudien und die vergleichende Methode, in: Pickel, Susanne; Pickel, Gert; Lauth, Hans-Joachim; Jahn, Detlef (Hrsg.): *Methoden der vergleichenden Politik- und Sozialwissenschaft. Neue Entwicklungen und Anwendungen.* Wiesbaden: Springer VS, S. 113–132.

Nissen, Sylke. (2014): The Eurobarometer and the process of European integration: Methodological foundations and weaknesses of the largest European survey. *Quality & Quantity* 48, S. 713–727.

Norris, Pippa; Inglehart, Roald (2005): *Sacred and Secular. Religion and Politics Worldwide.* Cambridge: Cambridge University Press.

Norris, Pippa; Inglehart, Ronald (2011): *Sacred and Secular. Religion and Politics Worldwide.* Cambridge: Cambridge University Press (2. Aufl.).

Pfau-Effinger, Birgit, Sakac-Magdalenic, Sladana; Wolf, Christof (Hrsg.) (2009): *International vergleichende Sozialforschung. Ansätze und Messkonzepte unter den Bedingungen der Globalisierung.* Wiesbaden: Springer VS.

Pickel, Gert (2009): Der Einbezug des Individuums in die Länderanalyse – Umfrageforschung und vergleichende Politikwissenschaft, in: Pickel, Susanne; Pickel, Gert; Lauth, Hans-Joachim; Jahn, Detlef (Hrsg.): *Methoden der vergleichenden Politik- und Sozialwissenschaft. Neue Entwicklungen und Anwendungen.* Wiesbaden: Springer VS, S. 297–315.

Pickel, Gert (2011): *Religionssoziologie. Eine Einführung in zentrale Themenbereiche.* Wiesbaden: Springer VS.

Pickel, Gert (2017): Religiosität in Deutschland und Europa – Religiöse Pluralisierung und Säkularisierung auf soziokulturell variierenden Pfaden. *Zeitschrift für Religion, Gesellschaft und Politik* 1 (1), S. 37–74.

Pickel, Gert; Pickel, Susanne (2012): *Indizes in der vergleichenden Politikwissenschaft.* Wiesbaden: Springer VS.

Pickel, Gert; Sammet, Kornelia (2014): *Einführung in die Methoden der sozialwissenschaftlichen Religionsforschung.* Wiesbaden: Springer VS.

Pickel, Susanne; Pickel, Gert (2018): *Empirische Politikforschung. Einführung in die Methoden der Politikwissenschaft.* München: Oldenbourg.

Pickel, Susanne; Pickel, Gert (2023): *Die Bürger in der Demokratie.* Stuttgart: Kohlhammer

Pickel, Susanne; Pickel, Gert; Lauth, Hans-Joachim; Jahn, Detlef (Hrsg.) (2009): *Methoden der vergleichenden Politik- und Sozialwissenschaft. Neue Entwicklungen und Anwendungen.* Wiesbaden: Springer VS.

Pickel, Susanne (2016): Methodische Grundlagen des Vergleichs und Vergleichsdesigns, in: Lauth, Hans-Joachim; Kneuer, Mariane; Pickel, Gert (Hrsg.): *Handbuch für vergleichende Politikwissenschaft.* Wiesbaden: Springer VS, S. 25–45.

Polak, Regina; Rohs, Patrick (Hrsg.) (2023): *Values – Politics – Religion: The European Values Study. In-depth Analysis – Interdisciplinary Perspectives – Future Projects.* Heidelberg: Springer.

Pollack, Detlef; Pickel, Gert (2009): Church-State-Relations and the Vitality of Religion in European Comparison, in: Pickel, Gert; Müller, Olaf (Hrsg.): *Church and Religion in Contemporary Europe. Results from Empirical and Comparative Research.* Wiesbaden: Springer VS, S. 145–166.

Pollack, Detlef; Rosta, Gergely (2015): *Religion in der Moderne. Ein internationaler Vergleich.* Frankfurt am Main: Campus.

Przeworski, Adam; Teune, Henry (1970): *The Logic of Comparative Social Inquiry.* Mallabar: Wiley-Interscience.

Przyborski, Aglaja; Wohlrab-Sahr, Monika (2014): *Qualitative Sozialforschung. Ein Arbeitsbuch.* München: Oldenbourg.

Ragin, Charles C. (1987): *The comparative method: Moving beyond qualitative and quantitative strategies.* Berkeley: University of California Press.

Scheuch, Erwin K. (1968): The cross-cultural use of sample surveys: problems of comparability, in: Rokkan, Stein (Hrsg.): *Comparative Research Across Cultures and Nations.* Paris: Mouton, S. 176–209.

Schnabel, Annette; Beyer, Heiko; Behrens, Kathrin (2020): Religious Freedom, Equality Rights and their Contentious Implementation: Norm Conflicts Deriving from the Chasm between International and National Human Rights, in: Kindström Dahlin, Moa; Larsson, Oscar, Winell, Anneli (Hrsg.): *Religion, Migration, and existential Wellbeing.* London: Routledge, S. 36–53.

Schnabel, Annette; Reddig, Melanie; Winkel, Heidemarie (2018): *Religion im Kontext. Handbuch für Wissenschaft und Studium.* Baden-Baden: NOMOS.

Schneider, Carsten; Wagemann, Claudius (2009): Standards guter Praxis in Qualitative Comparative Analysis (QCA) und Fuzzy-Sets, in: Pickel, Susanne; Pickel, Gert; Lauth, Hans-Joachim; Jahn, Detlef (Hrsg.): *Methoden der vergleichenden Politik- und Sozialwissenschaft. Neue Entwicklungen und Anwendungen.* Wiesbaden: Springer VS, S. 387–412.

Schneider, Carsten; Wagemann, Claudius (2012): *Set-theoretic methods for the social sciences: A guide to qualitative comparative analysis.* Cambridge: Cambridge University Press.

Seibert, Barbara (2017): Glokalisierung. *Ein Begriff reflektiert gesellschaftliche Realitäten. Einstieg und Debattenbeiträge.* Bielefeld: transcript.

Smelser, Neil J. (1976): *Comparative Methods in the Social Sciences.* Englewood Cliffs: Quid Pro Books.

Steinmetz, Georg (2021): Vergleichende Soziologie, kritischer Realismus und Reflexivität. *Kölner Zeitschrift für Soziologie und Sozialpsychologie* 73 (Supl. 1), S. 49–74.

Verba, Sidney (1967): Some Dilemmas in Comparative Research. *World Politics* 20 (1), S. 111–127.

Taylor, Charles (2007): *A Secular Age.* Harvard: Harvard University Press.

Traunmüller, Richard (2012): Die Messung von Staats-Kirche-Beziehungen: Eine vergleichende Analyse von neuen Indizes, in: Pickel, Gert; Pickel, Susanne (Hrsg.): *Indizes in der vergleichenden Politikwissenschaft.* Wiesbaden: Springer VS, S. 207–233.

Traunmüller, Richard (2013): Religiöse Diversität und Sozialintegration im internationalen Vergleich. *Kölner Zeitschrift für Soziologie und Sozialpsychologie* 65 (Supl. 1), S. 437–465.

Wach, Joachim (1962): *Vergleichende Religionsforschung.* Stuttgart: Kohlhammer.

Weber, Max (1989): *Die Wirtschaftsethik der Weltreligionen. Konfuzianismus und Taoismus. Schriften und Reden 1915–1920;* Hrsg. Helwig Schmidt-Glinzer unter Mitarbeit von Petra Kolonko. Tübingen: Mohr-Siebeck.

Weber, Max (1996): *Die Wirtschaftsethik der Weltreligionen: Hinduismus und Buddhismus. 1916–1920;* Hrsg. Helwig Schmidt-Glinzer unter Mitarbeit von Karl-Heinz Golzio. Tübingen: Mohr-Siebeck.

Weber, Max (2005): *Die Wirtschaftsethik der Weltreligionen. Das antike Judentum. Schriften und Reden 1911–1920;* Hrsg. Eckart Otto unter Mitarbeit von Julia Offermann. Tübingen: Mohr-Siebeck.

Welzel, Christian (2009): Theories of democratization, in Haerpfer, Christian; Bernhagen, Patrik; Inglehart, Ronald; Welzel, Christian (Hrsg.): *Democratization.* Oxford: Oxford University Press, S. 74–90.

Wohlrab-Sahr, Monika (2018): Qualitative Methoden in der Religionssoziologie. In: Pollack, Detlef; Krech, Volkhard; Müller, Olaf; Hero, Markus (Hrsg.): *Handbuch Religionssoziologie.* Wiesbaden: Springer VS, S. 233–254.

Wohlrab-Sahr, Monika; Burchardt, Marian (2013): „Multiple Secularities": Religion and Modernity in the Global Age. *International Sociology* 28 (6), S. 605–611.

WVS-Wellen (1981–2022): Wellen des World Values Survey. Wien: WVS. https://www.worldvaluessurvey.org/wvs.jsp

Gert Pickel ist Professor für Religions- und Kirchensoziologie an der Universität Leipzig. Seine Forschungsschwerpunkte sind Religionssoziologie, politische Kulturforschung, Demokratie¬forschung, Rechtsextremismus- und Vorurteilsforschung sowie Rassismusforschung. Jüngere Publikationen sind: "Die Bürger in der Demokratie" München: Kohlhammer (2023, mit Susanne Pickel); "A God Gap Driving a Revolution from Conservative to the Far Right in the United States – With Significance for Europe?", Politische Vierteljahresschrift (2023, mit Susanne Pickel); „Religiöse Vielfalt als Bedrohung oder Bereicherung? Ergebnisse des Bertelsmann Religionsmonitors 2017 im Ländervergleich", Zeitschrift für Religion, Gesell¬schaft und Politik (ZRGP) 2022: 749-779.

Kommentar: Methodische Selbstverständlichkeiten hinterfragen/ Die Befremdung der eigenen Methode

14

Lena Dreier

„Daß man auf der Suche nach dem Wesentlichen das Gestrüpp des Zufälligen beseitigte, hatte lange Zeit als höchst bewundernswertes Ziel gegolten; jetzt wurde es zu einem wissenschaftlichen Laster." (Daston und Galison 2017, S. 14)

Auch in der sozialwissenschaftlichen Methodendiskussion befasst man sich in den letzten Jahren vermehrt mit postkolonialer Kritik. Die Diskussionen und Weiterentwicklungen zielen in dem Kontext insbesondere auf die Wissensproduktion und Epistemologie der Soziologie ab. Im Kern geht es dabei um die Forderung nach einer stärkeren Transparenz und Reflexion der historischen Genese und Partikularität der Methodologien und Methoden. Der Anspruch der historischen Reflexion und Kontextualisierung lässt sich auch aus den Beiträgen von Annette Schnabel und Kornelia Sammet herauslesen, wenngleich es nicht das Anliegen ihrer Beiträge ist, sich mit postkolonialen Kritiken an den Methoden der Religionssoziologie auseinanderzusetzen. Kornelia Sammet und Annette Schnabel diskutieren aktuelle Fragen sozialwissenschaftlicher Methoden in der Religionssoziologie. Beiden Beiträgen ist gemein, dass sie Einblick darin geben, wie sozialwissenschaftliche Methoden der Erforschung von Religion entstanden sind und angewendet werden. Sie beziehen dabei die *historische* Entwicklung der religionssoziologischen Methoden mit ein und befassen sich mit qualitativen bzw. quantitativen Zugängen, ihrem Selbstverständnis und ihren Grundannahmen.

Kornelia Sammet nähert sich der Religionssoziologie über deren fachhistorische Verbindung zur qualitativen Methodologie. Ihre These ist, dass sich

L. Dreier (✉)
Universität Münster, Münster, Deutschland
E-Mail: lena.dreier@uni-muenster.de

A. Schnabel et al. (Hrsg.), *Religionsanalyse und Theorieentwicklung*, Veröffentlichungen der Sektion Religionssoziologie der Deutschen Gesellschaft für Soziologie, https://doi.org/10.1007/978-3-658-44533-1_14

247

das produktive Verhältnis von qualitativer Forschung und Theoriebildung in der Religionssoziologie in besonderer Weise zeigt, weil sich aus dem Untersuchungsgegenstand Religion ein Fokus auf Metakategorien wie Sinn, Kontingenz und Transzendenz ableitet. Diese Kategorien sind wiederum für die grundlagensoziologische Theoriebildung besonders zentral. Von daher, so lässt sich schlussfolgern, wird die Religionssoziologie von Kornelia Sammet zwar als Subdisziplin verstanden, darüber hinaus jedoch als sozialtheoretischer Zugriff auf soziale Wirklichkeit.

Annette Schnabel macht die interpretative Vorarbeit quantitativer Untersuchungsdimensionen zur Messung von Religion sichtbar. Sie argumentiert, dass wissenschaftliche Wahrheitskategorien wie Objektivität einer historischen Partikularität entspringen und damit zu fragen ist, wie konkret diese Kategorie mit den „Aufgaben, Funktionen und Herausforderungen einer Quantifizierung des Religiösen" (Schnabel in diesem Band) verbunden ist. In meinem Kommentar zu den beiden Beiträgen möchte ich bei dem Einblick der beiden Autorinnen in die Entstehungsprozesse der Methoden in der Religionssoziologie ansetzen, um über Konsequenzen für eine Religionssoziologie nachzudenken, die sich mit dem Islam beschäftigt. Meine Schlussfolgerung lautet, dass das Wissen um die Erfindung und Entwicklung religionssoziologischer Methoden, um das Gewordensein der Konzepte nicht allein der Legitimation und Reflexion dient, sondern insbesondere die Grenzen der jeweiligen Methoden sichtbar macht und die Methoden damit präzisiert. Dies möchte ich anhand der Beiträge von (1) Annette Schnabel und (2) Kornelia Sammet im Folgenden in zwei Schritten ausführen.

1   Provinzialisieren und Objektivieren: Ein Dilemma statistischer Kategorien

Objektivität ist als Qualitätsmerkmal eines neuzeitlichen Wissenschaftsverständnisses entstanden. Ein neutraler, unvoreingenommener Blick, der *nicht* von vornherein aus dem Beobachteten nur das Wesentliche ableitet, wurde zur Voraussetzung für die Gültigkeit wissenschaftlicher Aussagen. Die Enthaltsamkeit gegenüber subjektiven und standortgebundenen Positionen wurde in den letzten Jahrzehnten zunehmend infrage gestellt, die Historizität dieses wissenschaftlichen Ideals offengelegt und ihm eine politische Funktion attestiert. Die Kritik lautet, dass der neutrale Blick eigentlich ein partikularer, politischer Blick sei (vgl. zum Überblick Braeunlein 2015; Reuter und Villa 2015, S. 33), der über Wahrheitskonstrukte wie Objektivität und Neutralität universalisiert werde und der untrennbar Machtungleichheiten mitproduziere (Said 1979, S. 14). In der

Auseinandersetzung mit einer postkolonialen Soziologie schreiben etwa Julia Reuter und Paula-Irene Villa (2015, S. 23), es gehe darum, die Partikularität und Verengung universaler und nicht-normativer Theorien und Begriffe offenzulegen. Diese postkoloniale Kritik scheint Annette Schnabel implizit aufzugreifen. Ihr Anliegen, die historische Entwicklung der Objektivität und ihre Produktion in quantitativen Messungen von Religion sichtbar zu machen, kann insofern auch als Anspruch verstanden werden, religionssoziologische Methoden für *unterschiedliche* religiöse Traditionen und Religionen anschlussfähig und damit über einzelne Kontexte hinaus valider zu machen. Eine These von Annette Schnabel ist, dass quantifizierende Verfahren beim Vergleichen einem Dilemma unterworfen sind: Sie sind Teil der sozialen, vorstrukturierten Welt und entsprechen zugleich den – wie sie betont, jedoch zeit- und ortspezifisch entwickelten – Bedürfnissen nach Objektivierung.[1] Sie können zudem durch ihre besondere Verfasstheit in Zahlen Objektivierung produzieren.

Das Dilemma, das Annette Schnabel beschreibt, ist nun für die Diskussionen in den Teilen der Religionssoziologie besonders relevant, die sich mit dem Islam beschäftigen. Die Kritik an der quantitativen Beforschung von Muslim:innen zielt hier insbesondere in kritischen Diskussionszusammenhängen auf soziale Kategorien wie *Muslim:in*. Durch statistische Erhebung würden vermeintliche Unterschiede zwischen Nicht-Muslim:innen und Muslim:innen, nämlich der Markierung letzterer als „Problemgruppe mit besonderer Regelungsbedürftigkeit", mitproduziert, festschrieben und reifiziert (Johansen und Spielhaus 2018, S. 127). Auch in der Verwendung von *Muslim:in* als Kategorie ist die Soziologie also Teil der sozialen und vorstrukturierten, historisch generierten sozialen Wirklichkeit und entkommt nicht dem Dilemma, sich dieser Kategorien eben *nicht* enthalten zu können. Die Verwendung solcher Identitätskategorien ist freilich nur ein Beispiel dafür, wie über Kategorien Homogenität impliziert wird, dies aber der Untersuchungsgruppe nicht gerecht wird. Dieses Problem müsste auch für andere religionsbezogene Differenzkategorien reflektiert werden, etwa für die Unterscheidung und Beschreibung konfessionsloser und nicht-religiöser Menschen.[2] Ziel einer solchen Reflexion wäre es wiederum, religionsbezogene Kategorien genauer zu fassen.

Die Verwendung der Kategorie *Muslim:in* in statistischen Erhebungen macht besonders gut sichtbar, dass die Quantifizierung von Religion, wie generell die

---

[1] Schnabel geht es hier um die prozedurale Objektivität, d. h. Objektivität als Merkmal und Methode des wissenschaftlichen Erkenntnisgewinns (vgl. Wilholt 2009, S. 262).

[2] Ich bedanke mich bei Annette Schnabel für den wichtigen Hinweis auf Konfessionslose und weitere Rückmeldungen zu meinem Kommentar.

begriffliche Fassung und Messung von Religion, Effekte für das alltagsweltliche Verständnis von Religion und die lebensweltliche Kategorisierung von Personen hat. Die sozialwissenschaftliche Kategorie Muslim:in wurde im Prozess der Politisierung der Subjektkategorie Muslim:in im öffentlichen Diskurs zunehmend genutzt und hat so zur Definition einer vermeintlichen Gruppe beigetragen, der über diese Kategorie eine religiös unterscheidbare Gruppenidentität zugeschrieben wird. Das hat konkrete alltagsweltliche Relevanz, da auch Sicherheitspolitik und -behörden sich auf diese Kategorien stützen und es als Unterscheidungskriterium geltend machen. Wie genau diese wechselseitigen Anschlüsse zwischen politischem und wissenschaftlichem Wissen ablaufen, wäre insbesondere für die Religionssoziologie empirisch zu untersuchen: Es müssten erstens die Interpretationsprozesse (vgl. Baur und Knoblauch 2018) und implizite politische Vorannahmen, wie Schnabel zeigt, quantitativer Messungen besser dokumentiert werden. Zweitens müsste die Wechselwirkung zwischen religionssoziologischer Wissensbildung und anderen Wissensformen, die insbesondere in politischen und ganz konkret behördlichen Praktiken relevant sind, untersucht werden.

Außer Frage steht, dass die Religionssoziologie in religiöse Lebenswelten hineinwirkt und aus diesen schöpft, weil auch sie Teil der Alltagswelt ist, die sie erforscht (Schütz 2004) und damit auf den darin verwendeten Kategorien und Menschenunterscheidungen (Hirschauer 2014) aufbaut und sie variiert. In seiner Auseinandersetzung mit den Unterschieden zwischen Religionssoziologie und Theologie hat Helmut Schelsky treffend festgestellt, dass sich die soziologische Analyse weder von der religiösen Praxis isolieren noch ihrer Verantwortung gegenüber dieser entziehen könne (Schelsky 1959, S. 139). Annette Schnabels Beschäftigung mit „Objektivität" deutet jedoch eine methodisch plausible Umgangsweise damit an: Die Genese der sozialen und organisationalen Bedingungen aufzuzeigen und nachzuzeichnen, innerhalb derer Kategorien wie *Muslim:in, Jüdin und Jude, Konfessionslose, usw.,* die Operationalisierung von Religion und der Religionsbegriff entstehen. Ziel einer solchen reflexiven Praxis in der Religionssoziologie könnte es dabei weiterhin sein, „zu verhindern, dass ihre Ergebnisse stärker durch unausgesprochene Vorannahmen geprägt sind als durch die Empirie" (Johansen und Spielhaus 2018, S. 126).

Die Beobachtung sozialwissenschaftlicher Forschung durch die kritische Islamforschung könnte produktiv genutzt werden, um für die Kategorienbildung in qualitativen wie quantitativen Erhebungen und ihrer Grenzen und Partikularität auch in der Religionssoziologie zu sensibilisieren. Damit würden religionssoziologische Analysen stärker für die Untersuchung wie auch den Vergleich unterschiedlicher religiöser Traditionen und auch nicht-religiöser Bevölkerungsgruppen geöffnet und die Partikularität auch der christlichen Traditionen deutlicher zu Tage treten.

2   Theoretische Erklärungen über die Kirchensoziologie hinaus: Der Anspruch rekonstruktiver Religionssoziologie

Während es u. a. das Anliegen von Thomas Luckmann in den 1960er Jahren war, die deutschsprachige Religionssoziologie gegenüber ihrer Tradition als Kirchensoziologie abzugrenzen, so richtet sich die Kritik heute auf die darüber hinaus fortbestehende Nähe der deutschsprachigen Religionssoziologie zur christlichen Tradition. Mit dem von Kornelia Sammet vorgeschlagenen Blick auf die Debatten, die mit der Abgrenzung von der Theologie, Kirchensoziologie und Konstitution als Religionssoziologie einhergingen, lässt sich feststellen, dass diese Kritik ältere Diskussionen aufgreift. Sie wird bei Joachim Matthes diskutiert, der von einer „christozentrischen Projektion" spricht, die der Annahme innewohne jede Religion zeichne sich durch die Unterscheidung von heilig und profan aus (Matthes 1993, S. 22). Auch bei Friedrich H. Tenbruck spielt der Religionsbegriff eine zentrale Rolle. Er zeichnet die Geschichte des Religionsbegriffs in der Soziologie nach, „der aus der europäischen Religionsgeschichte stammt und ihrem Religionsverständnis verhaftet blieb" (Tenbruck 1993, S. 66). In jüngerer Zeit haben Daniel und Hillebrandt den Religionsbegriff ganz generell in Zweifel gezogen, als ein Konzept, das an christlicher Religion orientiert ist und in der Religionssoziologie als solches verwendet werde (Daniel und Hillebrandt 2014). In der religionssoziologischen Forschung zum Islam ist diese Kritik von besonderer Relevanz, weil sie sich mit einer nicht-christlichen Religion befasst. Ordnet sich nun Kornelia Sammets Lesart der Religionssoziologie in die kritisierte religionssoziologische Tradition ein oder betont sie mit der sinnbezogenen Religionssoziologie einen Zugriff, der über die Kirchensoziologie genauso hinausgeht wie über den christozentrischen Religionsbegriff?

Kornelia Sammet sieht einen engen Zusammenhang zwischen Wissens- und Religionssoziologie und hebt die über den engeren Gegenstand Religion hinausgehenden Ansprüche einer Gesellschaftsdiagnose hervor, die sich auf Sinn fokussiert. Sie stellt die These auf, dass sich die produktive Beziehung zwischen Methoden und Theorieentwicklung in der Religionssoziologie in besonderer

Weise zeigt. Der Grund dafür sei im grundlagentheoretischen Gehalt der Religionssoziologie zu finden. Deswegen, so Sammet, sollen neue Methodologien wie auch Theorien über religionssoziologische empirische Analysen entwickelt werden. Diese grundlagentheoretische Lesart der Religionssoziologie steht in der Tradition der oben genannten Autor:innen, die eine Religionssoziologie entwarfen, die über die Kirchensoziologie und Theologie hinausgeht und sich von beiden unterscheidet. In ihrem Beitrag schreibt Sammet in diesem Sinne, dass die Religionssoziologie sich als Sektion gegen die paradigmatische Vereinseitigung gestellt habe. In ihrer methodischen und sozialtheoretischen Lesart der Religionssoziologie wiederum lässt sich doch eine paradigmatische Präferenz rauslesen: nämlich für die wissenssoziologische Religionsforschung, die Sinn als zentrales Element der soziologischen Theorie setzt. Wie also bei genauerem Blick deutlich wird, ist damit jedoch offen, wie die Religionssoziologie geographisch und zeitlich von ihrer Verengung als deutschsprachige Nachfolgerin der Kirchensoziologie gelöst werden kann.

Kornelia Sammet zeichnet nach, dass viele Autor:innen der neugegründeten Sektion Religionssoziologie qualitativ-rekonstruktiv gearbeitet haben. Auch für die rekonstruktiven Methoden, die aus spezifischen kulturellen und geistesgeschichtlichen Traditionen entwickelt wurden,[3] stellt sich die Frage, ob sie in unterschiedlichen religiösen Traditionen valide zur Erhebung und Auswertung genutzt werden können (vgl. Rosenthal 2022). So hat Alois Hahn (1988) gezeigt, dass das sozialwissenschaftliche biographische Interview strukturelle Ähnlichkeiten zu anderen Biographiegeneratoren aufweist, wie etwa dem Tagebuchschreiben und der Beichte. Es wäre angesichts dessen auf die Herausforderung, die theoretische und empirische Tradition der Religionssoziologie in ihrer historischen Partikularität zu betrachten, keine angemessene Antwort, auf die Selbstverständlichkeit der Methoden zu verweisen. Die historische Herangehensweise von Kornelia Sammet an die Sektion Religionssoziologie und den Zusammenhang zwischen rekonstruktiven Methoden und der Religionssoziologie, erscheint von daher schlüssig, müsste jedoch auf die kulturelle Einordnung der Methoden hin erweitert werden. Es ist auch die wissenssoziologisch ausgerichtete Religionssoziologie, auch die rekonstruktive Religionssoziologie auf ihre Übertragbarkeit auf verschiedene religiöse Traditionen und kulturelle Kontexte hin systematisch zu untersuchen und weiterzuentwickeln. Dies hieße, sich in der Religionssoziologie nach der Abgrenzung von der Kirchensoziologie mit ihren weiteren

---

[3] So variieren etwa die Konsistenzanforderungen kulturell, d. h. die Form des biographischen Ineinandergreifens des Bisherigen in das Gegenwärtige. Diese Anforderung wird jedoch in biographischen Interviews vorausgesetzt (Hahn 1987, S. 16; Hahn 1988, S. 93).

historischen Prägungen auseinanderzusetzen. Das Ziel dessen wäre, die historische Genese von Religionsbegriffen, die historische Genese ihrer Methoden und die fachgeschichtlich begründete Verengung ihrer Gegenstände und Forschungsfelder deutlicher sichtbar zu machen, den Geltungsbereich ihrer Aussagekraft zu kennen und für eine allgemeine Soziologie zu stärken.

Wie dies gelingen kann, lässt sich anhand eines Beispiels aus der Soziologie des Islams illustrieren: Kornelia Sammet spricht in ihrem Beitrag das Problem des Bewährungskonzepts an, das von Ulrich Oevermann anhand der protestantischen Bewährungslogik entwickelt wurde und bei ihm als generelle religiöse Struktur verstanden wird, in der Individuen in der Gesellschaft positioniert sind.[4] In Anschluss daran könnte man fragen, ob spezifische Umgangsweisen mit Krisen, wie das Bewährungskonzept eines darstellt, auf unterschiedliche kulturelle und religiöse Kontexte bezogen werden können oder eben nur auf einen protestantischen. Für die Beantwortung dieser Frage ist es instruktiv, wie Prozesse der Protestantisierung und der Verbreitung eines protestantischen Religionsbegriffs von einigen Islamwissenschaftler:innen diskutiert werden. Laut Reinhard Schulze lässt sich beispielsweise eine Protestantisierung, also die Veränderung des Religionsbegriffs in der neuzeitlichen hin zu einem personalisierten Glaubensbegriff, auch im Islam beobachten (Schulze 2010). Die Standardisierung von Religionskonzepten wurde im 19. Jahrhundert ausgehend maßgeblich vom Protestantismus angestoßen und betraf eben auch den Islam. Kulturhistorisch finden sich also etwa in Konzepten von Religion eher Überschneidungen und wechselseitige Beeinflussungen als lineare Prozesse zwischen (eben nicht abgeschlossenen) religiösen Traditionen.

Dies rechtfertigt wiederum für die Methoden der Religionssoziologie aber nicht, einfach Konzepte, die eine spezifische religiöse Logik beschreiben, zu generalisieren, da sie eben mehr als methodische Werkzeuge und heuristische Konzepte sind. Religionssoziologie muss hier bemüht sein, ihre Aussagen möglichst universell zu treffen, jedoch auch die Grenzen spezifischer Konzepte und Aussagen aufzuzeigen.

---

[4] Zur Kritik siehe Wohlrab-Sahr (2003).

3   Was können die Thesen der Autorinnen für eine Soziologie des Islams austragen?

Wie Annette Schnabel darlegt, wird der Pluralität von Religionen in der Religionssoziologie zunehmend Rechnung getragen. Dies erschwere aber, jedenfalls methodisch, zugleich die Vergleichbarkeit. Die Kritik, dass die Vorstellung von Religion, die Operationalisierung von Religion in der Religionssoziologie, einer bestimmten geistesgeschichtlichen Genese entspringt, ist zutreffend. Die Schlussfolgerung, dass sie deswegen nur Religion erfasse, die dieser Tradition angehören, denkt religiöse Praxis und Traditionen als Container. Unterschiedliche Formen islamischer Praxis stehen darin weiterhin für eine islamische Kultur (vgl. Stauth 2000, S. 240) und die Religionssoziologie verbleibt weiterhin im „dichotomischen Evolutionismus der Modernisierungstheorien" (ebd.) gefangen, weil Konzepte, die in der westlichen Moderne entstanden sind, auf den Islam übertragen werden. Es geht also stattdessen darum, nicht-christliche Religion *nicht* implizit weiterhin als nicht-westliche Kulturen in der Erhebung und Analyse zu denken und zu konzeptionalisieren, sondern die Unterschiedlichkeit von Religionen zu kennen, auch die Spezifik christlicher Kulturen und sie zugleich als wechselseitig beeinflusste und prozessierte Entitäten zu denken.

Die Erfindung und Entwicklung, das Gewordensein der Konzepte dient nicht der Legitimation, sondern der Offenlegung der Grenzen der eigenen Methoden. Gerade im Vergleich unterschiedlicher Religionen und in der Erforschung des Islams ist deutlich geworden, dass die Konzepte, die die Religionssoziologie nutzt, vor allem *Religion,* historisch kontingent sind. Einerseits legitimiert die historische Entwicklung von Konzepten, dass sie sich bereits an Gegenständen bewährt haben, andererseits wird gleichsam infrage gestellt, ob sie dann auch für andere Kontexte brauchbar sind. Nur wenn klar ist, was etwa mit Religion im Islam gemeint ist, wann sich eine Unterscheidung von etwas als Religion herausgebildet hat, dann ist auch klar, was in dem Kontext untersucht wird. Doch es ist auch analytisch nicht erschöpfend, wenn die Reflexion der Konzepte für sich steht. Einen Zweck erhält diese Reflexion, wenn damit die blinden Flecken der Konzepte, aber auch der Methoden deutlich benennbar sind. Umso klarer wir benennen können, was genau etwa erhoben wird, wenn wir Moscheebesuch und Kirchganghäufigkeit gleichsetzen, schärft das die Analyse und das Wissen um die Weitreiche der Religionssoziologie. Die Selbstverständlichkeit aufzugeben, auch in den Methoden der Religionssoziologie, Religionen als stabile, homogene Traditionen und Institutionen zu denken statt vielmehr als kulturelle, dynamische Prozesse (Turner 2021, S. 38) wäre ein Schritt in die Richtung, die methodologischen Vorannahmen den zu untersuchenden Phänomenen stärker anzupassen.

Literatur

Baur, Nina; Knoblauch, Hubert (2018): Die Interpretativität des Quantitativen oder: Zur Konvergenz von qualitativer und quantitativer empirischer Sozialforschung. *Soziologie – Forum der Deutschen Gesellschaft für Soziologie* 4, S. 439–461.

Braeunlein, Peter J. (2015): Postcolonial Theory, in: Athyal, Jesudas (Hrsg.): *Religion in Southeast Asia. An encyclopedia of faiths and cultures.* Santa Barbara, California: ABC-CLIO.

Daniel, Anna; Hillebrandt, Frank (2014): Von „religiösen Vergemeinschaftungen" zu „spirituellen Erfahrungen" – eine genealogische Betrachtung des religionssoziologischen Diskurses, in: Garling, Stephanie; Daniel, Anna; Hillebrandt, Frank; Wienold, Hanns (Hrsg.): *Religionen in Bewegung.* Münster: Westfälisches Dampfboot, S. 187–211.

Daston, Lorraine; Galison, Peter (2017): *Objektivität.* Berlin: Suhrkamp.

Hahn, Alois (1987): Identität und Selbstthematisierung, in: Ders. (Hrsg.): *Selbstthematisierung und Selbstzeugnis. Bekenntnis und Geständnis.* Frankfurt am Main: Suhrkamp, S. 9–24.

Hahn, Alois (1988): Biographie und Lebenslauf, in: Brose, Hanns-Georg; Hildenbrand, Bruno (Hrsg.): *Vom Ende des Individuums zur Individualität ohne Ende.* Wiesbaden: Springer VS, S. 91–105.

Hirschauer, Stefan (2014): Un/doing Differences. Die Kontingenz sozialer Zugehörigkeiten. *Zeitschrift für Soziologie* 43 (3), S. 170–191.

Johansen, Birgitte Schepelern; Spielhaus, Riem (2018): Die Vermessung der Muslime. Ein Jahrzehnt quantitativer Forschung zu Muslimen in Westeuropa, in: Amir-Moazami, Schirin (Hrsg.): *Der inspizierte Muslim. Zur Politisierung der Islamforschung in Europa.* Bielefeld: Transcript, S. 125–157.

Matthes, Joachim (1993): Was ist anders an anderen Religionen? Anmerkungen zur zentristischen Organisation religionssoziologischen Denkens, in: Bergmann, Jörg R.; Hahn, Alois (Hrsg.): *Religion und Kultur.* Opladen: Westdeutscher Verlag, S. 16–30.

Reuter, Julia; Villa, Paula-Irene (2015): Provincializing Soziologie. Postkoloniale Theorie als Herausforderung, in: Dies. (Hrsg.), *Postkoloniale Soziologie.* Bielefeld: Transcript, S. 11–46.

Rosenthal, Gabriele (2022): *Interpretative research in the Global South: Do we need different methods? – Global Qualitative Sociology.* Blogbeitrag vom 11.08.2022. https://global-qualitative-sociology.net/2022/08/11/interpretative-research-in-the-global-south/, Stand: 24.10.2022.

Said, Edward W. (1979): *Orientalism.* New York: Random House.

Schelsky, Helmut (1959): Religionssoziologie und Theologie. *Zeitschrift für Evangelische Ethik* 3 (1), S. 129–145.

Schulze, Reinhard (2010): Islam und Judentum im Angesicht der Protestantisierung der Religionen im 19. Jahrhundert, in: Gall, Lothar; Willoweit, Dietmar (Hrsg.): *Judaism, Christianity, and Islam in the Course of History.* Berlin: De Gruyter, S. 139–166.

Schütz, Alfred (2004): Common Sense und wissenschaftliche Interpretation menschlichen Handelns, in: Strübing, Jörg; Schnettler, Bernt (Hrsg.): *Methodologie interpretativer Sozialforschung. Klassische Grundlagentexte*. Konstanz: UVK Verlagsgesellschaft, S. 157–197.

Stauth, Georg (2000): Anmerkungen zur Soziologie des Islams. [zuerst erschienen in Deutsche Zeitschrift für Politik und Wirtschaft des Orient, 1997], in: Ders. (Hrsg.): *Islamische Kultur und moderne Gesellschaft. Gesammelte Aufsätze zur Soziologie des Islams.* Bielefeld: Transcript, S. 239–251.

Tenbruck, Friedrich H. (1993): Die Religionen im Maelstrom der Reflexion. In: Bergmann, Jörg R.; Hahn, Alois (Hrsg.): *Religion und Kultur.* Opladen: Westdeutscher Verlag, S. 31–67.

Turner, Bryan S. (2021): Islam and Post-orientalism: Debates Concerning Comparative and Historical Sociology, in: Gärtner, Christel; Winkel, Heidemarie (Hrsg.): *Exploring Islam beyond orientalism and occidentalism. Sociological approaches.* Wiesbaden: Springer VS, S. 21–42.

Wilholt, Torsten (2009): Die Objektivität der Wissenschaften als soziales Phänomen. *Analyse & Kritik* 31 (2), S. 261–273.

Wohlrab-Sahr, Monika (2003): Religiöse Indifferenz und die Entmythologisierung des Lebens. Eine Auseinandersetzung mit Ulrich Oevermanns „Strukturmodell von Religiosität", in: Gärtner, Christel; Pollack, Detlef; Wohlrab-Sahr, Monika (Hrsg.): *Atheismus und religiöse Indifferenz.* Opladen: Leske und Budrich, S. 389–399.

Dr. Lena Dreier ist Post-Doc am Institut für Soziologie der Universität Münster. Ihre Forschungsinteressen richten sich auf die Religionssoziologie, insbesondere Soziologie des Islams, Kultur-soziologie, Bildungsforschung und die Weiterentwicklung qualitativer Methoden. In ihrer Dissertation „Der Islam als akademische Praxis" (Ergon, 2023) untersucht sie das junge Fach Islamische Theologie aus einer wissens- und religionssoziologischen Perspektive. Eine weitere jüngere Veröffentlichung ist: „Neue islamische Bildungsprojekte als Domestizierung des muslimischen Selbst? Studierende der Islamischen Theologie in Deutschland", Sonderband Soziale Welt 25, 2022.

GPSR Compliance

The European Union's (EU) General Product Safety Regulation (GPSR) is a set of rules that requires consumer products to be safe and our obligations to ensure this.

If you have any concerns about our products, you can contact us on ProductSafety@springernature.com

In case Publisher is established outside the EU, the EU authorized representative is:

Springer Nature Customer Service Center GmbH
Europaplatz 3
69115 Heidelberg, Germany

The manufacturer's authorised representative in the EU is Springer
Nature Customer Service Centre GmbH, Europaplatz 3, 69115 Heidelberg,
Germany. If you have any concerns regarding our products, please
contact ProductSafety@springernature.com

Printed and bound by CPI Group (UK) Ltd, Croydon, CR0 4YY
28/04/2026
02098513-0001